周易说什么

韩鹏杰 著

陕西新华出版 三秦出版社

果麦文化 出品

目 录

001　前　言：《周易》基础知识

009　总　论：我之《周易》观

分论一：《易经》略讲
017　《周易》(《易经》和《易传》) 的成书

分论二：《易传》详说
031　孔子和《易传》
037　《易传·文言传》
046　《易传·大象传》
049　《易传·小象传》
052　《易传·系辞传》
056　《易传·彖传》
062　《易传·说卦传》
066　《易传·杂卦传》
070　《易传·序卦传》

分论三：《易经》六十四卦详说

083　乾卦第一：潜龙勿用

091　坤卦第二：含章可贞

100　屯卦第三：种子萌芽

107　蒙卦第四：蒙以养正

113　需卦第五：久旱待甘霖

119　讼卦第六：作事谋始

125　师卦第七：师出以律

131　比卦第八：网开一面

137　小畜卦第九：密云不雨

142　履卦第十：素履之往

148　泰卦第十一：无往不复

155　否卦第十二：泰极否来

161　同人卦第十三：同人于野

167　大有卦第十四：顺天休命，刚健文明

175　谦卦第十五：谦谦君子，卑以自牧

182　豫卦第十六：作乐崇德

189　随卦第十七：向晦宴息

197　蛊卦第十八：振民育德

204　临卦第十九：教思无穷

212　观卦第二十：省方观民

219　噬嗑卦第二十一：明罚敕法

226　贲卦第二十二：文明以止

233	剥卦第二十三：剥床以肤
241	复卦第二十四：七日来复
248	无妄卦第二十五：无妄之灾
255	大畜卦第二十六：刚健笃实，辉光日新
261	颐卦第二十七：自求口实
268	大过卦第二十八：独立无惧，遁世无闷
274	坎卦第二十九：纳约自牖
281	离卦第三十：继明照四方
289	咸卦第三十一：以虚受人
296	恒卦第三十二：立不易方
304	遁卦第三十三：不恶而严
311	大壮卦第三十四：羝羊触藩
317	晋卦第三十五：自昭明德
326	明夷卦第三十六：明夷于飞
333	家人卦第三十七：风火家人
340	睽卦第三十八：求同存异
347	蹇卦第三十九：反身修德
354	解卦第四十：怀菩萨心肠，行霹雳手段
361	损卦第四十一："减法"之道
368	益卦第四十二：损上益下，民说无疆
376	夬卦第四十三：扬于王庭
384	姤卦第四十四：风行天下

III

390　萃卦第四十五：除戎器，戒不虞

397　升卦第四十六：合抱之木，生于毫末

404　困卦第四十七：困境求通

411　井卦第四十八：井以养人

419　革卦第四十九：君子豹变，小人革面

428　鼎卦第五十：革故鼎新

436　震卦第五十一：震惊百里，不丧匕鬯

443　艮卦第五十二：知止不殆

450　渐卦第五十三：鸿渐于木

456　归妹卦第五十四：月几望

462　丰卦第五十五：日中见斗

470　旅卦第五十六：切莫"旅琐琐"

476　巽卦第五十七：随顺如风

483　兑卦第五十八：君子丽泽

489　涣卦第五十九：风行水上

494　节卦第六十：不节之嗟，又谁咎也

500　中孚卦第六十一：信及豚鱼

505　小过卦第六十二：飞鸟遗音

511　既济卦第六十三：慎终如始

517　未济卦第六十四：物不可穷

525　后记

附：综错交互象卦

前言

《周易》基础知识

基本概念解释

爻

构成八卦的长、短横道，象征阴阳。

一整横（一）为阳爻，中间断开的横（--）为阴爻。

八卦最初只有三爻，后演变为六爻。

六爻的顺序是从下往上看，由下到上，一共六横。

八卦

古人以阴、阳符号为爻，每三爻叠成一卦，就是八卦。

八卦分别有不同的名称、形式，分别是：

乾（☰）、坤（☷）、震（☳）、巽（☴）、坎（☵）、离（☲）、艮（☶）、兑（☱）。

它们象征着自然界八种基本物质：

天、地、雷、风、水、火、山、泽。

八卦之间的关系

第一种，正卦。

把卦倒过来，不发生变化。共四个：

乾（☰）、坤（☷）、离（☲）、坎（☵）。

第二种，综卦。

两个卦之间，把一个卦倒过来，就得到另一个。共两组：

第一组：兑（☱）、巽（☴）。

第二组：震（☳）、艮（☶）。

第三种，错卦。

两个卦之间，每一爻都相反。共四组：

第一组：乾（☰）、坤（☷）。

第二组：离（☲）、坎（☵）。

第三组：兑（☱）、艮（☶）。

第四组：巽（☴）、震（☳）。

注意：六十四卦也遵循此规律。

六十四卦

八卦两两相重、上下组合，共有六十四种组合形式，称为六十四卦。

如何看懂六十四卦

以谦卦为例。

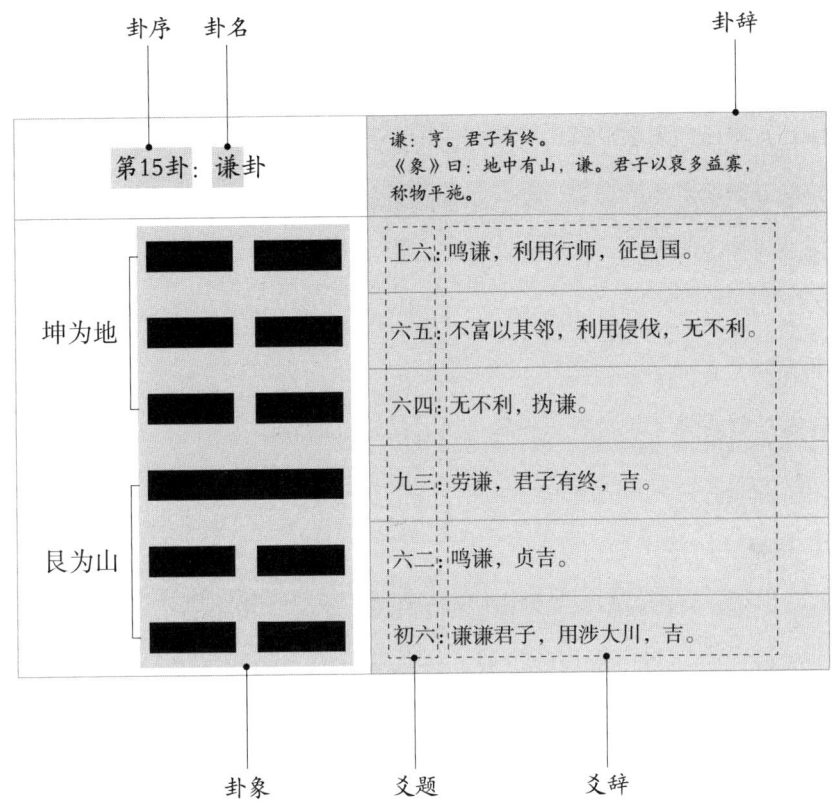

卦序

六十四卦的顺序。

六十四卦从乾、坤开始，到既济、未济结束。

谦卦是第15卦。

卦名

易卦的名称。是对卦爻辞的高度概括，和对卦符的精当命名，体现特定的义理和思维方式。

谦卦意为"谦谦君子，卑以自牧"，启示的是君子应有的谦让与自律。

卦象

即八卦之象。

指卦所象征的事物及其爻位等关系。

卦象不单指事物的形象，还有象征、类比和比拟的意义。

谦卦的卦象为☷。

卦辞

解说卦象或卦义的文辞。卦辞是对易经全卦的断语。

爻题

六爻中每一爻的名称。爻题由两部分组成：位次名和代号名。

位次名指爻在卦中所处的位置，按照从下往上的顺序排列，分别是：初、二、三、四、五、上。

代号名用于区分爻的性质。阳爻以"九"为标志（如初九、九三、九五）；阴爻以"六"为标志（如六二、六四、上六）。

爻辞

说明《易》六十四卦各爻象的文辞。

当位与不当位

六爻在卦中的位次有奇偶之分，阴数对应于偶，阳数对应于奇。

从下往上数，初、三、五为奇，以阳爻对应；二、四、六为偶，以阴爻对应。

以阴居阴位、阳居阳位，就叫当位。以阴居阳、以阳居阴就叫不当位

（失位）。

当位之爻象征着遵循"正道"，符合规律，卦语多为"吉""无咎"等。

不当位则悖逆正道，违背规律，卦语多为"凶""吝""悔"等。

但是，对于吉凶的判断不能一概而论，也要根据具体情况变通。

问卜用语解释

吉
吉利、吉祥，做事会有所成。

亨
亨通、畅通，做事会很顺畅。

利
有利、有益，已经有了合适的时机，有利于做事。

无咎
没有过失，就像平常一样，做的事没有什么灾祸。

悔
悔恨，因为做事有过失而有所后悔，如果能够及时汲取教训，可以及时止损。

吝

困难，有难，做事过程很不顺利，会遭受羞辱，如果不及时停止，便会遭遇灾祸。

厉

危难。做事会有危险，如果按照卦辞和爻辞的指示去做，就可以避免危险。

咎

灾害。有了过失，会遭受一定程度的灾害。

凶

凶险、凶恶，做事失败，会遭受灾祸。

底本说明

本书以（魏）王弼撰、楼宇烈校释《周易注校释》（北京：中华书局，2012年3月）为底本。

总论

我之《周易》观

关于《周易》这本书到底是做什么的,"此情可待成追忆,只是当时已惘然"。由于时间太久远,其实并没有一个确切的解释。认为这是占卜书的观点比较普遍,说"天气预报"者也持之有据,说是周代生活百科全书的,也算是看到了书中整体的内容。然而,这些都只是吉光片羽,更重要的是,这本书中包含了与中华民族息息相关的哲理。我在读研的时候写关于禅宗的论文,一些佛学大家的说法对我很有启发。比如学禅,贵有禅理、禅趣,不贵有禅语。其实学易也是一样,贵有易理、易趣,而不能只拘泥于卦爻辞的字词和语言。

因此,我们要重点研究的是"易"所包含的深刻哲理。就像我现在说《周易》的"周",如果把它理解为周代的"周",那么,就分为《周易》和《易传》,加在一起称为《易经》。如果把它理解为普遍的"周",也就是"周而不比"的周,那么《周易》就包含《易经》和《易传》两个部分。当然,这一点不需要过多地追究,因为每一个说法都有它的道理。我们明白它是按照哪一种逻辑,并且能够自圆其说,就可以了。我所说的"我之《周易》观"这个"周",就是普遍的"周"这个含义,它包括《经》的部分,也包括《传》的部分。即:《周易》=古《易经》+易传。

说完《周易》的内容,我们再来说一下该怎样读《周易》。

首先要心静,要"静之徐清"。南宋叶采的一首小诗《暮春即事》中曾这么写道:

双双瓦雀行书案，点点杨花入砚池。

闲坐小窗读《周易》，不知春去几多时。

　　诗的大意是这样的：两只麻雀的影子在书案上移动，点点杨花飘入屋内，落到砚池中。而我静心坐在小窗前，毫不理会这窗外的一切，只顾潜心读着《周易》，却不知，春天已过去了多少时间。叶采是学者，是理学家，这首诗也很有味道、有理趣。诗主要写那个时候的读书人，一心埋头书案，沉浸在书中的专注精神。一、二句表现的是书房的宁静，三、四句表明自己潜心向学。在这份沉静里，也不知道春天过去了许久。只是在瓦雀影动、杨花入砚的惊扰中，才晓得已是暮春时节。这首诗语言平易，景物描写生动贴切、画面感强。开头两句对仗也很自然，增强了恬淡又喜悦的气氛。

　　瓦雀，就是在屋瓦上活动的鸟雀；行书案，在书案上移动。一双双瓦雀的影子，在书案上悄然地移动。

　　点点杨花入砚池。点点杨花飘入室内，落在砚池里，这场景太美妙了。在这宁静的书室，在这垂柳飞絮的季节，几只麻雀在悠闲自在地漫步。杨花轻盈地随风飘落，赖在砚台上不肯动弹，竟然无人拂拭。书室的宁静，是由麻雀之动衬托出来的。这方宁静里感觉不到人的影响，不然这麻雀的影子也不会闲步书案。

　　书室里其实有人，谁呢？诗人。在干吗呢？闲坐小窗读《周易》。书室的一切动静，仿佛同诗人都毫不相干。他如老僧入定，全部心思都在《周易》这本书上。书室的宁静，正衬托出诗人的结句："不知春去几多时。"这是推进一层的写法，诗人既未曾留意，又何尝动心？这进一步表现了诗人"两耳不闻窗外事，一心只读圣贤书"。说起来，《周易》的哲学思想，是宋时理学的基础。诗人通过细节，不着痕迹地透露了全诗的主旨——内心世界的从容和乐，反映了理学涵养的功夫。鸟雀行止，花开花落，一切纯任自然；世间万物，都不能进入他的意识。这是诗人的涵养功夫，也是你我读《周易》应有的状态。再来看一首诗，宋朝邹登龙作的《幽事》：

闲携小斧删梅树，自缚枯藤补菊篱。
烧柏子香读《周易》，滴荷花露写唐诗。

邹登龙，临江人，是一位隐士。他栖身于山林田园之间，远离城市喧嚣，房前屋后遍种梅花，过着一种怡然自得的生活。此诗直接描写了他自认在隐居生活中最有雅趣的四种活动。其一，手提小斧头，亲自为心爱的梅树砍削冗枝；其二，扯来枯藤的长条，编补菊花丛畔的篱笆；其三，在小香炉里焚上一把自摘自制的柏子香，一缕清香溢出，诗人在它的陪伴下静读《周易》；其四，把一朵朵荷花里的晨露倾出，承接在小罐里，以此清露来研墨，书写唐诗。诗中说的前两项雅事，我们今天尚且容易理解，至于这后两句所述，大概就会觉得是故弄玄虚了。其实，"烧柏子香读《周易》，滴荷花露写唐诗"，着实是对当时现实生活的真切反映。宋代的文人，在书斋里研读佛经、道经一类读物的时候，确实是讲究焚柏子香，而写诗的时候，也确实是讲究用露水或融化的雪水、冰水来研墨，以求墨色润净。此类朴素、天然的材料，所衬的是其追求自然、返璞归真的精神取向。

宋代的士大夫，对于柏子香的态度很有意思。当追求奢华生活品质的时候，比如宴会、密友欢聚的场合，他们一定要用名贵的香料。但是，当需要独自清净一下的时候，则会改烧柏子香，似乎这种树籽所涵带的林木气息，能够涤烦去躁。另外，宋代的士大夫们在养病的时候，尤其讲究焚烧柏子。大概是因为其香气有安神清心的功能，可以稳定病人的情绪。那么，为什么读《周易》也要焚柏子香呢？其实，仪式感最能直接地表现我们的心境，于读书时也是需要的。比如说净手焚香，一方面，表示我们对这些经典的一种敬畏尊重；另一方面，我们也能够在这种仪式感中静下心来，赋予读书这件事更多的神圣意味。

讲完这两首诗，我们大概能够体会到古代文人对《周易》这部经典所持奉的尊敬、神圣的态度，接下来简单说一下读易的方法。

一种方法叫"分总法"。众所周知，这部著作长期被用作占卜、卜筮，所以我们读易的顺序，可以先读介绍八卦到六十四卦的《易经》，然后再读解读哲理的《易传》。因为《易传》，本身就是对六十四卦《易经》的解释。

另一种方法叫"总分法"，这是我所提倡的。先了解一点易理，也就是先读点《易传》，再来看《易经》，也就是六十四卦的卦辞、爻辞、卦象等等。为什么要这样呢？画龙须点睛，易理正是《易经》中的哲理。有人指路了，沿着哲理的、智慧的方向解读，这样就不至于把那些卦象搞得太复杂，太神秘。要轻松地学易，还是"总分法"为佳。

"总分法"下的具体学习方法可以多样。比如，我们先了解总原理，然后通过成语、名句来切入，用这些作为枢纽，连接上下文，或者这个卦的上下爻辞，这样我们就了解了它的核心内容。又或者先抓住易理中的精髓，心中带着问题，从不同的考察角度去反复研读，连点成线，织片成面，逐渐勾画出其完整的面貌。

当然，除此以外，我们还需要借助图形来理解，方能更深地了解其中朦胧窈冥的象征色彩。在后边的章节中，我们先把《易经》的介绍和关于《易传》的内容详说。然后，再通过后边每一卦提炼出来的这些成语、名句，来讲解重要的思想内容。最后，再将六十四卦一一道来。这样，大家就能够轻松地学《周易》，了解易理了。

分论一

《易经》略讲

◎

  本章是略讲。《易经》六十四卦的主体内容将在后面一卦一卦详说。《易经》是阐述天地世间万象变化的古老经典，是博大精深的哲学书，包括《连山易》《归藏易》和古《易经》三部易书，现存于世的只有古《易经》。周易=《易经》+《易传》，正是本书采用的说法。《易经》蕴涵着朴素深刻的自然法则和辩证思想，是中华民族五千多年智慧的结晶。它从整体的角度去认识和把握世界，把人与自然看作一个互相感应的有机整体，即"天人合一"。《易经》长期被用于"卜筮"，也就是对未来事态的发展进行预测，最终完成对这些预测的规律理论的集合总结。《易经》被誉为诸经之首，是我国古代现存最早的一部哲学经典，亦是中华传统文化的总纲领。《易经》涵盖万有，纲纪群伦，广大精微，包罗万象，其内容涉及哲学、政治、生活、文学、艺术、科学等诸多领域，是中华文化的杰出代表，亦是中华文明的源头，是各家共同的经典。

《周易》(《易经》和《易传》)的成书

《汉书·艺文志》曰:"《易》道深矣,人更三圣,世历三古。""三圣""三古"之说比较复杂,我们一一来说。

伏羲和先天八卦

首先,上古时代,通天之黄河现神兽"龙马",背上布满神奇的图案,圣人伏羲则以之画八卦。这事有趣,我们多说几句。

说伏羲,首先咱们得了解一下河图和洛书的事儿。

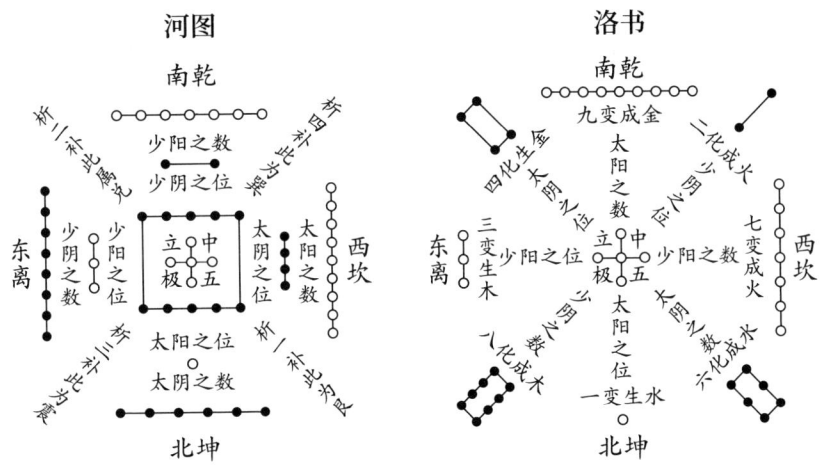

第一,这河图和洛书,乃是中国古代流传下来的两幅神秘图案,被认为蕴含了深奥的宇宙星象之理,有"宇宙魔方"之誉,是中华文化阴阳、五行、术数之

源。《易传·系辞上》中就有"河出图，洛出书"之语。这里的河指的是黄河，洛指的是洛水。

第二，在河图上，排列成数阵的黑点和白点，蕴藏着无穷的奥秘，直到如今还引得众人研究不绝。洛书上，纵的、横的、斜的三条线上的三个数字，加起来的和都是十五，这个我们也经常看到，甚至《最强大脑》节目中也出现过以洛书为原型所出的数阵。这河图洛书也与我们在《西游记》里边看到的二十八星宿、道教里边的黄道十二宫，都有着密切的联系。

第三，河图与洛书的来由，也是中华文明史上的千古之谜。河图洛书的说法，最早出现在《尚书》中，其次是《易传》，诸子百家中也多有记述。但是，从实证的角度来看，这"河出图，洛出书"的地方究竟是哪里，就很难找出严格的科学依据了。2014年11月11日，河图洛书传说，经国务院批准，列入了第四批国家级非物质文化遗产代表性项目名录。

说完了河图洛书，我们再重点来说说伏羲。话说这伏羲是三皇五帝的三皇之一，他与补天的女娲同为福佑社稷的正神。我们现在看到的伏羲形象，一般都是人首蛇身。为什么是人首蛇身？这就是远古图腾崇拜所留下的文化痕迹。包括我们现在所说的龙——龙的形象不也与蛇十分相近么？也许，以前有一个以蛇为图腾的部落，兼并了很多其他氏族。每兼并一个，就把他们的图腾加上去，兼并一个，加上一个，逐渐形成了龙这样一个复合形象。所以，这些远古图腾并不是古人绘摹、记载的实象，它们并不完全是真实存在于自然界中的动物，古人描绘它们，主要是为了"立象取意"，也就是借助这些形象来表达一些抽象的含义。

传说伏羲结绳为网，有网就可以用来捕鸟打猎了，因此，他也顺便教会了人们渔猎的方法；他还发明了乐器"瑟"，创作了曲子；又根据天地万物的变化，创造了占卜所用的八卦。中华文化留下了大量关于伏羲的神话传说。

伏羲到底是谁？是一个氏族首领的名字？是一个氏族部落的名字？还是一个

时代的代称？关于这一点，众说纷纭。有人认为，伏羲是一个氏族首领的名字。伏，就是征服、领导，大家尊他为首领，臣服在他脚下，听他的话；羲，音同"牺"，就是牺牲，也就是祭祀用品：发明了渔猎、制作了乐器、谱写了乐曲，这些都是首领伏羲的功德——正因为这样，大家才敬佩他。还有人认为，伏羲是个部落的名字，整个部落被称作伏羲。还有人说，伏羲是一个时代的代称，即"伏羲"是上古时代的代称，我们可以简单称之为"伏羲时代"。

关于伏羲时代的八卦，我们来看一段出自《易传·系辞下》的话：

> 古者包牺氏之王天下也，仰则观象于天，俯则观法于地，观鸟兽之文，与地之宜；近取诸身，远取诸物，于是始作八卦，以通神明之德，以类万物之情。

古者包牺氏，指的就是伏羲。"古者包牺氏之王天下也"，这个王是动词，意即统治、领导。"仰则观象于天，俯则观法于地，观鸟兽之文，与地之宜；近取诸身，远取诸物，于是始作八卦，以通神明之德，以类万物之情。"这段话的意思是：上古时期，伏羲治理天下，上则观察天上日月星辰的现象，下则观察大地高低起伏的种种规律，又观察鸟兽羽毛的纹彩，还观察山川水土的地利。近则取象于人，远则取象于宇宙万物，于是创造出八卦，以融会贯通神明的德性，参赞天地的化育。——这个"参赞"不是点赞的意思，而是指参与，参赞天地的变化，以比类万物的情状。

关于这段话，大家有没有看出来它其中的奥妙？我们经常讲"人文"，人文和天文、地文相对：天上的日月星辰，是天文；大地上各种各样的情状，比如耕出的一条一条的垄，这是"大地的纹饰"，是地文，地文还包括自然界的种种情况；最后是人文，人类社会的人文精神，则可以化育万物，教化万物。

讲完天文、地文、人文，下面我们就来说说重点——八卦。我们现在经常称一些故弄玄虚的事为"摆八卦阵"，其实最早的八卦是非常严肃的，首先解释一下八卦中"爻"的概念：爻就是绳子打结的地方。八卦最初只有三爻，现在《易经》中则是六爻，由下边到上边一共六横；六爻又分为阳爻和阴爻，一整横代表阳爻，中间断开的横代表阴爻。"一阴一阳之谓道"，道由阴和阳所构成。北宋时期《易》学大家邵雍（邵尧夫），就称伏羲发明的八卦为"先天八卦图"，至于我们现在看的，往往是"后天八卦图"。通常，先天八卦图都与太极图搭配出现，因此一些人也把太极式先天八卦称为"混元八卦"，太极也就是混元，用于表示一种阴阳未分的混沌状态。

观察先天八卦和后天八卦，我们首先可以发现，两个八卦图中间都有一个太极图的形象，这是它的标志；其次，先天八卦图和后天八卦图有很大的不同，主要在于它的方位。比如后天八卦图的东面是震卦，代表的是雷；南面是离卦，代表的是火；西面是兑卦，代表的是金；北面是坎卦，代表的是水。

现在大家对比看一下，它们最大的不同在哪？先天八卦中，乾卦的位置在正南，坤卦的位置在正北。假如我们从"乾"开始，沿逆时针方向运动的下一个方位就是东南的兑卦——而这个兑卦在后天八卦里，是处于正西的。

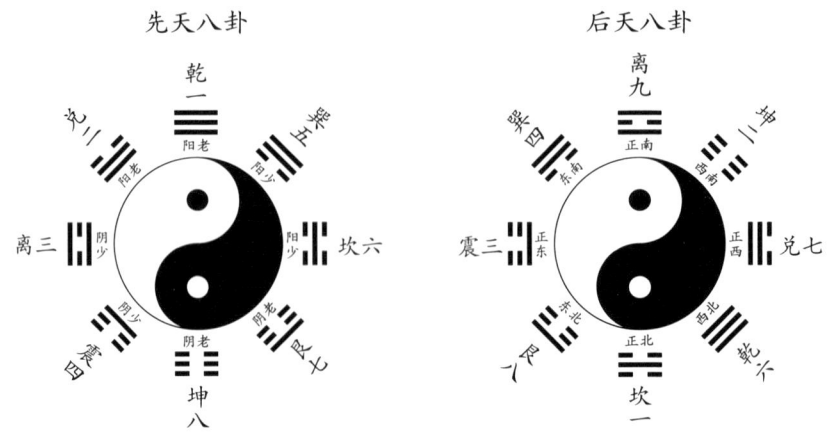

这里补充一个小知识：我们现在看地图，按照的是西方的顺序，"上北下南左西右东"；可是在中国，最早的方位不是这样的。它是"上南下北"，乾卦在正南，坤卦在正北。

在先天八卦中，正东方是离卦，东北方是震卦。乾卦沿着逆时针方向运动，坤卦沿着顺时针方向运动。运动到西北方是艮卦，代表山；运动到正西方叫坎卦，代表水；运动到西南方，也就是运动到巽卦，代表风，也代表木；我们只需抓住一个关键点，就是乾和坤的定位。大家应该听过一个成语叫"天南地北"，这不是随便说说的，看先天八卦图，我们就能发现：天在南方，也就是乾卦的位置，而地，在北方。

大家现在对八卦图有了形象的感知，但每个卦分别代表什么呢？我们来具体解释一下。总体来说，先天八卦图是以乾卦代表天；坤卦代表地；兑卦代表泽；离卦代表火；震卦代表雷，雷声震动；巽卦代表风，代表木；坎卦代表水；艮卦代表山。所以我们经常说的"一道坎"，坎过不去，其实表示水迈不过去。

既然八卦代表了八种自然现象，那它们之间的关系是什么呢？天尊而地卑，乾（天）居上，在南方，阳爻组成的四卦，依次按乾、兑、离、震排列。坤（地）居下，在北方，阴爻组成的四卦，依次按坤、艮、坎、巽排列。

因此，我们可以来个总结：八卦乃是先民们观察自然的结果。他们通过观察天象，划定了春分和秋分；通过观察自然现象、历史人物、历史事件的轮回，来下一些吉凶的断语。我们现在大致可以想象，在远古时期，先民们可能用画像或者其他方式记录了这些内容，并用这些内容来断定吉凶，一般认为这就是占卜者的记录。这就是关于先天八卦的事。

文王和后天八卦

现在，要说的是文王和后天八卦。也就是"三圣""三古"故事的第二章节——文王和中古时代[1]。商朝末年，西伯侯姬昌（也就是后来的周文王）被商纣王囚禁在羑里。羑里被认为是中国最早的监狱所在之处。它在哪呢？在现在的河南省汤阴县，也就是岳飞的老家，关了七年。这七年倒为文王提供了一个好环境——都蹲了监狱了，怎么还算一个好的环境呢？这人有时候在监狱里边，反倒能静下来做研究，他闲来无事，又时刻心中忧虑，于是一边体察天道人伦、阴阳消息之理，一边借助蓍草进行推算，潜力也就发挥出来了。

回到正题。这七年之间，文王把八卦重叠成八八六十四卦。虽然我们猜测先天八卦可能有些卦爻符号，但是到了后天八卦，才真正留下了卦辞和爻辞。六十四卦的每一卦都有六爻，每个爻都有爻辞。由三爻变成六爻。这也就是我们讲的，"文王拘而演《周易》"（《周易》即本书的《易经》六十四卦），文王被拘捕了，推演《易经》。

接下来，我们进行更细致地分析。

首先，文王是谁？"文王拘而演《周易》"是什么意思？文王，也就是周文王，姓姬，名昌，史称西伯。最早的时候，他是西方诸侯之长，居于周原（今陕西岐山）。在中原以西，所以被称为西伯。他是商朝末年周族的领袖，后其子周武王灭商，追称其为周文王。周原来是一个小部落，周族认后稷为祖先，经历了很多时代到公刘，再到古公亶父，然后到周文王的父亲季历，再到周文王姬昌。到文王姬昌时，他自己深得人民拥戴，周族的力量也越来越壮大，由此引起了商纣王的猜疑和不满。这时，纣王手下有一个叫崇侯虎的人告状，商纣王就把姬昌

---

[1] 因《易传》"中古"与今通用"中古"有区别，今"中古"多为魏晋至唐时代。

召到了朝歌，囚禁于当时的国家监狱——羑里城。姬昌被囚后，纣王以种种野蛮手段对其进行侮辱和折磨，甚至将姬昌的长子伯邑考杀害后做成肉羹逼他吃，然而姬昌还是忍辱活了下来。在被囚禁的七年间，他还做出了一个伟大的贡献，就是将伏羲的先天八卦图改造成后天八卦图。

接下来，我们就来解释一下这后天八卦图。

大家对比先天八卦图和后天八卦图可以发现，它整个的方位发生了变化。我们中国人认为，运动开始于东方——东方属于春天，一切都从这里开始。在后天八卦图里，震卦是在正东，代表雷；巽卦在东南，代表风，也代表木，东南风；离卦在正南，代表火，也代表热；坤卦在西南，代表大地，也代表女性；兑卦在正西，属金，代表愉悦；乾卦在西北，代表天；坎卦在正北方，代表水；艮卦在东北，代表山。

乾卦放到了西北，没有放到正东、正西、正南、正北，为什么呢？周文王生活的地域正是在西北。因此他把乾卦放到这儿。如果再把中间太极图去掉，这跟先天八卦图的区别，就非常明显了。问题关键还不仅仅在这儿。因为在先天八卦图里边，这些卦都代表自然现象，天、地、风、雷、水、火、山、泽，然而到了文王后天八卦的时候，这些东西发生了深刻的变化。

第一，后天八卦主要谈后天事象，我们把它分成阴和阳两组。一边以乾为父，底下有三个，震为长子、坎为次子、艮为少子，也就是分别为大儿子、二儿子、三儿子。上面是乾，下边大家就会排列了：坤为母，以巽为长女、以离为次女、以兑为小女，分别是大女儿、二女儿、三女儿。这就排成了一个家庭的形象。这个跟先天八卦图，就有了明显的区别。

第二，我们一直讲八卦相重，重叠。所谓八卦相重，共有六十四卦，每一卦有六爻，两者相乘有三百八十四爻。看似繁多，实际上就是由阴爻和阳爻这两爻的不同组合演化而成。大家注意，这可不得了，总共只有两个简单的符号阴和阳,阴和阳组成八卦后再相重得六十四卦。每一卦有六爻,共有三百八十四爻。每一卦有卦辞,主要概括全卦的大意,具有提纲挈领的指示性作用。爻有爻辞,主要揭示某一爻的旨趣。所以六十四卦,就有六十四个卦辞;三百八十四爻,就有三百八十四个爻辞。全不全呢?不,还差两个。因为在乾卦和坤卦之中,还有两个爻辞——乾卦都是阳,以九代表阳,从下往上分别叫初九、九二、九三、九四、九五、上九;坤卦都是阴,以六代表阴,从下往上分别叫初六、六二、六三、六四、六五、上六。这两卦里边,多了两个别的卦没有的爻辞:用九、用六。所以加起来是三百八十六个爻辞。总之,到了文王时代,六十四卦都有了卦象、卦名、卦辞、爻辞,非常明确了。这每一个要素对中华文化的影响非常大。

第三,我们再来说说卦名。比如说这六十四卦里的晋卦。晋是什么意思?晋卦是《易经》六十四卦中的第三十五卦,主要论述用什么态度来迎接晋升,晋升后应该怎么做好自己。这些,卦名都告诉我们了,一目了然。再来说说恒卦,恒卦的恒有两个意思:一个是贞,坚贞的贞,代表固定不动、坚持,是不易、不改变的恒;另一个,是不已、不停止的恒。也就是说,恒卦代表不改变和不停止。比如说,坚持一个原则,一辈子不改变,这是有恒心。而永远在改变、不停地改变,也是有恒心。在恒卦所包含的这两个意思中,一般大家都强调不动的恒,而忽略了不断变动进步的恒。

第四,说完卦名,我们再举例说明关于卦象的事。卦象不单指事物的形象,还有象征、类比和比拟的意义。可以说,中国早期的哲人,清醒地看到了语言概念的局限性,"道可道,非常道",所以只能因象体道,而又不拘泥于象。提供一个卦象,你自己来悟道。比如说,第十一卦泰卦,上面是坤卦,下面是乾卦。也就是上面是大地,下面是天。这个卦象能够让你领悟什么道理呢?地气重而下降,天气轻而上升,两者可以沟通交流。天地交而万物通,这就是我们能根据卦象领悟出来的道理。

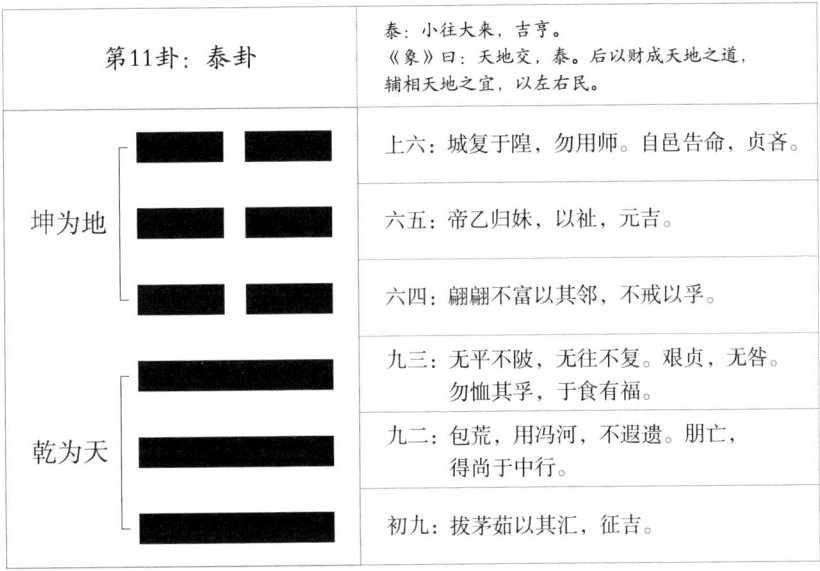

说完卦象，再来说说卦辞。第一，卦辞负有尽圣人之言的使命。远古时期，占卜者是传达神意的最高决策者，自然用语十分慎重，所以无论是卦辞还是爻辞，都有这样的特征。司马迁就说，"文王拘而演《周易》"，此处的《周易》相当于本书的《易经》。把卦、爻辞中时时出现的危世之言、警人之语、忧患之心、变革之义，与作《易》者的遭际联系起来，可知其创作之时抱有极深的忧患意识。正是这种深沉的忧患意识，使文化人忧国忧民，不平则鸣，有感方作。比如说否卦，也就是否定的否，"否卦"的卦辞，叫"否之匪人，不利君子贞，大往小来"。意思是，否定了贤人的建议，或者把贤能的人排斥在门外，小人来到了，像君子一样的大人却走了。君子道消，小人道长，不利于君子。正像《诗经》所说，"忧心悄悄，愠于群小"。

语言是交流的工具、思维的载体，《易》之所言，言之成理，言之有德，亦言之共情，其境界之深沉，其思想之深刻，其情感之真挚，只有此般言辞，才有惊天地、泣鬼神的力量。这就是《易·文言》所说的，"修辞立其诚"。

另外，易辞文字已经有了一定的审美取向。比如说中孚卦，说的是关于诚信的。中孚卦九二就有"鸣鹤在阴，其子和之。我有好爵，吾与尔靡之"之句，已经具有诗歌的音律，与此同时，"鹤"明显是有所指代的意象，这无疑是诗的"兴"体，先言他物以托己怀。

最后，我们以坤卦的卦辞为例，来看看以上两点的具体体现。单以卦辞而论，卦辞有短的，也有长的。坤卦的卦辞就有二十九字之多：

元亨，利牝马之贞。君子有攸往，先迷后得主；利西南得朋，东北丧朋，安贞吉。

第2卦：坤卦	坤：元亨，利牝马之贞。君子有攸往，先迷后得主；利西南得朋，东北丧朋，安贞吉。《象》曰：地势坤，君子以厚德载物。
坤为地	用六：利永贞。
	上六：龙战于野，其血玄黄。
	六五：黄裳，元吉。
	六四：括囊，无咎无誉。
坤为地	六三：含章可贞，或从王事，无成有终。
	六二：直方大，不习无不利。
	初六：履霜，坚冰至。

什么意思？就是在这个祭祀先王、天帝的大亨之祭上问：乘母马远行或者出征，是否有利？得到回答：若君子有所前往，那么就会先迷失道路，而后得到主

人以礼相待，这个不错。往西南方，可以得到朋友，往西北方可能丧失朋友。如果你问的是平安，得到这个卦，吉利。

我们顺便来看一下坤卦的爻辞。比如说坤卦初六，初六在这个六爻的最底下。坤卦初六的爻辞是"履霜，坚冰至"。意思就是，踏上深秋霜雪的时候，就应该知道，寒冷结冰的冬天不远了。它告诫人们要防微杜渐，要居安思危。看见坏事的苗头，就要预测到后边可能出的大危险，所谓见微知著。为什么我们中国人说"小时偷针，大时偷金"，这不就是"履霜，坚冰至"的意思吗？显然，坤卦初六的爻辞对人有一定的警示作用。

各位读者，至此我们已经回顾两圣、两代了！第三圣是谁呢？我们在分论二《易传》详说中揭晓。

分论二

《易传》详说

孔子和《易传》

《易传》是战国时期一部解说《易经》的论文集,其学说源于孔子,由孔子后学著书。《易传》共七种十篇,分别是《彖传》上下篇、《象传》上下篇、《系辞传》上下篇、《文言传》《说卦传》《序卦传》和《杂卦传》。自汉代起,它们又被称为"十翼"。

这"三圣三古"中的古,指上古、中古、下古。上古、中古,已经有了伏羲、文王两圣,到了下古时代,又有圣人继续解读《易》。《史记》和《汉书》都认为,孔子喜欢《周易》,他感叹礼崩乐坏,故撰写了《易传》十篇。这十篇七种解读《周易》的著作,就是《易传》。到汉代,《周易》和《易传》合起来被称为《易经》。

至今依然有许多学者认为六十四卦和卦爻辞被称为《易经》,而七种十篇解读《易经》的著作称为《易传》,合起来称为《周易》。这是着眼于《周易》的"周",是无所不备的意思,很多人接受这样的约定俗成的说法(包括本书)。也有人从历史的发展角度来看,认为在汉代的时候被称为《易经》的,就是把文王推演的六十四卦和《易传》合起来。两种分法着眼点虽不同,但实质上皆无不可。只要说明理由,分类清楚,都可以采用。

相比《易经》,《易传》更容易读懂,因为它是解经之作,富有哲理。在《荀子·大略》这篇文章中,有这样的句子:"善为《诗》者不说,善为《易》者不占,善为《礼》者不相,其心同也。"意思就是:真正通达《诗经》的人,无需解说，读就好了；真正通达《易经》的人，无需占卦；真正通达《礼经》的人，无需由司仪辅助。因为他们的心与经典的精神完全相通。好一个其心同也！也就是认知与经典的精神完全相通，这也正是我们高扬《易传》的理由。学习《易》，重要的是掌握易理，而不是用它来占卜。

需要说明的是，到北宋欧阳修那个时候，《史记》和《汉书》的说法遭到质疑。欧阳修认为《易传》并非孔子一人所作。但他仍然承认"十翼"中的彖和象，也就是《彖传》和《象传》，由孔子所作。

近现代以来，也有许多学者通过考证，认为《易传》不是孔子所作。比如康有为、钱玄同、冯友兰、顾颉刚、高亨、郭沫若等等，皆持此说。顾颉刚将《易传》成书年代推断为战国末期至西汉早期。但是这些人都不否认《易传》是孔门后学的作品，代表儒家思想。唯有金景芳先生坚持认为《易传》就是孔子所作。另外，据说长沙马王堆墓穴中发现的帛书，也有不少间接记载证明《易传》的作者大致是孔子，或者起码是代表孔学思想的。

所以，即便否认《易传》是孔子写的，也并不意味着孔子与《易传》就没有关系，比如说史书就是极佳的证明材料。在《史记·孔子世家》中，就有这样的记载："孔子晚而喜《易》，序彖、系、象、说卦、文言。读《易》，'韦编三绝'。""韦编三绝"一词大家都熟悉，现在用来形容读书勤奋刻苦。这句话的意思是说，孔子晚年喜欢读《周易》，把捆书的牛皮绳子都翻断了好多次。另外，在文献《论语》中，也有证据。子曰："加我数年，五十以学《易》，可以无大过矣。"意思是，如果再给我几年时间，五十以学易，那我就可以没什么大的过失了。由此可见，孔子得到《易》的时候已经五十多岁了。

《易经》为孔子提供了方方面面的营养，孔子对于《易》的发展也起了巨大的作用，二者相得益彰，这才有《周易》《易传》的整理传承，是孔子"为往圣继绝学"的典范。

《易传》使《易经》完成了从占卜学到哲学的过渡，使其有了更广泛的意义和价值。我们说的七种十篇的《易传》，它最大的特点便是沿袭了儒学中刚健奋斗的基本精神，然后进一步将其提升为"天行健，君子以自强不息"。赋予自然以人的品德色彩，提高到"一阴一阳之谓道"的哲学高度，创造了一个完整的世界观。《易传》也最终成为整个儒家最基本的哲学典籍。

《易传》与易理

首先，《易传·序卦传》就说，"有天地，然后有万物生焉"。这里就赋予了外在的、自然的天以肯定性的价值和意义，因为它直接地与自然和人类社会产生了联系。将天道类比于人事，天就变成了具有道德性甚至情感内容的天。古代是农耕社会，百姓尤其依赖天时，四时气候风调雨顺的话，生产和生活也会随之顺利。在没有别的技术手段进行干预的情况下，天具有绝对的权威，人们往往会将感情期盼投射于天，祈祷它能够顺遂人愿，护佑万方。今天我们看二十四节气，依然会有这种感觉，即人们对天地和自然怀有亲切的情感，甚至会产生感激之情。

《易传》的这种天人合一的传统观念中最重要的精神是什么呢？"天地之大德曰生。"（《易传·系辞传下》）意思是天地之间最伟大的品德是爱护生命。是啊！还有什么比爱护生命更有意义、更有价值呢？生命的存在本身就是德性的一种体现，若能进一步保护、促使生命之生生不息，于万物流转、变化中体会自然宇宙的规律，那便更能体现天地之至德了。

再来看段《易传·系辞传上》的原文："富有之谓大业，日新之谓盛德，生生之谓易。"意思是学问德行乃至天下万事万物的具足富有，就是伟大的事业了。日新，又新，就具足盛明的德了。生生不息，变化前进不已，这就是《易》的本质性的含义。"生生"二字中，前面的"生"表示大化流行中的生命本体，后面的"生"为生命本体的本能、功用和趋向。二者相辅相成,深刻地揭示了生命的本质。这"生生之谓易",意思是生生不息、循环往复、革故鼎新,是万事万物产生的本源。"生生",乃是生命繁衍、孕育不绝的意思。

我们再以泰卦为例来进一步进行说明。《易经》以阴阳交感的"泰卦"来表达对变易的推崇。首先,我们来看一下泰卦的图形。这泰卦的图形太整齐、太平衡了,上面是坤卦,三个阴爻;下面是乾卦,三个阳爻。我们前面说过,泰卦在咱们文化中表示"安泰",国泰民安。卦名很好,但卦象却很奇怪。按理说应该是天在上,地在下,才是一个稳定的图形。但是这里,它告诉大家这样一个道理,地气重而下降,天气轻而上升,这两者才能有个沟通交流,用学术一点的话来说就是交感。泰卦的卦象就是"天地交,泰"。象征着宇宙间风调雨顺、政治清明、国泰民安的最佳状态。这种状态出现的根源是阴阳相交。它着重于阴阳双方的和谐和统一,也就是常说的泰和。看,这就是天地间的冲和之气——这个"冲"出自《道德经》中的"道冲"——所形成的和睦、和谐。

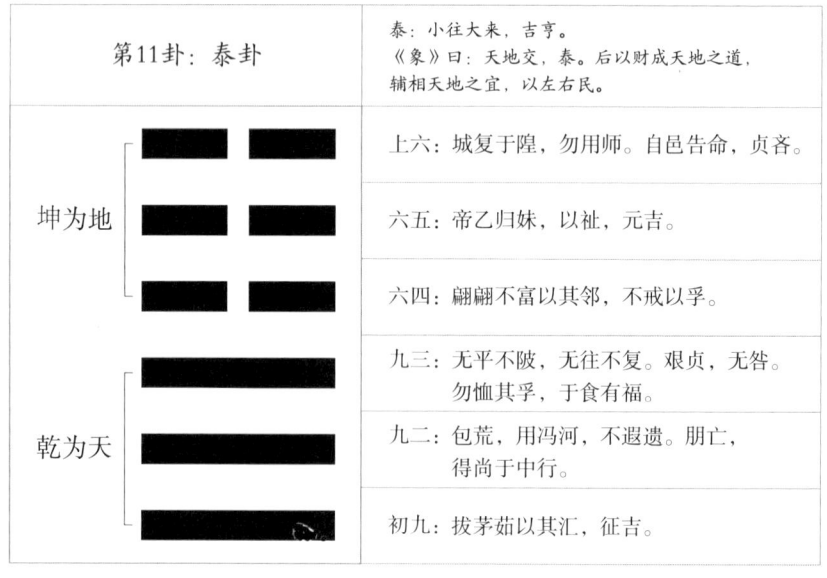

大家再琢磨一下，金銮殿叫太和殿吧？这个太和殿，也常写成"泰和殿"。虽然用两个不同的字，但从文化上来讲没什么太大的问题。太和就是至高之和，和之至可谓大同，大同则必然安泰。还有，泰卦思想深刻之处，在于认识到相交会演变成相背——泰极必然否来。实际上，没有什么否极泰来之说。因为泰卦是十一卦，否卦是十二卦。泰卦发展到顶端的时候会演化为否卦，可是这否卦要重新回到泰卦呢？得经过六十三卦的运动之后才行。大家可以思考一下这里边的深刻道理。犯了错要改正，那需要很长的时间。可是遇到好事后乐极生悲，这样的情况却经常发生。所以，居泰应该思否，居安应该思危。

《易传》谈论对立面转化的立足点，在于一个"和"字。同时，它们也看重对立双方的转化。生命气息遍及宇宙，让宇宙成了一个有机的宇宙。阴阳、刚柔的推移变化过程无时无刻不在继续。

由泰卦我们再深入一步，来解读一下《易传》中的"一阴一阳之谓道"这个重要的命题。这个命题的内容是很丰富的，至少有四个方面的意义。第一，注重阴阳消长的过程。第二，注重阴阳互相渗透，刚柔交错、刚柔相交而起的变化。第三，注重万事万物一分为二、合二为一；可以说，《周易》就是这样，一分为二，合二为一，生生不息地变化。第四，阴阳两极是相通、相融的统一体，也就是我们说的"泰极否来"。这是对六十四卦《周易》的提升与概括。

最后我们再来看一段《易传·系辞传上》的原文：

> 是故，刚柔相摩，八卦相荡，
> 鼓之以雷霆，润之以风雨。
> 日月运行，一寒一暑。
> 乾道成男，坤道成女。
> 乾知大始，坤作成物。

乾以易知，坤以简能。易则易知，简则易从。易知则有亲，易从则有功；有亲则可久，有功则可大；可久则贤人之德，可大则贤人之业。

易简而天下之理得矣。

天下之理得，而成位乎其中矣。

这个原文的意思就是，宇宙间阴阳二气不停地切摩变化。八卦所代表的天地间八个基本物象不停地相与鼓动变化，于是产生了宇宙万有。比如说以雷霆之气鼓动万物的生机，以风雨疏散润泽万物的气机。日月的运行构成了人间的昼夜寒暑。乾为天、为父、为阳，是构成男性的象征。坤为地、为母、为阴，是构成女性的象征。乾为天，代表时间，故知天地之大始。坤为地，代表空间，故能作成万物。乾为天，昭然运行于上，而昼夜攸分，是容易让人理解的。坤为地，浑然化为万物，是以简易为功能的。"易则易知，简则易从。"这句话说得太好了！是啊，简易则易于知解，简易则易于遵从。这样才有亲切感，这样才能成功。比如以说话的方式而论，什么样才是好的说话方式呢？说得少，就是说得好。易理深刻么？当然很深刻。但是"易简而天下之理得矣。天下之理得，而成位乎其中矣"。意思是说，易的道理是如此的简易，而能包含天下的道理。一阴一阳就构成了宇宙间纷纷繁繁的变化。所以我们要了解这个"大道至简"，就要把它化作一个最简明的、最简练的、最简易的方式，来抓住它的核心与精髓。如果我们能了解天下的道理，那就能与天地同参，而成就不朽的名位了。所以，《周易》值得我们认真地学习研究。

《易传·文言传》

本章来讲《易传·文言》。《易传》里边的第一篇就是《文言》。这个"文言"可不是文言文的意思,而是"十翼"之一,也就是《易传》中十篇文章之一。

《文言》只乾坤两卦有。有个对联,上联是:"《周易》六四卦,唯'乾''坤'有文言。"下联是:"《论语》二十篇,只《乡党》无子曰。"《论语》总共有二十篇,在《乡党》那篇里面没有"子曰"。《文言》也就是只乾和坤两卦有,别的没有。可能是因为乾坤两卦是《易经》之门,其余诸卦都是出自这两卦。乾坤两卦太重要了,需要反复加以说明。学习了这两卦,也是为学习其余各卦作示范,使人们知道《易经》应当怎么学。

"文言"这两个字到底是什么意思呢?"文言"即"依文而言其理",是专门解释"乾"卦和"坤"卦的。《文言》里多有"何谓也""子曰"等字样。后人揣测可能是孔子答弟子问,弟子所做的记录。同《论语》的情况近似,虽然不是孔子亲笔写的,但其思想肯定是属于孔子的。

《乾·文言》

我们用"进德修业"这一成语,来概述《乾·文言》。

> 九三曰:君子终日乾乾,夕惕若厉,无咎,何谓也?
> 子曰:君子进德修业。忠信,所以进德也;修辞立其诚,所以居业也。知至至之可与几也,知终终之可与存义也。是故居上位而不骄,在下位而不忧。故乾乾,因其时而惕,虽危无咎矣。

九三是乾卦的第三爻,从底下往上数,初九,九二,九三。

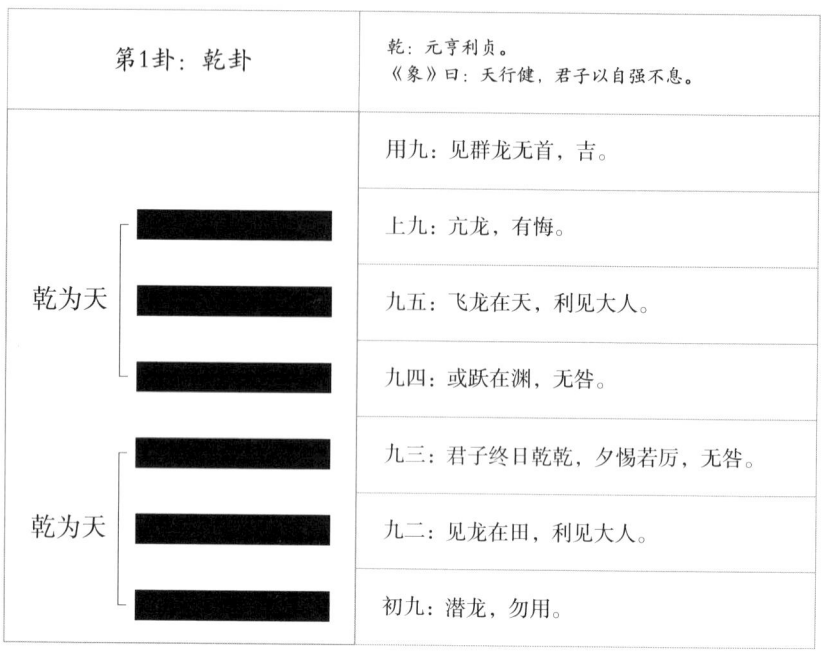

九三爻辞说"君子整日健强振作，直到夜间还时时警惕慎行，这样即使面临危险也免遭咎害"，是什么意思呢？

孔子答说："君子通过增进德行，建立事业。忠厚而诚信，所以能够增进德行；修正言辞，树立诚意，所以能够安定事业。知道目标而为之奋斗，可以用来管理政务；知道目标能够成功，可以用来保全道义。因此身处上层而不自大，身处下层而不忧患。在积极上进中能时刻小心谨慎，虽有危险却没有灾祸。"

其实《文言传》对九三爻和九四爻的解释，都有"进德修业"。在这里，我插一个知识点：在六十四卦里，三爻和四爻的位置通常都不太好，有个词叫"不三不四"。三多凶，四多惧，指第三爻多凶险之事，第四爻多恐惧之事，所以要进德修业。越是在多凶多惧的时候，越要进德修业。进德就是提升自己的品德，修业就是使自己的事业进步。那么，要如何进德修业呢？孔子的答案是：要忠信，要"修辞立其诚"。我们现在也使用"修辞"这个词，但用的不是本义了。

修辞的本义是要使自己的言辞美好，要说好话，不要老出口伤人。老出口伤人，肯定不能成就大业。修辞，或者说文风，不仅对个人非常重要，对社会也有广泛的影响。所谓"文变染乎世情"，许许多多人的言辞构成了一个社会的风气，反映一个时代的风貌，比如唐宋两代曾兴起改革文章体裁的古文运动，其意义不只是文学上的，更有扭转社会浮夸、浮躁风气的目的。言辞除了要美好，还要诚心，"修辞立其诚"，修辞的目的是表达自身美好的品德，所以必须是要发自内心的，不是做出来给别人看的。

接下来，我们来看一下《乾·文言》九四爻的原文：

九四曰：或跃在渊，无咎，何谓也？

子曰：上下无常，非为邪也；进退无恒，非离群也。君子进德修业，欲及时也，故无咎。

九四爻辞说"龙或许腾跃上进，或许跳进深潭，都没有灾难"，这是什么意思呢？

孔子说："所处位置之高下，有时候处在上位，有时处在下位，原本就是变动无常的。或进或退，不是恒久不变的，这并不是脱离人群只求自利走邪路的理由。君子增进德行，修治学业，随时预备着抓住机遇建功立业，所以没有灾害。不能因为我的位置被人替代了，就不再承担本职工作和责任。有时奋进，有时退隐，人原本就是应时而变的。这不是为了远离人群而只求自利。君子努力培养德行增进学业，随时预备着抓住机遇，所以没有灾难。"

九四爻也说进德修业，还加了一句，"欲及时也"。什么意思？因为九四爻的时空点，是人生第二阶段的开始，这是转折期。所以要抓住这个时机，抓紧修炼自己的品德才能建功立业。从底下往上六个爻，这是六个阶段，最底部的初九,"潜龙,勿用",在事情一开始的时候,就算你发展势头很好,最好也不要轻举妄动。人刚到一个地方就老想出头,刚到一个单位就说话不谨慎,一副高高在上的名校毕业生那种感觉,那就错了!开始要潜龙勿用,谨慎低调,不要锋芒毕露。当然,到了九二,开始要表现一下了——"见龙在田"。一个胸怀大志的人,开始崭露头角,于是"利见大人"。表现好了,就容易被贵人发现。但是各位注意,一旦表现得好,出头了,就会有很多人嫉妒,所以立马要"终日乾乾,夕惕若厉"(九三),早上也小心谨慎,晚上也小心谨慎,如临危境。"无咎。"不会有什么太大危险。别一下表现好了就开始张扬,那样麻烦就来了。我们继续看九四爻,"或跃在渊,无咎"。对龙来讲得有水,跃起来时得落在有水的地方。别张扬地、炫耀地往岸上跳。不要说跳到岸上,龙卧浅滩都受虾欺。所以,表现好之后一定要落在自己合适的位置上。等到真正的机遇来了,那"飞龙在天"(九五),上到最高。不过上到最高的位置,有悔恨的事情也会随之产生了,"亢龙,有悔"(上九)。这个时候本来应该位置越高越谦逊小心,若自以为是,位置高了,洋洋得意,那么很多糟糕的事也就来了。这就是六个阶段。我们说的六十四卦,也就是六十四种情况,连起来,就是一个循环往复的过程。只有这样才能够真正了解这里边所表达的深刻的含义。

我们再回到九四爻,"或跃在渊,无咎"。看完这个图,大家有没感觉一跨入九四爻,也就是第四个阶段,格局就完全不同了?修心是前面的重要任务,现在则跨入行动部分了。所以说"君子进德修业,欲及时也,故无咎"。由于九四爻阳居阴位——双数位置应该是阴位的——它强调了上下进退,没有邪心,也不离群。进德修业,要及时地抓住时机,促成飞跃,完成人生的质变。九四和九三相似,但是更强调要及时。因为九四离九五的位置更近了,已接近了九五之君位,所以更应该抓紧时机,加强人格修养,不断激励自己奋发上进。

接下来,我们再来看看《乾·文言》九五爻。

九五曰：飞龙在天，利见大人，何谓也？

子曰：同声相应，同气相求。水流湿，火就燥，云从龙，风从虎。圣人作而万物睹，本乎天者亲上，本乎地者亲下，则各从其类也。

九五爻辞说"龙飞腾在天，有利于会见贵族王公"，这是什么意思？

孔子说："声息相同就互相应和，气味相投就互相求助。水往低湿的地方流动，火向干燥的地方蔓延。云萦绕着龙，风追随着虎。圣人兴起，万物景仰。根基在天上，附丽于天空。根基在地上，依附着大地。万物都归属于各自的类别当中。"

上九曰：亢龙有悔，何谓也？

子子曰：贵而无位，高而无民。贤人在下位而无辅，是以动而有悔也。

又有学生问孔子，上九爻辞说"升腾到极限的龙，将有灾祸之困"，这是什么意思？

孔子回答说："身份显贵而没有根基，就德不配位。地位崇高而没有人民，就没有势，没人支持。有才德的压抑在下层，不能获得他们的辅助。因此若有行动，必招祸殃。"

"亢"这个字很有意思，意思是高、极，形容所处的位置很高。"亢奋""亢进"看起来都是很好的词，有刚强进取之义，但是仔细品味，如若"亢奋"这个词，是自以为自己的事业只会发展不会衰败，只会存在不会灭亡，只会胜利，不会失败，也是一件很可怕的事，所谓"亢龙有悔"。很多人都认为自己就应该成功，一旦败了之后，遭遇挫折之后就接受不了。谁能接受这个，谁能够了解进退存亡的相互关系，其唯圣人乎？了解进退存亡的相互关系。恰当地把握它们之间的互相转化，能做到这一点的，恐怕只有圣人吧？

我们简单做一下总结，说"进德修业"之事，是要想成功所必备的。而进德修业之事，实在是任重而道远。这一点我们在后边还要不断地强调，因为这是《周易》开始的时候就告知我们的重要内容。

《坤·文言》

再强调一次，所谓"传"，就是解读的意思。"传"在古代是指对经典著作做解说和注释意义的书和文字。比如说《左传》，就是左丘明为《春秋》所作的注释。《易传》，也就是对《周易》的解读。

上一章我们讲进德修业，出自解读"乾"卦的《乾·文言》。本章以"积善之家，必有余庆；积不善之家，必有余殃"为枢纽来讲讲《坤·文言》。

> 《文言》曰：坤，至柔而动也刚，至静而德方；后得主而有常，舍万物而化光。坤道其顺乎？承天而时行。
>
> 积善之家，必有馀庆；积不善之家，必有馀殃。臣弑其君，子弑其父，非一朝一夕之故，其所由来者渐矣，由辩之不早辩也。易曰履霜坚冰至，盖言顺也。

这一大段的意思是，《文言》就讲：地道极为柔顺，但它的运动却是刚健的。坤为纯阴之卦，故地道至柔，有宽厚、包容、安静之态；而无论阴阳，都并非静止不动，而是循序渐进、循环往复地运动着，于天地交通变化之中沉稳地运行。我们也经常说，女子本弱，为母则刚。坤道极为娴静，但品德是方正的。地道后

第2卦：坤卦	坤：元亨，利牝马之贞。君子有攸往，先迷后得主；利西南得朋，东北丧朋，安贞吉。《象》曰：地势坤，君子以厚德载物。
坤为地	用六：利永贞。
	上六：龙战于野，其血玄黄。
	六五：黄裳，元吉。
	六四：括囊，无咎无誉。
坤为地	六三：含章可贞，或从王事，无成有终。
	六二：直方大，不习无不利。
	初六：履霜，坚冰至。

于天道而行动，但运动具有规律性。它包容万物，其生化作用是广大的。地道多么柔顺呐！顺承天道，而依四时运行。

所以积累善行的人家，必有不尽的吉祥；积累恶行的人家，必有不尽的灾殃。臣子弑杀他的国君，儿子弑杀他的父亲，并不是一朝一夕形成的。所以出现这种局面，是逐步发展的结果。"履霜，坚冰至"意思就是说，踩踏着薄霜，坚厚的冰层快要冻结成了。大概就是一种循序渐进的现象。

《坤·文言》是对坤卦内容的解读。我们刚才说的这段话中的"积善之家，必有余庆；积不善之家，必有余殃"，在我国流传非常广。特别是在解读坤卦初六的爻辞"履霜，坚冰至"时，指示更为明确。

我们前面说过，只要是阴爻都称作六，因此最底下的第一爻叫初六。坤卦没有阳爻，全都是阴爻。所以从下边往上边，依次是初六、六二、六三、六四、六五、上六。坤卦里边的初六即"履霜，坚冰至"。坤卦以马为形象，马蹄踏到霜的时候，有智慧的人就会想到，后面将会有坚冰接踵而来，这叫见微知著。比如我们经常说小孩"小时偷针，大时偷金"。小的时候，这一个小小的细节放任不管，不好的习惯不去纠正，后面大的祸患来的时候，那就来不及了，悔之晚矣。所以借着这个卦象，我们首先要明白初六的这句话："履霜，坚冰至。"

"积善之家，必有余庆"体现了行善积德的文化传承。当年可以跟同仁堂比肩的庆余堂，它的来源自然就是《坤·文言》中的"积善之家，必有余庆"。关于这个余庆、余殃之说，原意是强调防微杜渐，但同样也表达出善恶有报的观念。这个善恶有报不是从因果报应的角度出发来说的，而是站在去恶向善、心存道义的立场上的。一个人若要修成理想人格的君子，就应该明白善恶之分，通晓义利之辨，行事不以功利为主要考虑，而要长久地将道义视为最高的目标。种种的善或不善的做法，都会影响个人乃至家族。祖祖辈辈都是积德行善之家，必然有好的结果。一个人行善事时，除了自己收获吉祥如意外，福分还可以荫及子孙。反之亦然，若老是犯下恶行，那很快就会由后代来偿还。这就是善有善报、恶有恶报的意思。从哲学上说，这句话所阐述的是一种事物循序渐进、慢慢积累，最终量变引起质变的现象。《了凡四训》里，就有一个积善之家的例子。

> 昔颜氏将以女妻叔梁纥，而历叙其祖宗积德之长，逆知其子孙必有兴者。

孔夫子外公颜氏嫁女儿时，就去调查孔夫子父亲的祖先八代。后来发现未来女婿的祖先代代行善、代代积德，是积善之家，于是就把女儿嫁给了孔夫子的父亲。

大家会问，为什么要了解他的祖先是否积德呢？有人认为："我就是跟这个人结婚，管其他干吗？"不！古人的经验还是有道理的。因为古人实际上是教我们识人。明白这个道理，在择偶时一定要去观察一下对方的父母是否孝敬长辈，其祖辈是否积德行善，等等。你看孔夫子的外公很有智慧吧！把女儿嫁给了叔梁纥，生了孔老夫子这个"万世师表"。可见，中国的老祖宗非常有智慧。一家能否兴旺发达，某种程度上跟祖宗积德很有关系。

我们再来举一个例子，司马光。

司马光是宋朝的名臣，做过国相，也是史学家。他一生清廉节俭，正道直行，同时还严于律己，及于家人。他在家训中说：

积金以遗子孙，子孙未必能守；

积书以遗子孙，子孙未必能读；

不如积阴德于冥冥之中。

这句话的意思是什么呢？

"你积累金钱留给子孙，子孙不一定能守得住；积累书籍留给子孙，子孙也不一定能读；不如多积累点善德，这样才是为子孙打算的长远之计。"司马光为相之时，社会是什么样呢？北宋的士大夫们竞相以奢华为荣。而司马光能保持头脑冷静，居安思危。他写过一篇文章叫《训俭示康》，康指的是他的儿子司马康。《训俭示康》中就是告诫他的儿子司马康要以俭为美，清正自省，不可追求奢靡生活。

《道德经》第六十七章有："我有三宝，持而保之：一曰慈，二曰俭，三曰不敢为天下先。慈故能勇，俭故能广，不敢为天下先，故能成器长。"三宝中第二个宝，就是俭，节俭、节制。所以司马光写了这篇《训俭示康》，告诫其子司马康以俭为美，清正自省。《宋史·司马康传》就记载，司马康成年后，为人审慎俭素，为官清正廉洁。可见，司马光言传身教，身体力行。后辈也耳濡目染，潜移默化，皆有其节俭清廉之风。人皆爱其子，只是相较于司马光的以俭为美，清白传家，有些人的教子观——不管是历史上还是现在——何其短视，只知为后辈积累物质财富，却不知为其增加精神滋养。

《易传·大象传》

本章以"自强不息、厚德载物"为枢纽来说说《易传·大象传》。

我们在读《周易》的时候，先要区分出《易经》和《易传》。"经"文部分包括八卦、六十四卦符号及其卦辞，而《易传》里边总共有七种十篇，其中就包括《象传》。《象传》又随上下经分为上下两篇，分别是《大象传》和《小象传》。这些基本的常识要搞不清楚，大家读《周易》的时候就没法轻松。

《大象传》解释六十四卦卦辞，主要从卦象来阐释社会伦理的道德意义。《小象传》则解释三百八十六爻爻辞，说明爻象或者爻辞的意义。二者都以卦象为依据来进行释义，因此题其篇为"象"，也称象辞。"自强不息""厚德载物"这两个有名的成语正是出自《易传·大象传》。

来看一下原文："天行健，君子以自强不息；地势坤，君子以厚德载物。"这句话的意思是说，天的运动刚强劲健，所以君子处事应该像天一样力求进步，刚毅坚卓，发奋图强，永不停息；大地的气势厚实和顺，所以君子效法大地，应该增厚美德、容载万物。

先来说说"自强不息"。乾卦《象》曰："天行健，君子以自强不息。"什么意思呢？天体日夜不停地旋转，不断地努力，应当为人所效法。咱们中国人认为，没有什么神秘的外在力量推动宇宙运行，中国古代的宇宙观认为天地万物是一个有序的系统，内部存在阴阳两种力量的相互作用，推动它不断地运动、旋转、变化、发展。所谓"一阴一阳之谓道",指的也是这个意思。我们知道"天人合一"是中华文化一个本质的特征,宇宙自然运行的规律与人世间是对应的,所以人生在世,一定要有奋进的心态,要自强不息。

长久以来,这种自强不息的精神已经被中国人当成了一个常识,所谓"百姓日用而不知"。很多人都没有意识到,正是这种永不屈服、努力奋进的精神使中华文化能够源远流长地传承下来。关于自强不息精神的重要性,我们以东西方神话为例。比如火的来源。火在西方神话里是天神赐予的,比如古希腊神话中普罗米修斯盗火种给人间;但是在中国神话里,火是人们借助钻木取火等方式,依靠自己的坚韧不拔发明出来的。再比如洪水,中西方神话里都有末日洪水的故事,西方人是躲进诺亚方舟;但中国人的祖先大禹则战胜了洪水。还有关于太阳,西方神话中太阳神是绝对的权威,中国却有夸父逐日,试图摘下太阳的传说,虽然夸父最终累死,但是在另一个故事里,后羿最终将太阳射了下来。这些神话暗含着东西方文化中两种本质上不同的世界观,中国人最重要的精神之一,就是"自强不息"。

所以说,真正的聪明人不指望天来相助,也不总是期望别人伸出援手,而是自己为自己争一片立足之地。所谓自强不息,就是意识到天地不仁,万不可依赖天地;而要相信自己的力量,为自己争取更广阔的天地。

我们再来说说"厚德载物"。坤卦《象》曰:"地势坤,君子以厚德载物。"意思是说,大地的形式平铺舒展,顺承天道。君子观此卦象,取法于地,以深厚的德行来承担重大的责任。

1914年冬,大学者梁启超为清华师生做了一篇题为《君子》的演讲,其中就引用了乾坤二卦的象辞。他以孔子为例,说道:"孔子曰:'躬自厚而薄责于人。'盖惟有容人之量,处世接物,坦焉无所芥蒂,然后得以膺重任。……此其所以为厚也,此其所以为君子也。"厚德载物之于孔子,表现为他对人的大度宽容和仁爱思想，容人接物都无所芥蒂。厚德载物的核心就是仁，仁就是仁爱、爱人，是包容、宽厚、坚持。不要对别人那么苛求，对一切都有度量宽容，这是达到修养的极致了。一些小有才华、自我感觉良好的人，看不惯别人，小肚鸡肠，嫉贤妒能，与厚德载物是完全背道而驰的。

我们再举两个例子，说两个孔子佩服的人。第一个是周公。殷商亡国之后，一个棘手的问题是该怎么处理这些亡国之民。武王先是询问了姜子牙和召公，得到的建议是"杀"和"有罪者杀，无辜者留"。周武王觉得不妥，于是去问周公旦。周公旦的建议则颇为宽厚，提出让殷人在他们原来的住处安居、耕作，并且争取殷人当中有影响、有仁德的人。周公提出的政策深得武王赞许，于是武王命令释放被囚禁的殷商贵族，而且打开粮仓赈济饥饿的人民。这一安民措施让刚刚建立的周王朝在殷商之民中也有了威望。周公的宽厚也体现在生活之中，他曾劝诫自己的儿子要谦虚、宽厚待人，对待天下贤士，他曾于吃饭时多次吐出嘴里的食物去接待他们，丝毫不以身份的尊贵而骄人。这就是著名的"周公吐哺，天下归心"。

另一个是管仲。管仲曾经侍奉公子纠，却在齐桓公杀了公子纠后转而辅佐齐桓公，所以子贡曾经问老师："管仲不是仁人吧？"孔子回答说："管仲辅佐齐桓公，称霸诸侯，匡正天下，人民到现在还受到他的好处。如果没有管仲，我们大概都会披发左衽，成为野蛮之人了。难道他要像普通男女那样，守着小节、小信，在山沟里上吊自杀，而没有人知道吗？"孔子这段话太有代表性了！我们评价一个人时，往往求全责备，但是孔子却很宽容，抓大而放小。从小处看，管仲看似德行有亏，应该被批判。但是如果从"厚德载物"的角度看，一方面管仲为齐国人民谋得更大的福祉，是"大德"；另一方面孔子能够越过管仲的"不仁"之处，客观地评价他的功绩，又何尝不是"厚德载物"的一种体现呢？

最后，我们说一说"李广难封"的事。《史记·李将军列传》里记载，李广曾经被贬为庶人，心情不畅骑马外出，醉酒夜归。到了霸陵，城门已经关闭，霸陵尉拒不开门。不久，匈奴的人杀了辽西太守，皇帝下诏又拜李广为右北平太守。李广上任，立即叫人把霸陵尉抓起来处斩。所以李广难封，难道仅仅是因为老了的原因？是不是也有自己不够容人、没有雅量的原因呢？

总之，唯有厚德能载物，岂有量小可赢人。水厚可以肥鱼，土厚可以育物，云厚可以化作甘霖。人在历史中如过客，在宇宙中如尘埃，只有借厚德载物，来树立自己的道德之志，才可提高自己的境界和情操，留下宝贵的精神财富。

《易传·小象传》

本章我们以"盈不可久"为中心来说《小象传》。"盈不可久"出自《乾·小象传》对乾卦上九爻的解释。我们要先对乾卦六爻有一个基本的认识，概括地说，乾卦六爻反映了"龙"这一意象变化、发展的六个阶段。

初九叫潜龙，巨龙潜伏在水中，不要乱出头。

九二叫见龙，不能老潜着，也得表现一下，让贵人发现你的才能，有利于事业的发展。

九三叫惕龙，表现之后有了成就，一定会引起别人的嫉妒，所以更要警惕谨慎。

九四叫跃龙。到了九四，警惕、积累一段时间，找到机会跃起来时，要找好自己的立足点。龙伏浅滩受虾欺，所以《道德经》里面说"鱼不可脱于渊"。当龙"或跃在渊"的时候，往上跳要选好落脚点，未虑胜，先虑败，给自己找好后路。

九五叫飞龙。一次又一次地飞跃，高飞上天就到了九五，"飞龙在天"就是发展到最好的阶段了。

可是任何一个人，身居高位的时候，如果不小心，都会做出让人后悔的事。上九爻说"亢龙有悔"，亢就是太过分了。在高位的时候，得意洋洋、盛气凌人、趾高气扬，不警惕就会招致悔恨。

上九叫亢龙，"亢龙有悔，盈不可久也"。龙飞到过高的地方，必将会后悔，因为物极必反，发展到尽头，必将走向其反面。所以越是巅峰，越要谨慎；越是位置高，越要谦虚，越要宽容。这样衰败就会来得晚一些，来得慢一些。

以曾国藩为例。曾国藩目睹了盛极一时的太平天国的灭亡，内心不能不受触动。所以当他成功镇压太平天国，走向人生巅峰的时候，**丝毫不敢得意**，之后始终以"战战兢兢、如履薄冰"的状态生活，也就是乾卦九三爻的"惕"。

古往今来，多少人因为忽略了这个"惕"字，不得善终。比如年羹尧就是九三爻不得善终的典型代表。他平定青海叛乱有功，于是自恃功高，飞扬跋扈，目中无人，甚至卖官鬻爵，最终凄惨收场。反观曾国藩，当他位列人臣之极，没有丝毫地自矜自傲，晚年将全部财产捐出，住在农村，每天种菜、赏花、读书、撰文，安分自足地度过了余生。死后被赐予谥号"文正"。北宋名臣司马光曾说："文正是谥之极美，无以复加。"是中国古代臣子的最高荣誉谥号。

曾国藩和年羹尧，这两个人都曾成就一番功业，结局却是天差地别，关键就在于这个"惕"字。若心存警惕，即使处于再艰难的环境，也不会有太大的祸殃。

再说个观点，我在中学时就跟人争论过，上山和下山，到底是哪个容易，哪个难呢？当时符合直觉的回答是，下山肯定比上山容易得多。但是随着年龄的增长，慢慢理解了什么叫"上山容易下山难"。难与易，其实不单指路的险和易，更多体现的是一种心态。我们爬山的时候专心致志，很容易爆发出巨大的力量，迅速登上顶峰。然而，享受过登顶带来的喜悦后，拼劲往往就没了，这时候下山，因为放松了警惕，就很容易摔跤。懂得上山，固然重要；懂得下山，更需要智慧。

所以，《小象传》用"盈不可久"这个成语，就是告诫人们不能骄傲，盈则必亏、月盈则蚀。"满招损，谦受益"，物盛则衰，物极必反，泰极而否来。

乾卦六爻，从潜龙、见龙、惕龙、跃龙、飞龙，最后到上九爻亢龙，一旦达到满的程度，就不容易长久。从"飞龙在天"到"亢龙有悔"，仅仅一步之遥，处境却由辉煌变为高处不胜寒，产生了损失与悔恨。

再说说韩信的例子，如果说韩信登坛拜帅时，是他一生"飞龙在天"的九五之位，那么平定齐国之后，就到了他人生的上九之时。此时，除了项羽之外，再没有第二支力量足以对刘邦构成威胁。天下除了刘、项，就是韩信自己，三足鼎立了。

此时的韩信，有两个比较好的选择：一个是听蒯通的话，拥兵自立为王，与刘、项共争天下；另一个就是继续跟着刘邦干，当刘邦的大元帅，听从刘邦的调遣。问题是，韩信偏偏选了第三个：让刘邦封他为代齐王。

当时刘邦正在荥阳，被项羽围得几乎水泄不通，兵尽粮穷。刘邦看了韩信上书的内容，十分恼怒。如果这时候两个人闹起来，后果将不可收拾。多亏有张良、陈平这样的谋士，暗中提醒刘邦，先用权宜之计把韩信稳住，其他等灭掉项羽之后再说。

刘邦听从了张、陈的建议，说：大丈夫封什么代齐王？要封就封真齐王。于是封韩信为齐王。此时的韩信，在刘邦集团中就处于高处不胜寒的地位了。他得到了齐王的爵位，却也失去了刘邦的信任。这一步棋走错，成了日后悲惨结局的关键伏笔。

果然，平定项羽后，韩信就被削夺兵权，徙为楚王。后来他兴起谋反的念头以自保，无奈兵权已失，大势已去，后来为人告发，死在宫中。同是开国元勋的张良，在战争结束后，就功成身退，得以善终。韩信热衷功名利禄，从正面看，有积极进取的心态是好事，但走到九五之位以后，再进取一步，就到了事情的反面，就成了亢龙有悔了。

我们再举个正面的例子，汾阳王郭子仪。郭子仪以功高而得善终，郭家也延续了近百年的繁荣。究其原因，主要是他不居功自傲，恪守臣子本分，也不卖弄官威。正是这种姿态，才避免了"飞鸟尽，良弓藏；狡兔死，走狗烹"的结局。从本质上来讲，是其深谙"亢龙有悔"之精髓。汾阳王的结局，是对这四个字另一个角度最好的诠释。

乾卦六爻，从潜龙、见龙、惕龙、跃龙、飞龙，最后到上九爻亢龙，一旦达到满的程度，就不容易长久。从"飞龙在天"到"亢龙有悔"，仅仅一步之遥，处境却由辉煌变为高处不胜寒，产生了损失与悔恨。

当一个人的成就远远超过身边人的时候，很多麻烦就出现了。正所谓"不欲骄狂，而骄狂自至"，人处于巅峰之时，极易产生高高在上之感，如果自身无法消化这种优越感，而自我膨胀，最终将会走向毁灭性之路。这时候回头再看"亢龙有悔，盈不可久也"这句话，不禁感叹其中蕴含的道理，可谓是人生至高的智慧。

《易传·系辞传》

本章以阴阳之道为枢纽来说《易传·系辞传》。

《系辞传》总论《易经》六十四卦的大义，是"十翼"中思想水平最高的作品，分为上下两部分。《系辞传》中引用了不少孔子的论述，应当是孔子后学整理的。虽然学者关于《系辞传》《文言传》《说卦传》等是否孔子所作存在怀疑，比如北宋的欧阳修，但是不论《系辞传》是否孔子本人写的，从其中经常出现"子曰"能够看出，孔子的思想与之有千丝万缕的联系。

孔子为什么要写，或者要讲《系辞传》呢？其实是为了辅导后人读懂《易经》。比如《系辞传》中的"一阴一阳之谓道"，已经成为《易传》宇宙观的表达，对我们理解《易经》的思想极有益处。

> 一阴一阳之谓道。继之者善也，成之者性也。仁者见之谓之仁，知者见之谓之知，百姓日用而不知，故君子之道鲜矣。

这段话的意思是，阴和阳这两种基本元素相反相生，运转不息，是宇宙万物盛衰存亡的根本，这就是道。继续阴阳之道而产生宇宙万事万物，就是善；成就万事万物，是天命之性，也就是道德之义。有仁德的人，见此性、此道，即认为是仁；聪明的人，体察此性、此道，就认为是智；百姓日常、日用，遵循此道、此性，各遂其生而不知晓。所以君子之道，能涵盖一切，为万物之根，但是能知道的人却很少。我们接着看：

> 生生之谓易。成象之谓乾，效法之谓坤，极数知来之谓占，通变之谓事，阴阳不测之谓神。

生生不息，变化前进不已，这就是易。成就的现象，就是乾卦；效法而行，这就是坤卦讲的道理；极尽数术的推演，知道将来的变化就是占，也就是我们说的占卜；通达变化之道，就是事。阴阳之道神奇奥妙，变化莫测的就是神。

大家读完，起码能记住两句话。一个是开头，"生生之谓易"；一个是最后这句,"阴阳不测之谓神"。

这里的"神",是难以琢磨之义,不是我们经常说的神鬼的神。此处既是指占蓍求卦的结果阴阳不测,也指自然和人事的具体变化神秘莫测。

阴阳之道,是易学表达矛盾法则的命题。它认为,事物都有阴阳两个方面,两种力量相反相成、相互推动,不可偏废。它构成了事物的本性及其运动的法则,无论自然、人事都表现为此道。所以《易传·系辞传》说:"易有太极,是生两仪。"也就是人们常说的太极生两仪。两仪就是阴阳,在这里分化的观念已经出来了。但是这个阴阳二者的关系怎么理解呢?

举个例子,我们把阳爻看作是一根木头,也就是一横。而阴爻是两个短横,看作是两根短木头。不论是一段还是两段,说到底还是一根木头。所以阴就是阳,阳就是阴,两者是高度配合、不可分开的。又比如说,人的一只手掌,手背为阴,手面为阳,它自己就分阴阳。再以这五指为例,大拇指为阳,四指为阴,同一个阴阳,又包含在其中了。再细分,一个大拇指,动的地方为阳,不动的地方为阴。这不就是阴中有阳、阳中有阴,两者不可分的道理?

再如老子所说的"道法自然",不是说道去效法自然,而是道本身就是自然。自然的意思,就是本该如此。所以"道生一",道是统一的,里边有阴阳两个部分。"一生二",这个统一体,包括阴阳两个方面。"二生三",阴阳是相互作用的,这个三就是参。"三生万物",产生万事万物。

用《易经》的思维来解释,一是太极,是一切变化的根源;二是阴阳;三就是阴阳互动。如此一来,自然可以生出万物。《易传》也认为,阴阳是太极生发出来的,而且阴中有阳,阳中有阴。阴极成阳,阳极成阴,彼此之间是互动合一、密不可分的,叫作"一阴一阳之谓道"。这句话并不是说,一个阴、一个阳,合起来叫作道。而是说自然的变化,世界上的万事万物,不外乎"自然孕育"四个字。它背后都有一个道理,这个道理是永恒不变的,自然的变化就是阴阳之道。世界是由"一"构成的，可如果是单纯的"一"，就不会有变化。只有阴、阳还不够，阴与阳一定要交互、结合，才能产生万物。世间万物皆有阴有阳，两者不可分开，所谓不可致诘者，这个要追究起来就困难了，所以叫"阴阳不测"。

关学学派的代表人物张载在《正蒙》中说："一物两体，气也。一故神、两故化，此天之所以参也。"所谓两体，就是阴阳两个对立面。一故神，是说有对立面的统一，才有运动的性能，这个东西太神妙了。两故化，是说有对立面，才有运动变化的过程。所以他自己给自己做注释，说"两在故不测"。即由于统一体存在着对立面，所以它运动的性能，神秘莫测。这段很哲学化的说法，是对阴阳之不测最好的解释。

《系辞传》第五章的最后一句"阴阳不测之谓神"和第四章的最后一句"故神无方而易无体"，完全可以互相参考体会。神无方，就是这里说的阴阳不测。另外，第五章开头一句"一阴一阳之谓道"，最后一句又回到"阴阳不测之谓神"。整章前后连贯，而又相互呼应，精彩至极。

最后，回答大家一个问题：为什么有人占卜会很准呢？准有两个原因：一是万事万物都遵循规律，有人对这规律了解得很深透，叫"眼很毒"；二是因为被测的对象没有变化，一个人的行事作风已成规律，比如开车过于生猛，不出事是偶然的，出事是必然的。这些了解宇宙万物变化规律的人，从小的细节见微知著，就能够预测出人的未来。

但是有一种人，是测不准的。《庄子》里说过这种测不准的人，叫作神人，或者圣人。这种人变化无常，充满智慧，所以难以预料。总之，大道衍化万物，物极必反，阴阳变化，神秘莫测。准与不准，其关键就在于变化。

阴阳之道是《易传》宇宙观的表达，我们现在只是浅尝，但是不能辄止。后边涉及具体卦象的时候，我们将进一步地深入研究。

《易传·彖传》

本章以"三阳开泰"为中心来讲《易传·彖传》。

从文化渊源来说,这个词最早出自《易经·彖传·泰》卦,大概的意思是指阴消阳长、冬去春来,美好吉祥之义。大家经常见到这个词写作"三羊开泰",其实是因为"羊"和"阳"谐音,所以在中国古代,羊也有吉祥之义。

还是先来说说《彖传》。文王作六十四卦卦辞,但因其过于简练,晦涩难懂,后来的圣人就博采先贤见解,来阐释卦辞。解读卦辞的分为《彖传》和《大象传》。前者重卦义,后者重卦象。

彖,读如团,四声,它的本义是宰猪,泛指动物解剖,引申为剖析、分析和裁断之义。《彖传》随上下经分上、下两部分,为《易传》中的两篇,共六十四节,分别解释六十四卦卦名、卦辞与一卦大旨。比如《蒙·彖》说"蒙以养正,圣功也",《履·彖》说"刚中正,履帝位而不疚,光明也"。《彖传》往往能指明每卦中的主爻,总论一卦之大体,以简洁明了的文字论断该卦主旨,所以《周易正义》说:"夫子所作《彖辞》,统论一卦之义。"

现在,我们再回到开篇,细细来说说这《易传·彖传》中"三阳开泰"原文的出处。

> 《彖》曰:泰,小往大来,吉亨,则是天地交而万物通也,上下交而其志同也。内阳而外阴,内健而外顺,内君子而外小人。君子道长,小人道消也。

这段《彖传》先解释了泰卦卦辞,说明"小往大来,吉亨"是表明天地阴阳交合而万物畅通之义,遵循此道,君臣上下相交,而志同道合。然后解释卦象,

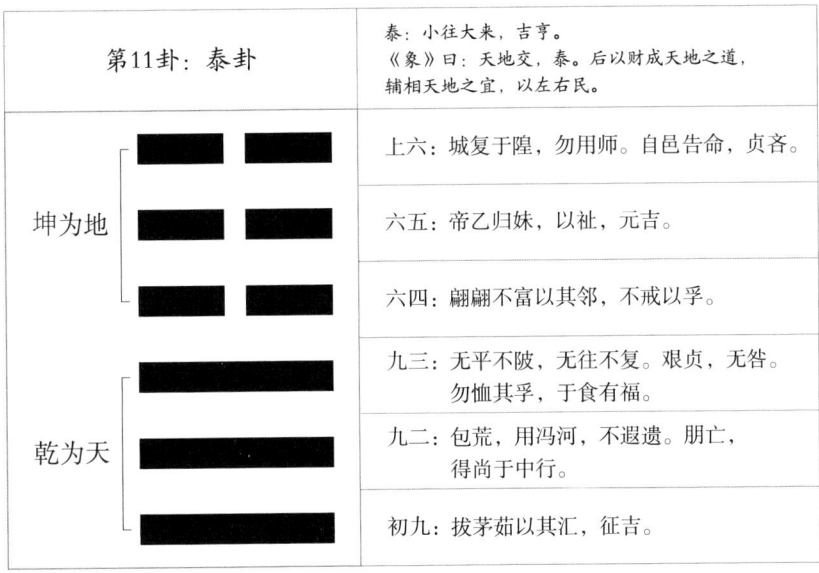

内阳而外阴，乾卦在下、坤卦在上，刚健者在内、柔顺者在外，君子居内、小人居外。最后做出论断：于是君子正义之道在增长，小人阴险之道在消亡。

有几个关键点，我们来细细分析一下。一个是关于"则是天地交而万物通也，上下交而其志同也"。这一句，从泰卦上下卦的关系上解释了卦辞。天在下，地在上，上下交错，所以说天地交而万物通。以人事而论，上下交，则上下同心，志同道合，万物亨通，所以说吉、亨。

另一个，是关于"小往大来"讲的是阴消阳长的说法。这个很重要，它是从"消息卦"的角度解释了卦辞，所以我们借此讲下十二"消息卦"的内容。

"消"就是削弱，"息"就是滋生、生长的意思。在一个卦体中，凡是阳爻去，而阴爻来，称为消；阴爻去，而阳爻来，称作息。用十二卦配十二月，每一卦就是一月之主。十二卦和十二地支相匹配，就是十二消息卦。

《汉语成语词典》解释说，《易经》以第十一个月为复卦。复卦是什么样子呢？最底下是个阳爻，上边都是阴爻，叫一阳生于下。第十二个月为临卦，最底下的两个是阳爻，叫二阳生于下。

正月则为泰卦。泰卦上为坤，三个阴爻；下为乾，三个阳爻，所以叫三阳生于下。指的是冬去春来，阴消阳长，是吉祥的象征。所以后来，"三阳开泰"就

第24卦：复卦	复：亨。出入无疾，朋来无咎。反复其道，七日来复，利有攸往。 《象》曰：雷在地中，复。先王以至日闭关，商旅不行，后不省方。
坤为地	上六：迷复，凶。有灾眚，用行师，终有大败。以其国君，凶。至于十年不克征。
	六五：敦复，无悔。
	六四：中行独复。
震为雷	六三：频复，厉，无咎。
	六二：休复，吉。
	初九：不远复，无祗悔，元吉。

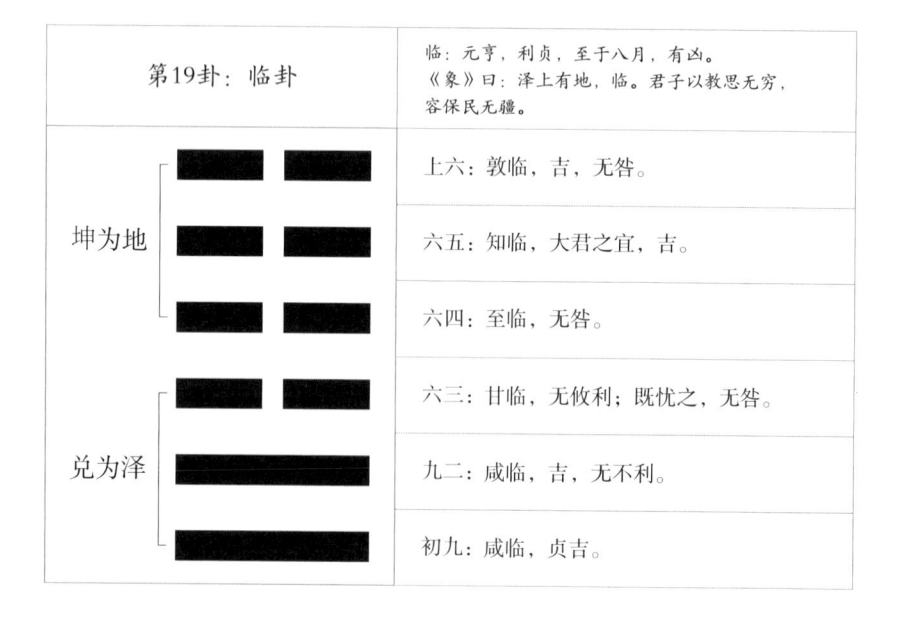

第19卦：临卦	临：元亨，利贞，至于八月，有凶。 《象》曰：泽上有地，临。君子以教思无穷，容保民无疆。
坤为地	上六：敦临，吉，无咎。
	六五：知临，大君之宜，吉。
	六四：至临，无咎。
兑为泽	六三：甘临，无攸利；既忧之，无咎。
	九二：咸临，吉，无不利。
	初九：咸临，贞吉。

成为新年开始的祝颂语。

古人用阴阳二气解释节气。农历十一月冬至那天,白昼最短,往后白昼渐长,所以也认为冬至是阴阳转枢的日子。这天之后,阴气渐消,阳气渐生,故认为冬至是一阳生,十二月是二阳生,正月是三阳生,所以叫三阳开泰。

从发展变化的趋势来看,复卦开始一阳生,临卦二阳生,泰卦三阳生。指的是农历十一月、腊月、正月。具体来说,从复卦到乾卦,阳爻逐渐增加,阴爻逐渐减少,表示阳气逐渐增强,阴气逐渐减弱。到了乾卦,六个爻全部都是阳爻,说明这个时候阳气达到顶点。

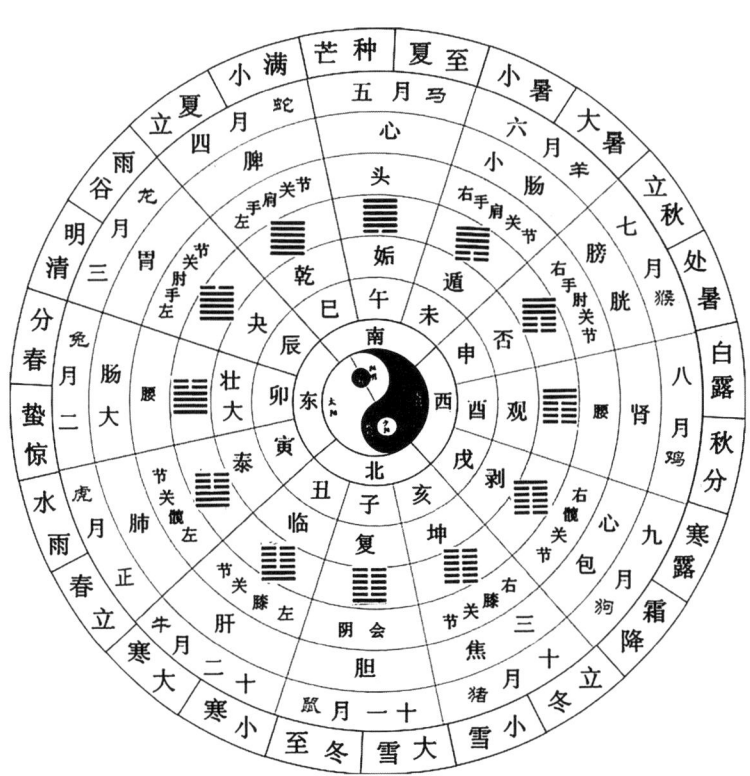

从姤卦到剥卦，阴爻渐增，阳爻渐少，表示阴气逐渐增强，阳气逐渐减弱。到了坤卦，六爻全部都是阴爻了，至此阴气至极，阳气被剥落殆尽。接着又是复卦，一阳来复。如此循环，周而复始。这个过程描述的便是一年十二个月，寒来暑往，季节更替。因此十二消息卦，也就对应了十二个月份。

既然十一月是子月，一阳生，是阳气的开始，十二地支从子开始，在古代民间也有"冬至大如年"的说法，那么为什么寅月才是新年的开始呢？春节过年，为什么不选一元复始，而选三阳开泰呢？其实这正是我们中国人所讲的阴阳和合的中庸之道。三阳开泰，三阳三阴、阴阳平衡、阳下阴上、阴降阳生、天地交合、万物繁衍。泰卦代表着的寅月，也就是农历正月，此月中有立春、雨水两个节气。正月，天地阴阳平和，春天开始了。

没有一个冬天不会过去，没有一个春天不会到来，所以以泰作为春天开始的标志。那么"三阳开泰"、"三阳交泰"，或者约定俗成的"三羊开泰"，到底哪个最准确呢？从学术上说，"三阳交泰"的说法最有哲理。在《易经》中，"交"是一个非常重要的概念，交代表着吉兆，也就是泰卦；不交，代表着凶兆，也就是否卦。在泰卦的一方，有"天地交，而万物通也"之类的说法。

天地之交是万物大通之时，自然社会中也有各式各样的交。虽然不如天地之交那么广大，但也属于交、泰的范围。比如说交叉学科的交，有交才有接，交接、交往才能大有所获，所以说成"三阳交泰"更准确。

举例而言，故宫中有乾清宫、坤宁宫，而这两宫之间的大殿，就叫作交泰殿。泰卦，乾在内、坤在外。如果用来比喻一个人，就说此人外柔而内刚，自然会非常通泰。用来比喻一个国家的君主，就要坤德厚道，像大地一样。而臣民呢，要像乾卦的天一样，奋发积极，上下才能有良好的互动，从而国泰民安。比如我所在的西安交通大学，名字中的"交通"二字就来自《易经》的"天地交而万物通，上下交而其志同"。它讲的是育人立天。

当然，十二消息卦有三阳开泰的不只泰卦，大畜卦也是。我们再以大畜卦为例，看看《象传》象辞的哲理。

《彖》曰：大畜，刚健笃实，辉光日新其德。刚上而尚贤，能止健大正也。不家食，吉，养贤也；利涉大川，应乎天也。

第一句"大畜，刚健笃实，辉光日新其德"是解释大畜卦的卦名。"大畜"就是大为畜聚，就好像刚健笃实的人畜聚不已，每日增加、长进他的美德。"大畜"不论在自然还是在人事都是很美好的，因为刚健进取、敦厚笃实才能够不断积累财富，而在积累的过程中，光辉逐渐焕发，德行、才艺等方面日日增长，乃一派光明之象。

第二句，"其德刚上而尚贤，能止健大正也"。这一句解释卦辞"利贞"。"刚"指上九，阳爻居阳位，又居于卦之最上，比喻在上能够礼贤下士，崇尚贤才，有

第26卦：大畜卦	大畜：利贞。不家食，吉。利涉大川。《象》曰：天在山中，大畜。君子以多识前言往行，以畜其德。
艮为山	上九：何天之衢，亨。
	六五：豮豕之牙，吉。
	六四：童牛之牿，元吉。
乾为天	九三：良马逐，利艰贞。日闲舆卫，利有攸往。
	九二：舆说輹。
	初九：有厉，利已。

061

畜贤之象。"能止健大正也"，"止"为抑止，指在上位的艮卦；"健"为刚健，指在下位的乾卦。本句说明"大畜"的至大正道在于能够规正、规止刚健者，使动静不失其时，故能"利贞"。大畜由泰卦变化而来，地天泰变山天大畜，卦变后，泰卦原来的坤体由于刚自外来而成为大畜卦艮体，象征在三阳开泰、万物争春之时，引进外来贤才，尊崇并加以重用。

第三句，"不家食，吉，养贤也"。这一句解释卦辞"不家食，吉"，象征引进外来贤才而重用之，故曰"养贤也"。所谓"不家食"，就是不在家中自食，食他国之禄。大畜卦上九是外来之刚，象征客居他国而为官之人，因为国君尚贤又能养贤，故曰"不家食"，此明畜养之义。

第四句，"利涉大川，应乎天也"。这一句解释卦辞"利涉大川"。大畜卦天时为卯，代表一年当中的仲春之月和一天当中的日出之时。卯时正是奋发进取、大展宏图的时候，故曰"利涉大川"。"涉大川"者，喻目标宏伟，前途广阔长远之人。之所以说有利，是因为其人能够顺应、适应天道，遵循自然规律去渡川，并非随意妄行，故能够无碍而有得。王弼注曰："尚贤制健，大正应天，不忧险难，故'利涉大川'也。"

大家看，了解了《彖辞》进而了解《易传》，再进而了解《周易》，自然就知道，很多我们日常生活中的、哪怕是约定俗成的说法，也都有其深厚的文化渊源。

《易传·说卦传》

本章我们以一个有趣的成语"不三不四"为切入点，来讲讲《说卦传》。

《说卦传》在"十翼"里边，是专讲八卦精神的说明书，是对八卦历史演变所做的一个系统总结。比如说，大家都知道八卦的基本卦象，乾天、坤地、震雷、巽风、坎水、离火、艮山、兑泽，就出自《说卦传》的总结。

再比如，《说卦传》认为八卦能解释一切，包括家庭，所以它把八卦分成阴阳两类。从家庭的角度来讲，就分成男女，这个组成了家庭模式。

我们来看图，如果把这个图再简化，大家就会发现，首先是乾坤，也就是父和母。先来看代表家里男性，也就是乾的这部分，是一个阳爻游动的过程。震卦，底部一阳爻，两阴爻居上，代表长子。然后阳爻上行，居于中间，上下两个阴爻，这是坎卦，代表次子。阳爻再往上走，居于最上，两阴爻在下，这是艮卦，代表小儿子。

同样，女性这部分是阴爻游动的过程，从代表母亲的坤开始。首先，底下一个阴爻，上面两个阳爻，这是巽卦，代表风、木，这是大女儿，长女。阴爻再往上走，到了中间，上下都是阳爻，这是离卦，是二女儿，代表火、美丽。阴爻走到最顶端，两阳爻居下，这是兑卦，代表山泽、喜悦，这是小女儿。

《说卦传》还有一个解释《易经》的贡献，就是"三才"说，"才"也通"材"。我们来看下面一段文字：

> 昔者圣人之作易也，将以顺性命之理。是以立天之道曰阴与阳，立地之道曰柔与刚，立人之道曰仁与义。兼三才而两之，故易六画而成卦。分阴分阳，迭用柔刚，故易六位而成章。

文中提到了天地人三才。我们知道，每个八卦都由三爻组成，上代表天，下代表地，中间一爻代表人。其中又讲到，天道阴阳，地道柔刚，人道仁义，三才而两之，六画而成卦。三画八卦符号中兼具天、地、人的象征，每两卦相重而有六爻。八卦两两相重，于是形成六十四卦，《易经》的卦体必须具备六画才成一卦。

分阴分阳，迭用柔刚。本来三爻都有柔有刚，现在迭用柔刚，就成了六爻，所以叫故《易》六位，也就是六爻而成章。"故"的意思是说，八卦虽然由三爻到六爻，但基本精神不变，依然还是天地人。在《易经》中，卦的六爻从下往上看，初、二两爻象征着地，中间的三、四两爻象征着人，五、六两爻象征着天。六爻代表着天、地、人，这就是所谓的三才。因为三四爻象征着三才中的人和人道，"立人之道，曰仁与义"，所以"不三不四"，是说"不仁不义"。人道就是人间大道，不三不四就是不走人间正道，本质上就是骂他不是人。

不三不四这个成语，在很多古代文学中都有出现。比如《水浒传》第七回，鲁智深去看菜园的时候就发现，那些人给他跪着又不往前来，鲁智深心里就骂这伙人不三不四。吴敬梓的《儒林外史》第三回也出现过这个说法，也是骂人的话。可见不三不四这个成语，在中国应该有很悠久的历史了，渐渐地就成为中国人的口语。最起码，在元末明初已是如此。

现在，我们来看一下成语词典对这个词的解释，是指不正派，也指不像样子。但是我要强调的是，它本来的意思是不仁不义，不走人道！远远比我们平时表达的意思要严厉。所以古人用的不三不四，和我们现在用到的意思，深浅程度上还是略有差别。

关于三才说，我们再深入地解读一下。它不仅仅能解释不三不四之类的成语，在中华文化中更有非常深的渊源和非常大的影响。比如，盘古开天辟地的创世神话，其实表现的就是天地人的三才思想。那时古人，把人放到了突出的位置。其他古老的神话也包含着三才思想。比如《淮南子·天文训》说"（共工）怒而触不周之山，天柱折，地维绝"，其中隐含着的是"人居其中"。《逸周书·武顺解》则说："天道尚右，日月西移；地道尚左，水道东流；人道尚中，耳目役心。"说的是天道、地道、人道的关系。

当然，作为三才思想的萌芽，这些说法还只停留在天地人各行其道的水平之上。直至《道德经》之后的《易传》《中庸》时代，才系统地提出天地人三才之道的伟大学说。说起来，它并不专属于某个特定的学术流派，而是诸子百家普遍采用的思维方式。古人论述治国安邦之道，往往从天地人三者说起。三才说，注重协调人与天地万物的关系，将天地人视为统一的整体，在古典系统论的高度上，论证了三者之间的辩证关系。比如说《道德经》二十五章的"人法地，地法天，天法道，道法自然"，四十二章的"道生一，一生二，二生三，三生万物"，等等。

再比如《中庸》中有著名的"赞天地之化育"之说。这句话的意思是说，天地并不完美，有很多缺陷、很多问题。所以人要参悟这些，以人类的智慧与能力，只要能合情合理地运用，便能创造出一个圆满和谐的人生，弥补天地的缺憾。比如说，要不是时而下雨，时而刮风，我们人类也不会造屋而居，或者发明雨伞之类的防御用具。人类因天地间的种种现象变化所做的创造，就叫作参赞。

人类的智慧太伟大了，所以中华文化将人和天地并举，称为天地人三才。人类的聪明才智，能够"赞天地之化育"，展现了中华民族与天地和谐相处的高超智慧。

《易传·杂卦传》

本章我们以"革故鼎新"为切入点说说《易传·杂卦传》。

《杂卦传》主要说明《易经》六十四卦卦名的含义和特点。它的特点是将意义相对或者相关的两卦放在一起解释。因为在顺序上交杂，所以称为《杂卦传》。我们一般认为它在汉朝时候才出现。《杂卦传》的地位不如其他九翼，但有一个成语却很有名，就是"革故鼎新"。《易传·杂卦传》曰："革，去故也。鼎，取新也。"

革故鼎新涉及两卦，一卦是革卦，一卦是鼎卦，我们先来说说这革卦。

革卦，意思是要变革。革卦卦象，下面是离卦，代表火；上面是兑卦，代表泽，意思是泽内有火。水在上而下浇，火在下而上升，火旺水干，水大火熄，二者相生亦相克，必然出现变革。往大了说，变革是宇宙的基本规律。总之这卦的意思是：凡事皆在变动之中，适宜去旧立新，以应革新之象。

鼎卦下面是巽卦，代表风或木；上面是离卦，代表火，也就是巽离相叠。什么意思？燃木煮食。它能干什么？化生为熟。所以有除旧布新的意思。中国古代鼎为重宝大器，拿大鼎来煮食物，比喻食物充足，不再有困难与困扰。物质条件具备了，适宜变革，发展事业。

在《易传·革》卦的《彖》辞中有"汤武革命，顺乎天而应乎人"的名言。商王朝的奠基者商汤，曾经领导商部落和其他诸侯，反抗夏王朝的残暴统治，一举推翻了夏王朝，建立了新的统治秩序。而周武王领导商王朝的诸侯国，推翻了商纣王的统治，建立了一个新的王朝——西周。中国历史上这两次王朝的更迭，合称"汤武革命"。

看到了吧，"革命"这个词的渊源有多久！中国古代，把改朝换代说成是天命的变革，"革命"这个词对后世战争的发展、军事理论的构建，都产生了深远

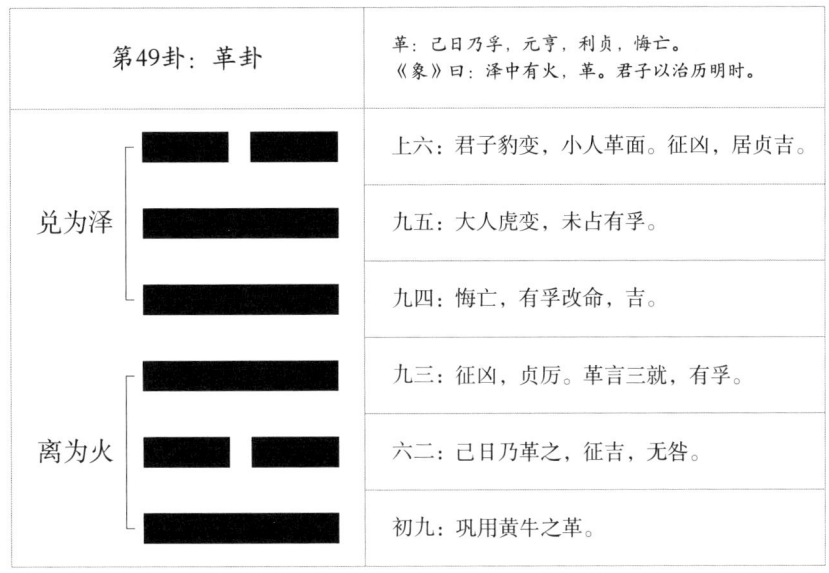

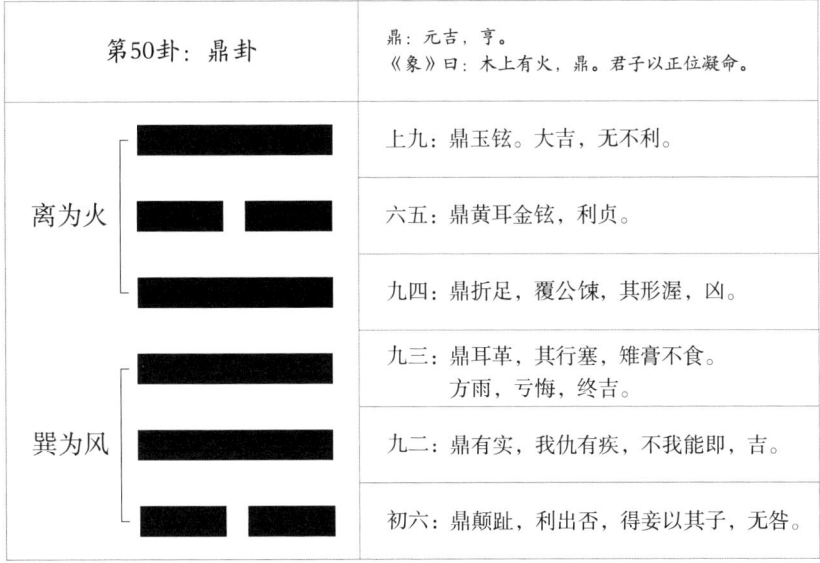

的影响。具体到鼎卦的形象而言，鼎，首先代表着至高无上的地位。鼎有三足，因此"鼎足、鼎立、鼎峙"这些词，都是形容三个方面力量的互相对立、互相制约，比如我们说三国鼎立，就是如此。

067

传说夏禹曾经铸九鼎，夏商周朝代沿袭，都把九鼎奉成传国之宝，在哪里建王都，就把九鼎迁到哪里，因此后人用定鼎表示建立政权，迁鼎表示迁都，移鼎表示改朝换代，鼎也就成了王权的象征。春秋的时候，楚庄王北伐时，就向周朝的人询问起九鼎的大小和轻重，流露出夺取周朝天下之意，所以我们用问鼎、观鼎表示图谋王位。

鼎又从王权引申出重要、大的意思。帝王辅政大臣叫鼎臣、鼎辅，他们的职务也有鼎司、鼎席的说法，豪门大族也别称为鼎姓、鼎族等等。"鼎鼎"这个叠音词有盛大的意思，比如说鼎鼎大名。旧时候科举，殿试一甲三名，状元、榜眼、探花，总称叫鼎甲。状元居鼎甲之首，又称鼎元。青铜铸鼎，分量当然很重，所以用力能扛鼎，比喻人之神力。比如说司马迁笔下的项羽，就力能扛鼎。还有，我们常用一言九鼎来形容说话的分量重，如此如此，追根溯源。

我们回到鼎革二卦，再来重温一下这句"革，去故也。鼎，取新也"。由此产生的"鼎新、鼎革、革故鼎新"等词语，意思都是破除旧的，建立新的。具体来说，"革故鼎新"一词，一是可以用于改朝换代，比如《诗经·大雅·文王》中说"周虽旧邦，其命维新"，意思是，周虽然是旧的邦国，但其使命在革新。这句话哲理深刻，引起了古代先哲的高度重视，由此语引申、发展而来的刚健日新的思想，代表着我们中华文化的基本精神。

除了改朝换代，革故鼎新也可用于朝政的重大改革，比如说众所周知的商鞅变法。春秋战国时期是一个大变革的时代，群雄并起，互相征战，所谓大争之世是也。改革的主要目的是富国强兵，既为了避免亡国，也为了进一步成就霸业，各国纷纷变法图强。魏有李悝变法，楚国有吴起变法，赵有武灵王胡服骑射的改革，齐有邹忌变法，韩有申不害变法。当然，对我国历史影响最大的，还是秦国的商鞅变法。

当时的秦国处荒蛮戎狄之地，从一个偏远的小国、穷国，凭借变法，革故鼎新而崛起，跻身战国七雄之列。秦国能够由弱变强，传至秦王嬴政，横扫六合，并吞天下，建立起大一统的秦帝国，商鞅厥功至伟。他开始实施的系列变法，为秦国蚕食诸侯列国，乃至于最后一统天下，奠定了坚实的政治、军事、经济各方面的基础。商鞅的变法，有秦孝公嬴渠梁的鼎力支持，可谓大刀阔斧，其力度之大、之深、之猛，史无前例，在秦国势不可当，破旧立新，革故鼎新。当然，商鞅变法改革，不可避免地触犯和侵蚀了旧贵族的固有利益和世袭特权。秦孝公去世后，秦惠王嬴驷继位执政，旧贵族就迫不及待地展开了疯狂的反攻倒算，大肆诋毁、诬陷商鞅，商鞅的命运就危如累卵，最终身受车裂。可见革故鼎新，并非易事。

从秦汉到清朝中期的革故鼎新，大体上可以分为三类。第一类，是推翻一个王朝的革故鼎新。鉴于前一个朝代的败亡，新朝建立的初期往往总结教训，采取改革措施来约束官员，抑制豪强，轻徭薄赋，与民休息，比如说汉唐宋明初年的改革，都属于这一类。第二类，是基于周期性出现的王朝政治经济的危机和社会矛盾而进行的改革，一般都是在王朝的中后期，做好了就是中兴。原因是王朝中后期的皇帝和大臣对前朝败亡的惨象没有亲身感受，大多变得昏聩昏庸，于是再次出现吏治腐败、财政困难、贫富分化、社会矛盾激化等现象，这个时候往往出现少数有识之士。皇帝呢，一般也会认识到问题的严重性，于是加以改革。比如宋朝的王安石变法，明朝的张居正改革，都属于这一类。第三类，是少数民族政权为了提高文明程度，建立统治的合法性，进行汉化改革。比如大家熟悉的北魏孝文帝的汉化改革，元代忽必烈试图儒学治国的改革，还有清代康熙、雍正时期的废除圈地、摊丁入亩的改革。

当然，"革故鼎新"也可用于其他领域，比如说大家都熟悉的画马的徐悲鸿。徐悲鸿的马，独有一种豪气勃发的意态，以英俊的形象体现勇敢、自由、奔向光明的时代精神。他抗战时期的《奔马图》《愚公移山》，赞誉中国民众坚韧不拔的毅力和夺取抗日最后胜利的顽强意志，可以说是中国画"革故鼎新"的代表。举徐悲鸿为例，是因为他一生都在致力于国画的创新实践。他认为，革新中国绘画的要旨，在于取其精华，去其糟粕，推陈出新。他的例子告诉我们，革故鼎新不能离开传统文化，空谈文化创新。一个国家和民族，如果漠视传统文化，就会失去文化革故鼎新的根基，这时候的革新，就会变成一种创伤。

中华文明，是唯一没有中断，而且延续至今的文明。不管是古希腊、古埃及还是古希伯来，他们的文化中间都断档了。而我们的文化能够传承不灭，其中一个重要的原因，就是中华文明具有不断革新的精神，不断地调节、丰富和发展自己。我们中华文化的定力、韧性和广泛吸纳的能力，代表了中华民族的性格：穷则变、变则通、通则久，蔽而新成、革故鼎新、日新月异、与天不老、与国无疆。

关于《易传》的部分，我们都从其中找到关键的成语进行了说明。比如《文言》《彖传》《系辞传》《象传》，还有《说卦传》《序卦传》《杂卦传》。大家借这个为切入点，了解了《易传》的内容，就了解了它的精神。接下来，我们学习《易经》六十四卦的具体内容，就轻松多了。

《易传·序卦传》

最后，我们围绕"物不可穷"这个哲理深刻的成语，以《序卦传》为《易传》的初步讨论做个总结。

先来看一下这个成语的出处。《序卦传》下篇说：

> 物不可穷也，故受之以未济终焉。

"穷",穷尽;"受",接受;"之",代词,指代物不可穷这件事。这句话的意思是说,事物无法追求极致,到达穷尽的地步,所以接着既济卦的是未济卦。核心之义是,第六十三卦既济卦,不是结束;最后一卦未济,预示新过程即将开始。

先来说说关于《序卦传》的事。作为"十翼"中的一篇,《序卦传》说的是《易经》六十四卦排列的次序,从天地、万物说起。所以《序卦传》一开头就用"有天地,然后万物生焉,盈天地之间者唯万物"说明乾坤两卦居于首位。然后以万物生长的过程,事物变化的因果关系,以及物极必反、相反相生的运动规律,来解释其他各卦的相互关系,说明六十四卦排列的次序。以"物不可穷也,故受之以未济终焉",来解释最后一卦——第六十四卦未济卦。

未济卦以未能渡过河为比喻,阐明物不可穷的道理,说明今日未济,明日可期。意思是,虽然现在没有完成,但可以预见以后能完成,既然事物无法追求极致,到达穷尽的地步,那么就要坦然接受失败的状态。所谓大成若缺,来日方长,不必要急于求成。

《周易》是一部讲变易的书,六十四卦排列本身,就蕴含着变化的思想。《序卦传》把《周易》里面存在但未能讲明的物不可穷的辩证法思想讲明白了。所以说变易的哲理,既属于《易经》,也属于整个《周易》。

《序卦传》认为,六十四卦从乾坤,到既济未济,乃是一个存在着因果关系的系列。后面的卦,因为前面的卦而来,或者是相承接,或者是相反对。怎么理解呢?我们还是来看几段《序卦传》开篇的原文:

> 有天地,然后万物生焉,盈天地之间者唯万物,故受之以屯。屯者,盈也。屯者,物之始生也。物生必蒙,故受之以蒙。蒙者,蒙也,物之稚也。物稚不可不养也,故受之以需。需者,饮食之道也。

饮食必有讼，故受之以讼。讼必有众起，故受之以师。

这段话的意思是，乾为天，坤为地，有天地，然后万物才产生。盈满天地之间的，唯有万物。所以乾坤两卦之后，接着是屯卦，屯是盈满的意思。万物始生，必定都是蒙昧的，所以屯卦之后就是蒙卦。

蒙稚初生，尚且幼小，不可以不养育，所以接着是需卦。需就是需要饮食，需要吃。可是要解决饮食分配的问题，就必然有争讼。人类一开始产生矛盾，就

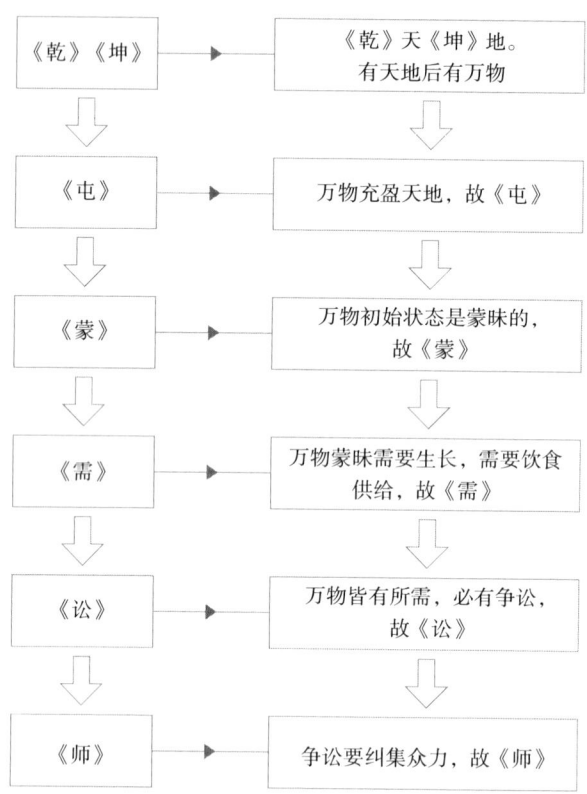

是在于分配，特别是食物的分配，所以接着是讼卦。

大家要争讼，必定要纠集众力，必要时还会发动军队，所以接着是师卦。大家可以看一下导图。乾坤两卦，天地放在一起，然后是屯卦、蒙卦、需卦、讼卦、师卦。

需要提醒的是，《序卦传》分为上下两篇，上篇从乾卦开始到离卦结束，总共三十卦。我们选取的只是七卦的解释以及《序卦传》叙述六十四卦次序相承的含义。虽然只是从某卦名义的一个侧面进行解读，可能不全面，但有利于初学者进行记忆。

《序卦传》下篇从第三十一卦咸卦开始，到六十四卦未济结束，总共三十四卦。

首先，我们来看《序卦传》下篇的开篇：

有天地，然后有万物；有万物，然后有男女；有男女，然后有夫妇；有夫妇，然后有父子；有父子，然后有君臣；有君臣，然后有上下；有上下，然后礼义有所错。夫妇之道，不可以不久也，故受之以恒。恒者，久也。物不可以久居其所，故受之以遁。遁者，退也。物不可以终遁，故受之以大壮。物不可以终壮，故受之以晋。晋者，进也。进必有所伤，故受之以明夷。夷者，伤也。伤于外者，必反其家，故受之以家人。

如导图所示，依旧是从天地（乾坤）开始，到咸卦、恒卦、遁卦、大壮卦、晋卦、明夷卦，然后是家人卦。

前边这一大段话的意思是，有了天地，然后才有万物。有了万物，然后才有男性、女性。有了男性、女性，然后才能配成夫妇。有了夫妇繁衍后代，然后才有父子。有了父子，然后人类发展越多，才出现了君臣。有了君臣，然后才产生上下尊卑的名分。有了上下尊卑的名分，然后礼义才有所措置。

象征沟通感应的咸卦，预示着夫妇之道不能不恒久常存，所以接着是象征恒久的恒卦。事物不可能永远保持原状，所以接着是象征退避的遁卦。"遁"是退避远去的意思。事物不能终久退避，必将重新振兴，所以接着是象征大为强

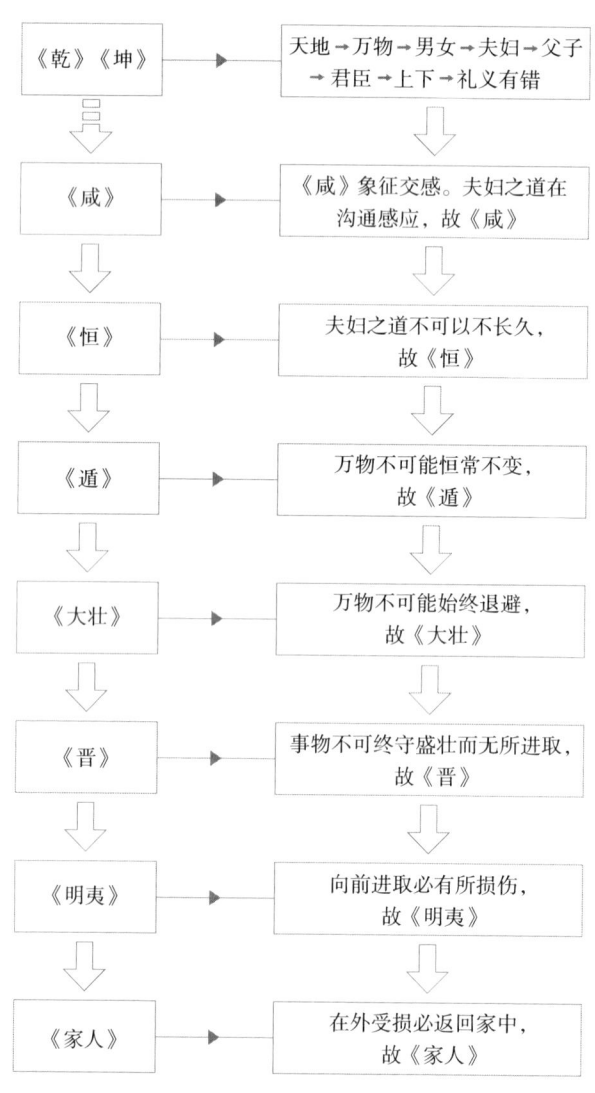

盛的大壮卦。

事物不可能终久安守壮盛而无所进取，所以接着是象征长进、登进的晋卦。往前进取必然有所损伤，所以接着是象征光明损伤的明夷卦。在外遭受损伤的人必然要返回家中，以求家人慰藉，所以接着是象征一家人的家人卦。

接着，我们再说一下下篇的最后几卦，包含"物不可穷"道理的这一部分，从第五十九卦涣卦开始到最后。

涣者，离也。物不可以终离，故受之以节。节而信之，故受之以中孚。有其信者必行之，故受之以小过。有过物者必济，故受之以既济。物不可穷也，故受之以未济终焉。

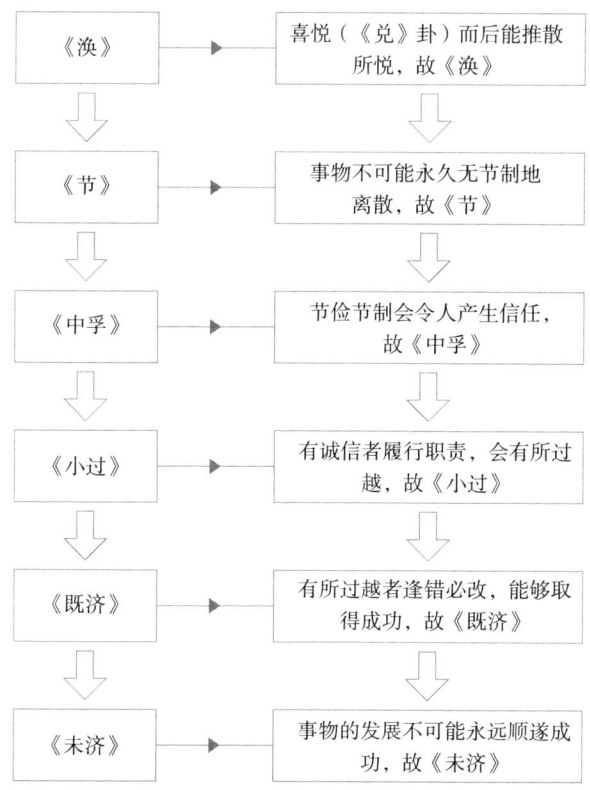

我们把这段话也整理为一个思维导图。涣卦到节卦、到中孚卦、到小过卦、到既济卦，最后到未济卦。

"涣"是离散的意思，人不可能永久离散，所以涣卦接着就是节卦。人因节俭节制，约束了自己的欲望，就会取得他人的信任，所以接着便是象征诚信的中孚卦。有诚信的人就有许多事情做，事情做多了就会犯错，所以接着就是小过卦。犯错难以避免，有错就改、逢错必改的人就一定能成大事，所以接着是既济卦。成功了，但人是不可能永远顺利的，所以接下来便是未济卦。

再解读一下这句，"物不可穷也，故受之以未济终焉"。这是说明，事物虽有既济之时，也就是成功之时，但从发展的眼光看，既济中必含有未济的因素，也就是大成若缺的道理。因此《易经》最后一卦以未济告终，此中寓意深矣！既说明事物发展未有穷尽，又勉励人不可因成功而故步自封。既济未济两卦放到最后，是因为《周易》认为，世界的发展过程不是封闭的，任何一个完成，都不是发展的终结，而是新阶段的开始。

历史上《易经》六十四卦的排列次序曾出现不同的版本。长沙马王堆汉墓出土的《周易》帛书，其中卦序就同现在的通行本不同。但是今本卦序最迟到战国晚期已为社会和学术界普遍接受，成为主要的排列方式。所以《序卦》以它为根据，寻求相邻两卦在意义上的联系，要么相承接，要么相反对，故在《序卦》中最常见的句型就是"物不可以终"。比如："物不可以终通，故受之以否。物不可以终否，故受之以同人。""物不可以终尽剥，穷上反下，故受之以复。""物不可以终壮，故受之以晋。"我们看这些句式的时候，要结合句中描述的向下的发展是什么，就容易理解了。

关于事物发展的一般趋势，《序卦》提出了两种模式，一种是前进式，表现了一种进步的历史观。比如"遁者，退也。物不可以终遁，故受之以大壮。物不可以终壮，故受之以晋。晋者，进也"。这种模式很有趣，它最生动具体的表现就是"有天地，然后有万物；有万物，然后有男女；有男女，然后有夫妇；有夫妇，然后有父子；有父子，然后有君臣；有君臣，然后有上下；有上下，然后礼义有所错"。所谓进步的历史观，就是一步一步在发展进步。

另外一种模式，叫物极必反。表现也很多，比如"升而不已必困，故受之以困。困乎上者必反下，故受之以井"。这反映了《周易》最典型的思想方式，发展到顶端的时候，就会向相反的方向转化。这是进步的历史观的另一种表现方式。如此可知，《易经》的最后一卦不会终结对世界和哲学的论述，所以既济之后，未济紧跟。

从卦象上来看，这未济卦和既济卦，正好是上下调换了位置。既济卦是上坎下离，坎水离火，所以叫水火交融。我们煮东西做饭，火在下烧，东西在上，这样才能够煮熟，呈煮食之象。

未济卦则是上离下坎，这下麻烦了，火往上烧，水往下流。我们说否卦象征天地不交，那么未济卦就象征水火不交。上下两卦互相排斥，因此无法达到平衡。好在此卦从初六到上九，是一个经过坎险（坎）到达光明（离）的过程，从逆境走向成功，体现了从"未济"中寻求"可济"的道理。

问题来了，为何不用完美的既济卦作为六十四卦的结尾，却要再来一卦未济？从《序卦传》的解读，我们已经能够看出答案，因为既济的完美只是短暂的状态。就好像我们取得的成功往往是阶段性的，是短暂的，完美的状态不会永久保持不变，而且这种完美容易让人产生依赖。

举例来说，《道德经》第四十五章开头就讲"大成若缺"，任何成功其中必有遗憾。所以在我们中国人的眼里，人生最美好的状态是花未全开月未圆。全开了、全圆了，这种状态是短暂的，转瞬即逝。

2016年，二十四节气被列入世界非物质文化遗产名录。二十四节气可谓是我们中国人生活的节奏哲学——十五天为一节，五天为一候，十五天分成三候。

这五天等待什么？等待花开。那五天等待什么？等待燕来。大家用心琢磨一下这二十四节气，就会发现一件事：有小暑大暑，有小雪大雪，有小寒大寒，可是有小满却没有大满。因为大满就是达到完美的状态，可是世间一切完美都不能恒久，因此并非人生最好的状态。这不也是我们讲的既济和未济的道理吗？

再举个例子，说到清朝的诗人龚自珍，大家都熟悉他的《己亥杂诗》："我劝天公重抖擞，不拘一格降人才。"其实《己亥杂诗》有好多首，我再来给大家说一首，这是他读了未济卦之后的感受：

未济终焉心缥缈，百事翻从缺陷好。

吟道夕阳山外山，古今谁免余情绕。

意思是什么？我读完了未济这一卦，心里茫然无助。想来想去，还是觉得很多事情拥有点缺陷是最好的。比如说，夕阳西下，到了千山之外，古今以来有谁能不被有遗憾的余情缠绕呢？这就是真实的人生。

最后举一个有点分量的例子，这个例子出自《诗经》，叫"周虽旧邦，其命维新"。很多人认为，六十四卦的未济卦，讲的就是牧野之战的事。

这是怎样的一个故事呢？当时，文王去世，武王、周公，还有姜尚（姜子牙），谋划了九年，组织了孟津（原洛阳下辖县）大会，发动周边的酋长共同抗商。但是周公悟到未济卦之义，认为伐商时机未到，还需要继续准备。

在接下来的两年里，纣王越发荒淫无道。于是周公判断，伐纣的时机已然成熟。公元前1046年，周军再次东渡黄河前往孟津，商朝的士兵很多临阵投降。周武王与商纣王军队在牧野决战，大获全胜。如果当时草草地做这件事，结果可能就不一样了。

如同王朝更替，六十四卦的结尾未济卦，到这个时候又重新回到了乾卦，又开始新一轮周而复始的运行。人生便是这样，周而复始，否定之否定，不断前行、不断进步。谁要是认为自己已经达到了顶点，已经是最完美的了，那便是对中国的智慧还不了解。真正了解我们的智慧，一定会知道物极必反的道理。在人生的规律方面，《周易》是我们的好老师。

分论三

《易经》六十四卦详说

◎

　　《易经》的六十四卦就是我们人生的六十四种不同境遇，每卦六爻，就是我们人生的六个阶段，经营好人生要从小处开始。

乾卦第一：潜龙勿用

第1卦：乾卦	乾：元亨利贞。 《象》曰：天行健，君子以自强不息。
乾为天	用九：见群龙无首，吉。
	上九：亢龙，有悔。
	九五：飞龙在天，利见大人。
	九四：或跃在渊，无咎。
乾为天	九三：君子终日乾乾，夕惕若厉，无咎。
	九二：见龙在田，利见大人。
	初九：潜龙，勿用。

【本卦提示】乾卦是《易经》开篇首卦，此卦完整地描述事物由萌芽发展至壮大继而衰败的过程，一切事物发展都是按照波浪式前进、螺旋式上升的规律，由弱至强，再由盛到衰，如此反复交替、永不停息。此卦中"潜龙勿用""朝乾夕惕"等智慧，提醒我们在人生的各个阶段应该如何规划选择自己努力的方向，时刻警惕，尽力减少最终"亢龙有悔"的遗憾。

本章，我们以"潜龙，勿用"为枢纽，来讲乾卦。乾卦表达的是一个发展的过程，它可以是人生发展的过程，也可以是我们做一件事情应有的阶段。"潜龙，勿用"是乾卦初九爻的爻辞，它讲的是事物在发展之初，虽然势头较好，但比较弱小，处于潜伏时期。此时还不能发挥大作用，必须坚定信念，隐忍等待，不可轻举妄动。也就是说，时机未到，如龙潜深渊，应该藏锋守拙、伺机而动。大家能用过程哲学来理解《周易》六十四卦每一爻的发展，就能有更多的体会了。

首先，来看卦象。

乾六画皆阳，纯阳刚健，它代表天，是八卦中最纯粹、最强大的卦象之一。乾上乾下，表示着天覆盖着大地。这象征着万物的起源和创造的力量。乾卦是一种阳性卦象，代表着无穷无尽的力量和创造性。六个阳爻，代表着阳刚的特性和积极向上的力量。它体现了力量、权威和成功。它代表了"天行健，君子以自强不息"的品质。总之，乾卦代表着天的力量和创造性。它鼓励我们以积极向上的态度面对困难和挑战，并成为好的领导者，引领他人向着成功的方向前进。

其次，来看卦辞。

乾卦的卦辞只有四个字："元亨利贞"。元，开始。亨，亨通。利，和谐。贞，正直。这四个字皆是积极的寓意，代表天的四种品德："元，始也；亨，通也；利，和也；贞，正也。言此卦之德，有纯阳之性，自然能以阳气始生万物，而得元始、亨通，能使物性和谐，各有其利，又能使物坚固贞正得终。"人若遵守天的德行，便是君子，所以后来引申为君子应有之德，《易传·文言》云："元者，善之长也；亨者，嘉之会也；利者，义之和也；贞者，事之干也。君子体仁足以长人，嘉会足以合礼，利物足以和义，贞固足以干事。"

再次，来看爻辞。

初九：潜龙，勿用。

首先，初九，"潜龙，勿用"，是在萌芽阶段，不要轻易动用自己的能量。一是本就能量不够，更要懂得积蓄的道理；二是此时弱小，如果炫耀则会招致更大的麻烦。

九二：见龙在田，利见大人。

再来看九二，"见龙在田，利见大人"。"见龙"，抓住机会了表现一下。在哪表现呢？要"在田"，田里要有水、有湿地，可别跑到硬地上去了。表现一下：一是展现才能，容易被你的贵人发现，正如晋卦所言要"自昭明德"；二是身下有水田，落地的时候不会太尴尬。需注意的是，一旦显露锋芒，有的人就开始嫉妒。

九三：君子终日乾乾，夕惕若厉，无咎。

所以九三爻就告诉我们要警惕，"君子终日乾乾"，白天很谨慎；"夕惕若厉"，晚上也很警惕；"无咎"，环境哪怕很恶劣，攻击你的人、反对你的人很多，但是你警惕、小心、谨慎，就不会有大的过错。

九四：或跃在渊，无咎。

九三是小心警惕的"惕龙"，到了九四爻，机会来了，要跃一下，叫"跃龙"。在哪跃呢？"或跃在渊"，逮到机会了，腾空而起，但是你要选择好落脚的地方，须是有水且水很深的地方，不能跳得太高脱于渊了。《道德经》不是讲"鱼不可脱于渊"吗？龙更不可以脱于渊，这样落下来的时候落到水里，就不会有大的问题。

九五：飞龙在天，利见大人。

发展到顶点了，就是九五爻，"飞龙在天，利见大人"。

上九：亢龙，有悔。

最后到了最高点，不管是普通人还是大人物，如果不小心谨慎就是上九，"亢龙，有悔"，太过了就会有悔疚、悔恨的事情发生。

用九：见群龙无首，吉。

接下来还要发展。看一下"用九"爻的含义。六十四卦中，只有乾卦和坤卦比其他卦多了一爻，分别为"用九"和"用六"，只有爻辞没有爻位。用九意味着老阳变阴，乾变为坤。用六意味着老阴变阳，坤变为乾。这表现了乾坤互相转化、变化无穷的思想。爻辞为："见群龙无首，吉。"意思是阳极转阴，处于乾到坤的转变中，刚健与柔和二者兼备。尽管没有首领，但每个人都各尽其职，做好分内之事。这是统治者最高明的统治方法，即《道德经》中的"无为之治"。

长安原来有六道高坡，就是按照乾卦的六爻来设计的。"潜龙"在渭河一带，北面是龙首原，最后到终南山，就是"亢龙，有悔"了。所以我们说乾卦解释了"元亨利贞"，解释了"生老病死"，也解释了"成住坏空"，都是新事物与旧事物的更迭变化。这六个过程和阶段体现了波浪式前进、螺旋式上升的哲学智慧，"潜龙""见龙"紧接着"惕龙"，积累之后再"跃龙""飞龙"，可是到了最高点依然还是"亢龙，有悔"。

在这里解析一下中华文化中"龙"的形象吧。比如说大家都熟悉的"老子，其犹龙邪"，意思是："老子，他大概是龙了吧？"这段话出自《史记·老子韩非列传》，说孔子从老子那里离去以后，对他的弟子们说："鸟，我知道它能飞；

鱼，我知道它能游；兽，我知道它能跑。会跑的可以织网捕获它，会游的可以织成丝线去钓它，会飞的可以用箭去射它。至于龙，我就不知道该怎么办了，它是驾着风而飞腾升天的。我今天见到的老子，大概就是龙吧。"另外，《庄子》中有一句名言叫"一龙一蛇，与时俱化"，这是用来比喻人的，意思是人想要有所成就，一定要该龙则龙、该蛇则蛇。龙和蛇，一个可以升腾于天，一个可以腾挪于地，根据具体客观环境的变化而变化，因时制宜、因地制宜。

说个大家熟悉的例子，《三国演义》里边"青梅煮酒论英雄"的桥段。刘备兵败，居于曹操麾下。有一次，曹操邀刘备青梅煮酒，正饮间，突然阴云漠漠，天要下雨，天边一片云很像龙。曹操和刘备一同观看，曹操就问刘备："使君知道龙吗？知道龙的变化否？"刘备说："未知，愿闻其详。"于是曹操就说："龙能大能小，能升能隐；大则兴云吐雾，小则隐介藏形；升则飞腾于宇宙之间，隐则潜伏于波涛之内。此可以喻天下英雄也。"关于龙的感慨讲完了，曹操还说了一句话："天下英雄，惟使君与操耳。"这句话是试探，说天下英雄就咱两个了。说起来，要是以龙来比喻曹刘二人，曹可谓"飞龙"，刘可谓"潜龙"。若以"潜龙"比作日出，那么"飞龙"在天好比是如日中天。

"潜龙"，也就是龙在蛰伏、在睡眠。能有什么作为呢？所谓"潜龙勿用"，"勿用"并不是不用，而是持续蓄积力量等待时机，当最好的时机产生时，马上抓住它。若处于进退两难的境遇，想要逐渐摆脱逆境，必须懂得"潜龙勿用"的智慧。"潜龙勿用"经常被用来描述帝王之事，古代帝王未登基大宝之前叫作"潜龙"，所住的地方叫"潜邸"。但并非所有帝王都适用"潜龙勿用"。此话怎讲？比如说，帝舜曾经隐居于雷泽，这时期的帝舜可以称之为"潜龙"，但不能叫"潜龙勿用"，因为帝舜隐居雷泽的时候，唐尧在世，这一时期乃是治世。相反，生活在秦朝末年的刘邦，只是一个泗水亭长，他不能立即有所作为。但刘邦和帝舜的处境大有不同，因为刘邦遇到了暴秦，所以刘邦这个"潜龙"在时机未到的时候叫"潜龙勿用"，有时机的时候就慢慢可以"飞龙在天"了，朱元璋也是如此。

那么问题来了。有人会问，帝王和大人物是这样，但并不是每个人都能走向人生巅峰，绝大部分人一生都是在平平淡淡中度过的。如此看来，又有何"潜龙勿用"？又有何"亢龙有悔"呢？其实不然，"飞龙"在天不仅指高高在上，稳稳当当也是"飞龙在天"。要想一生过得平平安安，也需要有智慧，需要知进退、知可行与否，所以"潜龙勿用"也适用于平常的人、寻常的事。无论是帝王还是平民，用乾卦龙的变化状况来描述，"飞龙在天"是强盛状况，"亢龙有悔"是过犹不及，而"潜龙勿用"则是萌芽潜伏之状况，其中隐藏着一个"时"字。悟透的人能在逆境中迅速前行，时机未到不妄自逞强，等待时机、适度而动。

历史总是惊人的相似，在没有一定的把握下，潜藏也许是最好的办法了。比如上文说到"煮酒论英雄"时，当曹操说天下英雄只有我们两个时，刘备怕曹操加害，借雷电的响声把筷子扔掉，并说："这个雷声都把我吓坏了，我哪是什么英雄啊？"正是这种小心隐藏，刘备才有后来的借攻打袁术而逃离，才有了之后的夺荆州，取西川，控南蛮，成就一方霸业。是啊，在没有权力和机遇之时，我们所能做的，最好就是隐忍。再说一例，诸葛亮。他在没有遇到明主之时，就一直在卧龙岗躬耕研学，直到刘备"三顾茅庐"才出山。有才有志同样需要隐藏，不轻易把自己的才学示人，不鸣则已，一鸣惊人。对我等平常人而言，处世为人，当退则退，当进则进。如《论语·述而》所说"用之则行，舍之则藏"，丰富自己的知识，增长自己的见识，勤加思考，戒骄、戒躁、戒急，时刻准备着迎接机遇。

总之，"潜龙勿用"四个字蕴含着极为深邃的人生哲学，是成大事的智慧。第一，我们要自信自己是一条龙，只有龙才能腾云驾雾，乃至于飞升在天。如果只是池塘里的一条小鱼，那么无论潜上多久，也无法成就"飞龙在天"的事业。

所以，我们要时刻记得自己是条龙，不是条虫。第二，是龙就要知潜，要懂得"潜龙勿用"的智慧，谋大事者在机遇未到之时，不要老是想炫耀和彰显自己。虽然龙具有成大事的资质，但是处在事业的开端之时，最重要的是厚积，涵养自己的美德。古书里经常讲，天道尚且要积蓄能量，何况人呢？《庄子·逍遥游》中也说，到近郊去的人带够当天的粮食就足了，到百里外的人要用一整夜来舂米、准备干粮，到千里外的人呢，要聚积三个月的粮食才能够出发。所以他说，"水之积也不厚，则其负大舟也无力"，水积累不多，大船承载不起来。越是成大事者，越需要积聚充实的能量，急功近利、贪图小利，快就是慢；积蓄能量，慢就是快。正如《论语》所说，"欲速则不达"。

乾卦初九爻的"潜龙勿用"乃是成大事者的人生哲学，不管当下处在什么位置，不管他人如何对待自己，都能够忍辱负重，坚持前行，从容坚定自信。"大鹏一日同风起，扶摇直上九万里。"像大鹏一样，等风来，乘风起，水击三千里，扶摇九万里！

最后，卦名与总结。

（一）卦名解析

"乾"字在《说文解字》中的解释："上出也。"意为阳气向上升腾，也是事物的发展阶段。《周易·说》卦中说"乾，天也"，用乾来代指天，表示天道。在兑卦中还说："乾，健也。"有如天之运行不息，刚健自然地不停运转。在《大象传》中也说："天行健，君子以自强不息。"所以君子要效仿天道。

（二）总结

第一，天为主宰，万事万物都有主次之分，所以乾卦讲的是为君为领导的艺术，是如何当一个圣明的君王和好的领导，要向乾卦的天道学习。

第二，乾卦就是这样以龙来做比喻，神通广大的龙尚且要跟随天时而动，更何况小小的人类。

第三，刚开始"潜龙勿用"修身养性。第二阶段初出茅庐获得赞誉。第三阶段暗含危机，朝乾夕惕。第四阶段跃升高层，或者一飞冲天，或者谨慎观望等待时机。第五阶段"飞龙在天"大获成功，但要戒骄戒躁，到了最后日中则昃、物极必反，不能太过高亢。转身再进入下一个"潜龙勿用"的循环，踏上新的征程。

第四，从乾卦描述的六个阶段，我们可以清晰地看到一个君子建功立业的足迹，万事万物都是在曲折中不断向前发展的，人世间的事业也是积小成为大功，永远不要满足于取得的一点点小成绩，而要像日月运行那样，日积月累循环往复，要完成无数个乾卦的六个过程，最后才能登上事业的最高峰，即便如此，也要谨慎，以防"有悔"。

坤卦第二：含章可贞

第2卦：坤卦	坤：元亨，利牝马之贞。君子有攸往，先迷后得主；利西南得朋，东北丧朋，安贞吉。《象》曰：地势坤，君子以厚德载物。
	用六：利永贞。
坤为地	上六：龙战于野，其血玄黄。
	六五：黄裳，元吉。
	六四：括囊，无咎无誉。
	六三：含章可贞，或从王事，无成有终。
坤为地	六二：直方大，不习无不利。
	初六：履霜，坚冰至。

【本卦提示】 如果说乾卦代表天，代表龙从潜到腾飞九霄的过程，那么坤卦则代表大地，代表牝马行地无疆的伟大。

本章我们以"含章可贞"为枢纽来理解坤卦的精神。先来看一下"含章可贞"的出处。坤卦六三爻辞说："含章可贞，或从王事，无成有终。"意思是含蓄地处事、保持住美好的德行，这样的人如果参与政务，即使没有好的成绩，结局也会很好。

首先，来看卦象。

坤六画皆阴，纯阴至柔，它代表地。与乾卦一样，坤卦也是八卦中最纯粹的卦象之一。坤上坤下，表示大地承载着万事万物，它不创造，不干预，只是无条件、无选择性、无偏爱地容纳一切事物，也正是因为如此，万物才能自由蓬勃地生长。六个阴爻，代表着阴柔的特性以及无限广阔的包容，也象征着"地势坤，君子以厚德载物"的品格。总之，坤卦代表着大地的宽厚和顺，它提醒我们要有贞静柔顺的品德，顺承天的意志，不与人争先。

其次，来看卦辞。

"元亨"，万物由于坤卦的承载作用而得以发生，得以亨通。"利牝马之贞"，"牝马"就是雌马，雌马温顺贞静，顺承跟随雄马的作为。"君子有攸往，先迷后得主"，统治者应当有所作为。一意孤行会迷失方向，但如果让他人先行，那就会找到目标。"西南得朋，东北丧朋"，在西南方向得到具有柔弱之性的朋友，在东北方向丧失躁动的朋友。"安贞吉"，保持安定安静的品格，结果一定是吉利的。

再次，来看爻辞。

从坤卦的卦象看，由下往上，分别是初六、六二、六三、六四、六五、上六、用六。初六的爻辞叫"履霜，坚冰至"，讲的是见微知著的道理。六二爻叫"直、方、大，不习，无不利"。你有这样的品德，那即便遇到问题，只要不反复无常，也不会有不利的结果。然后是六三爻，"含章，可贞，或从王事，无成有终"。

初六：履霜，坚冰至。

先说这三爻。首先是初爻，为什么是"履霜，坚冰至"呢？因为初爻不当位。阳爻在奇数位，阴爻在偶数位，这叫当位。这里初爻以阴爻居奇数位，所以不当位。爻辞是说，踩踏到了霜地，就知道寒冬将至，用来比喻事态发展已经有了严重后果的预兆，所以要见微知著。

六二：直方大，不习无不利。

再看六二爻，阴爻处在偶数位，当位。"直方大"，即正直、端方、胸襟阔达。做到这三点，并且做事不反复无常，才能得到君王的重用，担负起辅佐的重任。如此即便不熟习于事或环境，也不会不利。坤以乾为主，顺乾而行对于坤来说是最佳的，无往而不利。《易经》的卦象只有三类，一类是纯阳之卦，只有乾卦；一类是纯阴之卦，只有坤卦；其他的六十二卦都是阴阳兼具。所以乾坤这两卦经常得结合起来理解。

六三：含章可贞，或从王事，无成有终。

我们再看第三爻。"含章"二字，意思是包藏美质，"含"，藏也，"章"，美也。具体而言就是，腹有诗书气自华，有德而不显，怀才而不露。另外，文章含有文采和美质，也属于"含章"。张衡在《西京赋》中说："麒麟朱鸟，龙兴含章。"当然这里的"含章"是宫殿的名字，指的是汉朝美轮美奂的"含章宫"。白居易也有"良璞含章久"的诗句，意思是这虽然是一块璞玉，但里边有美质。司马光也有"含章怀宝"的说法。可见，"含章"是个雅词。另外，前面说过，卦有上下，下卦为内卦，坤卦下卦为坤，说的是内卦里边包含着文采，所以叫"含章"。

再看这"可贞"二字，"贞"就是坚持美德，"可贞"就是一直坚持美德。那么，六三爻辞的意思就是，含蓄地处事，懂得锋芒内敛，能保持住美好的德行，这样的人如果参与政务，即使没有特别好的成绩，但结局也会很好。"含章""可贞"这两个词作为名字也很美好，比如我国著名社会学家牙含章，浙大原校长竺可桢。《易经》里边有很多类似的美好词汇，可以丰富我们的知识储备。

接下来，我们来看一下六三爻。从发展过程看，坤卦六三爻，连续经过两个阴爻的发展，自身还是阴爻，上面三爻依然是阴爻，这实在是进退维谷的一个局面。怎么度过这个境地呢？六三爻的爻辞给出了答案，"含章，可贞，或从王事，无成有终"。六三虽是阴爻，但处于阳位，阴之中包含着阳在内，有半动半静的特点，也就是说"含章"暗含"含阳"之义。这不就是腹有诗书吗？至于如何表现，即使腹有诗书，也要含蓄地、逐渐地展现，这就是说有坤德的人，内含阳刚美质，含蓄地处世，这样做"可贞"，可以保持仁信的美德。"含章可贞"的人，"或从王事"，这个"或"有选择和等待的意思：你可以选择"从王事"，可以去做官；也可以暂时不去做，等待明主出现后，再去辅佐君王；可以选择百分之百地"从王事"，也可以在执行过程中，善于把握对错与分寸地"从王事"。一个"或"字有这么多的内容，值得我们去了解。

总之，只要坚持了正确的观点和路线，大可不必过于看重结果，成不居功，败不气馁，只要心里认定的是非善恶，没有被践踏，就是好的结果，就是圆满的。这或许就是"无成有终"的深刻含义。

六四：括囊，无咎无誉。

接着来解释六四爻。六三爻再往上面发展是"括囊，无咎无誉"，意思是行囊里边的东西，你不要把它显露出来，外面的人也就不会窥视到里面的东西了。没有过错，但也没有得到赞誉，这句话道出了人入世处事的保身哲理。所谓"猴子献宝"，有一点什么东西非得亮出来，那就是给自己惹事。在一种全阴爻的境况之中，即便处于当位，也要懂得保护自己，所以"括囊，无咎无誉"，是一种好的状态。

六五：黄裳，元吉。

再来看六五爻，"黄裳，元吉"，这四个字虽然很多人不熟悉，但在中华文化中可谓大名鼎鼎。举个例子，西汉著名的"中国大宁"铜镜，以其铭文著称于世。铭文内容如下："圣人之作镜兮，取气于五行，生于道康兮，咸有文章，光象日月，其质清刚，以视玉容兮，辟去不祥，中国大宁，子孙益昌，黄裳元吉，有纪纲。"这段话前面的八句，说出了铜镜的不凡，它是由圣人黄帝创制，诞生于安康之世，纹饰精美，光辉夺目，能够祛除不祥。最后四句，是对国家与社会的美好祝愿，"中国大宁，子孙益昌"，很好理解，"黄裳元吉，有纪纲"又作何解呢？"裳"是下衣，相对于上衣，这个"下裳"比较不显眼，而黄色是大地的颜色，更加不显眼，这种谦卑平和的德行，正是坤卦的要求。古人认为拥有这种德行，是最吉祥的。因而"黄裳元吉"，也是对国家与社会的美好祝愿。在这愿景中，国家法纪严明，社会井然有序，也就是有纪纲，特别是君为臣纲。

"乾坤"往往讲君臣之间的事。我们举几个例子来帮助理解，第一个例子就是张良。在辅佐刘邦成就帝王大业之后，他便功成身退。应该说，张良完美地诠释了什么是"含章，可贞，或从王事，无成有终"。张良满腹才华，"运筹帷幄之中，决胜千里之外"，但为人很低调，即使受到刘邦的器重，也放低姿态，谨守谋士本分，把辅佐刘邦当作自己的大事，永远不争功，该退的时候安安静静地离开，这样的人才是最有本事的。

再举一个例子，刘备白帝城托孤诸葛亮。读过《三国演义》的人都知道，刘备在白帝城病危时，把诸葛亮叫来，将蜀汉江山和后主刘禅托付给他，还留下这样一句话："若嗣子可辅，辅之，如其不才，君可自取。"意思就是刘禅能够辅佐好，你就好好辅佐他，假如他扶不起，你就取代他罢了。后来诸葛亮明知道刘禅无能，还是一心一意地去辅佐。即使他在蜀汉有"如相如父"的相父身份，是真正的掌权者，但他的姿态永远摆在刘禅之下。自从出山跟随刘备时起，诸葛亮便把自己定位为一个"从王事"的人，始终清醒地知道自己的身份。在诸葛亮的心里,"受命以来,夙夜忧叹,恐托付不效,以伤先帝之明",无任何非分之想。可见诸葛亮的"含章可贞"是把才华用在兴复汉室的这条正道上,而不是个人炫耀。所谓位高不想张狂而张狂自至,人到了这个地步,往往都是自觉不自觉地张狂,但诸葛亮却能不张狂,后来得以善终,留下美名。

《道德经》里有"生而不有,为而不恃"之句,一个人功成名就却不居功,当他什么都不计较的时候,也就没有什么害怕失去的了。可是做到这一点很难,因为人有太多的贪心与不甘,要做到坤卦六三爻里这句"无成有终"更难。明知道自己在做的事情,会成为别人的功劳时,又有多少人会真正卖力去做呢?比如有的人做副手的时候明明有能力去做,但他觉得功劳不是自己的,就不去做了,这样的人不仅做不好副手,处正位也会难以持久。

上六:龙战于野,其血玄黄。

接下来,坤卦上六爻的爻辞比较凶险,"龙战于野,其血玄黄"。意思是处坤地却常常自命不凡,与龙冲突,不懂为坤之道,不懂"含章可贞"之道。"玄黄"就是天地,意思就是说,这坤位之卦也不安分,与龙战于郊野,血流于天地之间。自古以来君权、父权都是不可轻易挑战的,所以位不当的时候,要懂得顺天应人的柔刚之道。如果说乾卦以龙作为象征,那么坤卦就是以马作为象征,逆风飞扬的母马。要有"履霜,坚冰至"的谨慎,要有奔驰在直方大地上的品德,更要懂"含章可贞"的道理。如果像上六那样,轻易与强龙战于郊野,就只能"其血玄黄"流于天地之间了。

用六:利永贞。

现在讲讲用六爻的含义。在乾卦中已简单讲过"用九"和"用六",只有爻辞没有爻位。用六意味着老阴变阳、变化无穷,由坤到乾的转变之中。爻辞为:

"利永贞。"意思是柔和中带有刚健之气,有利于永久持守正道,有利于长远的发展。

最后,卦名和总结。

(一)卦名解析

"坤"字,在《说文解字》中的解释:"坤,地也。""坤"就是大地,象征着大地承载万物的品德。《周易·说》卦中说:"坤,顺也。"有如大地一般地服从着天道化育万物。坤卦纯阴至柔,如大地一般柔顺宽厚,容纳万物,所以《大象传》说:"地势坤,君子以厚德载物。"君子效仿大地的品德就要有包容的胸怀、安静柔顺的德性。

(二)总结

其一,坤卦的理念。第一,"履霜,坚冰至",所以要见微知著,要"为之于未有,治之于未乱"。第二,"厚德载物"。大地如母亲一般承载着万事万物,虽生养万物却不干预其各自发展,正如《道德经》所言:"生而不有,为而不恃,长而不宰。"大地的品格就是如此,为万物提供生长、繁育的空间,而不占有、主宰。庄子说,"天地有大美而不言",就是说天地具有高尚的品格而不言说。君子要效法大地的品德,"地势坤,君子以厚德载物"。"厚德"就是积德行善,"载物"就是担当大任。积德行善才能担当大任,担当大任更要积德行善。二者互为因果,螺旋式前进。第三,"含章可贞"。人的灵魂是充实丰满的,具有高洁的品格,但是不张扬,懂得锋芒内敛,同时能坚持原则,坚持美好的品格,这样的人结局一定是好的。第四,乾刚坤柔。乾刚健,为天、为君、为引领者,坤阴柔,为地、为臣、为跟随者,告诉我们要谦虚、宽厚、容纳、安静。乾坤阴阳相合,刚柔并济,成就大业。

其二,错卦与乾坤之道。乾卦与坤卦都是消息卦,它们的综卦都是其自身,它们互为错卦。互错的两卦相互否定，具有相反的意义。《周易》体例，六十四卦结对而现，互综的两卦为一对，如果一个卦的综卦就是其自身，那么就与其错卦结为一对，搭伙配合，相互借鉴。乾卦和坤卦是互错的一对，意义相反互鉴。概而言之，乾卦歌颂了"乾阳"创造万物的刚健之气，坤卦则赞美了"坤阴"承载万物的柔顺之德。"天行健，君子以自强不息。"这句话是乾卦的象辞。"地势坤，君子以厚德载物。"这句话是坤卦的象辞。这两句话是互为否定却又相互补充，乾道指的是一种刚健、进取、勇于创新、敢为人先的精神，秉乾道者为主角，主动、决断、担当、刚果，是为"自强不息"者也；坤道指的是一种沉稳、深厚、宽容大度、自藏不争、甘为陪衬的品质，秉坤道者为配角，配合、出谋、尽力、柔顺，是为"厚德载物"者也。

这两种道虽然矛盾，却可以转化、可以分时而用。如何转化，如何分时而用？关键取决于当时你所承担的角色。当你是主角时，必用乾道；当你是配角时，必用坤道。角色与道错位，则必有灾眚！当为主角而优柔寡断、进退失措，失乾道也；当为配角却反客为主、争先贪功，失坤道也，失道者必失身。君子进德修业，首先应当识时，乾坤之道兼备，方能成天下之事。一个人，当"天将降大任于斯人"之时，就要能够勇挑重担，排除万难，奋发进取，百折不挠，不达目的不罢休，这就是乾道；一个人还应当有成天之善，成人之美的品德，当需要他配合的时候，能够竭尽全力、柔顺配合、不计得失、不贪功争权，这就是坤道。君子适时，若能时乾则乾，时坤则坤，因时而兼具两德者，所谓"一龙一蛇，与时俱化"是也。

举例而言，昔者刘邦之有天下也，盖能时乾则乾，时坤则坤，既有"自强不息"之时，又有"厚德载物"之德，故天下终归于汉。初项羽强而为主角，刘邦弱而为配角。虽然有"先入咸阳者王之"的约定，但刘邦有自知之明，先入咸阳却主动放弃了称王的权利，而是闭宫锁库，与百姓约法三章，然后还军霸上，准备迎接项羽。刘邦此举，深合乾坤之道。主配取决于实力，"先入咸阳者王之"可能是楚怀王所设陷阱，引诱实力强大的军阀起冲突，造成两败俱伤。刘邦终得天下，总结经验时说："夫运筹帷幄之中，决胜千里之外，吾不如子房；填国家，抚百姓，给饷馈，不绝粮道，吾不如萧何；连百万之众，战必胜，攻必取，吾不如韩信。三者皆人杰，吾能用之，此吾所以取天下者也。项羽有一范增而不能用，此所以为我禽也。"刘邦之所以得天下也，就在于能屈能伸，有主见，又会用人。至于韩信，虽有纵横天下，战无不胜之能，却屡失坤道，终无善果。

总之，时乾则乾，时坤则坤，乾坤之道大矣哉！

屯卦第三：种子萌芽

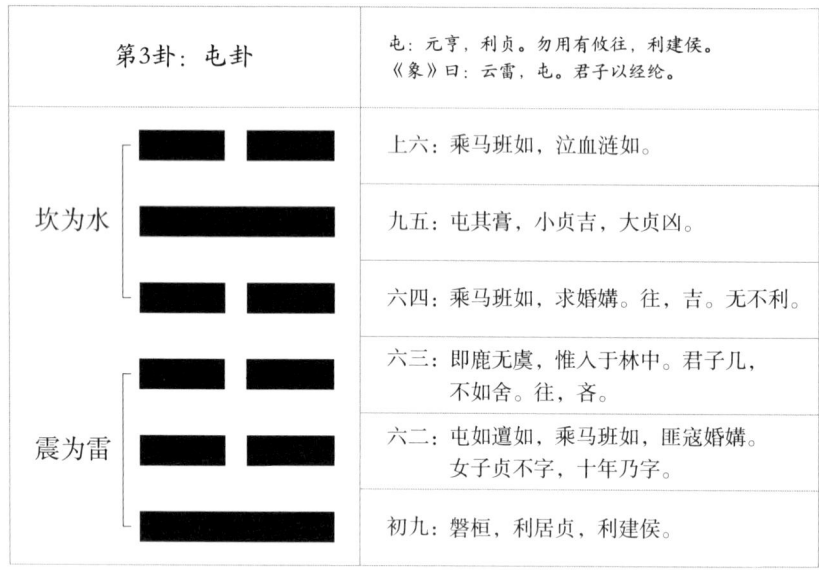

【本卦提示】乾坤交相，万物初始，有屯。种子萌芽，当慢从款来！

本章我们以爻辞里的"即鹿无虞"来领会屯卦的基本精神。先来看一下出处，屯卦六三爻说："即鹿无虞，惟入于林中。君子几，不如舍。往，吝。"意思是，来到山脚下追鹿，但是没有掌管山林的虞官指引，还希望进入树林之中，这就有危险。君子面临此境，不如找个村屯安排住宿，继续到树林中，那就会有后悔的事发生。

首先，来看卦象。

大家都知道一句话叫"万事开头难"。屯卦下卦是震卦，震为雷，代表不稳定；上卦是坎卦，坎为陷，有陷落之义，我们平常讲话也说，又来一个"坎"。

其次，再看卦辞。

> 屯：元亨，利贞。勿用有攸往，利建侯。

震下坎上，说明一切都还在混乱当中，如同社会处于乱世，这个时候天地还不够稳定，所以要"勿用"，要学会等待。当然，一切都还蕴含着希望，毕竟万事万物都刚刚开始。"勿用"不是不用，"勿用"仍然利于前行，有机会仍然能够建立天下功业，"利建侯"。说起来，这屯有无限多的可能，只是因为刚刚产生，过于柔弱脆嫩，所以要积蓄力量，不应贸然行动，和乾卦初九的"潜龙勿用"有异曲同工之妙。

举个例子，纪录片《动物世界》里经常出现这样一种情况，干旱已久的大草原上乌云密布，马上就要下雨了，各种动植物开始准备生长发育了。此时正常发育就是最好的选择，所以是"有攸往"，意思是有好的结果。但刚开始光靠自己还不够，毕竟抗风险的能力太差了。于社会而论，要寻找团队，也就是"利建侯"。所以，初九这颗种子要到达九五，中间困难重重。包括六三爻中我们要说的"即鹿无虞"，没有领路人，就是困难之一。该如何从一颗刚发芽的种子，顺利破土而出；如何和自己的团队先站稳，再生根，再小有发展呢？屯卦，讲述的就是这样一个发展的过程。

"虞"，是指古代掌管山林川泽之官；进山猎鹿，没有熟悉地形和鹿生活习性的虞官帮助，就是白费力气。"即鹿无虞"后来就用来比喻做事，如果条件不成熟就草率行事，必定劳而无功。

再次，来看爻辞。

> 初九：磐桓，利居贞，利建侯。

"磐"，磐石，意思是石头压在种子上面，种子的压力很大，所以"利居贞"，适合稳固自己，缓缓地积蓄能量。久而久之，虽然不能将石头顶穿，但是可以从石头的侧面长出来。总之，事业的初创阶段，面对困难就像一个大石头压着一般，这时候要学会"利居贞"，也就是潜下心来等待时机，"贞"就是坚持。本爻之所以能居贞建侯，是因为能守正，获得支持。毕竟初九处在阳爻位，所以能以阳刚之才，暗中积蓄力量，等待一飞冲天的时机到来。

> 六二：屯如邅如，乘马班如，匪寇婚媾。女子贞不字，十年乃字。

再来看第二爻。第二爻是个阴爻，既中且正，它和九五这个阳爻相应。以女子的婚配为例，六二这个女子等的是谁呢？九五。虽然有众多的求婚者前来登门，但是她不嫁，坚持等她的九五。多长时间？十年。"女子贞不字，十年乃字。"十年了，不忘初心，不忘初恋，而不是随便找个人嫁了。

> 六三：即鹿无虞，惟入于林中。君子几，不如舍。往，吝。

这个讲的是什么事？我们现在有个俗语，叫"将军赶路不追小兔"，用到这上呢，倒不是追兔，是追鹿。追鹿到了林子边，鹿跑进林子里了，那猎人追不追呢？没向导啊，要独自跑到深山老林，那就麻烦了。所以爻辞警告，不如早早舍弃，回去吧，结果还好。六三爻讲的这个道理，用老子的话说叫"知止不殆"，也就是我们现在经常说的，要及时止损。举个例子，现在的一些大学生刚毕业找工作的时候，非想找一个自己专业对口的，挑来挑去、犹豫再三，最后就没有好结果。其实大家想一想，作为一个学生，最大的优势是学习能力，只要用心，在很多行业都能有作为。我教过的很多学生，都不是干专业对口的工作，发展也很好。学习能力是最重要的。

回到爻辞。如果听了警告，放下了，没向导就不进林子，那么就会来到六四爻。

六四：乘马班如，求婚媾。往，吉。无不利。

意思是说骑上马，原地打转，如果是要去求婚，是吉利的，没有什么不适宜，你没有进到危险地带嘛。六四爻对应的是初九，一阴一阳，正好对应着。初九居于最下，因此这里就引申为礼贤下士，放下架子，虚心请教。我们在讲《战国策》的时候就发现一件事，书中被人称赞的这些王，比如魏文侯、齐威王，他们经常说一句话，叫"先生教我"，虚心地向人请教，这个是吉利的。

九五：屯其膏，小贞吉，大贞凶。

九五爻是一个阳爻，它是当位的。从初九这个位置开始，就强调我们要坚定信念，后边又是要我们及时止损，又是要我们礼贤下士，经历了重重困难，终于到了九五的位置了，这个时候像什么？举个大家熟悉的例子，就像刘备刚刚建立蜀汉，建立基业了，那就该"屯其膏"。"膏"就是脂肪，也就是建议多积攒一些家底，别急于扩张，别急于大折腾。与蜀汉并立的还有曹魏和东吴，都虎视眈眈的，轻易扩张，就容易引来大危险，所以这个爻辞叫："小贞吉，大贞凶。""贞"就是稳固坚持。小有坚持、小稳固，这是吉祥的，大折腾就糟糕了。

上六：乘马班如，泣血涟如。

不听劝，到了九五的位置，不肯"小贞吉"，于是"大贞凶"就来了。上六爻意思是说，驾着马车，原地回旋，哭泣无声，滴泪涟涟。为什么？第六爻是偶数位，阴爻本是当位，但是，上六处在卦的极点，又与六三爻无应（因为同属阴爻），于是前方困难重重，骑着马原地打转。这是整个屯卦最困难的时刻，怎么办呢？只能期望下一卦，物极必反。

最后，卦名和总结。

（一）卦名解析

《说文解字》中说："屯，难也。象草木之初生。屯然而难。"是说"屯"字，是指生长艰难，就像草木初生的样子。

如果大家熟悉古代的文字，会发现在甲骨文中，𡳾字就像一个种子刚刚萌芽，也就是事物刚刚开始发展的状态。

《象传》说："屯，刚柔始交而难生。"阳刚之气与阴柔之气开始交流了，困难也就随之而生了，所以才说万事开头难。屯卦紧接着乾卦和坤卦，为什么乾坤的门一打开就是屯呢？《周易·序卦传》里面说："有天地，然后万物生焉……屯者，物之始生也。"乾坤就是天地，有天地才会有万物。所以讲完了代表天地的乾坤两卦，就要开始讲代表万物最开始的状态的卦，也就是"物之始生也"的屯卦。

（二）总结

由初九到上六，讲的是一个人成长道路上的六个阶段。开始阶段，没有现在这些先进的导航仪器，还不虚心好好向人求教，在陌生的环境里一味硬闯胡来，结果自然是撞个头破血流。难以实现理想。

以霍去病和飞将军李广为例：霍去病每一次打仗，都能精准地斩杀敌人。他如何能做到呢？第一，霍去病的军队由匈奴人和中原人组成，是一支"联合部队"。匈奴士兵起到向导的作用，能够在茫茫的沙漠和戈壁滩上找到匈奴军队的地点。其实早在汉文帝时期，当时的智囊贾谊，就向汉文帝提议，在汉军中补入投降的匈奴人。第二，汉军中本来也有向导制度，比如张骞也做过汉军的向导，所以汉军能精准打击匈奴。没有熟悉匈奴情况的向导，这是很难做到的。

反例是历史上有名的飞将军李广，因为迷路，带着一生未能封侯的遗憾自杀了。之所以有如此结局，首先是他晚年与匈奴作战时，局势已经发生了很大的变化，汉朝由之前的被动防守，变成了主动出击。卫青、霍去病就是在这种背景下成长起来的新将领，他们十分明白，一个好的向导是多么的重要，因此他们极力为自己的军队培养优秀向导。李广呢，还以为此时和自己年轻时一样，靠实力便可以大破敌军，所以在他的队伍中，连个像样的向导都没有，自然会迷路。其次，此时的汉武帝觉得李广老了，也不堪重用，觉得有卫青、霍去病这样的年轻将领，就不需要这位老将，他的态度对骄傲的李广是一种心理上的巨大摧残。最后，就是他自身的性格原因。

性格决定命运，身为一代名将的李广，实际上心胸狭隘，刚愎自用，觉得只靠自己便能成事，只相信自己与匈奴作战的经验，最终不仅迷失在大漠中，更将自己的人生也迷失在不属于自己的时代。心态问题，加上恶劣的环境与天气变化，让李广陷入了"无天时、无地利、无人和"的绝境。

"冯唐易老，李广难封"，感慨之后我们也得静心思考，英雄迟暮之时，万不能在不熟悉的环境中逞英雄。正如去打猎，若追一头鹿追到从来没有来过的大林子前，又没有当地的向导辅助，没头没脑地冲进林子里，那么能否追到那头鹿已不重要，重要的是能否活着走出林子。

所以说真正有智慧的人，此时会冷静地考量，若风险实在是太大，不如暂时放弃，回头准备充分再说，硬充好汉只能凶多吉少，这就是"不如舍"的意思。

人闯荡江湖时都应该好好思索，想一想我们是否了解情况，是否做好了充分的准备。

所以,"即鹿无虞"以及屯卦带给我们一种深刻的启示,告诫我们在刚刚起步、还不了解情况的时候,要先弄清楚前进的方向,不要莽撞行事。

蒙卦第四：蒙以养正

【本卦提示】始生之时，蒙昧未发，需"蒙以养正"。

首先，来看卦象。

蒙卦上卦为艮，代表山；下卦为坎，代表水，或者准确来说，代表泉。这个卦象的画面是山在泉上，意味着泉水被山挡住了，有障碍，所以要引泉出山。一旦冲破了阻碍，泉水就会喷涌而出，如涓涓细流汇成滔滔江海。比拟人事，就是要去除阻碍，启蒙开智。

其次，来看卦辞。

蒙：亨。匪我求童蒙，童蒙求我。初筮告，再三渎，渎则不告。利贞。

蒙卦讲的是教育启蒙问题，主要内容是启蒙的正确态度与方法。首先，启蒙的正确态度是"匪我求童蒙，童蒙求我"。意思是，不是我去要求蒙童过来接受教育，而是蒙童要来求教于我。"初筮告"，最开始是来真心求教，我会告诉他。"再三渎，渎则不告"，再三烦琐，自己不认真思考，问完了又问，这个就有亵渎老师的意思了，所以就不再告知。卦辞的最后叫"利贞"，利于守持正固。"再三渎"不是"利贞"，"再三渎不告"才是"利贞"。

和启蒙教育直接相关的人：一是家长，特别是母亲；二是老师。从中国教育的发展历史来看，学校最早都在朝堂里面，到了孔子才有私学。当然，无论官学私学，老师都很重要。那么问题来了，我们需要什么样的老师呢？是像巡航导弹一样追着学生，拼命教他的吗？是有事没事就谆谆教导他的吗？非也。孟子有句话叫"人之患，在好为人师"，老给人家晚辈上课，"我要做你的老师"，让人不耐烦，也起不到教育的作用。老师不是追着去教，而是童蒙自己主动来学习，如蜂追蜜，如蝶恋花。只有这样，启蒙才能够因为学生内在的主动，最终很好地完成。

孔子也说过"不愤不启，不悱不发"，意思是，不到他努力想弄明白而得不到的程度，你不要去开导他；不到他心里明白却不能完善表达出来的程度，不要去启发他。真正的启发式教育，前提是一个人有着强烈的求知愿望，这个时候他来问你，你再给他做解答，才可能有效果。再者，回答要热情且有原则，同一个知识点，多次跑来问，你就不要理他了，他不是诚心来学习的。"再三渎，渎则不告"就是这个意思。

关于蒙卦这几句卦辞，最好的解读是《象传》："蒙以养正，圣功也。"是指要施以正确的教育，培养正直无邪的品质，要从小教导他正确的思想观念，引导他善言善行。启蒙的过程，不需要太复杂，只需要用比较纯粹的正确观念、理念来对童蒙加以引导。现在的"毒教材"，之所以引起大家那么强烈的愤慨，因为他们恰恰在一个人成长最关键的时候，对学生的三观施加不良影响。幼年时期的教育是最重要的，北宋政治家、文学家范仲淹专门写了一篇赋，叫《蒙以养正》。其中有这样的句子："君子能以蒙养其正。"意思是从小启蒙的时候，就用正确的方式，等到大了再来做这件事，那就来不及了。

再次，来看爻辞。

初六：发蒙。利用刑人，用说桎梏。以往，吝。

"发"就是起，启发之义，"发蒙"就是启发蒙昧的人。初六爻的意思是，作为老师要为人师表，"刑"和模型的"型"意思一样，指要树立典型榜样。作为老师，首先要成为典型榜样，言传不如身教，身教更容易被接受和效仿。如果一味地用说教方式来摆脱蒙昧束缚，必有忧吝。

九二：包蒙，吉。纳妇吉，子克家。

九二，是一个阳爻。意思是启蒙者要能有包容之心。老师首先得对学生充满仁爱包容。当然，要是有一个能包容的女主人，比如说这小孩的妈妈，那就更是吉利的，连着两个"吉"，所以这个爻是很好的。中国历史上，善于教育子女的母亲不少，比如周太王的夫人太姜，太王之子季历的夫人太任，季历之子周文王的夫人大姒（太姒），这"三太"都是圣王之母，是贤德的代表，也是家国吉祥的典范。

"包蒙，吉。"包容蒙昧者，是大吉大利的。娶能"包蒙"的女子为妻，那当然是吉祥的。九二爻还象征着子嗣，学生们能够成家立业，小孩们能够长大成人，担起自己的责任，大吉。所以这一爻也强调启蒙教育中，母亲的作用是正面的"吉"。

六三：勿用取女。见金夫，不有躬，无攸利。

六三爻是奇数位，阴爻显然也不当位，所以这爻是说一个不贤惠的、不包蒙的妻子，会把家庭搞得一团糟，对孩子的成长会产生不良的影响，所以是"无攸利"。可见从古代就开始强调，在娶妻时，要娶受过教育的、有好的家教的女子。用爻辞来说就是"不有躬"，不能任性而为，不然家庭教育就要出大问题了。

六四：困蒙，吝。

困在蒙昧之中，不吉祥。六四爻这个卦，是最苦的了，虽然它当位，但它上下都是阴爻，找不到一个阳爻能教它，自己也不知道会啥、不会啥，怎么办呢？这样的学生，你让他提问题，他都不知道该提什么问题，什么都不懂，什么都不清楚，所以叫作"困蒙"。没有贤明的人可以靠近自己、辅佐自己、教导自己，困于蒙，那自然是忧伤，自然是吝，不吉祥了。

六五：童蒙，吉。

从小就启蒙，吉祥。五爻这个位置是帝王的位置，但是这里是个阴爻，代表实力还比较弱，不过和它对应的爻是九二，九二是一个好老师，所以六五虚心礼贤，"请先生教我"，九二耐心解答，一片祥和之象，所以为"吉"。

当然，不是所有的学生都这么乖，于是惩戒的方式来了。

上九：击蒙，不利为寇，利御寇。

意思是对于蒙昧这个事，首先要用规则用纪律约束他。这个"击"字还有另外一层含义，就是类似于古代的打板子。书和戒尺是古代老师的标配，当学生违纪、不听话的时候，就用戒尺来打手心。敲击振聩蒙昧时，千万不宜过急过激，不要将矛盾激化，这样会酿成学生对你的仇恨，也就是"为寇"的意思。古代的老师，是用戒尺击蒙，打破愚昧，但是这上九爻辞也说了，打是要讲究方法的，古代都讲究打手心，因为手心肉多，没那么疼。总之，爱之深责之切，但要"击蒙"得当，防止"为寇"发生。

各位看，蒙卦由下至上，每一爻都代表了不同的状态，提示相应的发蒙策略。至于上九则是针对那些非常蒙昧的人，在教育上应当严厉一些，但也不能过于激烈，只有这样才能使关系顺畅，目标一致，取得有利的发蒙结果。我们以六五的"童蒙"为主爻，蒙卦讲发蒙，就是启发蒙昧；包蒙讲包容蒙昧；"困蒙"，讲受蒙之困的这种状态；"击蒙"，针对蒙昧的一种比较严厉的教育方式，比如说打板子，当然打的不是人，而是蒙昧。

最后，卦名和总结。

（一）卦名解析

《说文解字》解释"蒙"字说："蒙，王女也。"是指最大的女萝草。女萝，又名松萝，一说亦泛指菟丝子。这种地衣类植物靠依附他物生长，同时又遮盖了其他生物，使其看不到本来的面目。所以"蒙"字的本义为遮蔽、遮盖，因此要"启蒙"，拨开这些遮蔽。为什么蒙卦是第四卦呢？依照序卦，乾坤屯再到蒙，有天地然后有万物，屯卦描述的是种子破土而出，就如同青少年即将迎来自己的启蒙阶段，所以接下来就到蒙卦。

（二）总结

蒙卦的核心内容如下：

第一，按序卦，屯卦之后就是蒙卦，因为这蒙卦的综卦就是"水雷屯卦"。综卦的意义是空间的倒置，站在相同时间点上，通过变换空间立场观察问题。如"水雷屯卦"可以是俯视的观察角度，谈的是"万物生成之始如何度过艰难"；而"山水蒙卦"则是站在水平面向山上仰视的观察角度，讲的是"万物稚龄时如何破除蒙昧"，也就是如何教育和启蒙的问题。这两卦所讲内容，都是站在事物发展的初始阶段上看问题。

第二，蒙卦认为，教育的奥妙，在于"匪我求童蒙，童蒙求我"。世界上所有的知识智慧，都不是教会的，而是学生自己学会的，哪怕最好的老师来教，学生不学的话也没有意义，因此激发学生的主动性，形成内驱动力是第一位的，就像《彖辞》里对此的评价叫"志应也"，他有回应。

第三，而教育的方向，蒙卦的易理认为在于"蒙以养正"。"蒙以养正"明确了成功与品德的关系，良好的品德是成功的关键所在，所以要正。在启蒙阶段，一定要学高为师，身正为范。社会学校也要有尊师重道的良俗，否则就像《道德经》第二十七章所说的，"不贵其师，不爱其资，虽智大迷"。学生不尊敬老师，老师也不爱护自己学生，充满算计和技巧，智力都用在钩心斗角上了，但实际上已经进入了大的迷途。教育最好的状态，应该是学生尊敬老师，发自内心希望得到老师的传授；老师也要爱护学生，用恰当的方式方法去培养。师生齐心，目标一致，方能启蒙、成才。

需卦第五：久旱待甘霖

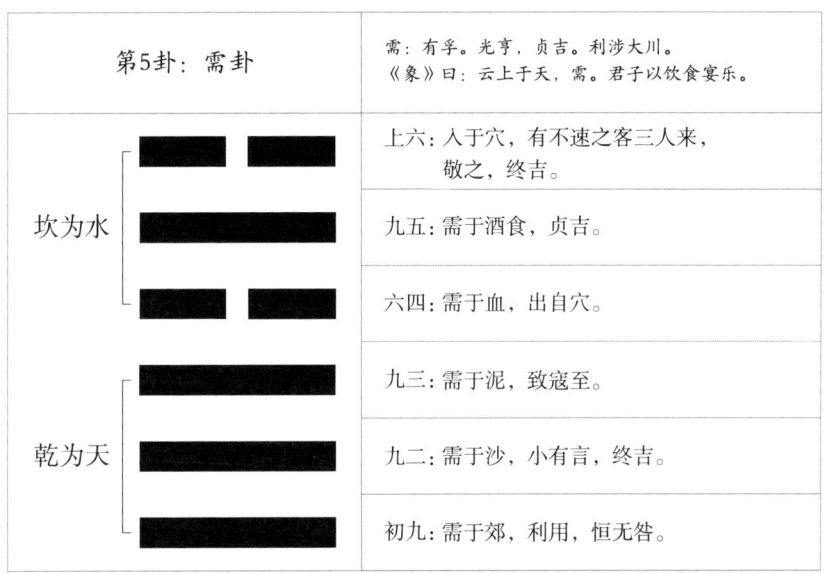

【本卦提示】"蒙者，物之稚也。物稚不可不养也，故受之以需。"需卦讲的是实现需求的过程坎坷重重，但要坚守正道。美国心理学家马斯洛有著名的五大层次需求理论——生理需求、安全需求、社交需求、尊重需求和自我实现需求，强调的是需求的实现与价值。中国人也很早意识到类似的道理，只是更强调需求实现的艰难，以及艰难中对正道的坚守。

首先，来看卦象。

需卦的卦象是乾下坎上，水天需。到目前为止，我们讲的这几卦都很艰难，因为都有坎卦在内。就需卦的卦象而言，乾在下，代表阳，象征正面光明；坎在上，代表水，象征险难之境。下卦的阳气上升挺进，但是因为上面遭遇了险难之境，有所阻碍，所以需要等待，以盼转机来临。

其次，来看卦辞。

需：有孚。光亨，贞吉。利涉大川。

"孚"就是诚信，意思是获取所需，要诚信光明，坚守正道，就会很吉利，有大作为，卦辞寓意还是很不错的。这也说明我们中国人从《易经》开始，就保持一种很乐观的态度，虽然有艰难险阻，但若坚守正道，终能有所成就。有所需则有所取，但所谓君子爱财，要取之有道，也要取之有度。人要有诚信，内心光明通达，有原则，这样才能一直吉祥，才能"利涉大川"，渡过难以涉越的天堑。

再次，来看爻辞。

初九：需于郊，利用，恒无咎。

意思是说想要获取所需，就要在郊外等待，应该有"恒"，坚持、保持恒心，这样就没有危险。关于初九，《小象传》解读得非常清楚："需于郊，不犯难行也；利用，恒无咎，未失常也。"在郊外等候，不能冒险前进，不能知险犯险，保持着恒心等待下去就能无所损害；坚持等待下去没有危险，这是因为待机而动，没有违反正常的原则。其实年少得志未必是好事，有些坑就是给那些忽略"需"的过程的人准备的。忽略了获取"需"的艰险，总想一下子就干到最好、得到最好的，这就是忽略了"需"的过程，向险而行，就容易掉进坑里。

九二：需于沙，小有言，终吉。

初九爻在郊外等待，远离坎险，现在为获取所需再往前走，在沙地上等待，稍微有过错，最后还是吉利的。《小象传》对九二爻的解释是："需于沙，衍在中也；虽小有言，以终吉也。"在沙地上等待，因为沙地非常软，难以通行，将有延误机会的过失。但是这过失不在自身，抓紧一点，反思一下能不能找到更好的方法，最后的结果还是好的。从下往上看，初九的时候我们下决心，并拿出持之以恒的心态做某件事。九二就是已经开始做了，开始前行，处在沙滩之中，遇到难以通行的沙土，于是这个时候"小有言"，出现了闲言碎语甚至言语中伤。但内心坚定的人并不理会这些，依然坚持自己的方向，结果是终吉。

从卦象上看，九二是以阳爻处于阴位，居位不当，象征刚柔相济、善于忍让的君子。而且九二与九五相应，但是因为都是阳爻所以相冲，与一卦之中的主要领导为敌，日子必然不好过呀。不过，九二、九三两个阳爻，六四一个阴爻，组成的是一个兑卦，它是喜悦光明的意思，象征着九二会迎来喜悦和光明的日子。总而言之，要等待时机，并且能够忍受别人的"小有言"，也就是闲言碎语，光明很快就会到来。有人要是讽刺你挖苦你指责你，不要放在心上，不去理会他。

九三：需于泥，致寇至。

为所需在泥沼中等待，将会把强盗招引过来。刚才还踩在河边的沙子上，现在都踩到河床的泥巴上，距离目标更近了一步。但是，踩到泥巴上走不动，这时候土匪还来了——象征坎陷落的坎卦。此时最重要的是要知道，距离你达成目标毕竟是近了，然而"寇至"，有人找麻烦了，所以《小象》辞提到这个叫："需于泥，灾在外也。自我致寇，敬慎不败也。"这是给我们出的主意。现在我们两脚陷于泥中，又来了强盗，怎么办呢？人在屋檐下，不得不低头。现在你在泥中，该低头就低头。此时千万别消沉，对他人要恭恭敬敬，同时也要谨慎小心。"敬慎不败"，只要恭敬谨慎，就不会陷于祸败，毕竟"灾在外也"，灾祸尚且在于身外。需卦是上坎下乾，乾卦是刚健有力的，但如果做事急躁冒进，就会陷入危险之中；如果恭敬谨慎，就能自保。面对外部的灾祸，敬谨审慎，能够自保，就算是立于不败之地了。所以九三爻上面是坎卦，面对强寇，能够停留在淤泥中，在淤泥中求食物，处境可不就算还不错了？

六四：需于血，出自穴。

这里的意思是说，起初要在血泊中滞留，后来从凶险的陷阱中逃脱出来。陷入血泊之中，受伤很重，处境凶险，那就应该想办法逃脱出来，这个时候如果还坐着等待，就有些愚笨了。遇到特殊情况，就不要坐等噩运的降临。六四属于阴爻，不妨听从强者，依附强者，向旁人求救也好，要顺应规律，方能不呈"凶"象。好在六四阴柔得正，为人谦和，人缘不错，所以能够化险为夷。这里面的"穴"是什么意思？大家知道以前人都是穴居，这个"穴"就像个牢房。"出自穴"，就像周文王从监狱里放出来，也像孔子被匡人围住，最后终于从重重困境中冲出来。前面就是九五了，九五代表着上峰，六四和它的关系是受助与施助。有强有力的帮助来那自然是好的。所以我们说不能只看六四本身，六四当位是很好的一个爻，辛苦付出终于换来了结果。六四爻下与初九有应，又与九三亲密，上承九五之君的帮助，因此能化险为夷。

九五：需于酒食，贞吉。

在享用酒食中等待，正固吉祥。九五这一爻，是需卦的主爻，阳爻居于君位，得位持中，此爻代表人的一种胸怀和境界。处于危难之中，仍旧能够体味到酒食的滋味，能保持一颗纯正的心，结局也很吉祥。到了这个位置，位高了，有了丰美的食物，但是想获得吉祥，还要能"贞"，也就是必须守正道，乐于分享，才能"贞"而获"吉"。以古代帝王为例，大多数是因为酒食之乐，逐渐走向堕落和腐败，就像纣王，弄个象牙筷子，箕子就感觉到了危险。因为用了象牙筷子，配套的碗筷也得换更好的，然后吃的东西也得提升档次，慢慢就开始奢靡，追求酒池肉林了。所以要懂得跟大家分享，懂得节俭。

上六：入于穴，有不速之客三人来，敬之，终吉。

进入地穴，有三位不速之客来到，主人怎么做？恭敬地接待他们，结果是吉利的。所以上六的《小象传》就说："不速之客来，敬之，终吉。虽不当位，未大失也。"不速之客来了，恭敬地接待他们，结果是吉利的。为什么？因为这个全卦阳刚过甚，逼压阴柔，但是上六在阴位，位置合适，所以有惊无险，没有大的损失。虽然来了不速之客，但是客客气气地、恭恭敬敬地招待，礼数周全，滴水不漏，最后平安度过。

是啊，在通往成功的路上，总有些人会成为你的障碍，就像不速之客一样，这个时候无需和他们针锋相对，而是尽量以尊敬谦卑的姿态，敬之终吉。不知不觉中，我们就会拉近和成功的距离。有人不请自来，来者不善，但还是以礼相待，这样就可以避免一些麻烦。不过如果仔细品味对于这些不速之客的态度，其中也隐含着巨大的学问。以礼相待，本就是一种中庸之道，在礼节上让对方找不到问题最好。我们不必太客气、太热情，当然也不能太冷漠，保持恰到好处的礼貌。因为不请自来的客人往往和你有一定的渊源，但平日里又不一定有太深的感情、太多的来往，因此做到以礼相待最好。这样对方不会因为你的热情而对你产生误判，认为自己是一个受欢迎的人；也不会因为你的冷漠，而对你产生诸多不满。这叫"中"，恰到好处，合适到极致。

最后，卦名和总结。

（一）卦名解析

"需"字，在《说文解字》中的解释："頷也。遇雨不进，止頷也。"此卦中，"需"是等待的意思，偶遇大雨无法前进，因此只能停下等待。在古代的农业社会遇大旱时，雨水则是万物最大的需求，雨至将下，万物皆在等待。所以后来也延伸出需要、需求之义。

（二）总结

需卦讲在不同条件下有所需求时，要保持等待的耐心，只有合适的时机到来才能得偿所愿。初九讲一开始的等待需要保持恒心，在九二阶段可能遇到小小的困难，但是最终是吉利的结果。到了九三就会面临更加凶险的考验，但如果恭敬谨慎，也能自保。六四面对危险也能化险为夷。九五位置尊贵，如果懂得分享，也能得到好的结果。哪怕上六遇到不速之客，客气地招待，也能最终吉利。所以需卦讲，有所需要就要学会等待，在不同的环境下面对不同的客观条件，要具体问题具体分析，最终就会久旱逢甘霖，得到想要的结果。

讼卦第六：作事谋始

第6卦：讼卦	讼：有孚，窒惕，中吉，终凶。利见大人，不利涉大川。 《象》曰：天与水违行，讼。君子以作事谋始。
乾为天	上九：或锡之鞶带，终朝三褫之。
	九五：讼，元吉。
	九四：不克讼，复即命。渝，安贞，吉。
坎为水	六三：食旧德，贞厉，终吉。或从王事，无成。
	九二：不克讼，归而逋，其邑人三百户，无眚。
	初六：不永所事，小有言，终吉。

【本卦提示】前文讲了需卦，人人都有需求，但是资源就那么点，自然就会产生争讼。荀子说："人之生不能无群，群而无分则争，争则乱，乱则穷矣。"比如原始社会之时，氏族成员打猎回来，战利品怎么分呢？又比如古代宰相，用宰牛宰猪的"宰"，强调的是宰完了他要给大家分。能分得均匀，那就是一种本事。西汉开国功臣陈平，少时曾经为乡里分肉分得很均匀，就感慨说："使平得宰天下，亦如此肉矣！"可见"分"是一个很大的学问。人类社会不能没有群居，如果群居没有很好的分配原则，那大家就开始争了，争则乱，乱则穷。争讼就是一种运用诉讼解决争的方式方法，可以诉讼，但是要遵守原则。

首先，来看卦象。

讼卦的卦象，上卦为天，就是乾卦；下卦为水，就是坎卦。天和水，一个是性质相反，天的性质是向上运动，天气轻而上升；水的性质是向下运动，水往低处流。二是运行的方向相反，天是由东向西行的，水则是由西向东流，双方背道而驰，象征着争论诉讼。这卦象是说，有智慧的人，也就是君子，做事要从中受到启发，"作事谋始"，做事时要预先谋划好。就像北宋大儒张绎《座右铭》说的"作事必谋始，出言必顾行"，说话办事都要事先想好，不可简单地行事。

那么，如何"作事必谋始"呢？第一，谋事先谋败。我做这个事，如果败了该怎么办？未虑胜先虑败，讲的就是这个意思。以争讼而论，凡是打官司就会有赢有输，要是真的输了，就得平静地接受事实，收拾收拾心情调整好心态，该上诉上诉。如果上诉再输了，更得调整心态，努力让自己过得更好。但是也要从中吸取教训，以后要是再有纠纷，自己又应该如何处理应对。

第二，如果不想有争讼，更要"作事谋始"，就像老子在《道德经》中说的"其未兆易谋"，事情没有征兆的时候很容易先去谋划好，以减少不必要的纠纷。"先小人后君子"的道理我们一定要懂，生活中很多事都会产生纠纷，比如说合伙做生意、借钱等，要是开始的时候处理不好，事后就会产生纠纷，意见不合之时也会产生争讼。所以君子做事之前，就要把一切考虑好，提前说好该怎么做，比如借钱的时候写好借条，合伙做生意前签订合同，作为之后的根据，这要比先君子后小人结果好得多。

其次，来看卦辞。

> 讼：有孚，窒惕，中吉，终凶。利见大人，不利涉大川。

意思是说，信用受到阻塞，要警惕戒备，虽然中途可能很好，但是最终是凶险，所以适宜遇见大人，但不适宜长途跋涉。什么叫不适宜长途跋涉？就是说打官司不能打的时间太长了。

再次，来看爻辞。

初六：不永所事，小有言，终吉。

初六代表什么？事情出来了，要争讼了、要打官司了，于是给出建议：不要得理不饶人。既然想争讼了，该诉说的诉说，该据理力争的就据理力争，控制在合适的范围内，差不多就行了，这叫"小有言"。初爻位置低、能量弱，"小有言"为吉，但是不能没有言，没有言就成了懦弱，要懂得合理表达自己的意见。

九二：不克讼，归而逋，其邑人三百户，无眚。

"逋"是逃的意思，就是回去了。"眚"字，生下面加个目，眼睛上长白翳，比喻灾祸。九二是说争讼之事失败，回到他的城邑里躲起来。城邑里有三百户人家，虽然封户不太多，但是毕竟还有些资源。你这时候要跟他硬碰硬，那就麻烦了；如果收拾收拾心情，回去做自己该做的事，等待机会，那就没有什么灾祸。

六三：食旧德，贞厉，终吉。或从王事，无成。

六三这个位置也是不当位的，到了六三，就很接近上卦了。下卦是弱者，是阴爻，越接近上卦，越应该明白事理。随时都能退后，懂得采取"食旧德"的办法来保全自己。什么是"食旧德"？就是念旧情。现在打官司打到这个程度，将有重大损失的时候，要想想怎么让人念旧情，以期止争。其实无论是古代官场，还是在现代职场上，无成才有终。就像老子说的，"夫唯不争，故天下莫能与之争"。《小象传》所说，"食旧德，从上吉也"，也就是我们经常讲的，没有安全感的人，总得有依靠有帮助。这时，我们要懂得忍耐，不应该计较一时的得失，不跟他人直接冲突，结果会吉。这一爻整体是说不争强好胜，懂得隐忍，虽然有些困难，最终能够解决。

九四：不克讼，复即命。渝，安贞，吉。

"不克讼"，"克"就是能的意思。九四最接近九五，但是九五位高而尊，九四怎么可能争讼得过人家呢？更关键在于九四它本身就不当位，四为偶数位，如果是阴爻就当位了。这是提示你要柔一些，不要因为官司或争执，而耽误了正常的生活与工作。也不要为了发泄不满，蓄意报复，做出伤害他人的举动，应该接受法律的判决，回到家继续以前的生活，这样才能吉祥，"渝"且"安贞"。

九五：讼，元吉。

大家注意，整个六十四卦中，"元吉"是很少出现的，所以九五的判决代表着权威，必须公正严明，顺应人心，这样才利于国家稳定，可是这并不容易做到。九五公正严明地处理诉讼，人人皆大欢喜，大快人心，人心安定，自然是"元吉"。

上九：或锡之鞶带，终朝三褫之。

"终朝"就是早晚，"褫"就是剥夺，这里是指把象征着权位的官服拿掉。"三"是多次的概念，昨天赐予的官袍，今天早上又被脱掉了。为什么？因为上九不择手段，虽然一时取得了权力，并且靠权力打赢了官司，但是不能长久，最后被褫夺权力，这个下场是很难堪的。这正如《小象传》说的"以讼受服，亦不足敬也"，意思是你靠这种争讼，而且是巧取豪夺的方式获得了官服，是不值得尊重的。

可见，六三虽然不争，但他可以保有旧禄并获吉祥；上九强争，尽管受赐，也将被夺回。两爻，正从相反的角度说明"讼不可极"的易理，不要把这事弄到极端。可见讼卦并非教人如何争讼，如何把官司打赢，而是告诫人如何止讼免争。它一方面指出，必须在被阻碍的情状下才能够起讼，情况要属实；另一方面告诫人们，打官司这个事，如果不及时停止，那结果一定是凶的。卦中的九五以中正、明决获得元吉，这是非常好的结果，其余五爻呢，他们身上都有官司缠身：其中初六不与人争，而获终吉；九二败讼但是速退，而获得"无眚"，也没灾祸；六三安分不讼，亦获终吉；九四败讼悔悟，而获安贞吉；只有上九，穷争强讼，自取夺褫之辱。

我们举个例子来说明这个问题。商朝末年，在虞国西边紧挨着一个小侯国芮国。虞国和芮国因为交界处一块未定归属的土地发生了争执，决定去岐山找西伯昌，也就是后来的周文王姬昌来评判。两国的国君一进到周的边界就看到，这里无论什么人都彬彬有礼，不斤斤计较。"耕者让畔"，农夫互相谦让土地的边界；"行者让路"，路上行人都互相让路。这两国国君一看就觉得很惭愧，西伯的领地上，市井之辈都能做到谦逊有礼，我们做国君的怎么还能这样斤斤计较？于是两人干脆也不找西伯侯论理了，回去之后都把这田让出来，结果所争的田变成了"闲田"。这是一个使人无讼远比听讼要高明的历史例证。因为即使西伯侯再公平，总要分个输赢，有输赢就有不服，那对立就没有化解。不如使其无讼，不再争了，以德化人，彻底平息纷争，所以君子要"作事谋始"。

最后，卦名和总结。

（一）卦名解析

"讼"字，在《说文解字》中的解释："讼，争也。"当人们各怀私心时，就会产生分歧、产生争端，这时候就采用争辩、诉讼的方式来解决。讼卦讲述了在己方力量不同时面对争讼应持有的态度，说明诉讼虽然有力，但也要有度，不可过极，拖得太久则会两败俱伤。同时解决争端最好的方式就是找到问题的根源并杜绝，所谓"疏大于堵"。

（二）总结

第一，按序卦，讼卦位于需卦之后，同需卦互为"综卦"。《序卦》之中这样说道："饮食必有讼，故受之以讼。"是说人与人之间因为争取需求而发生诉讼。人们在争夺利益的同时，便会引发争斗，到头来只有通过诉讼来解决。从卦象可知，需卦旋转一百八十度就是讼卦。两卦互为综卦：从这头看过去是需卦，从那边看过来就是讼卦，这就叫作一体两面。为什么会有讼，而且都认为自己有理会赢？因为任何一件事情，只要站在不同的立场，想法就会不一样。即所谓"公说公有理，婆说婆有理"。如果只从自己需的角度出发，就会陷入无休止的争讼之中。

第二，本卦宗旨就是这样：讼不可极，不宜强争，应当及早平息。当然若要杜绝争讼，务须治其本源，也就是"作事谋始"，作事之初，先要防讼于未萌。一开始就防范，不要轻易闹到打官司的境地。凡事先明确章约，判定职分，使讼无从生，争无由起。王弼的《周易注》引用了《论语·颜渊》篇的这段话："听讼，吾犹人也，必也使无讼乎！"意思是，孔子断案应该是没问题、很明断的，他的学生子路都能片言折狱，但孔子不同于子路，也不同于其他的听讼者，他的重点在于，"必也使无讼乎"，最好诉讼这件事从一开始就不要发生。这是圣人的能耐，使人无诉，就是以德化人，让人家不用诉讼，不用打官司。换句话说，人与人之间的矛盾，不通过诉讼就能解决，这才是最好的结果。

师卦第七：师出以律

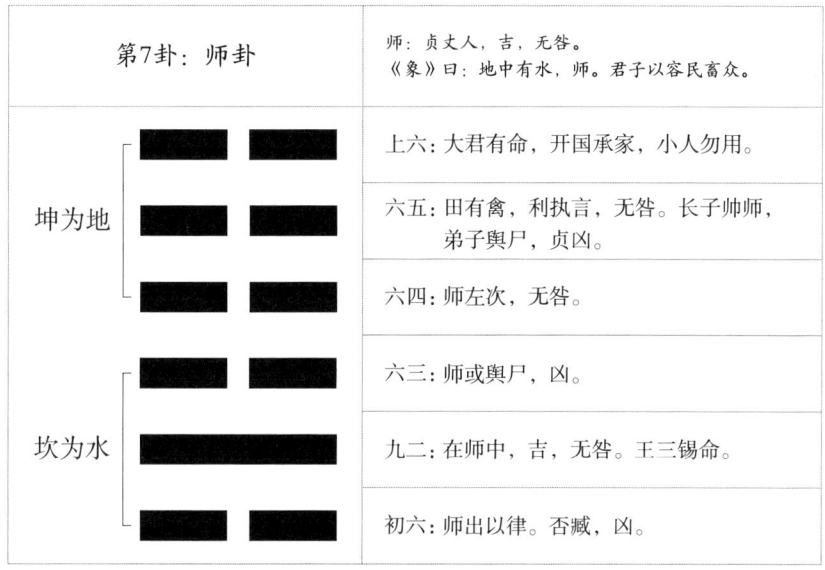

【本卦提示】师卦是《周易》的第七卦，前面是讼卦，是说为利益争诉，诉讼的结果要是一方接受不了，就会跳起来大骂。那要是两个国家之间出现这种情况呢？有两个选择，要么是大国做出让步，求同存异，这就成了第八卦比卦；要么对方来犯，出兵迎战，这就是我们现在要讲的师卦。师就是军队，所以整个卦中，很多地方都写着"凶"，为什么？《道德经》里讲，"师之所处，荆棘生焉，大军之后，必有凶年"，因为战乱本来就是凶事。

关于师卦，我们以"王三锡命"为基点来讲其中的智慧。该用语出自九二爻的爻辞。"在师中，吉，无咎。王三锡命。"意思是说，治军，举止恰当，吉利。君王多次下达赏赐的诏命，赐予职位的同时，还赏赐车马等财物。

首先，来看卦象。

师卦上面是坤卦，下面是坎卦，也就是地下有水。坤代表民众，坎代表危险，这叫兵藏于农。古代的生产力不足，很难养活得起职业军人，所以很多时候古代士兵都是"扛起锄头是农民，拿起武器是军人"。

其次，来看卦辞。

师：贞丈人，吉，无咎。

"贞"，正固的意思。这里用"贞"而没有用"元"，表示这是守卫自己的家园不被侵犯，而不是主动跑去侵略别人。"丈人"指的是统率军队的才德兼备之人，将军能够让众将士佩服，甘愿听从他的调遣，这样才更容易打好仗，保卫好自己的国家，所以"吉"而"无咎"。先来看《大象传》："君子以容民畜众。"意思是说君王要爱戴包容，正确教导自己的百姓。只有这样，当外敌来侵时，百姓才能够自告奋勇，扛起武器保家卫国。

再次，来看爻辞。

初六：师出以律。否臧，凶。

这里讲军纪。意思是出师先用律，要严明律法军纪，"臧"就是军纪森严，"否臧"就是不善，就是军纪不严明，这样的结果就是"凶"。关于"师出以律"，主要有两点，一是军纪严明，二是赏罚分明。比如历史上著名的"约法三章"——

公元前 207 年，刘邦攻入咸阳，宣布废除秦法，约定无论是谁，都必须遵守三条规矩："杀人者要处死，伤人者要抵罪，盗窃者也要判罪。"三条规矩简单明了，一下子就制止了下面的人乱来，深得民心。刘邦后来被赶走的时候，咸阳的民众还夹道去欢送他。当然，军纪严明不一定能取胜，但军纪不严明就一定会败。现在的商业竞争也是这样，讲究"师出以律"，很多企业都以军队的方式来治理。执行力差的企业一定没前途，就是"否臧，凶"。更深层的含义是军纪不严，输了是凶，赢了也是凶，军纪比胜负更重要。举个例子，电视剧《亮剑》中，李云龙不遵军令从正面突围，虽然得胜，但还是被撤了职。这个判罚是对的，战功与军纪是两回事，一码归一码。不然恶例一开，大家都去争功、不听命令，上面的统帅就没办法带兵了。这次是胜了，那在关键的时候败了怎么办？所以师卦一开始，就讲明治军的原则，最后以"凶"字结尾，斩钉截铁，没有任何弹性。

初六这个位置，是阴爻初爻，要准备出师打仗了，兵马一动，必须严守纪律。历史上周亚夫的细柳营、岳飞的岳家军，都以军纪严明闻名。总之，初爻位置低、能量弱，需要用律法规范他们，要一切行动听指挥，这样力量才能显现出来。我们个人也一样，处在初爻的位置时，应当采取严于律己的规则，辅助自己成长。否则能力弱，自制力又差，再来一个"否臧"，自然就是个"凶"字结尾了。

九二：在师中，吉，无咎。王三锡命。

九二爻治军有方，行师有功，它跟六五相应，上面信任它，自己又有能力，懂得持中，当然是"吉，无咎"。所以九二《小象传》就说："在师中吉，承天宠也；王三锡命，怀万邦也。"意思就是统帅兵众，持中不偏，可获吉祥。说明九二承受天子的宠爱，当地方诸侯国发生叛乱，天子派统帅带兵去征讨；遭受侵略的时候，统帅带兵保家卫国。总之九二是代表六五的，代表帝王，行的是仁义之师，以此感怀天下，令四方来服，这就叫"怀万邦"，这样的战争是正当的。举例来说，当年王翦向秦王要兵六十万灭楚，出征前不断向秦王讨要田地等赏赐。别人都不理解，觉得他贪得无厌，但是实际上这正是王翦为将的智慧。为什么他要这样做？因为古代将士出征，长久地远离朝堂，总会有人下绊子。当有人掣肘的时候，秦王就可以把王翦讨要封赏的事拿出来，堵住别人的嘴了：你们看，这个人没别的要求，钱都给他了，他不会跑的，不会逃的，不会叛的。这就叫"持中"，除了有不偏不倚，还有面面俱到的意思，是非常高明的策略。师卦九二完全做到了，所以它是"吉，无咎"。

关键点来了，"王三锡命"，"锡"就是赐，恩赐，是上对下的给予。我们现在认为"三"是多的意思，其实《礼记》的记载更为准确：一命锡爵，二命锡福，三命锡车马。这个赏赐是很丰厚的，这样就意味着君臣无猜，所以"吉，无咎"。九二爻是师卦中唯一的一个阳爻，也是整个师卦的主爻，它和六五这个君王遥相呼应。九二、六五一阳一阴，相互配合，自然是很好的。这里帝王是阴爻，将军是阳爻，代表帝王对将军很信任，放手兵权。如果这个帝王是个阳爻呢？二和五就成了两个阳爻对立，帝王猜忌将领，将领戒惧帝王，那结果就很惨。

六三：师或舆尸，凶。

意思是说，军队出师征战失败，车载着尸体而归，这是凶险的。要说明的是，虽然九二这个统帅值得信任，六五也是真的信任他，但是这并不妨碍他安排六三这个眼线，以便更好地掌握九二的情况。不论六五目的为何，六三都成了掣肘九二的角色。结果呢？"师或舆尸"，意思是六三在军中的做法可能会导致尸横遍野，这当然是凶的。为什么？六三爻是小人得志、偏将擅权，导致战争失利。在战争中，实际上有很多像六三这样的人，在九二，也就是在统帅边上指手划脚，打乱了九二的部署。如果这个九二优柔寡断，那结果就是凶了。"将在外，君命有所不受"，战场瞬息万变，只有主帅才能做出最合理、正确的应对，其他人要做的就是执行主帅的指令，六三捣乱没有执行，那结果就可能是"凶"。本质上讲，就是初爻说的失律。

六四：师左次，无咎。

"左"就是撤退，"次"就是停两天以上，所以"左次"就是退避三舍，军队停止前进，驻扎两天以上。《小象传》解释说："左次，无咎，未失常也。"没有失去常态，因为能进能退，能攻能守才是正常现象。进退不失度，这才是正道。比如《三国演义》里，年迈的赵云打了败仗后撤退回来，实力没有受损，诸葛亮还嘉奖他。适当的撤退是保存实力，有利于下一次进攻。有一种胜利叫撤退，有一种失败叫占领，所以"左次，无咎"。

六五：田有禽，利执言，无咎。长子帅师，弟子舆尸，贞凶。

意思就是，田中来了禽兽、豺狼，利于驱逐。九二就像长子做主帅，而六五派的这个弟子就像亲信，弄错了主次，结果载尸而归。他没有起到好的作用，不停地掣肘九二，外行指导内行，所以有凶。在六五爻讲这个，强调的是用人不疑的原则。九二战败，从根本上讲是六五的责任，谁让你有怀疑呢？谁让你用的方式不对呢？

上六：大君有命，开国承家，小人勿用。

意思说仗打完了，论功行赏，这些小人什么都不要给他封，"勿用"。

最后，卦名和总结。

（一）卦名解析

"师"字，在《说文解字》中的解释："师，二千五百人为师。"是古代军队的编制单位。在《周礼·小司徒》中说："五人为伍，五伍为两，四两为卒，五卒为旅，五旅为师。"按照这个算法，一个师就是两千五百人。所以"师"代指军队，后也引申为战争。战争必然是兵凶战危，死伤无数，使人产生忧患，所以《杂卦传》中说"比乐师忧"，"师"是战争，所以忧。

（二）总结

师卦的卦象，从各爻来看，九二是主帅，居首功；六四爻师左次，撤退了，保存了军队，也有功；六三爻舆尸败北，这是小人，不能再用。赏罚分明，这就是以正功也。所以《小象传》也进一步强调："小人勿用，必乱邦也。"用小人一定会带来混乱和灾难，活生生的反面教材六三就在这里。看似简单的一爻一爻，用一个个抽象的形式，表现了许多生动的故事和道理。"小人勿用"，这就是给居于上位者的警戒啊！

综上，师卦的核心宗旨主要有两点：一是"丈人吉"，意思是三军统帅一定得是德才兼备之人，这样的人不仅有极高的统治管理能力，也能使下属真心信服，这样的人才能带领出有纪律、有内涵的队伍，这样的队伍才能战无不胜。二是"师出以律"，意思是军纪严明、赏罚分明。军队建立最初便要立好规矩，约束规范人的行为，做到一切行动听指挥。同时表现优异就要奖赏，触及红线便要严罚，切实按照规章制度来办事，否则一旦失信，军纪就形同虚设，人心也就溃散了。

比卦第八：网开一面

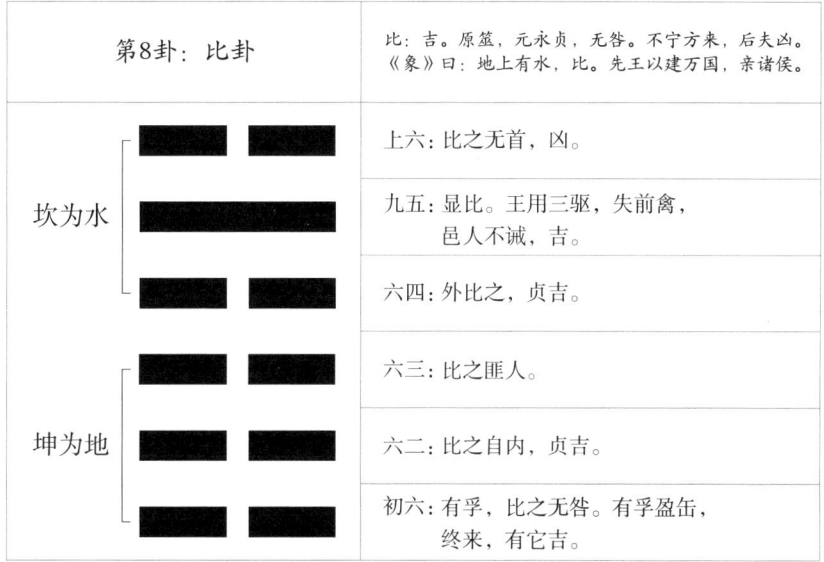

【本卦提示】当诉讼无法解决争端，就会发展出两种结局，一种是战争，就是师卦，另一种则是释怀，放下芥蒂而亲密交往，就是比卦。

本章我们以"王用三驱"为枢纽来讲第八卦比卦。"乾刚坤柔"，"比乐师忧"，说起来比卦还是很快乐的一卦。"王用三驱"出自比卦九五爻的爻辞。

"王用三驱，失前禽"里隐含着一个历史故事。我们中国有两个成语，一个叫"一网打尽"，一个叫"网开一面"。说的是有一次，商朝的开国国君商汤外出，看见野外有人在四个方向分别张了四张网捕猎，还向上天祷告说：天下四方的猎物，通通都到我的网中来吧。商汤就说："你这不是要把天下的猎物都'一网打尽'吗？你这样做符合天道吗？"于是命人撤掉了三张网，只给他留下一张，并且向上天祷告说：想要左逃的猎物，你就往左逃走吧；想要右逃的猎物，你就往右逃走吧，只有那些不听从天命的，撞到网中来。这就是"网开三面"的典故。大家注意，最初其实叫"网开三面"，后来逐渐演化为"网开一面"，讲的是上天有好生之德，天无绝人之路，每当危险降临前，上天一定会给众生留一条生路，让众生有路可逃，这是天道规律。所以天子狩猎时，也不能四面包抄，只能三面围剿，至少得留出一方让猎物逃命，不能把猎物一网打尽，这就是效法天道。

首先，来看卦象。

比卦上坎下坤，水地比，卦象是水在地的上面。师卦倒过来就是比卦了。如前文所说，这是两种不同的解决问题的方法。当我们发生争执的时候——特别是国与国之间——会有两种结果：一种是战争打仗，就是前面说的师卦；另一种就是我们现在要说的比卦。大家想一下，条条小溪汇聚在一起，形成了江河湖泊，围绕于此，植物繁茂，鸟兽兴盛，形成了一个生态圈。大家在一起，其乐融融，比邻而居，可见"比"就是亲近依靠、互相帮助的意思。所以为君王者，虽然以一统为己任，但同时要和周边的城邦共同发展，这样才能稳定强盛。

其次，来看卦辞。

> 比：吉。原筮，元永贞，无咎。不宁方来，后夫凶。

这段话讲的是卜筮的事。《正义》说："欲相亲比，必能原穷其情，筮决其意。"在选择亲密比辅者之前，必先体察人情，并以卜筮决定，这是一件很郑重的事。所以在原情筮意的基础上，比卦是很吉利的，卜问长时间的吉凶也没有灾祸。"元"是君长之道，"元永贞"，亲比于有德之君而能够长久坚持正道，没有咎害。不愿臣服的邦国来朝（前来比辅），迟迟不来者有难。所以《大象传》就说："先王以建万国，亲诸侯。"周朝分封的诸侯国有上千个，这一个一个的国，很多都跟咱们现在的村差不多。诸侯应当配合君王，一起来治理、保护百姓，就像一条条河流汇聚在一起，最后成为汪洋大海一样。

再次，来看爻辞。

初六：有孚，比之无咎。有孚盈缶，终来，有它吉。

初六就像一个刚出来准备寻求合作，寻求比邻的人，不知道方向在哪，目标在哪。它距离九五太远了，没有其他的爻能帮助它，这时候就需要牢记一点，"有孚比之，无咎"，和有诚信的人亲近，就没有什么问题了。"有孚盈缶"，这是举例子，说这就像一个瓦罐装满了水。我们看比卦，上坎下坤，上面是水，下面是土，也可以类比成一个瓦罐装满了水。水主智慧，土主诚信，用诚信规范智慧，结果自然很好。

"有孚盈缶，终来，有它吉。"诚信要足，要盈缶，到最后，会有另外的吉祥到来。两个人合作，你只要把足够的诚信拿出来，即使合作不成，也不会有什么后遗症。事在人为，等到以后有什么好的合作项目，只要你能胜任的，对方首先想到的就是你，这就叫"它吉"。

六二：比之自内，贞吉。

六二这个爻，既中且正，同时也和九五这个君王遥相呼应。就像我们积极投入团体之中，一切行为准则都向大领导九五看齐。而且"比之自内"，这种亲附依靠是发自内心的。当然，这里的九五也中且正，代表有能力又贤明的君王。因此，六二向比自己优秀的领导人学习，这是理所当然的事情，自然"贞吉"。

六三：比之匪人。

"匪人"就是不适当的人，品行有问题的人，"比之匪人"就是找错了亲近依附的对象，找错了学习的榜样。所谓"与不善人居，如入鲍鱼之肆，久而不闻其臭，亦与之化矣"。所以当年"孟母三迁"，为的就是让孩子能够不"比之匪人"，找一个好的榜样。

这三个爻教我们应该怎么比之。第一，要和有诚信的人交往，一起干事；第二，看到品德优秀的人，要发自内心地向他学习，也就是见到品德高尚的人，即便我们身体不在鞠躬，我们的心灵也在鞠躬，向他学习；第三，远离那些品行不端的人，别让他们把你带坏。

六四：外比之，贞吉。

六四这个位置，处于当位，同时紧挨于九五阳爻之下，形成了"承"，代表顺从。卦总是从下往上看的，下面是内卦，上面是外卦，自下而上为向外，六四主动找到九五。当然了，九五可是贤明的领导，六四主动向贤明的领导靠拢，特别是向贤明的君王靠拢，这自然是对的了，吉祥。

九五：显比。王用三驱，失前禽，邑人不诫，吉。

这里的意思是，光明正大地交往，君王打猎，三面驱围，一面放开，任由前方的禽兽逃掉。对所辖的邑人呢，也不那么严厉，也不特别告诫，这是吉祥的。

九五是整个卦的卦主，所以要显，要光明正大地比，团结心腹。古代的王者田猎之制，都在讲网开一面，三面驱赶，以示不赶尽杀绝。"前禽"就是迎面而来的猎物，"失前禽"就是将迎面而来的猎物放走。这种田猎之制，有很强的政治意义，迎面而来的猎物象征主动归顺的，背向而逃的代表背叛的，所以狩猎也罢，征伐也罢，只针对叛逃的那些人。

找个证据，唐代孔颖达的《周易正义》就说，"凡三驱之礼，禽向己者则舍之，背己者则射之，故失其前禽也"。光明正大搞这个，就是为了让大家明白，这个君王比较仁慈，不会赶尽杀绝，也表明这个君王有武德，值得大家追随。

上六：比之无首，凶。

其实我们看这比卦，整个卦到了九五，就大功告成了，这时候偏偏一群人继续往上走，不听管教。就像烽火戏诸侯之后，诸侯已经不再理会周天子了，他们个个都是上六，大争之势，群龙无首。所以有人讽刺孟子，"当时尚有周天子，何事纷纷说魏齐"。作为儒家学者，周天子当时还在，孟子为什么不去辅佐他？为什么天天不是跑到魏国就是跑到齐国？这话一方面说明孟子做事的方式有问题，另一方面也说明，大争之世，即便贵为天子，如果没有实力，连孟子这样的人都不理你了。

最后，卦名和总结。

（一）卦名解析

"比"字，在《说文解字》中的解释："比，密也。二人为从，反从为比。"意思就是并列、并排，交往密切。我们来看一下甲骨文的字形𠤎，象两人步调一致，比肩而行。它与"从"字同形，只是方向相反。所以，比卦讲如何挑选交往的对象，以及如何与不同的人交往。

（二）总结

首先，比卦告诉我们，要行和谐之道，下顺上，地顺天，柔弱顺从刚强。同时要惩罚叛逆者。总而言之，比卦讲的是团结亲附，天下一家亲，自是乐事。

其次，比卦的综卦是师卦。《杂卦传》曰："比乐师忧。"比卦讲述的是万国、诸侯臣服于天子，朝贡、行臣服的礼节，属礼乐制度的范畴；而师卦讲述的是用兵之道，属征伐制度的范畴。所以，因为比卦属礼乐范畴，故曰"比乐"；师卦属征伐范畴，征伐乃用兵之道，兵者，国之凶器，不可轻用，用而堪忧，故曰"师忧"。

但综合起来看，两者又是相辅相成相互配合的。所谓"礼乐征伐自天子出"乃是王道，"礼乐"，文治也；"征伐"，武功也，二者的综卦关系，恰恰说明"文治""武功"兼备，天子既有文治，又有武功，则王道成矣。

小畜卦第九：密云不雨

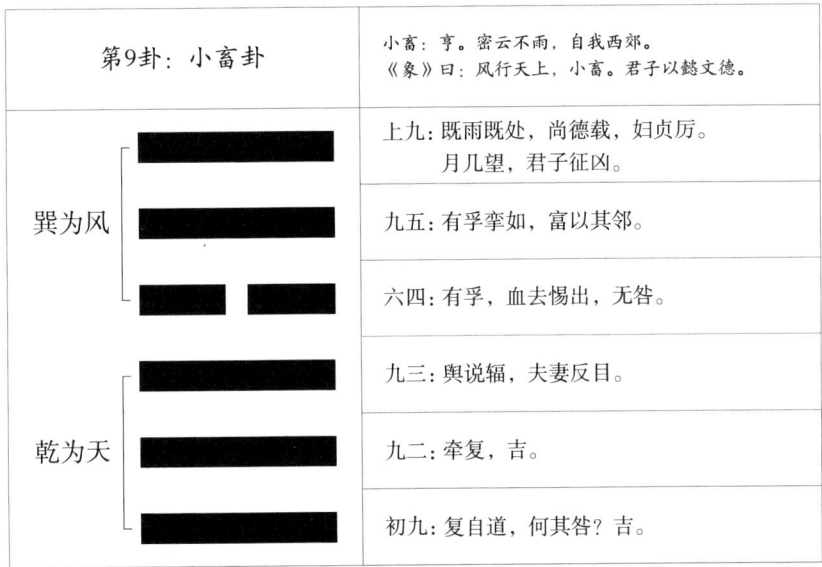

【本卦提示】本章我们以"密云不雨"为枢纽来讲小畜卦。密云不雨，即满天乌云而不下雨，比喻事情正在酝酿，一时还没有发作。

首先，来看卦象。

经过了师卦、比卦，资源争夺的问题解决了，有那么一点余粮了，但还是小畜，也就是小有余粮，储蓄很少。卦象上巽下乾，"风天小畜"，风在天上吹，天上的云在慢慢地移动。密云虽然有点雨量，但是能不能下来却未可知。意思是这点储蓄太少了，还需要继续安心发展。

其次，来看卦辞。

小畜：亨。密云不雨，自我西郊。

这里的意思是说小畜，亨通顺利，密云自我西郊汇集而来，还未形成降雨。

小畜为什么亨通呢？从卦象可知，小畜卦的第二爻和第五爻都是阳爻，并且得中当位，有乾卦践行之形象，虽然一时为六四所止，最终也能得到亨通。所以小畜卦的卦辞，第一个字就是"亨"。

从现状来看，小畜卦虽然目前没有亨通，但是有亨通的可能。了解了这个道理，并且照着做，未来的亨通就是可以预期的。所谓"密云不雨，自我西郊"是说，在咱们华夏，东南方、东方是海，那边的风才会带着雨水，西边的风纯粹是风，只会把云吹跑，下不了雨。其实就是用这夸张的方式告诉我们：别高兴得太早，那点云那点积蓄干不了多少事，还得继续积累。

我们再来看看《大象传》的解释："风行天上，小畜。君子以懿文德。"意思是圣人看了这个话，就感叹，"君子啊，要美化、培养自己的文采与德行"。这事很奇怪，天上有雨不下，和修养自己的德行有何关系？大家注意，小畜在比卦之后，有了一块根据地，但是资源有限，刚解决温饱，需要广积粮，需要走正道，不可小富即安，更不可物欲横流，失去内在的素质修养，否则就会像风从西来，雨聚集不起来。所以这时候，就要强调多修炼自己的德行，多读书，提升自己的文采，就像让自己的储蓄积累，越来越多一样。进一步说，孔子主张"修文德以服远"，文德怎么修？关键就在于这个"懿"字，本义是指母性的那种柔软温和、包容慈爱的品格。所以，古代的皇后、皇太后，她们的旨意就叫"懿旨"，她们的品德是天下母性品德的典范，所以叫母仪天下。比如我们前面说的，太任和太姒，他们一直都是历代母仪天下的典范，"懿"是以至柔克至刚。总之，在"密云不雨"的时候，应该勤修文德，这样才能春风化雨，以降甘霖。

再次，来看爻辞。

初九：复自道，何其咎？吉。

这里的意思是说返回自己的正道，积累能量，能有什么后遗症？这是很吉祥的。你的积累还不多，不能总想走捷径，所以要返回正道。

九二：牵复，吉。

这里的意思是初九的方向定好了，保证要回到正道重新打基础，到了九二理应要大展宏图了，但是此卦的大环境是"小畜"，没有大的积累，所以你跑得快的时候，要把你牵回来，回归正道。修养懿德，积蓄力量。《道德经》说，"大道甚夷，而民好径"，大道本来很平坦，你积累多了就慢慢走嘛，稳重致远。非得抄捷径，结果迷路，这就犯了错。

九三：舆说辐，夫妻反目。

这里是啥意思？车轮辐条掉了，车子失去了重要一环的配合，不能前进了；后院起火了，家里的夫妻反目失和。九三和上九两个阳爻对着刚，表示在外面受了气，回家也夫妻反目。才小有积蓄，奔小康的路还很漫长，正需要夫妻双方共同配合，就像车轮一样，车圈的压力辐条可以帮忙分化，双方配合好才能稳步前进。没想到，到九三这儿，出了这个问题了。

六四：有孚，血去惕出，无咎。

"血"同"恤"，代表忧伤、忧虑，意思是说心有诚信，忧虑远却，没有忧患。六四是全卦的主爻，虽然力量不足，但是当位，有初九和九五亲比，有诚信，故曰："有孚"而"无咎"。"血去惕出"，是说避开了忧伤，也远离了恐惧。

注意六四上面九五这个阳爻，六四对九五的关系叫"承"，六四以阴爻上承阳爻，要懂得以柔顺来加强团结的道理，才能"无咎"。

九五：有孚挛如，富以其邻。

这是说，心怀诚信，紧密合作，充满至诚之心，要与邻居一起富裕。《小象传》解释这个爻辞就说，"有孚挛如，不独富也"。干吗？不要独富，要分享。从卦象看，九五以阳爻居于刚位，是君主之位，持中守正，深得大家拥护，此时更要有诚信。而且这个诚信要落实到帮助别人，"富以其邻"，就是让邻居也富起来，彼此和谐，互惠互利，共同富裕。《尚书》有云："民心无常，惟惠之怀。"意思就是百姓心中没有常主，只会怀念仁义的君王。对于普通人家来说，九五是最有威望的，所以要"富以其邻"。钱财乃天下至公之物，不能囤积于自己之手，要善于和大家分享。如果在大家小有储蓄的时候，你聚财敛富还到处张扬炫耀，那就麻烦了。因此，要善于分享。

上九：既雨既处，尚德载，妇贞厉。月几望，君子征凶。

意思就是这雨降下来了，下得也不小，可以安居了。可是这个时候呢，家中的女主人状况也不好，家里的男人只好出去打工多赚钱，这结果就是凶的。月亮接近满月了，再下去就过盈了。对国家来讲，如果周围的邻国都已经对你很亲和比辅了，还要出征，那么结果是凶险的。

最后，卦名和总结。

（一）卦名解析

为什么叫小畜呢？"小"是指六四这个唯一的阴爻，在《易经》里边叫阳大阴小。"畜"字，在《说文解字》中的解释："畜，田畜也。"清代段玉裁注说：

"田畜谓力田之蓄积也。""畜"字的本义是指尽力种田所得的积蓄,家中积存的衣粮,就是有储聚、积蓄的意思。所以这一卦里边唯一的阴爻,反而成了宝贝,故用它来命名小畜卦。

(二)总结

我们来回顾一下学过的这几卦:乾卦、坤卦,然后是屯卦、蒙卦、需卦、讼卦、师卦、比卦,然后才到我们现在讲的小畜卦。大家注意到了吗?屯蒙需讼师比,这六卦里都有坎卦,讼卦是天下有坎,师卦是地下有坎,比卦是地上有坎。总之人生仿佛树木,从屯卦开始,也就是从种子萌芽开始,生命就充满了坎险。经过了战争和战后的重逢,迎来了短暂的休养,就是小畜卦。小畜卦是以小搏大的智慧:一切都是从小事开始,包括积蓄也是一样。"勿以善小而不为,勿以恶小而为之。"对于白手起家的创业者来说,获得小规模的积蓄,也就是我们现在说的第一桶金,就是他们走向成功最坚实最重要的基础。对于我们整个人生来讲,正如荀子所说:"积土成山,风雨兴焉;积水成渊,蛟龙生焉;积善成德,而神明自得,圣心备焉。故不积跬步,无以至千里;不积小流,无以成江海。"《道德经》也讲,"千里之行,始于足下"。所以要积小畜为大蓄,积小胜为大胜,积小成为大成,这才是人间正道。

履卦第十：素履之往

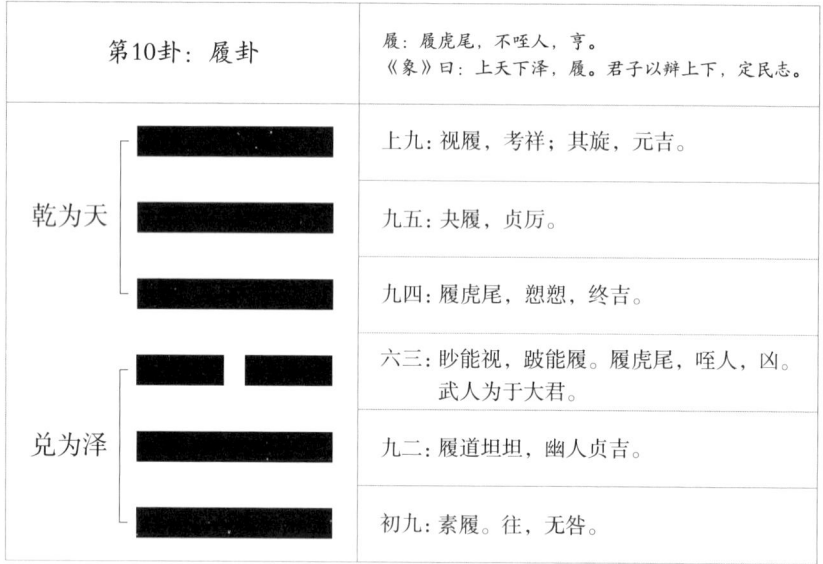

【本卦提示】物畜然后有礼，故受之以履。履者，礼也、行也。当顺应大道，品行高洁，素履之往，知行合一。

本章我们以"素履之往"为枢纽，来讲第十卦履卦。履卦初九爻《小象传》说："素履之往，独行愿也。"意思是朴素无华，心地淳朴，品行端正，处处小心行事而有所前往，表明要专心致志，遵循礼仪，实现自己的意愿。

首先，来看卦象。

如图，履卦的卦象，属于异卦相叠。什么叫异卦相叠呢？相同的两卦重叠是同卦相叠，比如八卦里的乾坤二卦。但是履卦上下卦不同，兑下乾上，所以叫异卦相叠。从卦象可以看到，乾为天在上，兑为泽在下，这意味着天在下雨，地则把雨水汇集成泽，这是顺乎自然、合乎事物存在和发展规律的事。

其次，来看卦辞。

履：履虎尾，不咥人，亨。

"亨"就是对这个卦性质的判断，比如说乾卦的"元亨利贞"，开始就很好的意思。履卦也是亨通的，虽然踩着老虎尾巴了，但是老虎不咬人，这个是很吉利的。这里有个字"咥"，咬食的意思，陕西人常用这个字，外地人还真不好理解，比如说"咥面"就是吃面。

回到正题，大家注意，老虎是万兽之王，很凶猛，人还踩了老虎的尾巴，这不是很危险的事情吗？为什么履卦的卦辞却说，踩着老虎的尾巴了，老虎却不咬自己呢？什么原因呢？上一卦，我们讲了小畜，是说小有积蓄。有了余粮，家里饲养家禽多了，上山打猎的猎人就越来越少，毕竟谁也不愿意天天去冒险。上山打猎的人少了，大自然的生态食物链也慢慢恢复了，有了良好的运转，山里食草的动物也就越来越多。这个时候，老虎能捕食草食动物，有更多的食物来源，就不会对其他的猎物，特别是人类发起攻击。这也就是我们俗话说的"盛世虎不吃人"的道理。所以履卦这里说"虎不咥人"。

再次，来看爻辞。

> 初九：素履。往，无咎。

"素履"，指以朴素坦白的态度处世，没有灾害。我们用的成语"素履之往"就出自这一爻的《小象传》。《小象传》曰："素履之往，独行愿也。"以朴素坦白的态度处世，独行其志，不受外界的影响。一说到"素履之往"，大家立马就想到木心先生写的那本书——《素履之往》，出处就在这里。初九爻辞的关键字就是这个"素"，这是个很好的字。比如：质朴无文叫"素"，持守本性也叫"素"，"素"代表的是保持本色，保持自然。"素履"就是一种素鞋，代指布衣之士，或者说布鞋之士。此外，这个"素"还有素行的意思，是说坚守自己的信条，率性而为，不违本性。所以"素履之往"比喻行为清正纯洁。

> 九二：履道坦坦，幽人贞吉。

行道之人胸怀坦荡，隐居之人常逢吉兆。九二阳居阴位，处位不当，所以不能一展才华，不能大施身手。这时候，就该趁机来磨炼自己。比如我们大家都熟悉的红顶商人胡雪岩。他年轻的时候被免职了，无事可做，就开始学习打算盘，学习记账，这就为他以后的发展打下了基础。我们经常讲，"穷则独善其身，达则兼济天下"，越是这个时候，越要居中守正。大家读《论语》的时候都知道，孔子曾经对他的弟子颜渊说过这样的一句话："用之则行，舍之则藏。"用我的时候我就出来，不用我的时候我就好好地丰富自己，这是为人处世的大智慧。

> 六三：眇能视，跛能履。履虎尾，咥人，凶。武人为于大君。

意思是说瞎了眼睛却要看东西，跛了脚却要勉强行走，这些都是勉为其难的事。犹如踩着了老虎的尾巴，终将为虎所伤，有凶险。武人为大君所用，容易导致军阀横行，王权旁落，同样是凶险之事。

六三是阴爻而居于阳位,所处不当位,以武人为大君所用为喻,这是僭越犯上。以六三之位而行九五之志,必遭祸殃,凶。六三爻除了不当位,还不居中。什么叫居中呢?在六爻里,第二爻和第五爻属于下卦和上卦的中间,就叫居中。这六三爻,既不得位又不居中,就像瞎了一只眼的人拼命看东西,看不清;跛了一条腿的人拼命走路,走不远,所以凶险。六三爻虽然也想统治五个阳爻,但像武士想当天子一样可笑。这句爻辞告诫人们,自己的目标要与自己的能力及所处的地位相适宜,否则只能招致凶险。勉强看、勉强走,走在老虎尾巴的后面,迟早要被老虎咬,所以用"凶"字。整个履卦,几乎没有讲"凶","履虎尾,不咥人"才是这一卦的要求,可是六三这一爻还是被老虎咬了,为什么?僭越,不安分,所以"凶"。

九四:履虎尾,愬愬,终吉。

意思是,踩着虎尾巴,但能遇险知惧,最后仍旧是吉利。"愬愬"就是战战兢兢,小心谨慎。为什么呢?因为好不容易到了九四了,高升上去以后,须"战战兢兢,如临深渊,如履薄冰",才能"终吉"。当然,谨慎不是因为怕丢掉这个职务,而是怕会丧失理想。就像《小象传》说的:"愬愬,终吉,志行也。"虽然历经磨难,但是志愿得行。

九四爻紧挨着九五君主的位置,所以它的地位像一个侍奉君王的大臣。伴君如伴虎啊,这近君的大臣有尾随虎君之象,更要小心遵循礼仪而行,这样就能实现自己的理想。

九五:夬履,贞厉。

"夬"就是果决的意思,当领导的要很果决。那么不管环境怎么恶劣,也很快就能把整个风气扭转过来。只要守正,就没有危险。其实它的意思是,如果不守正的话，就会危险重重，因为底下的人会群起而动。

九五是上卦的中爻，又当位，这是很难得的。履卦告诉我们，祸福从来都是可以相互转换的，即使一个人度过六三爻的危机，身居要职达到了九五爻的高位，也不能为所欲为，一定要履行天道，坚守正道，对潜伏的危险要保持高度的警惕，这样才能避免祸从天降。九五这一爻属于阳爻居于刚位，居中守正。它处于上卦乾卦的中心，阳气很盛，从全卦来看，没有爻位和它相应，因此此时虽然处于正当的位置，但是以刚居刚，独断独行，前途还是会有很大的凶险，所以必须循礼而行，而且要果决。

上九：视履，考祥；其旋，元吉。

"视履"，就是回顾经历，回顾我以往的履历；"考祥"，就是全面仔细地考虑；"旋"就是反复、周而复始、返回的意思。这句话整体是说，回头看看自己走过的路，详细地察看一下吉凶祸福，反身自省，这是吉祥的。从卦象上看，上九属于阳爻，居于柔位，谦虚柔顺，德才兼备。它处于履卦的最上端，象征着跟君主做过事，但现在基本上是退休的开国元老了，所以应该功遂身退，安心回家。反省自己的经历，总结经验，大吉大利。回归原点不是归零，而是这一辈子走完，还是不改初衷，一以贯之，这是非常难得的。

最后，卦名和总结。

（一）卦名解析

物资蓄积后，就要制定礼节，所以履的第一个含义就是"礼"。"礼"字在《说文解字》中的解释就是："礼，履也。所以事神致福也。""礼"，就是履行敬拜活动。用来敬神致福的仪式。所以"礼"引申之义就是尊礼、守礼。"天"又可用来比喻君主，"泽"比喻民众，君上民下各得其位，也必以礼作为支撑。值得注意的是，"履"字在《说文解字》中的解释："履，足所依也。"是指脚在行路时所依赖的安全保护物，就是鞋子。清代段玉裁注："引伸之训践。如君子所履是也。"可见"履"同时也是个动词，有践履、履行的意思。比如说西安有"端履门"，一般人把它解释为"端礼门"，这不全面，因为这里"履"应该包括两个含义：一个是礼仪的"礼"，它是名词；一个是履行的"履"，它是动词。

（二）总结

首先，按照序卦，"物畜然后有礼，故受之以履"，小畜之后就是履卦，同时两卦也互为综卦。如果结合起来看，就是说物资充足之后就要去考虑制定礼节的事情，"仓廪实而知礼节，衣食足而知荣辱"，如果穷得肚子都吃不饱，肯定是没有心思去提高精神境界，孔子说先"富之"再"教之"，也是这个道理。反过来看，若是能够内心纯良，处处遵守礼节，这样的人精神富足并且自律，也能有所作为、小有积蓄。

其次，整个履卦说的都是履行天道，在家里履行天道，到社会上也履行天道，一生都在履行天道。当然，回归原点，时时刻刻都可以做，不是只有上九爻可以做。而且，每隔一段时间都要回归原点，回顾初心，修正方向，再次出发。如果走偏了，太靠近凶险的老虎，就要拉回来，这才是真正的履道。所以履卦告诉我们，真正高层次的履行天道是内心有仁爱，不伤害自然，不伤害别人。

最后，履的行为要有礼，更要有理，做到这两点才是真正的刚健。总之，君子在人际交往中，只要能做到刚健守正，清正纯洁，胸怀坦荡，光明磊落，同时又沉着冷静，机敏细致，就可以将坏事变为好事，这就是孔子所说的"君子坦荡荡""君子不忧不惧"所包含的内容。正像《素履之往》这本书所说，如果天性纯良，噩运损伤不了内心，如果天性纯良，就会反弹出一种自卫力，所谓"显出骨子"来。

泰卦第十一：无往不复

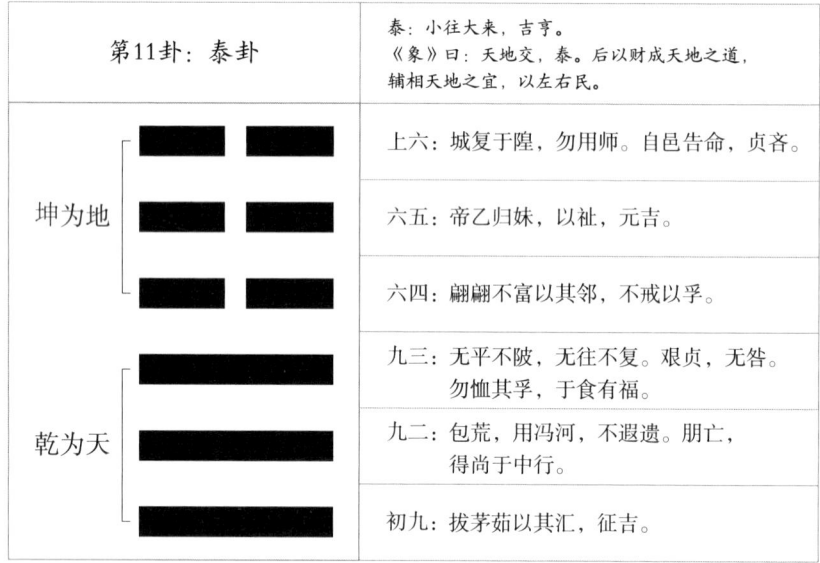

【本卦提示】 按履（礼）行动，就可以安、平、泰。泰者，天地交而万物通，上下交而其志同。无平不陂，安不忘危。

本章以"无平不陂，无往不复"为枢纽来讲第十一卦泰卦。出自泰卦九三爻："无平不陂，无往不复。"《小象传》的解释是："无往不复，天地际也。"意思是没有往而不返的，有去必有回是天地间的自然现象与规律。循环往复，是自然运转和社会发展的法则，莫不如此。

首先，来看卦象。

泰卦上面是坤卦，下面是乾卦，"地天泰"。地向下沉，天气上升，因此天地相交相通，通达通顺，国泰民安。

其次，来看卦辞。

泰：小往大来，吉亨。

"吉、亨"，是对这个卦性质的判断，是吉祥、亨通的。在《易经》里，"往"和"来"的意思是这样的，爻由下向上叫作"往"，由上向下叫作"来"，它有特定的方向。因为泰卦是乾下坤上，下面是天，上面是地，表示阳爻都来到了下卦，而阴爻都前往上卦，阳大阴小，所以叫"小往大来"。所以本卦卦辞的意思就是：小的前往，大的来到，吉祥通达。

再来看《象传》的解读："天地交而万物通也，上下交而其志同也。"意思就是天地相交，阴阳相合，上下交心就会志同道合。为什么？因为泰卦全部的阴爻都在上面，全部的阳爻都在下面。阴气重而下沉，阳气轻而上升，于是阴阳相融，天地交而万物通。比如下级和上级之间相互支持，父母和孩子之间相互体谅，就会安定平和，这就是"泰"，也就是换位思考。下级能够站在上级的角度分析问题，了解上级的意愿；上级也能站到下级的角度来考虑问题，知道下级的需要，结果就会像《孙子兵法》里所说的"上下同欲者胜"。心往一处想，劲往一处使，这叫"同欲者"，结果是非常吉祥的。上级和下级想法一样就会取得胜利，这就是上下交而志同。

再次，来看爻辞。

初九：拔茅茹以其汇，征吉。

"拔茅茹"比喻连根拔掉茅草及其同类，斩草除根，征伐敌人，吉利。明确地说，初九的愿望是团结同类，向外征伐，向外发展，这是吉利的。

九二：包荒，用冯河，不遐遗。朋亡，得尚于中行。

"荒"就是远方的郊野；"遗"就是遗贤，所谓"不遐遗"，就是我们经常说的野无遗贤；"朋"就是朋党。意思就是说，君子得包容广阔，哪怕徒步过河，也不遗漏远方的贤者，也不结党营私。受到推崇是因为行于中道，在半路上得到别人的帮助，这是由于他光明正大。

九三：无平不陂，无往不复。艰贞，无咎。勿恤其孚，于食有福。

"陂"就是斜坡，所谓"无平不陂"，意思即大地不是无限平展的，总有起伏。"恤"在这里指的是担忧、忧伤的意思。九三爻辞的意思是，没有只是平地而无斜坡的，没有只出去不回来的。处在艰难困苦的环境中，只要坚守正道就没有灾害。不要怕不能取信于人，安心享用自己的俸禄是很有福分的。

《小象传》的解释更简练更深刻，叫"无往不复，天地际也"。离去的必定复返，这是天地间的法则。将九三爻辞和《小象传》这段合起来就是："无平不陂，无往不复，天地际也。"它包含了如下更为深刻的含义。

第一，"无平不陂"说的是地道：静而有形。平和陂，正是大地的两种截然相反的形势，陂意味着不平。这句话就体现了相反相成的道理。比如我们走高速路，要是都一马平川，没有一点起伏，就会让大家容易麻痹，偶尔有起伏，驾驶员会注意小心行驶，反而是一种相反相成的好事。

第二，"无往不复"是说天道：动且往必有返。我们经常说的叫"反复其道"，正是天道天行的最重要的特征。所以中国很多有智慧的人在不断强调这一点。比如老子的《道德经》也说："大曰逝，逝曰远，远曰反。"这个"反"首先是往返的返。"反复其道"正是天道运行的特征。再来看一下《易传·复》卦："反复其道，七日来复，天行也。"古人将往复的周期总结为七天，这是古人对宇宙生命本质性法则的总结，蕴含着人们认识宇宙自然的高超智慧。有什么事别着急，等上七天，事情终有转机。

现在我们知道了为什么复卦代表着一种新的开始。借这个机会，我们再来回顾一下十二消息卦。十二消息卦，为什么是从复开始的？因为复卦的形象是五个阴爻，只有最底下那个是阳爻，所以叫一阳来复。它代表的时间是阴历的十一月，然后是临卦，阴历的十二月，然后是泰卦，阴历的正月。中国人之所以选择泰卦所代表的正月来作为春节，是因为那个时候春光明媚，大地回春，代表着一种希望。所以我们讲的这些内容，可以用一句话来概括："无往不复，天地际也。"

《易传·乾》卦在《大象传》中也说："天行健，君子以自强不息。"自强不息的君子就像那无往不复的天道，有事情则反归自身，反身修德，反求诸己。经常反思自身的问题。

第三，如果说"无平不陂"总结的是地之道，"无往不复"总结的是天道运行的准则，那"天地际也"就是天地之间的准则。宗白华先生有一本书叫《美学散步》，书里有这样一段话："《易经》上说：'无往不复，天地际也。'这正是中国人的空间意识。这种空间意识是音乐性的（不是科学的、算学的、建筑性的）。"为什么？因为它有节奏。中国的书法艺术、音乐、舞蹈，都表达出一种节奏化了的自然。自然是有形且有声的，中国画家眼中的艺术不是西方那种由几何元素构成的、重视透视学的学问，而是一种充满了生机和运动变化的世界。这一世界正是由阴阳明暗高下起伏的所构成的，是节奏化了的。这种节奏的高妙之处就在于，它与天道运行的规律是一致的。"无平不陂""无往不复"都体现了中国人音乐性的、有节奏的空间意识，这节奏无疑与天地之间的准则同频振动。中国古代哲人曾以音乐的十二律，配合一年十二月的季节的循环。巧的是在泰卦的卦象中，九三爻正处在乾和坤两卦的交界处。作者写下这样的爻辞，也可见其观象之妙、系辞之巧、哲思之深。

泰卦里最重点的九三爻我们说清楚了，再简练地看一下接下来的发展过程。

六四：翩翩不富以其邻，不戒以孚。

六四爻是说即使富了、强大了也不要以暴发户的姿态对待邻邑，而要谦虚待人以诚相交。具体来说：

第一，六四带领上坤三阴，像鸟一样联袂翩然而下，去迎接"拔茅连茹"的下乾三阳，勾勒出一幅自然界花香鸟语和谐相处的诗意画面，故称"翩翩"。

第二，上坤三个阴爻都为"不富实"，所以六四要以阴求阳寻求帮助。对应于社会，六四贵为近君大臣，阴居柔位既柔且正，地位虽高但富而不骄，既能虚怀若谷，包容鼓励下邻阳刚君子，又能消除上邻六五君王的猜忌，故称"不富"。他带领上坤三阴联袂而下，就像街坊四邻互帮互助，也像周文王帮助邻近的邦国，故称"不富以其邻"。

第三，天施地生，阴阳和合才能创生万物。处于上层之人本质柔弱，面对下层奋进的阳刚君子，不要害怕他们抢了你的地位而加以戒备，就像自然界里地随天、阴顺阳那样，心怀诚信取信于阳，一起维护人世间的通泰盛世，故称"不戒以孚"。说明阴阳交泰之时，上下都能诚心相待，无须互相戒备，因为内心都有相应的愿望。

第四，如果说前三个阶段中，众位君子齐心协力，通泰的局面已达到最盛，那么接下来就要考虑如何长久保持了。圣人告诉了我们正确的策略，那就是"翩翩不富以其邻，不戒以孚"。

总之，地之阴气和天之阳气要相互配合，才能使万物欣欣向荣。对应人世间，在上的大臣和君王要与下层臣民紧密合作，共同促成和长保人世间的通泰。

六五：帝乙归妹，以祉，元吉。

"帝乙"就是商王，他把他的妹妹嫁给了周文王，因而得福，大吉大利。六五爻居上卦的中位，是泰卦的主爻，与九三爻相应。人行事，得中正之道，吉利得福。

上六：城复于隍，勿用师。自邑告命，贞吝。

"贞"就是占卜，占了一个"吝"字。"吝"就是有悔，要有令人后悔的事出现了。这个爻辞的意思是说：城墙倒塌在久已干涸的护城壕沟里，这个时候不可进行战争，不要再发布烦琐的命令，以防止可能出现的"贞吝"，也就是土崩瓦解。"贞吝"，卜卦不吉祥，不能再发动大规模的战争，不能再四处征讨了，要好好地恢复经济，建设发展自己。

"泰久而否，城复于隍"，这就是上六的哲学。泰卦到了最上边，开始物极必反，最后城墙都倒塌了。这象征着不吉利，也是天理之必然。古代每个城市都修有高高的城墙，城墙下面都有沟，这种城下沟无水的时候叫作"隍"，有水的时候叫作"池"。所以我们说"城隍"到底是什么？就是人们为了保险，挖掘黄土来修建城墙。这就像治理之道，干的时候，把土挖出来，沟也深了，墙也高了，最后实现了安泰。

上六到了泰之终，又回到了否上。否就像城墙倒塌，城墙上的土又堆回到了隍处，这就是"城复于隍"的道理，也就是"泰极否来"的道理。于是又"反复其道"，经过六十三卦的循环，泰终究还会回来，不过这已经是很久以后了。所谓春去春会再来，花谢花会再开。

最后，卦名和总结。

（一）卦名解析

"泰"字，在《说文解字》中的解释："泰，滑也。"是润滑通畅之义。清代学者段玉裁注："《周易·泰》，通也。"所以，泰卦讲的就是天地之间的通达、通顺。《易传·序卦传》里讲："履而泰，然后安，故受之以泰。"意思是履卦是践行天道，循礼而来，自然国泰民安，所以这一卦叫泰卦。

（二）总结

首先，泰卦讲了无往不复、反复其道的道理。要坚持用沟通的方法来化解矛盾，任何时候都要有包容心，并始终持守中道，这样才能让泰更长久，让人生之路更顺畅。

其次，泰卦也使人警醒。世人常以"否极泰来"鼓舞安慰自己，使内心总有希望，处于困境时也不放弃，殊不知"泰极否来"才是常态。当泰发展到极致就到了否卦，这提醒我们，得意之时不要忘形，要时刻保持警惕，因为登高跌重，一不小心就会踏入深渊。"否极泰来"给人希望，"泰极否来"使人清醒，无论泰否，都对我们有深刻的启示意义。

否卦第十二：泰极否来

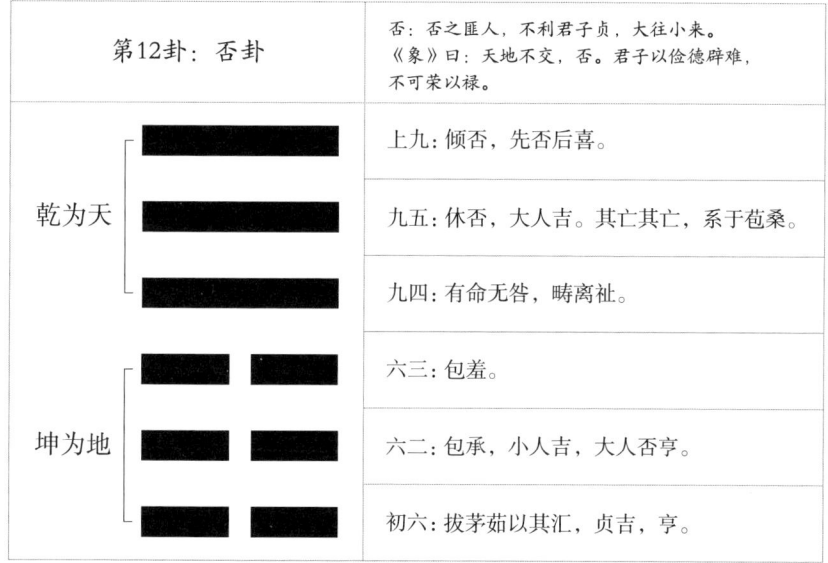

【本卦提示】物不可以终通，故受之以否。"否"者，混乱闭塞之状。面对至暗时刻，有德君子该如何保"泰"去"否"呢？

本章以"泰极否来"为枢纽来讲第十二卦否卦。有人立马会有疑问，不是否极泰来吗？怎么是泰极否来呢？别着急，往下看就会明白。

首先，来看卦象。

否卦和泰卦一样，是由坤卦和乾卦所构成的。但是两卦的情况发生了变化，变成天在上地在下，天气（阳气）轻而上升，地气（阴气）重而下沉，一个往上走一个往下走，互不来往，形成了闭塞不通的现象。这下麻烦了。天地要是不交通，万物也无法生存，人类当然也难以存活。所以说这种情况违背了人类的需求。

其次，来看卦辞。

否：否之匪人，不利君子贞，大往小来。

前面泰卦讲的是"小往大来"，是好的现象。现在是"大往小来"，意思是这个否卦违背了人的需求，人们之间来往不通畅，夫妻之间沟通不顺畅，朋友之间沟通出现误解。这就是否卦所象征的闭塞的样子。再深一步讲，否象征着坏人出没，不利于坚守正道的君子。大利去小利来，豺狼当道，小人在位。即使君子最后能够战胜小人，可是时间也过去了很久，而且过程也非常艰难。只有正视这样的现象和过程，君子才会团结起来驱逐小人。

我们来分析一下为什么"否极泰来"只是人类美好的愿望。首先是从序卦看，从泰到否一步之遥，从否到泰则得经历六十三卦，得转一圈。其次我们再从《易经》的卦象上分析。泰卦的阴阳和合，是一个短暂的现象。阴在上、阳在下，阴往下沉，阳往上升，交汇到一起，万物通达，志趣相投。但接下来，阳气继续上升，阴气继续下沉，这两者就渐行渐远成了否卦。变卦就是这样来的。因此泰只是美好的瞬间，否则是长期的状态。所谓人生不如意事十之八九，不就是这个道理吗？从生活中再来观察，泰极否来易，否极泰来难，例子比比皆是。我们为什么会说福无双至，祸不单行？为什么会说泰来之不易，否却是人生常态？比如感情和信任，建立起来很难，但要把它破坏掉就非常容易，也许就是刹那间。再比如生病，我们常说"病来如山倒，病去如抽丝"，不也是泰极否来的例证吗？

从事物发展的规律来分析，总是要长时间地负重前行，才能换来短暂的岁月静好。有了否极泰来难的认知，就会对生活中的不如意有充分的准备，困难来临时坦然面对，云淡风轻。知道泰极否来易，则小心防范，以免乐极生悲。

举例来说，齐国有一个很好的领导者——齐威王。但是齐威王原先并不勤政，喜欢彻夜饮酒。有一年楚军进攻齐国，他手下大臣淳于髡，作为齐国的使者到赵国，请来了十万大军，吓退了楚军。齐威王很高兴，于是设酒宴庆贺。淳于髡知道齐王又要彻夜饮酒，必定要一醉方休。于是就跟齐威王讲，喝酒喝到最高兴的时候，就会酒醉而乱了礼节；人如果快乐到了极点，就可能要发生悲伤的事了。所以我看做任何事都是一样，超过了一定限度就会走向反面了。他当即表示接受劝告，改掉了可能使自己走向反面的恶习。"乐极生悲"这个成语，就是从齐威王和淳于髡的故事而来。

再举个例子，明末陕北人李自成，在西安建立了大顺王朝。闯军攻入北京，崇祯皇帝自缢于煤山后，李自成和他手下这些大将一看江山得来得如此容易，就开始得意忘形，随之败坏军纪，烧杀抢掠，无所不为。结果只乐了四十二天，泰极否来，乐极生悲，形势逆转。李自成只好退出北京，退到湖北的九宫山，兵败身亡。

再次，来看爻辞。

初六：拔茅茹以其汇，贞吉，亨。

初六爻的意思是，拔起一把茅草，你能发现它们的根系"汇"，也就是紧紧地联系在一起，这正是茅草健壮生长、繁荣昌盛的原因。团结就是力量。

六二：包承，小人吉，大人否亨。

意思是说这个当政的庸人，虽能包容有德贤的人，可是宵小之辈很得势，贤德之士就需要潜龙勿用了，要学会变通之道，才能够亨。

六三：包羞。

意思是包藏羞耻，忍辱负重，这个大家都很熟。唐代杜牧有一首《题乌江亭》，就用到了这两个字："胜败兵家事不期，包羞忍耻是男儿。江东子弟多才俊，卷土重来未可知。"说的是项羽一失败就自尽。要是能渡过乌江，江东那么多的才俊之士，也许某一天可以卷土重来。"包羞"，包羞忍耻，忍辱负重。

九四：有命无咎，畴离祉。

意思是说，时机成熟了，应之而起不会有错，联合志同道合的人，可以一起有福祉。为什么从初六爻开始就用拔茅草的方式来打比喻呢？这是告诉我们要扎深根、要搞团结。

九五：休否，大人吉。其亡其亡，系于苞桑。

意思是说，闭塞的局面终于结束了，大人及德才兼备的君子吉祥如意，要居安思危。接着举了个例子，"其亡其亡"，他要逃跑，他要逃跑。谁要逃跑？马要逃跑。那你就得未雨绸缪，得把它系在根深叶茂的桑树上。为什么要系到桑树上？一方面桑树长得高，稳定牢靠；另一方面马有桑叶吃，饿不着。

上九：倾否，先否后喜。

闭塞的局面已经彻底结束了，随着否运的消亡，随之而来的是喜庆。是啊，黑暗将要过去，要不畏艰难。道路是曲折的，但是前途终归是光明的。大家有没有注意到，单以否卦的六爻而论，它确实也讲出来一点否极泰来的道理，就是到了上九的时候开始，情况发生了转变。

最后，卦名和总结。

（一）卦名解析

"否"字在《说文解字》中的解释："否，不也。"在《广雅》中说："否，隔也。"清代段玉裁在注解"泰"字中说："《周易·泰》，通也。否，塞也。"是说"否"就是不通、阻隔、闭塞的意思。"泰极否来"是从《易经》的序卦来看的，否卦是第十二卦，它前面的泰是第十一卦，从泰到否只有一步之遥，但是从否到泰，要经过六十三卦转一圈，要很久很久才会再回到泰。所以《序卦传》就说："履而泰，然后安，故受之以泰。"意思是端正地遵循礼道，然后勤奋地去践行，就到国泰民安了。但是大家注意，"物不可以终通"，通达是不长久的，所以要用否卦来代表通达的阻塞，故受之以否。这段话的意思是说，泰卦之前是履卦，而泰卦之后才是否卦，所以并不是否极泰来，而是泰极否来。好事过头了，坏事就降临了，正所谓物极必反，乐极生悲。

（二）总结

首先，否卦阐述了在小人当道、君子势消受辱的黑暗时期，有德君子所采取的应对原则。即团结同志，含羞忍辱，不争一日之短长，以避免不必要的伤害和无谓的牺牲。当小人势力消退，败象初露之时，切不可轻举妄动，必须把握最佳时机，谨慎行动，一举成功。

其次，否和泰这两卦，一体两面，相辅相成。有智慧的人泰不忘否，治不忘乱，安不忘危，这是深刻的易理。否卦的综卦是泰卦，错卦也是泰卦。从卦象中就可看出，否与泰是完全相反的类型。正如《杂卦传》所说："否、泰，反其类也"。意思是否与泰虽然是相反的类型，却是相互联系的、互相统一的。具体表现如下：

第一，生命都是一个过程，在这个过程中，泰和否的状态都会遇到，而且必然会都遇到。第二，否泰是相互依存的。世间没有只否不泰的事物，也没有只泰不否的事物。时泰而否，则得不到发展，一生无果无终；时否而泰，则有无妄之灾。否泰不时，违天道也，故天不佑之。第三，否泰是相互转化的。泰极而否来，同时，否经过运动变化也会由否而泰。所以，在否极泰来，也就是上九、上六的时候，应该牢记历史的教训，居安思危，安危治乱。

同人卦第十三：同人于野

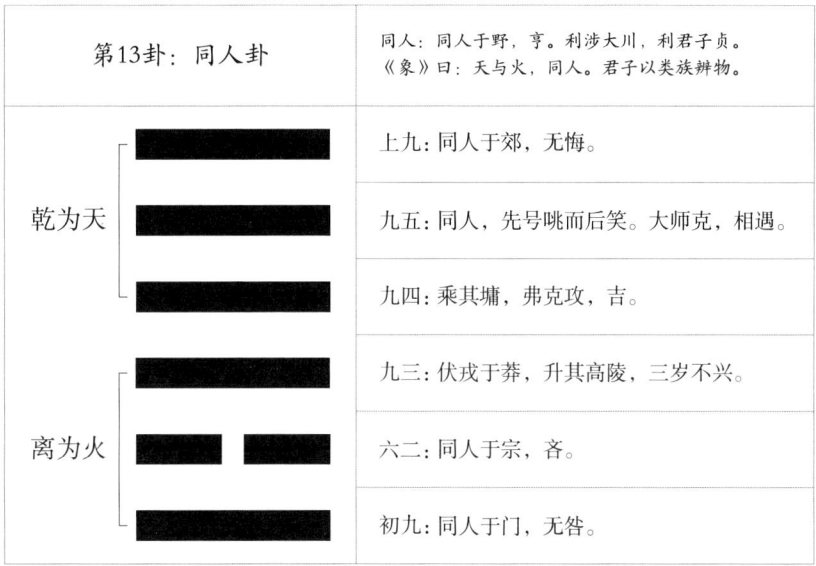

【本卦提示】"物不可以终否，故受之以同人。""同人"者，和光同尘，和同于人之君子也。能明辨事物，求同存异，团结众人，同心同德。最终破解困境，渡过难关。

首先，来看卦象。

同人卦是《易经》六十四卦中的第十三卦，卦象为离下乾上。同人卦是异卦相叠，乾为天，离为火，天上火下，一个把阳光雨露向下挥洒，一个把温暖火焰向上传送，它们目标一致，作用相同，能够结为同类。

其次，来看卦辞。

> 同人：同人于野，亨。利涉大川，利君子贞。

逐字来解，首先是"同人"，《彖传》曰："同人，柔得位、得中而应乎乾，曰同人。"按照同人卦象，六二阴爻，得中位，与九五相应，相合而顺意，所以叫作"同人"。《大象传》曰："天与火，同人。"孔颖达正义曰"和同于人"，即众人的意见相符，能够和谐相处。因此，同人便是数量众多、目标一致、和谐相处的群体，君子小人，各得其所同。

"野"，孔颖达正义曰："广远之处，借其野名，喻其广远。""同人"必须胸怀宽广而无所偏狭，如此才能得以亨通。在郊外宽广的原野上相会的"同人"，必定是坦坦荡荡。不包藏私心，才能彼此相处融洽，欣欣向荣。这样一个群体，面对任何困难都将战无不胜，因此说"利涉大川"。与这样的群体相处，能够修炼心性、保持品格，因此说"利君子贞"。

"君子贞"，即君子应有之德，《彖传》解释为"文明以健，中正而应"，也是以卦象来喻君子。同人卦中，离卦为文明，乾卦为健，阴爻阳爻相应，且都居中位，这是说君子兼具刚强与柔弱，并且坚守大道。王弼所注"君子以文明为德"，也是说君子不用威武暴力使人屈服，而以坦诚正直对待一切外物。《大象传》解释君子还应"以类族辨物"，即君子应该具有分辨事物的能力，能够在繁杂万象中寻找与自己和谐相应的群体，审异求同。

商末，纣王派大军远征东夷时，周武王趁机突袭，在孟津，与庸、卢、彭、濮、蜀、羌、微等诸侯国部队会合，然后东进抵达牧野（在今河南新乡）。纣王仓促应战，其武装总兵力远超周师，用大量奴隶迎战。周军庄严誓师，历数纣王帝辛种种暴行，即为《尚书》所记载之"牧誓"。随后发动总攻，先遣太公吕尚以数百名精锐部队出击，然后武王亲率主力跟进。商军中的奴隶和战俘全无斗志，投降倒戈。周军得以直接攻击纣王的禁卫军，纣王逃跑，商军崩溃。纣王逃回朝歌，登鹿台自焚。

周人的胜利是"同人"的胜利，"同人于野"的亨通，来源于同心同德的坚定。《彖传》解释说："同人曰，同人于野，亨。利涉大川，乾行也。文明以健，中正而应，君子正也。唯君子为能通天下之志。"同人卦，六二、九五爻处中得正而相应，这是君子的正道。乾卦是天行健，代表向前行进、自强不息的力量，象征大君子能通达天下人的心志，最终带领同人取得成功。所以，同人卦的六个爻象，是指和谐统一局面形成的过程。

再次，来看爻辞。

初九：同人于门，无咎。

初九是同人卦的初始阶段，与九四相斥不相应，即心中没有偏私。走出门外与人交往，平等公正，就能收获志同道合的伙伴，也不会有灾祸。王弼注曰："出门同人，谁与为咎？"《小象传》曰："出门同人，又谁咎也！"也就是出门后与所有人都和谐相处，俗话说伸手不打笑脸人，谁会来为难你呢？自然没有灾祸。

六二：同人于宗，吝。

"宗"，义为宗族、宗庙。"吝"，义为艰难。仅仅与宗族内的人和谐，这是有所偏狭的表现，不能宽广宏阔，这是鄙吝之道。"同人于野"才能亨通。这意味着超越了地域、宗族的差别，与所有群体和谐共处。拥有开阔的胸怀和境界，才能行事顺利。而局限于一宗一派，未免小家子气，这样便会遇到各种困难。再严重一些，如果这种小团体意识过于强烈，那么反而会带来灾祸。就是王弼所说的

"爱国愈甚，益为它灾"，私心太重，利益都想独占，就一定会增加灾祸。

试举一例，"楚弓楚得"的故事，载于汉代刘向的《说苑》。故事说楚共王丢失了一把精美的弓，侍者要去寻找时，楚共王却说："楚王丢失的弓也会被楚国人得到，没有必要找回来了。"楚共王的格局确实很大，然而孔子却在更高的层面感慨："这只是天下人丢失的弓，又被天下人捡到。"与孔子对比，楚共王只是将楚国当作自己的小团体，若是楚人捡到弓，楚共王可以一笑了之，虽然自己有损失，而受益者也是自家人，肥水不流外人田。但若是其他国家的人捡到了呢？这就牵扯到国与国之间的利益争夺。没有达成共识，就会挑起争端，引发战火。而孔子站位更高，把所有人都划分到自己的范围内，天下大同。无论谁得谁失，都不必耿耿于怀。

九三：伏戎于莽，升其高陵，三岁不兴。

"伏"，指埋伏，潜伏。"莽"，指荒原草丛。把军队埋伏在密林草莽之中，占据附近的制高点频频瞭望，三年都不敢贸然出兵打仗。这是面临强敌时的战术。当自己力量薄弱时，就要将兵甲收起来，偃旗息鼓。《小象传》解释："伏戎于莽，敌刚也；三岁不兴，安行也。"潜伏是因为敌人力量强大，不敢轻举妄动，只能按兵不动。在敌我双方力量悬殊之际能够保持谨慎，等待时机，积蓄力量。三年不兴，换句话说也有可能三年后始兴。因此，力量不够时要学会忍耐。

这种思想往往盛行在需要休养生息的时期。西汉初期黄老之所以成为官方统治思想，就是因为汉初经历了多年战争后，社会生产生活遭到破坏，需要一段过渡时期来休养生息。国家实力较弱时应养精蓄锐，创造平安发展的环境，贸然挑起事端就是拿鸡蛋碰石头。要说潜龙勿用、韬光养晦的智慧，中国把握了其精髓。新中国成立初期，中国就致力于营造发展的良好环境。九十年代初，邓小平同志提出"韬光养晦、有所作为"的对外战略方针。面对复杂的国际局势，中国要"冷静观察、沉着应付""决不当头",把握机遇,埋头实干。时至今日,中国也始终坚持走和平发展的道路,这是非常正确的战略。"伏戎于莽",既时刻关注外界的动向,也沉着冷静、不轻举妄动,同时抓住时机提升实力。

九四:乘其墉,弗克攻,吉。

"墉",高墙、城墙。已经登上敌方的城墙,但是没有发动进攻,这是吉祥的。首先,登上城墙意味着己方力量强大,而没有继续战争、赶尽杀绝,是因为反思发现这种进攻是不仁义的,改过自新,转凶为吉。《小象传》曰:"乘其墉,义弗克也;其吉,则困而反则也。"虽然暂时处于优势方,但也不能完全掌握战争的走向,如果一味强硬进攻,反而违义伤理。只有及时反思,不妄动,才能得吉。

九五:同人,先号咷而后笑。大师克,相遇。

"号咷"就是大哭,"克"就是胜。与人同心同德,先痛哭,后放声大笑,与大部队相遇会师,克敌制胜。为何先痛哭?因为一开始受到诸多阻挠,行动困难,无法判断战争的走向,从而焦急痛哭。然后主力大军赶到,扭转了局势,反败为胜,大家才开始放声大笑。根据卦象来看,九五刚健,又处尊位,与六二相应,但是在与六二相合的过程中总会遇到九三、九四的隔绝阻碍,必然要大费周折才能成功。所以任何事情的成功都不是轻而易举的,只要坚持不放弃,总会得贵人相助,逢凶化吉,反败为胜。

上九:同人于郊,无悔。

上九为此卦最外沿,无人与之应和,所以说"同人于郊"。《小象传》曰:"同人于郊,志未得也。"古时邑外有郊,郊外有野。"郊"虽比"野"更接近都城,但位置仍然偏僻，所以很难遇到志同道合的伙伴。孔颖达说："虽欲同人，人必疏己。"一方面没能实现"同人于野"的最佳状态，所以说"志未得"；另一方面又因为远离争斗，不同流合污，能够保全自己，所以说"无悔"。

最后，卦名和总结。

（一）卦名解析

"同"字，在《说文解字》中的解释："同，合会也。"就是聚集、汇合的意思。我们来看一下甲骨文的字形，上面的部分表示众人夯地的多柄夯桩，下面的"口"是劳动号子，就是夯地的号子。是表示众人在兴桩夯地时用号子的节奏将力量聚集在一起，大家志同道合为实现共同的目标而努力。《大象传》曰："天与火，同人。"孔颖达正义曰"和同于人"，即众人的意见相符，能够和谐相处。因此，同人象征数量众多、目标一致且能够和谐相处的群体。

（二）总结

我们看同人卦的发展过程就会明白，要实现天下大同的理想目标，过程是艰难困苦的，但前途是充满光明的。王弼注曰："凡处同人而不泰焉，则必用师矣。"追求天下大同的过程中，一旦出现私心和偏向，就一定会兵戎相见。同人卦中，除了初九无咎、上九无悔两个爻象顺利之外，其他爻象或多或少都有坎坷。六二有结党营私的迹象，九三有兴兵伏戎之祸，九四有不克之困境，九五也是经历了痛哭之后才嬉笑。实现同人的过程会遇到很多困难，但是一旦寻找到同伴，就能够攻无不克。

大有卦第十四：顺天休命，刚健文明

【本卦提示】"与人同者，物必归焉，故受之以大有。"大有，象征着收获与富有。君子当敬畏天道，居有思无，居富思艰。

本章以"顺天休命"为枢纽来讲大有卦。《大象传》曰："火在天上，大有。君子以遏恶扬善，顺天休命。"意思是什么呢？简单来说，就是要顺应天道，休养生命，去遏恶扬善，举善抑恶。"休"就是美，这里用作动词，顺应万物的意思。

首先，来看卦象。

大有卦的卦象和前边讲的同人正好相反，同人卦是乾居离上，也就是天在火上，天下有火；大有卦则是上离下乾，也就是火在天上。大有卦只有初九和九三是当位的，这就告诉我们这种情况是很难得的，难得形成，当然也难以保持。

其次，来看卦辞。

大有：元亨。

断词结果有四种很好的性质，分别是"元、亨、利、贞"，而这个地方只有两个："元"和"亨"。这个"元"是根源的创造力，把"元"开发出来就是"亨"，也就是亨通。卦辞中这两个字的意思是：发挥创造力，就能实现从上一卦延续过来的"同人于野"的理想。顺应天道，替天休命，也就是替天行美善之道，顺应时势，让社会休养生息。相比于物质财富，"大有"更强调品德的丰富和保持，并且强调通过分享来获得财富。所谓"大获所有"，就是"同人"所能实现的最佳状态。但是财富想要永远保持是很困难的，从大有卦的卦象中，君子应当得到启示，即遏制恶念、除恶扬善，以顺应上天赋予的使命，并且效法天道、敬畏天道。

具体来说，我们需要知道以下两条。第一，小富由人，大富由天。同人卦重人道，大有卦是火在天上，重天道。意思是说，大富可不完全是由人来控制的，成功与否还是天在决定。第二，小富由己，大富由德。天道在大有卦里如此重要，是因为人一旦变得富有了以后，不欲骄狂而骄狂自至。所以有德的富贵才可以较为持久地保持。德量小，富贵的时间也就少，可能只有一瞬间。所以我们经常说："逆天道者，虽成必败。"人若不顺应天道行事，即便一时有所获得，最终也无法真正拥有。有的人不是轰轰烈烈，阵仗很大，结果繁华转瞬之间烟消云散吗？所以要敬畏天道、顺应天道。

再次，来看爻辞。

初九：无交害，匪咎，艰则无咎。

"交"是指交往，"害"是指伤害，"匪"是指没有，"咎"是指过错。整个爻辞的意思是，不互相往来，也不彼此伤害，没有什么祸患。要牢记过去的艰难困苦，才能免于引起祸患。初九位低。位低的时候，人微言轻，交往少就不会有更多的是非，自然也没什么祸患了。人要是只看到交的利益，而看不到交的害处，那么因交而得利，最终也必然因为交往太多被牵累而受害。初九则无交就无害——不依附他人，靠自己的力量长成参天大树。虽很难，但这是君子道德修行的必由之路。

九二：大车以载，有攸往，无咎。

这句话很好理解，意思是说用大车来运载，有所往，去了无害。各位想，大车是古人用来承载重物的工具，九二爻以阳居阴，却能做到大车以载，为什么？因为格局大。是因为他的德行和能力都达到了能被委以重任的条件。佛教不也讲"慈航普度"吗？"大乘"用大车度人，"小乘"那只能度己了。九二以阳刚居下卦之中，与上卦之六五有应，是得信于"君"，任重道远之象，所以九二担负的使命还是比较重要的。

读者读到这里应该理解了，这一爻一爻就像一类类人。九二这个人，自身的条件比较优秀，学识财富可以让六五爻满意。因为六五爻一般都处在王位，二与五相应。不仅如此，九二爻还很忠诚，它只是与六五相映而不夺其辉芒，两者乃阴阳交泰之道，故有利于亨通。就德行而言，二、五两爻居于中位，以中为用，中道行事。所以九二和六五是志同道合的君子之交的典型。

九三：公用亨于天子，小人弗克。

这句话的意思是，君子在天子处享用宴席，小民不能。全卦的最高领导是六五，六五阴爻居君位，而九三以阳处下卦之上，刚健居正，犹如"大有"之世的王公。什么意思？以君主喻六五，以王公喻九三，君主有礼贤下士之德，所以他设宴款待这些公侯君子，小人则被排斥在外。隐含的意思就是，品行端正的君子被授予官职，小人则不能见用。这是告诫大家要做正人君子，不要做小人。小人即便一时得志，最终也是不会受到君王重用的。

举个例子，据《左传·僖公二十五年》记载，周襄王与他的兄弟王子带争位。王子带势力很强，周襄王争夺失败，就逃到郑国避难。当时春秋五霸之一的秦穆公拥兵在黄河岸边，准备把周襄王护送回国。晋文公的大臣狐偃很有智慧，他就劝晋文公重耳也参与此事。晋文公吃不准，他就让卜官占卜，结果第一卦重耳不太相信，又用蓍草筮了一卦，第二卦就卜到了大有卦。卜官就说："很吉祥啊，不仅能打胜仗，而且还能得到天子的盛情款待。"于是晋文公便带兵攻周，杀了王子带，护送周襄王归国成为周的国君，文公也因此受到了周襄王设宴款待。

九四：匪其彭，无咎。

"匪其彭"就是不自我膨胀，也就没有灾祸。为什么孔子说早点看《易经》可以少过错呢？因为它时时刻刻提醒我们警惕人性中会出现的问题，会犯错误的地方，比如自我膨胀。这里就告诉我们不自我膨胀就没有灾祸。九四爻以阳卦居上卦，处于"大有"渐盛之位，就像君子一样跃居高层，也像我们讲的乾卦中"或跃在渊"的龙。它离六五近，正如身为近君大臣离君王很近，离得近了就要进退有道，身为近君大臣尤其要注意不能功高盖主。还好九四虽处上卦，却不过于盛大，有谦恭之象。九四阳居柔位，虽为阳爻，却处于偶数位的柔位，它本身能够刚柔兼济，又有光明之德，不倚仗自己的盛大，自觉自愿地谦下自损，所以能避免咎害。

我们再举个反例，颇为有名的石崇与王恺斗富之事。西晋时期的石崇，通过抢劫远行商客等不法手段，获得了巨额财富，富了之后就开始炫耀。当时晋武帝的舅舅王恺就多次和他比谁更富有，结果都比不过他。但是石崇后来怎么样了呢？最终被算计贪图他钱财的人押上了东市的刑场。在去刑场的路上，押他的人就问他："你刚才说是贪图钱财的人把你给害了，早知道钱财会害你，为什么你不早点把它散发掉呢？"石崇无法回答。最终，连累他的母亲、兄长、妻妾、儿女共十五人都被斩于东市。

六五：厥孚交如，威如，吉。

这个六五爻是一个吉祥的形象。"厥"，代词，其意思也就是"他"。这句话是说六五爻居王位，自身的诚信可以让上下互信，所以有威严。有诚信有威严，这是很吉祥的事。说得明白一点就是，以诚信来交往，来展现威望，然后能够避免灾厄，获得吉祥。

所以在与同事、与他人交往的时候，既要平和亲切，又要保持威严，这样才能体现出领导的形象，居其位也须端其貌、行其事，才会吉祥。六五爻是个阴爻，它以阴柔统率众阳，阴阳相吸相合，所以它可以与其他的阳爻交往而得到吉祥。但有一个原则，要保持诚信与尊严，所谓君子不怒自威。

上九：自天祐之，吉，无不利。

这里的意思就是遵天道，自有天来保佑，吉祥，没有任何不利。卦象中上九依附于六五，因为六五才是王位，就像火焰依附于木柴，而且将它所拥有的权利、赏赐、功劳等等成就都归于六五，有协助六五之象。因为上九富而不骄，又懂得归功于上，故能慎终如始。就好比贤人处于终极之地，但是他能够知晓盛极必衰的道理，所以能够坦然地将其所有归于他所辅弼之人，因而可长保稳定。"吉，无不利"描绘了上九的美好结局。上九即使物极必反、阳极变阴，也能够始终获得吉祥。为什么呢？我们知道《易经》有本卦、变卦之说。本卦就是某一卦原本的卦象，而《易经》是以变易为主旨的，阴阳交替，变化无穷，而后生万物，正如朱熹所说："阴生阳，阳生阴，其变无穷。"而变卦展现的就是某一卦"动"的状态，也就是阴爻要变成阳爻，阳爻则变为阴爻。大有卦卦象为天上火，上卦的离卦第三爻也就是上九爻动，就变成了震卦，震为雷为行走，天上大道也是畅通无阻。这象征一个人、一个国家本质阳刚，行为刚健，做任何事情都无所不利，大道顺畅。这一卦的变卦，怎么变化都是吉，都是有利，所以叫"自天祐之，吉，无不利"。

最后，卦名和总结。

（一）卦名解析

"有"字，在《说文解字》中的解释："有，不宜有也。"就是不合理的持有。我们来看一下甲骨文的字形 ，上部是一只悬臂下垂的手，下部是一块肉，就是手持着肉，表示有所获得。"大有"即大获所有，所以，此卦讲君子若想有大的收获，必须内外兼修。内在品德要高尚，在外与人相处要不卑不亢，正所谓"厚德载物"，遵循天道才能长久拥有。

（二）总结

首先，大有位于同人卦之后，《序卦》解释说："与人同者，物必归焉，故受之以大有。"意思是：寻找到志同道合的人，大家齐心协力做事，物产自然丰富起来。

其次,《大象传》曰:"火在天上,大有。君子以遏恶扬善,顺天休命。"火着到了天上便是大有卦的卦象。俗话说"众人拾柴火焰高",大家围在一个火堆旁构成同人卦,众人聚在一起,每个人给火堆添一把柴便可以让火焰烧到天上去。可见,众人团结起来才会有更大的力量,才会有更大的收获。

最后,同人和大有两个卦互为综卦,一体两面。一个是"天与火",上乾下离;一个是"火在天上",上离下乾。同人卦没有实现的理想,在大有卦实现了。

当然,好不容易从同人走到大有,这么好的境况,可得护住了。所以要注意如下六点。

第一,人富了不是坏事,但是应该富而有礼、富而能仁,千万不要为富不仁。

第二,君子要努力提高自身的修养,抑制邪恶,发扬善良,完成其使命。

第三,要有忧患意识,即"艰则无咎",时刻保持忧患意识,不论在富贵的情况下,还是在艰难的情况下,都不会有大的过错。

第四,学会分享。成功不是一个人创造的,对上对下都要学会分享,不能把所有功劳都揽到自己身上。事情总有两面性,我们要看到蕴含在事物中"变"的力量与其向反方向运动的趋势,什么都有容易使人忘乎所以。正因如此,虽然大有卦乃"大获所有"的一卦,但是它的内容仍然在强调居有思无,居富思艰。一个懂得分享自己智慧、分享自己财富的人,才能够获得更大的成功。

第五,以德服人。大有卦六五爻处于尊位,强调"厥孚",就是他的诚信,强调要以德服人,虚心诚信地和他人交往。

第六,"自天祐之,吉,无不利"。意思就是说,上天所辅助的是笃守诚信、思想行为处处合顺于大道的人。所以我们看,在《易经》里很少见到这样一卦,从下卦一直向上,直到最后一爻,不管怎么变卦,总是亨通、吉祥。

所以大有卦是我们应该努力去实践的一卦。即便是天上有火，人生如火烧云一般亮透半边天的光辉时刻，也依然要小心谨慎，依然要学会分享，依然要诚信待人，这样才能够"自天祐之，吉，无不利"。

谦卦第十五：谦谦君子，卑以自牧

【本卦提示】"有大者，不可以盈，故受之以谦。"谦者，善于处下也。君子当循此道，卑以自牧。"生而不有，为而不恃，功成而弗居。"

本章以"谦谦君子，卑以自牧"为枢纽来讲第十五卦谦卦。先来看一下出处，这句话出自《小象传》对初六爻辞的解释：《象》曰："谦谦君子，卑以自牧也。"

"谦谦"，叠字，意思是谦逊又谦逊。指的是谦虚谨慎、严格要求自己、品德高尚的人。"卑以自牧"，是说虽然位置低，但是未敢放松修养，能谦卑自守，管理好自己，努力地提高自己的境界与品德。

首先，来看卦象。

《大象传》说"地中有山，谦"，上面是坤卦，下面是艮卦。这句话的意思是说谦谦君子就像地下的山一样，从来不炫耀自己的秀丽，却能蕴藏美玉。平淡无奇的山川，因为有了璞玉的存在而有了光彩，这就是我们经常说的"谦谦君子，温润如玉"。

换个说法，我们来看一下《彖传》对于谦卦的解释。用了一个成语叫"谦尊而光"，意思是越是有地位的人越谦虚，而谦虚又更显其品德。从卦象上来看，谦卦上卦为坤为地，代表着顺从与朴实；下卦为艮为山，是稳重笃实之义，提醒我们处世要谦恭。艮为内卦、下卦，象征山，是大地上的高耸之物；坤为外卦、上卦，象征地，和山相比较为平坦。这表示虽然内里积累得很厚实，但外表却像平地一样，别人看不出来。说明虽然位置很高，却不居高自傲，反而更谦逊谦虚。山本来是高于大地的，但是由于谦逊，它甘愿埋于地下，按现在的话来说就是不显山不露水。我们观察大山的时候就会发现，再高的山，大部分都是埋于地下的。所以做人要像山一样，要把很大的一部分埋入地中，隐藏起来。

谦卦启示的是君子应有的谦让与自律。一个缺乏谦德、自命不凡、过于狂妄的人，是很难与人和谐相处的，也不可能在事业上有大成就。在生活中，平和谦让是一个人成功的前提条件。当一个成功者保持谦虚，就会有持续成功的状态，甚至会获得更大的成功。

其次，来看卦辞。

谦：亨。君子有终。

谦卦象征着谦虚，谦虚的美德可以使人百事顺利。但谦虚并不是人人都能坚持下去的，尤其是到了高位，能够不改初心，卑以自牧者，更是难得。所谓"君子有终"，就是只有"君子"才能坚持到底。

再次，来看爻辞。

初六：谦谦君子，用涉大川，吉。

"谦谦"，是说谦虚又谦虚，有如此品德的君子，可以涉过大河，克服一切困难，排除一切障碍，最终必然吉祥。《小象传》曰："谦谦君子，卑以自牧也。"谦虚而又谦虚的君子，即使处于卑微的地位，也能以谦虚的态度自我约束，时刻让自己保持高度的警觉。不会因为位卑而在品德方面放松修养。真正的品德，从来不会因为身处何地、面对何人而有所区别。如苏东坡所言："吾上可陪玉皇大帝，下可陪卑田院乞儿。"

六二：鸣谦，贞吉。

《小象传》对六二的解释是："鸣谦贞吉，中心得也。"意思是谦虚的美名远扬四方，固守中正就可获得吉祥。这是因为六二当位，是靠品行正直而非沽名钓誉来赢得赞誉，所以吉祥。

九三：劳谦，君子有终，吉。

是说勤劳而谦虚的君子，他必能够把美德保持到底，最终一定是吉祥。我们再来看一看这九三爻的《小象传》，叫"劳谦君子，万民服也"。勤劳而又谦虚的君子，必能够把美德保持到底，所以天下的老百姓都服从他。"万民服也"，这可不得了，我们举几个历史上有名的"劳谦君子"的例子来讲解这句话。

第一位,周公,真正的"劳谦君子"。周武王去世之后,由周公辅佐周武王的儿子周成王治理国家。在这个时候,周公的三个兄弟由于不服周公,联合商王朝留下的人一起叛乱。所以周公东征,杀了一个,流放了一个,惩罚了一个。周公东征之后,西周更加壮大,成为泱泱大国。此时,周公的功劳很大,但是他一点儿都没有居功自傲之态。我们都知道有一句诗叫"周公吐哺,天下归心",说的就是周公对人才的重视。这句诗源自两个典故,"一沐三握发"和"一饭三吐哺"。古人的头发很长,洗头发是件麻烦的事儿,有一次周公正在洗头发,一听有贤臣来了,赶紧把头围起来,先接待贤臣。正在吃饭,听到有贤才到访,多次吐出口中的食物,先聆听贤臣的治国战略。求贤重才,可见一斑。而且周公还制礼作乐,才有了后来的"成康之治"。所以我们说,周公是一位"劳谦君子"。

第二位我们要谈的是周文王的侄子,也就是周武王的堂弟召公。大家都知道陕西,那有没有陕东呢?事实上,历史上周朝将国土以陕塬(今河南三门峡市陕州区)为界分成了两个部分,叫分陕而治。周公住在洛阳,也就是在陕东,管东边的地区和东方的诸侯。周文王的侄子召公,住在镐京(今陕西西安),管西边的地区和西方的诸侯。至此,西周形成了两都共治的局面,加强了对中原的管理。后来陕东改名了,"陕西"这个名字还一直保留着。我们要说的这个陕西的统治者召公也是一位"劳谦君子",召公和周公一样,非常勤奋努力,也经常巡行各地。有一次南巡的时候,到了汉中那一带,在一株甘棠树下休息过,老百姓很感念他为大家做的好事,便把这株召公倚靠过的甘棠树恭敬地保护起来,这就是成语"甘棠遗爱"的来源。

九三是卦中唯一的阳爻,但是位不居中。二位或者五位,才是上卦和下卦的中间。九三位不居中,所以他任重而道远,只能去辅佐他人,只能始终勤劳谦虚,才能获得吉祥。

六四：无不利，扬谦。

《小象传》曰："无不利，扬谦，不违则也。""扬"，发挥。意思是六四爻当位，没有任何不吉利，要发挥光大谦虚的美德，不违背谦虚的法则。六四爻柔顺得正，对上对下均能发挥谦虚的美德，因此无往不利。

六五：不富以其邻，利用侵伐，无不利。

意思是说虽然不富有，但却虚怀若谷。从国家的角度来讲，有利于和近邻一起征伐那些骄傲蛮横不可一世的人。讨伐这样的人，不会有任何不吉利的结果。因为团结就是力量。再来看一下《小象传》："利用侵伐，征不服也。"意思是说有利于出兵讨伐。六五爻是本卦的主爻，找主爻有两个原则：一个就是王位，比如六五爻的位置；一个就是独一无二，比如说五个阳爻一个阴爻，那这个阴爻就是这个卦的主爻。在谦卦中，六五柔中又居尊位，所以它象征以德服人的统治者。虽然他本身并不富有，但因为他的谦虚，得到了邻居们的爱戴，得到邻国的爱戴。这样谦虚的统治者，到了他万不得已使用武力的时候，大家都会支持他，所以会无所不利。

上六：鸣谦，利用行师，征邑国。

意思是说谦虚的美德远扬四方，有利于征伐邻近的小国。所以上六的《小象传》就说："鸣谦，志未得也，可用行师，征邑国也。"意思就是，谦虚的美名远扬四方，但是安邦定国之治还没有实现，所以可用出师征讨的办法来惩处那些骄横无礼不可一世的附属小国。不得已时用武力扩大自己国家的实力，增加自己的影响。为什么是这样呢？因为上六处在谦之极处，到谦卦的最顶端了，谦虚美名远近有闻，有利于兴兵作战，但是上六阴柔，大的国家现在还动不了，所以只能在自己的领土内，征讨那些骄横的叛逆者。

最后，来看总结。

（一）卦名解析

"谦"字，在《说文解字》中的解释："谦，敬也。"就是恭敬、谦虚；《玉篇》中说"谦，逊让也"，也就是谦逊、谦让的意思。所以，谦卦里的"谦"包含两层含义：一个是指谦虚，也就是待人接物不狂傲，平易近人；另一个是指谦让，谦让容人，不卑躬屈膝也不自夸，懂得先人后己的道理。具有谦让之德的君子，可畅行天下而无往不利。地位高的人，如果能谦让，他的道德就会更加光辉。地位卑下的人呢？如果能以谦让之德加以规范，他的行为就会有法度，有分寸。

（二）总结

第一，从序卦的角度来看，谦卦位于大有卦之后，也就说极大地富有了之后，还得谦虚再谦虚。所以《序卦传》这样解释："有大者，不可以盈，故受之以谦。"在大有卦之后要能做到谦逊、退让，就到了谦卦，才有利于更长久地保持大获所有的状态。六十四卦中，大多数卦都有凶有吉，唯有谦卦是其中唯一一个六爻皆吉的卦。所以我们知道，谦虚是我们应该终生保持的美德。前面蒙卦的第五爻讲到"童蒙，吉"，虚心礼贤，以谦虚的态度做好学生，才能不断进步。这正像《尚书》所说的"满招损，谦受益，时乃天道"。谦虚是天道的本性，是自然规律，所以人要特别重视。伯益对大禹讲怎么做好领导，说的也是这个道理。伯益还专门做了一件警戒器，叫"欹器"。这个东西水装一半正好，装满反而倾覆了，以此来提醒世人要保持谦虚。《道德经》的第五十八章讲圣人"光而不耀"，有智慧的人拥有强大的能力，同时具备高尚的美德，不去炫耀、夸赞、彰显自己的光芒。"光而不耀"，"满招损，谦受益"，讲的都是谦卦的大智慧。

第二，若把谦卦的六爻阴阳互变，就形成了错卦履，这启示我们什么道理呢？若自己谦虚谨慎，那在别人看来就是知礼节、懂礼貌的人。反过来说，要是希望别人对自己有个好印象，务必要保持谦虚谦逊的品德。所以将履谦错卦相结合来理解，对我们能有更大的启示。

豫卦第十六：作乐崇德

第16卦：豫卦	豫：利建侯、行师。 《象》曰：雷出地奋，豫。先王以作乐崇德，殷荐之上帝，以配祖考。
震为雷	上六：冥豫成。有渝，无咎。
	六五：贞疾，恒不死。
	九四：由豫，大有得。勿疑，朋盍簪。
坤为地	六三：盱豫，悔；迟，有悔。
	六二：介于石，不终日。贞吉。
	初六：鸣豫，凶。

【本卦提示】"有大而能谦必豫，故受之以豫。"豫是欢乐的意思。然君子乐当有度，乐中思危，方可长乐未央。

本章我们以"作乐崇德"为枢纽讲豫卦。"作乐崇德"出自解释卦辞的《大象传》："雷出地奋，豫。先王以作乐崇德，殷荐之上帝，以配祖考。"

首先，来看卦象。

豫卦上卦为震为雷，下卦为坤为地，即雷从地中奋起。古人认为，打雷是因为潜伏在地下的阳气在春天的时候冒出来，大地上的万物随着雷声开始兴奋躁动、生机勃发，一片欢欣鼓舞。

"先王以乐崇德"，先王看到这种景象，就要按照豫卦来制作音乐，意思是用音乐来歌颂美德。

"殷荐之上帝，以配祖考"，"殷"就是隆重、殷切希望。大家注意，"上帝"这个词最早也是出自中国的典籍，《尚书》里多次提到"上帝"，比如《虞书·舜典》的"肆类于上帝"，《周书·泰誓》的"上帝弗顺"。当然，这个地方的"上帝"指的是天。"殷荐"意思是祭祀，"殷荐之上帝"，就是要隆重地进献礼品给"上帝"，就是祭天。至于"以配祖考"，这里的"祖考"泛指祖先。这两句话其实反映了我们中国人的信仰，叫"敬天法祖"，意思是敬天敬祖宗。

春天到了，既要祭天也要祭祖，这是快乐的事，也是隆重的事。这时候不能没有音乐吧？所以要制作音乐歌舞，来赞赏天地的伟大与祖先的盛德。用现在的话说就是要有仪式感。中国不愧是礼仪之邦，我们中华民族从上古时期就已经十分注重礼乐在社会教化中的功用。"移风易俗，莫善于乐；安上治民，莫善于礼"（《孝经》）的道理老祖先早已知道。礼乐的作用太重要了，它能使老百姓在不知不觉中崇德尚智，逐步确立高雅优美的言行规范，从而达到利己利人的目的。这种人文教化的礼乐制度正是人们进入文明社会的独特创造。

我们再以上卦谦卦提到的周公为例，他"制礼作乐"，使周代"礼文大备"，造就了"郁郁乎文哉！吾从周"的西周礼乐文明。如果把周文明和夏商相比，我们会发现一件事：周代的礼乐并非只是"量"的发展，更重要的是"质"的突破。在周礼中，"乐"其实是作为"礼"的一个组成部分存在的。

比如我们说《诗经》里边的《颂》《大雅》，其中很多诗篇都是用于祭祀的典礼上的，配以非常郑重其事并且肃穆庄严的音乐。《诗经》实际上也是礼的重要组成部分，所以后来有个词叫"诗教"，以《诗经》为人文教化的重要典籍，也是这个意思。在需要用到《诗经》的场合，也必须遵守一定的仪礼规范，所以后来尊崇周礼的孔子对《诗经》推崇备至，根本的原因也在于此。

为什么要用这么长的篇幅来说"作乐崇德"呢？因为这句话才是了解豫卦的关键。关于豫卦有多种多样的理解，如果只是从文字角度来解读，而不去了解它的大前提和大原则，那么就没有把握住该卦的核心精神，理解就出现偏差。豫卦讲欢愉快乐，"豫"就是欢乐的意思，但是它始终强调要适中，千万不要过分。豫卦讲的欢乐是跟忧患联系在一起的，一定要有忧患意识，"生于忧患，死于安乐"。欧阳修在他的《逸豫亡身论》中说："忧劳可以兴国，逸豫可以亡身，自然之理也。""逸豫"就是好逸恶劳，如果无限制地去寻欢作乐，这最后的结果就糟糕了。

有了"作乐崇德"这个大原则，我们现在可以比较细地理解豫卦。

其次，来看卦辞。

豫：利建侯、行师。

"建侯"，是说树一个布制的靶标，叫作"侯"，然后拉弓射箭，"啪"射中了，就在群众中取得威信。用现代的话说就是立个 flag，树立一个方向目标，让自己有奋斗的方向。至于"利行师"自然就是利于行军征伐。

豫卦位于谦卦之后，《序卦》说："有大而能谦必豫。"大有卦是大的收获，有大的收获之后又能够谦虚，那就会产生快乐了。《序卦》接着说："故受之以豫。"是说大有之时作乐崇德，对天地祖先谦逊有礼，故而国家团结，天下安乐；与此同时也要安不忘危，要防范死于安乐。

"建侯行师"也是同理，一方面须得树立威信，另一方面有人反叛的时候得有军队的力量去防范、去征讨。"建侯行师"讲的是什么？是周公树立威信，率师东征，剿除叛乱。周灭商经历了两次战争：一次是武王伐纣，牧野之战；还有一次就是周公旦平定"三监之乱"，也就是周公东征。我们前面说过，"三监"中的管叔、蔡叔、霍叔这三家都是周公的兄弟，结果他们在监督商朝遗留力量的时候，和武庚一同叛乱，所以才有周公东征，《诗经·豳风·破斧》描述的就是周公的这次东征。

再次，来看爻辞。

初六：鸣豫，凶。

"鸣谦"是吉，这个"鸣豫"则是凶。什么叫"鸣豫"？自我标榜，自鸣得意。这句话的意思是，自我标榜，自鸣得意，自我吹嘘，凶险。为什么？初六爻是阴爻，又居于阳位，不得中也不得位，所处的位置还低。初爻处于卑微的时候，却兴高采烈地宣称自己与上层领导有关系，我认识这个、认识那个，拉大旗作虎皮还自鸣得意，这就显得太肤浅了，没志向。所以说这个"鸣"，我们用现代词翻译，那就叫"嘚瑟"。

六二：介于石，不终日。贞吉。

好多人认为"介于石"的意思就是介在两块石头之间，"不终日"就是没到一天就被找到了，但是最后也没什么事。当然这是后人的附会，我们来看一下六二爻真正的含义是什么。六二爻是阴爻居于阴位，得位。且六二在下三爻中居中，三爻构成一卦，它处在中间还不错。那么这个"介石"是什么意思呢？"介"就是边界的界，也就是界碑，界碑都很大；"介石"则意味着边界和界限。你做人是不是也得有边界，有界限？人与人之间的关系是不是也得有分寸感呢？这个界限不是永恒的，会随着时间的变迁而变化，所以叫"不终日"；但是这个界限又会一直存在，虽然是与时俱进的，你也要时刻明白边界和界限在什么地方。所以这个第二爻虽然得位，但还是位低；位低你得有贵人扶持啊，你不能在什么也没有的时候去自我吹嘘，当然，就算有我也不能够去炫耀吹嘘。所以在基层更要明白界限在哪里，行为要克制，如果不克制就会带来危险，欢乐的局面就不复存在了。

大家看，这豫卦哪是跟我们讲欢乐的？它是讲我们在欢乐的时候怎么避免出危险。或者明确地说，要中正，要当位，要合适，才能得到提携。

六三：盱豫，悔；迟，有悔。

"盱"就是张大眼睛，张大眼睛干吗？寻找哪个地方能够寻欢作乐。所以这句话的意思就是说，这个人很懒散，到处去游玩游乐，将会后悔；再加上"迟"，也就是懈怠大意，那就后悔莫及了。第三爻以阴爻居于阳位，不得中不得位，因此处于这一位置的快乐只是表面现象——"盱豫"，献媚式的笑脸相迎。这种情形是不恰当的，也是不得已的，迟早会后悔。既然迟早后悔，就要及时终止，否则为时已晚。

九四：由豫，大有得。勿疑，朋盍簪。

"盍"就是合作的合；"簪"是古人固定发髻时使用的头饰，现在也叫簪子。簪子插入发髻之间，比喻亲密无间。所以第四爻说的是，能使众人快乐就会大有所得，不要猜疑，这样你的朋友会始终跟你亲密无间。九四不是只考虑自己，它快乐的时候能带着大家一起快乐，让大家都分享快乐，就像簪子插入发髻之间后形成的一种亲密无间的关系。九四爻是主爻，它在整个局面下一枝独秀，自由进取；但是因为位置不当，所以要犹豫——它如果在九五那就更好了，但是结果还是大有所得，未来的前景光明是毋庸置疑的。九四一阳贯穿五阴，就像簪子把头发束起来一样，能起到聚合众人的作用，因此未来也是大有出息的。

六五：贞疾，恒不死。

六五爻的意思是及时改正错误，就能永远立于不败之地。这个地方的"疾"代表着有错误要及时改正。这第五爻阴居阳位，同时处于上卦之中，得中但是不得位。五爻处领导之位，或者说处"君位"，本来应该阳刚进取，但是因为沉溺于安乐或者生性软弱，反而和第四爻形成了一种君弱臣强的现象，也就是主要领导有点柔弱，但是辅佐的副手却很强悍，很有能力。所以这一爻代表的现象是，本来该担任起责任的那个人却没有能力，辅佐他的人反而能力突出，这种局面虽然不会直接导致失败，但时间久了也会发生力量的转移，所以要及时纠正，才能立于不败之地。

上六：冥豫成。有渝，无咎。

这是说末日将至尚且享乐，已成之事也将毁败。因为上六爻阴居阴位，但是它不处于上卦中间六五爻的位置，故而得位不得中。又因为上爻为末爻，是事物发展到最后的景象，安然享乐的状态已经到了极限了，这时有两个选择：要么迷失方向，要么迷途知返。如果冥顽不化，不知道改变也不知道预防，那就只有死路一条了。好在有人给上六指引了一条方向，告诉他如果及时醒悟，那还能有个不错的归宿。安乐过了头，就该及时悔悟；若能及时悔悟，那么最后的结果还能是"无咎"。

最后，卦名和总结。

（一）卦名

"豫"字，在《说文解字》中的解释："豫，象之大者。贾侍中说：不害于物。"贾侍中就是东汉著名的经学家贾逵。贾逵说：象虽大却不害于物，故以宽大舒缓之义取此字，因此"豫"也通"乐"。也同"娱"，即快乐的意思，《尔雅》说："豫，乐也。"本卦讲述的就是安然享乐的状态下应注意警惕的情况。

（二）总结

首先，按照《序卦》，"有大而能谦必豫，故受之以豫"。有大业，同时能够谦虚待人待物，这样的人一定会安乐吉祥。同时，豫卦与谦卦互为综卦，也就是说，想要安乐吉祥，就得秉持谦虚谦逊的品德，否则总是趾高气扬，总是颐指气使，处处树敌，肯定是无法安豫的。再来看豫卦的错卦是小畜卦，豫是安乐，如果不安于享乐，坚持奋斗，那么就会小有积蓄。如果把积蓄花掉，也能获得短暂的欢愉。

其次，豫卦告诉我们，快乐的原则在于适中，做任何事情都不要过分。安逸享乐到了十分严重的程度，那就会有危险了。大家看这三个字：豫，欲，狱。意思是贪欲太多，贪婪无度，最终锒铛入狱。所以要谨记，不能总是安逸享乐。快乐固然是需要，但要乐之有度，以免乐极生悲。当然，更重要的是要明白圣贤人文教化的良苦用心。为什么说人文学科的教化有很重要的作用？一个社会不管是人文还是艺术领域，不管是音乐还是绘画，其中都包含有"作乐崇德"的教化功能。因此我们致力于在现代社会中传承中国的优秀文化，弘扬"作乐崇德"的人文精神，这是我们"为往圣继绝学"的行为与功德，也是我们重要的使命。

随卦第十七：向晦宴息

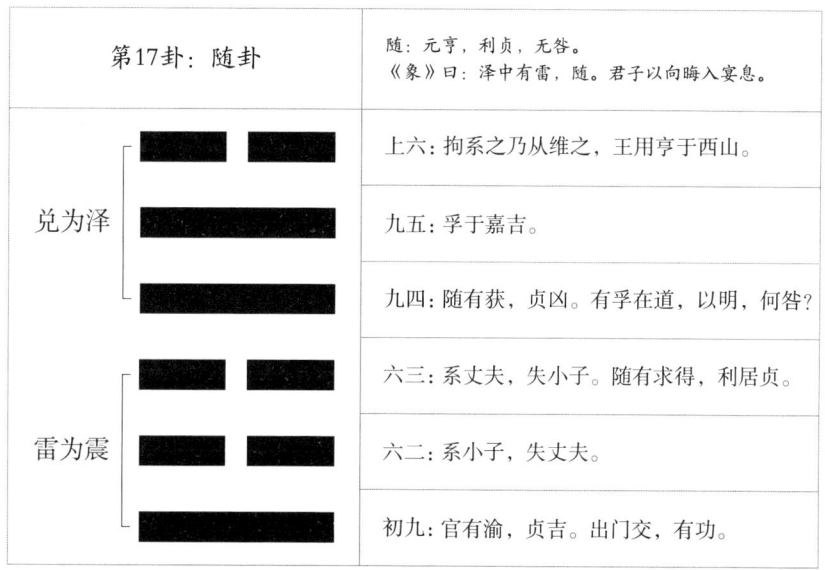

【**本卦提示**】"豫必有随，故受之以随。""随"是"内心有定""外表亲和"。其宗旨为：以时间、地点为转移，故君子当以人顺天，依时、随地点，调整变化，顺其自然规律，方可元亨利贞。

本章我们以"向晦宴息"为枢纽来讲第十七卦随卦的精神。"向晦宴息"出自《大象传》，原文为："泽中有雷，随。君子以向晦入宴息。""向"是接近的意思，"晦"指日暮，也就是晚上。这里的"宴"呢，简单说就是"安也"，我们可以把它解释为休息，也可以把它解释为安息。意思是说，到了日暮天晚之时，要安然地休息。可以引申为，按照自然规律生活作息，有事明天再说。其实，我们用现在的话说就更明白了：到了晚上，就洗洗睡吧，好好休息，养精蓄锐。

首先，来看卦象。

随卦的卦象：泽雷随。上面是兑卦代表泽，下面是震卦代表雷，所以叫"泽雷随"。形象地说，就是雷在泽中。象征着欣喜而动。"随"的主要意思是随时变通，但是也要动而知静。当然，随的意思还有很多，比如说随和、随时、随缘，但是不能太随便。其实，"随和、随时、随缘，但是不能太随便"，这就是我们今天要讲的随卦的文化精髓。

古人通过观察发现，春雷一响，就会惊醒蛰伏的动物，于是万物苏醒。而到了秋八月，没有雷声了，动物也就开始为冬眠做准备了。古人认为，这就是天道的善意，在天气转暖时，天就用雷声唤醒大地上的万物，而天气转凉了的时候，天便藏雷于泽，不再惊醒万物。于是，沼泽地里发出的声音，也被认为是雷等待时机的蛰伏。

接着看随卦的卦象图☱☳。随卦的内卦是震卦，代表动的意思。外卦，也就是上卦，是兑，代表喜悦。所以，整个卦的意思就是随动而喜悦的样子。从我们人类的角度看，震卦的动是有主张的动，是主动的动。兑卦是口，是喜悦，是内心有定，外表亲和。这样，我们就可以用很形象的方式来理解随卦的意思了："内心有定""外表亲和"，这样的人就很容易交到朋友。所以，这随卦是既有原则性又有灵活性，用我们经常说的话来表达就叫"外圆而内方"，用孔子的话来讲，就叫"从心所欲不逾矩"。

孔子有一句名言："吾十有五而志于学，三十而立，四十而不惑，五十而知天命，六十而耳顺，七十而从心所欲不逾矩。"说的是，我十五岁的时候立志于学习，三十岁的时候能够自立，四十岁的时候能不被外界事物所迷惑，五十的时候懂得了天命，六十岁的时候能正确对待各种言论，不觉得不顺，七十岁的时候能做到随心所欲而不越出规矩。通过孔子自述的学习和修养过程可以看出，随着年龄的增长，孔子的思想境界也在逐步提高。尤其是到了七十岁的时候，他的主观意识和做人的规则相融合，道德修养达到了人生阶段的最高境界，而这个境界就是"从心所欲不逾矩"，也就是随卦中强调的"内心有定""外表亲和"。这句话也给我们后人指出了一个明确的人生修养提升方向。

接下来，我们再从卦象的角度来解读"向晦宴息"的深意。大家看，藏雷于泽，泽中有雷，象征平静的水面下暗流涌动，强大的动能潜伏在水里，在蓄势待发，这就是《大象传》所说的"君子以向晦入宴息"。理解这句话的深意，必须要明确"宴息"就是安息，是郑重其事的休息，是到了晚上就早早睡觉，蓄锐待时。

这里的重点是：随卦强调要随时而动，而不是任意乱动，就像泽中之雷，在"势"没有"蓄"好之前就不要动，先搁置，等待时机，当时机到了，说不定问题就能迎刃而解了。

所以，当一件事在短期内很难处理的时候，可以考虑先不要管它，用这种搁置的智慧来应对，或许就是当前的最佳办法。比如说，我们经常听到国家在外交上搁置争议、共同开发。还有，大家看棋牌比赛的时候经常会看到这样一个环节，叫封牌、封棋，尤其在香港电影中，这样的桥段特别多。这些都是人们试图在暂停搁置中找到解决办法，并随时而动。这就是"君子以向晦入宴息"的更深的智慧。

其次，来看卦辞。

随：元亨，利贞，无咎。

随卦包含一个大智慧。是什么呢？改变世界不容易，但调整自己的身心还是相对容易的。一个人如果能够做到随缘随喜，那么，对他来说，日日都是好日子，这就是随卦能够"元亨""利贞""无咎"的奥秘。环境变了，我们能不能做到和这个世界一起变化，也就是与时俱进，随时跟着调整？更深一步来说，最好是提前预知到将要发生的变化，先变以待时。比如说"履霜"，我们就知道"坚冰至"，这就叫先变以待时。再比如说，我们现在遭遇的许多被动境况，例如芯片领域被"卡脖子"，如果我们提前能够预知到，也就能够尽早掌握主动。

那么，随卦能无咎的秘诀到底在哪里呢？我们一条一条道来。

第一就是"随善"。一方面是"从善如流"，接受别人正确的意见，能像流水向下那样迅速而自然。另一方面是向善不辍，这个很难。毛主席讲过："一个人做点好事并不难，难的是一辈子做好事，不做坏事。"向善不辍，坚持去做，用我们古人的话讲就叫"从善如登"，意思是说，做善事就像登山一样艰难，要坚持。

说完"随善"，我们再接着说"随缘"。学过禅宗的人都知道"随缘"在禅宗文化里的重要性。什么叫"随缘"？不强求、不攀附、不矫情。"随缘"不是随便，是说用心努力之后无论结果怎么样都能坦然接受，不纠结过往、不纠结胜负，这样，自然也就无所谓吉凶了。吉凶都不纠结了，当然就不会有咎。所以，这个卦辞除了"元亨利贞"之外，还有"无咎"。

《周易》六十四卦中，有七个是四德俱全的卦，也就是"元亨利贞"全都具备的卦只有七个，随卦是其中之一，而且卦辞在这七卦中最完美，甚至超越了乾卦。

关于这一点，《杂卦传》说得最好："随，无故也。"什么是"故"呢？"故"，就是存心变故、纠结，也就是太执着，甚至执迷不悟。"无故"，就是一种不纠结的状态，也就是我们经常说的自然而然、无所执着的状态。读过《金刚经》的人都记得这句话:"应无所住,而生其心。"六祖的《坛经》里边也把这句话看得很重。意思就是不背任何包袱。这种随缘不像乾卦那么辛苦地去创造万物,又得了"元亨利贞"四德的好处,甚至已经超越了吉凶的概念,到达了"无咎"。这个地方讲的"无咎",不是不犯错,是尽量少犯错,犯了小错也不遗憾,把它改了就好了。禅宗讲的"随缘消旧业,任运着衣裳,要行即行,要坐即坐"就是这样的一个道理。其实佛学不讲天命讲缘分,随卦这里也是,这也是《易经》的最高境界与追求。

接下来,再来看《彖传》的解读,这里的解读更富有深刻的哲理,《彖传》曰:"随,刚来而下,柔动而说,随。大亨,贞,无咎,而天下随时。随时之义大矣哉!"

所谓"天下随时"是说不论任何人、任何事、任何时候,都要做到顺应时势、切合时宜、时行时止。比如,我们说的"君子以向晦入宴息",这句话通俗地讲就是日出而作,日落而息,该劳作的时候劳作,该休息的时候休息,别老熬夜,作息随时而不是随人,要随着自然的脉搏一起跳动。

古人很重视"随时","元亨利贞"对应的就是"春种夏长秋收冬藏"。我们现在往往习惯于将自己和大自然对立起来,随心所欲,将自己凌驾于自然规律之上,这样做的结果就是我们遭到大自然的惩罚与报复。所以,"随之时义大矣哉",这个"义"强调的是适宜、合适,这个"时"强调的是时间,整句的意思就是以人顺天,以事依时,随时变化。

再次,来看爻辞。

随卦的六爻抽丝剥茧,把我们应该遇到的问题和注意的事项一一列举了出来,这也是"随之时义大矣哉"的内容。

初九：官有渝，贞吉。出门交，有功。

意思是说，虽然职务变了，降职了，但只要坚持正道，就能获吉，出门就能交朋友，交到朋友，大家也一定会处得很好。大家注意这个"官有渝"，"渝"在这里是变化的意思。说的是原来高高在上，好家伙，现在一下来到第一爻，最底下。不过这样也有好处，可以和民众打成一片，所以说"出门交，有功"。

六二：系小子，失丈夫。

意思就是说，倾心随从于年轻的小子，则会失去阳刚方正的君子。《小象传》也说："系小子，弗兼与也。"意思就是抓住小的，跑了大的，这两者不可兼得，贪小失大显然不利。用我们现在的话说就是，这个时代太看重年轻人了，结果把阳刚方正的、有作为的、有能力的大丈夫忽略了。当然，历史当中有很多这样的例子。比如，楚怀王就是这个"系小子，失丈夫"的下场。历史上的楚怀王听信谗言，疏远屈原，损失了一位名臣。

六三：系丈夫，失小子。随有求得，利居贞。

意思是，倾心依附于刚直的大丈夫，摆脱了小人，追从这样的人，有求必有得，有利于安居守正。

九四：随有获，贞凶。有孚在道，以明，何咎？

这里的"孚"依然指诚信。爻辞意思是，被一众随从追随而有所收获，但是要守正以防凶，以防骄狂。如果心存诚信、光明磊落，那还有什么危害呢？换句话说，只有不违正道，才能够避免被领导猜忌而招致灾难。

九五：孚于嘉吉。

"嘉"，善美之义。九五爻是说，把诚信带给诚实善良之人可获吉祥。如卦象所示，九五爻，它在上卦的中位，守中正之道，也叫作"中行"。自己有诚信的美德，并且懂得宣扬这种美德，就会得到民众的信任，就会得到同样有诚信美德的人的辅佐，所以说吉祥。

上六：拘系之乃从维之，王用亨于西山。

"拘系"，就跟我们现在说的拘留一样，强行挽留的意思。这个"西山"呢，它是历史上周朝的发源地，在这里代指帝业可成。上六的爻辞意思是说，被拘禁起来强迫命令时，你就不得不顺服追随了，要是再捆绑呢，那你就得追随到底了，否则连命都要丢掉了。君臣相互依从祭告祖庙，终能成就大业。

其实，这个上六的强行挽留用的是一个很形象的说法，它有两种含义：第一种，上六爻高居随卦的最上爻，所谓"物极必反"，在这一爻，随卦已经走向了终结，由随从转为离散，有的人就要回去归隐了。但是九五爻这个君王，离不开立了大功的上六，所以要强行挽留。其实，这也是古代的王者挽留贤人的一种方法。上六处于极亢之位，而随卦讲的是顺从，帝王之九五爻不得以而用强，命令他为自己效力，这时候上六不得不顺从。当然，还有一种就是像周文王那种，被抓起来，拘禁在羑里，那也不得不顺从。因为这样才能够保住自己的性命，以图东山再起。

所以，《易经》里讲的很多内容都是一语双关，既有历史真实的反映，又有深厚的哲理表达。其实，我们讲的这个上六，就是文王拘于羑里的事。"拘系之乃从维之"，指的就是文王被拘禁关押。后来，纣王认为文王还是比较顺从的，便把文王给放了。没想到文王脱离大难，后来又"王用亨于西山"。

最后，卦名和总结。

（一）卦名

"随"字，在《说文解字》中的解释："随，从也。"就是跟从的意思，在此卦中也引申为顺其自然。我们来看这个"随"字，左边"耳朵"好理解，就是听到别人的话，"辶"就是走和跟随的意思，"有"在古文中通"又"，合起来的意思就是听了别人的意见，跟随别人走，或又能顺从别人的观点。在《广雅》中就说："随，顺也。"就是依顺、顺从的意思。前面讲到的"从善如流"不就是这个意思吗？《序卦传》中说："豫必有随，故受之以随。"人们为什么要跟随、顺从你呢？因为你能给大家带来喜悦，而且没有伤害啊！

（二）总结

首先，随卦的主旨就是顺其自然，作为领导者要了解如何随时、随地、随势、随民心，也就是说顺应自然法则做事。所谓"日出而作，日落而息"，要懂得"一张一弛"的晏息之道，这些道理看似简单，其实需要不断领悟与付诸实践。

其次，前文提到随卦可以概括为"随和、随时、随缘，但是不能太随便"，随和——待人亲和，随时——顺时而为、顺势而为，随缘——顺其自然莫强求，不随便——有原则底线。

最后，按照《序卦》，"豫必有随，故受之以随"，安豫一定有人追随。如果跟随的人太多了呢？就到了错卦蛊。追随者众多，鱼龙混杂，若有奸诈小人则很容易生事端。同时作为跟随者，如果跟随错了人，或是不懂得顺其自然的道理，就会被人蛊惑，产生麻烦。

蛊卦第十八：振民育德

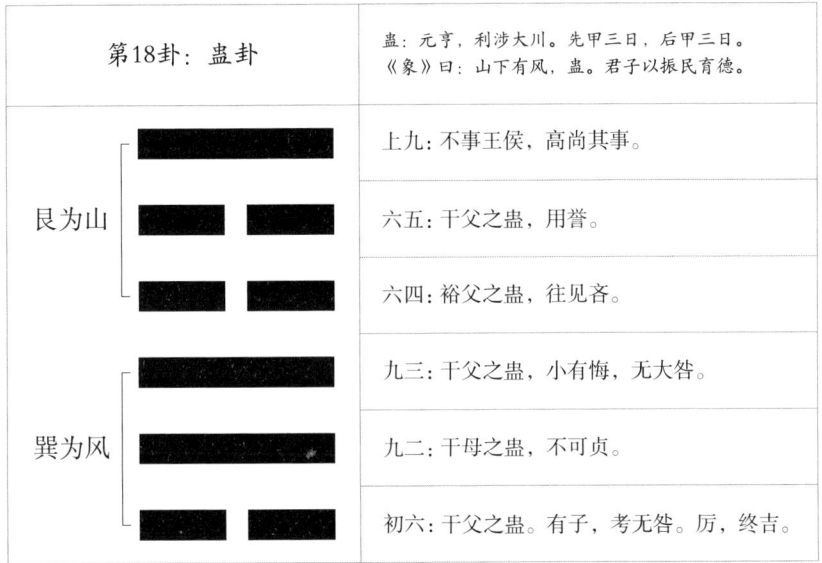

【本卦提示】"以喜随人者必有事，故受之以蛊。""蛊"是说即将出现败坏之事。当蛊之时，万机待理，前进路上诸事可做，君子当大有作为。

本章我们以"振民育德"为枢纽来聊一聊第十八卦蛊卦。"振民育德"出自《大象传》，原文是："山下有风，蛊。君子以振民育德。"

"振"，振作、拯救之义。君子观蛊卦之象，知道世人受蛊之害，民风颓唐。于是以使命自任，义无反顾地前往救之，振作民众精神，拯救衰颓世风，养育奋发道德，培植自强风尚，这就是"振民育德"。针对的是什么呢？就是这个

"蛊"。大家看"蛊"字的写法，上半部分是虫，"蛊"是有毒之虫，引申为毒害、祸乱、诱惑、迷惑等义，也指败事、腐败之事。天下蛊而民受其害，治蛊所以振民，育德即以救弊，蛊治而天下平，害除则民心快，所以要振民育德，要以德治国，尽最大可能清除败坏世事之蛊害。

首先，来看卦象。

解《易经》有一个原则，就是"象"重于"辞"，因为卦辞、爻辞是后人解释的。蛊卦卦象为上艮下巽，艮代表山，巽代表风，山风蛊卦。艮为山性刚在上，巽为风性柔在下。山含有止的意思，可是这个风呢？风进入了山下被阻挡住了，闭而不出，外面的风吹不进去，吹进去的又出不来，不通风。不通风，里面的东西就都长了虫了，坏了，这事就麻烦了。唯有正视现实，有所作为，甚至不惜冒险挽救败落的状况，必要时还需耐心等待时机，总而言之不能丧失信心。蛊卦所启示的就是振疲起衰的道理，疲劳了，想放弃的时候更要振奋精神。

其次，来看卦辞。

蛊：元亨，利涉大川。先甲三日，后甲三日。

"元亨"就说这蛊卦大吉大利，亨通，利于涉水渡河。有事了你得去治理，但是你要等待好时机，在甲前三日或甲后三日。甲前三日是辛日，甲后三日是丁日。其实大家不必特别在意这个时间，它只是说出事了要治理，它不是一朝一夕的事，你得耐心等待，得有思想准备。大家可能很奇怪，这蛊卦也不是什么好的词，怎么蛊卦是"元亨"呢？四德"元、亨、利、贞"里边，它占了两个。天下出现事情，君子就可以积极行动了，把这些事情处理掉，"利涉大川"，自然就"元亨"了。这就像考试前做测试一样，做错题不可怕，问题暴露了出来，改正错误就是好事。况且乱世出英雄，沧海横流方显出英雄本色。

关于计时我们要知道的是，中国人用"天干地支"计时计年，"天干"为：甲、乙、丙、丁、戊、己、庚、辛等等。十"天干"是不断循环的，所以在开始之前要除旧，在开始之后要布新，因为天道是不断运行的，所以除旧布新是顺应天道。意思就是说"蛊"为造事之端，治蛊之道，当虑其先后，甲前三日，甲后三日。有一个说法叫"天下大乱达到天下大治"，卦辞说的这个"元亨"，意思也是治蛊成功，天下安定，天下治则民生安乐。安乐则生豫，豫则衰乱，乱而后有改革，天下复治，也就是后边我们要讲的复卦。所以这卦辞说"利涉大川"，意思就是说当"蛊"之时，万机待理，前进路上诸事可做，大有作为，不惹事，但是有事也不怕事，就是这样的道理。

再次，来看爻辞。

> 初六：干父之蛊。有子，考无咎。厉，终吉。

"干"就是干涉、冒犯。为什么冒犯呢？因为这是父亲留下的问题。所以这话的意思就是说，处理父亲留下的"蛊"，即使遇到危险有冒犯，但最后乃吉利。背后之义是，前辈留下了很多麻烦，比如陈规陋习、未决之事、大量债务等，初六要拿出耐心，发挥自己的能力来解决。还是那句话，解决麻烦是一个锻炼和施展能力的机会，通过解决这些遗留问题，能够证明自己是不是个合格的继承者。举例来说，这就像儿子继承了家业，应当纠正父亲遗留下来的弊病，只有这样才能保住家业，家业保住了，自然死去的父亲在阴间也会过得安稳了。所以叫"有子，考无咎"，有这样的儿子，去世的父亲心里也坦然，在天之灵也得到安息。如果儿子不这样做，家业保不住，家族的香火都有断绝的危险，自然躺在坟墓里的父亲也会有灾难了。纠正弊端带来的好处是长远的，所以即使有危险也要纠正。以国而论，这就好比嘉庆帝杀了贪官和珅，改变了乾隆以来的政治格局一样，由于最终获得了吉祥，所以必须要这样做。

九二：干母之蛊，不可贞。

啥意思？处理母亲留下的这些蛊惑，就不能硬碰硬地去做。大家看卦象，九二爻处在下卦的中位，虽不得位，但这个爻象显示它得到了中正之道，也就是我们经常说的"中行"。《小象传》在解释九二的时候说："干母之蛊，得中道也。"这句话告诉人们，救治母亲留下的弊病要刚柔适中，既要顺应又要匡救，不可偏颇与固执专断地行事，不要急于表达肯定或否定的意见，要耐心等待，要坚持正道以等待时机成熟时再行动。《易经》说了一个很重要的事，那就是如何纠正母亲的弊病。即便在男权社会中，像吕雉、窦太后这类女政治家也不少，改变她们遗留的问题，这也是匡正。毕竟母亲管的更多是家里的事、宫里的事，所以"母之蛊"更多的是偏心溺爱，故而不能太严格地给予纠正。过分纠正母亲会有伤孝道，于治国也没有什么太大的益处，所以"不可贞"，不可长久坚持。

九三：干父之蛊，小有悔，无大咎。

匡正父辈的弊端会有一些懊悔，但是没大的危害。就卦象而言，九三爻属于得位，阳爻在奇数位，它又处于下卦的上位，过于刚强而越离了中道，与上六有敌对的现象，有犯上之嫌。也就是在解决弊病时，冒犯了父辈或者前任。但是九三的行为是正义的，符合正道，所以即使有一些冲突也不会有大的危害。就好像父子之间的冲突毕竟是家事，后果是可以掌控的。

当然，这也给我们以警示，做事还是要注意态度与方法。如果积弊甚深那就应该见机行事，有步骤地向前推进，逐渐用更加合适的秩序来取代旧的秩序。虽然在这过程中会遇到困窘危难，但是因为九三是阳爻居阳位，属于得位，所以不会有大的危害。九三爻处于下卦的最外面，因此纠正父亲的过失还是应当的，但是不能太过火。所以说九三无上应，跟六五是敌对的，匡正先辈的弊乱稍有悔恨，但毕竟阳刚得正，不会产生大的灾祸。

六四：裕父之蛊，往见吝。

"裕"就是宽裕、姑息宽缓的意思。六四爻辞的意思是说，姑息宽容父辈的弊病，将来必然会出现憾事。我们前面多次提到四爻的特点是"惧"，因为它临近九五，也就是临近大领导乃至君王，心怀忧惧止步不前，胆战心惊。这一特点在本卦的六四爻中得到了充分的体现。六四是阴爻居柔位，阴柔有余，阳刚不足，在做事时畏首畏尾，在整治父辈或前任留下的积弊时没有力度，不能彻底去解决，优柔寡断不求上进，这样当然会出现憾事。六四没有匡正父辈遗留的"蛊"，而是容忍错误继续发展下去，这样的做法是不值得提倡的，因为任其发展便会有忧吝的事情发生了。比如说据史书记载，乾隆帝把皇位禅让给嘉庆帝后却仍然大权独揽，上朝时乾隆帝坐在嘉庆帝的右边，乾隆帝大笑，嘉庆帝就跟着干笑，乾隆帝恼怒，嘉庆帝便不知所措，没办法，没有实权，只能"裕父之蛊"，宽容姑息了。

六五：干父之蛊，用誉。

"用"，享用；"誉"，美好的名誉。六五爻辞是说，挽救父辈败坏的基业，一定会受到人们的赞誉。这是因为，以美德来继承父辈的遗业，总是会受到欢迎的。以秦国历史为例，为什么对秦孝公嬴渠梁评价那么高？因为从穆公之后，历代秦君治理下的秦国都非常贫弱，而秦孝公做的事情有胆量、有品德、有坚持，最后，秦国在他的带领下成为一个强国，也为将来一统宇内奠定了基础。

上九：不事王侯，高尚其事。

不谋求王侯的事业，并且把这种行为看得很高尚。《小象传》解释说："不事王侯，志可则也。"不侍奉王侯了，这种高尚的、高洁的志向可作为人们学习的准则。作为蛊卦的最后一爻，意味着治蛊结束，事解决了。最终，功成身退，不再谋求王侯爵位的事，这种做法很高尚，也值得学习。自古以来"狡兔死，走狗烹；飞鸟尽，良弓藏"的事情不胜枚举，所以要审时度势，天下打下来了，不邀功请赏，不争荣誉和职权，"用之则行，舍之则藏"，洁身归隐。这样可以不寄人篱下，也不依附他人，即使不事王侯，君子仍要继续振民以德，高尚其事，专心致力于自己的事业。比如很多隐士，归隐之后去搞教学、办教育，也取得很好的发展和成就。所以我们说上九这一爻，正像《道德经》里边所讲的："功遂身退，天之道也。"

最后，卦名和总结。

（一）卦名

"蛊"字，在《说文解字》中的解释："蛊，腹中虫也。"肚子里的蛔虫，也有说是体内的蛊毒，总之不是好的东西。清代段玉裁在此注解说："蛊，惑乱也。"就是诱惑、蛊惑的意思。因此蛊作为卦名有两个意思：一是蛊惑，指败坏之事；二是如何治蛊，如何整顿治理这些腐败的事。因此，蛊卦除了揭示人们将陷入麻烦之中，还告诉人们如何解决这个麻烦的方法。腐败之时也正是英雄用武之际，所以应该以自新、自省、自查的精神来应对。这样做不仅能减少麻烦的出现，出现麻烦之后也能得到良好的解决。

（二）总结

首先，纵观蛊卦我们可以发现，同样是"干父之蛊"，九三治蛊太过，方法强硬；六四过于柔弱，畏首畏尾，这些做法都偏离了中庸之道。不是过强就是过弱，没有达到刚柔相济。六五爻则是阴爻处于阳位，刚柔并济，并且得到中尊之位，用德而不用威，结果获得了赞誉。以今日而言，想整顿企业或者改革旧制，采取的方法要符合中道，刚柔并济，要以德来推进，而不单靠强硬的手段来进行，这样才能获得一致的好评。六五身居君位，以阴柔之德纠正父亲遗留下来的弊端，并且提倡人们要节俭正直，奖励仁义廉政，这样无疑会收到很好的效果。比如新中国成立初期，毛泽东主席倡导节约、奉公、奉献，结果社会风气得到了很好的改善。人们不羡慕有钱有势的人，使正义的君子之道得以伸张，这种"振民以德"的治天下之法才能够很好地防"蛊"。

其次，我们用一个词来形容蛊卦，那就是"治乱相依"。随卦之后乃续以蛊卦，两卦又互为综卦、错卦，对立又统一。随卦讲"随"时，时至则事成，顺其自然而已。就像君子天黑了就要回家安歇一样自然。这是自然规律，没有什么特殊的原因，而蛊卦则不同，讲蛊乱更强调要主动有为治蛊，总之，要成就一番事业，顺时是一方面，自身的努力和能力也是一方面。不随时，则天不佑，不努力则无法治理蛊乱，所以，只有随时而为，强化自身，知蛊而且懂如何治蛊，提振精神，振民以德，才能立于不败之地。

临卦第十九：教思无穷

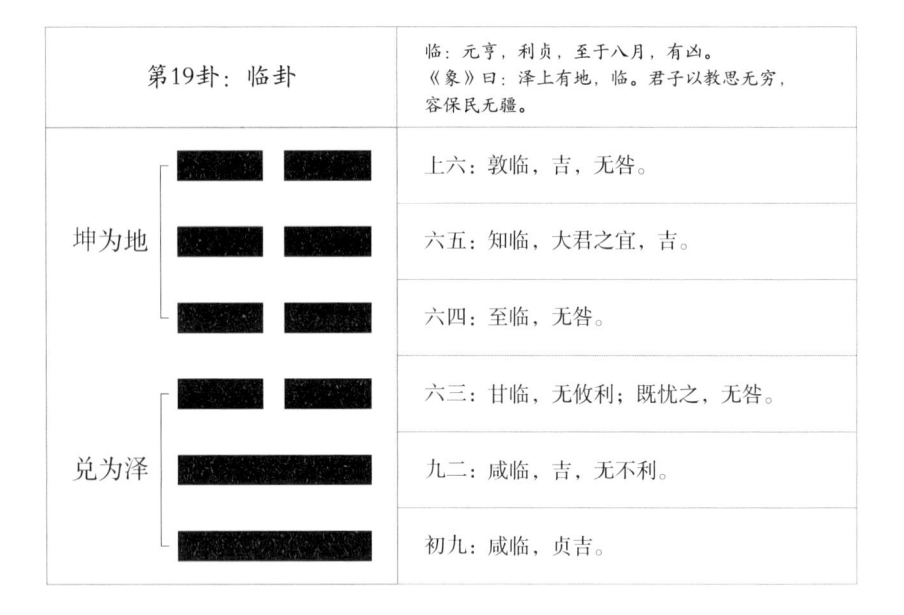

第19卦：临卦	临：元亨，利贞，至于八月，有凶。 《象》曰：泽上有地，临。君子以教思无穷，容保民无疆。
坤为地	上六：敦临，吉，无咎。
	六五：知临，大君之宜，吉。
	六四：至临，无咎。
兑为泽	六三：甘临，无攸利；既忧之，无咎。
	九二：咸临，吉，无不利。
	初九：咸临，贞吉。

【本卦提示】"有事而后可大，故授之以临。""临"者，以上临下，要来到民众之中，实地考察，勇于担当，临事而惧，居安思危，教诲万民，启发思考，避免蛊惑。

本章以"教思无穷"为枢纽来讲第十九卦临卦。先来看出处，《大象传》说："泽上有地，临。君子以教思无穷，容保民无疆。"上一卦蛊卦讲的是"振民育德"，这一卦临卦，要讲的是"教思无穷"，到下一卦观卦，要讲的是"观民设教"。用现在的话说，这两卦讲的都是民众的思想政治工作问题，可见作《易》

的圣人用心良苦。自"振民育德"之后，君王、领导来到民众之中要做什么呢？单纯地发号施令吗？不是。要"教思无穷"。如何做呢？第一，要教诲万民；第二，要引导启发民众学会思考，避免受到蛊惑。所以这意思就清楚了："教思无穷"，目的是保障圣人春风化雨的教化无穷无尽。"临"，也就是以上临下，临卦所讲的"教思无穷"，正是君临天下的大道，通俗一些就是统治者如何统治人民的道理。

首先，来看卦象。

上卦为坤，下卦为兑，地泽临，泽上有地。大家想一想，这是一个什么样的形象呢？泽水沉静像人沉思，象征着每临大事有静气。大地临下围护，象征着教导保护。所以这意思就很清楚了，君子不仅要不断地教导民众，启发民智，还要容民，保民无疆。这样才能使圣人的教化源远流长。地在上，泽在下，象征大地对水泽采取居高临下的监督，包含以君临民，以己临事，你得经常到泽那儿去看一下。以己临事有多重含义，具体来说：

第一，大地居高而临下，象征督导。所以君子应费尽心思教导人民，并以其无边无际的盛德保护人民，为人民服务，这是本卦的核心。

第二，地与泽水接壤通气，它们两个是相邻的，表明君与民和平相处，领导和下属和谐相处，君亲近于民，民和悦于君。所以这句话既有领导亲临下级，又有下级恭迎领导之义。

第三，临卦最下面是两个阳爻，上面是四个阴爻。下面的两个阳爻代表阳气在逐渐增强，也可引申为正气的增长，阳气在逐渐扩大，所以临卦也有壮大的意思。

第四，沼泽外边是无边的土地，而土地的位置是高于沼泽的，所以叫泽上有地，站在沼泽边的土地上往沼泽里看，这就是临。可见卦象和卦名的含义非常一致。

第五，不管哪种状况下，关键的节点都非常重要。"地临泽"，不小心就会掉下去，水可载舟亦可覆舟。泽临地，要寻找关键位置、关键时机上岸，也找个机会来做做领导。

其次，来看卦辞。

临：元亨，利贞，至于八月，有凶。

临卦开始就大吉大利，亨通，有利，而且贞正。所谓"贞正"就是一直沿着正道走，但要注意到了八月很可能有凶险。这倒有点意思，把时间都告诉我们了。那么，这八月难道真的就只是八月吗？别着急，接着往下看，说八月有凶险，这其实是一句警告。为什么？你看这领导，特别是做了君主的领导，平时威风八面，君临天下，但是你要不行正道，可能下场比谁都惨。就像隋炀帝一样，最后都惨到"这么好的一个头颅不知道谁来砍"的程度了。中国历史上有记载的帝王，平均寿命才三十七八岁。当了皇帝，穷奢极欲，不能居安思危与慈、俭、让，于国、于民、于己都是大害。所以"至于八月，有凶"，其实就是告诫统治者不要得意忘形，如果不行正道，早晚会被清算。

再次，来看爻辞。

初九：咸临，贞吉。

所谓"咸"，本义为和睦。如果我们把它引申到人事，怎么样才能维持和睦呢？就发自内心地真诚待人，没有私心。比如去视察工作，如果是为了表现而表现，这样就不叫"咸"了，这叫存心有意，这种行为不好。所以本爻的意思就是：怀诚恳、感化之心，以下临万民，可获吉祥。对领导者来说，因为志向和行为都很正派，没有作秀、没有炫耀之义，真心地以工作为出发点，对下级也没有私心偏见，带着发自内心的诚恳去做事，不是摆摆样子，坚持正道，最终可获得吉祥。

可是，大家别忘了，初九在最下面呢！所以另一层的意思是，初九爻虽然处在社会的最下层，可是他却能感受到上层人物对他的考察和期望，所以他也坚持守正。初九阳爻居于奇位为得位，说明他能够安分守己，做好自己分内的事情并因此而受到领导的赏识。

九二：咸临，吉，无不利。

本爻的意思和初九爻相近，是说：怀着和睦之心而下临万民，可获吉祥，没有什么不利的。从卦象上看，九二属于阳爻居于柔位，具有阳爻的办事果决、敢作敢为的特点。但是，九二有点直率，在做事时与大领导六五的意见相左，没有遵从六五之命，但结果却没有什么不吉利的。为什么呢？因为九二没有私心，而且谦柔和顺地对待百姓，坚守正道，因此即使违背了上级的命令，从大局来看也没有出现太不好的结果。这也是我们很多人做事的一种原则，把自己的事情做好了，即使有时候方式有点直率，但是如果大家明白你的诚心，事情还好办。九二是大夫之位，与身为君主的六五爻相应，虽然不得位，但是居中，能够以中正之道做事，他的一举一动可以受到君王的赏识，怎么会有不利的因素呢？自然最后也会得到上面的嘉奖。所以九二也就更加应该好好表现了，改掉自己的问题，以后的路就会越来越顺畅！

六三：甘临，无攸利；既忧之，无咎。

"甘"就是只说好话，不管谁来都应声附和，下属见领导满口"好好好"，唯命是从，这叫"甘临"。"既"，已经的意思。整句话的意思是，领导来视察了，但是下属除了好话什么都没有，什么问题也都不说，这样是没好处的。好在他已经意识到自己的过失，所以能忧惧改过，这样就不会招致灾祸。

六三是奇数位，却是一个阴爻居之，因此位不当。总是空头许诺而不去兑现，这就需要立刻改正，方能无碍。六三处于下卦的最上面，有喜悦之象，又因为立于两个阳爻之上，下面有两人托举，所以会得到好处。但是他虽然权力大于两个阳爻，但无法得到上面的赏识，所以"无攸利"。这就和自己的工作方法不当有关，六三要反思。

六四：至临，无咎。

"至临"就是亲自去了，所以六四的意思就是说：亲自理国治民，没有灾祸。六四阴爻居阴位，得位，所以这样做领导是称职的。遇事亲自办理，亲力亲为，办事到位，没有灾祸。或许有人认为：这不对呀，道家告诉我们要无为，六四爻什么事都亲力亲为，这做法有问题。但是别忘了，他只是六四，还不是第五爻的那个大领导的位置，所以人家吩咐的事，你执行力要强，要亲力亲为，办事到位，才能没有灾祸。

从卦象上看，六四得位，具备谦卑柔顺的特性，能够秉持正道，能够忠于职守。他既能够等待六五的指示，又能够接应、推荐像初九这样的贤才，所以没有灾祸。举个例子，齐桓公的老师鲍叔牙，也叫鲍叔。他辅佐齐桓公尽心尽力，同时又向齐桓公举荐贤才——其时尚处在初九的管仲。像鲍叔牙这样的六四爻，就把自己的工作做得很好。再比如，汉代的萧何也是如此。"雏凤清于老凤声"，坐到那个位置后，能够举贤才而为上所用，非常不易。再比如竹林七贤里的山涛，他看人的眼光非常准确，举荐了非常多有才能的人一起来做事。真正做到了"至临，无咎"。

六五：知临，大君之宜，吉。

六五爻是大家始终要特别注意的，这是整个爻里最关键的一个位置。这话的意思是说："知临"，以聪明的才智来实行督导，这是伟大的君主最适宜的统治之道，能获得吉祥。《小象传》对它的解释是："大君之宜，行中之谓也。"六五的这种统治之道，说的就是行中庸之道。

六五用的是以柔克刚之法，用天下之至柔胜天下之至刚。因为六五爻以智慧体察民情，能够得到真实的情况，所以吉祥。身为国君，必须要了解自己的子民。比如说天安门前面两个华表，上面分别有两个小兽，兽头的方向一个朝南一个朝北，兽头朝北的便是警告国君，你不要忘记常到民间去体察民情，免得被这些大臣粉饰太平，骗你你都不知道。有的皇帝喝的茶都是旧的，吃一个鸡蛋以为要花费十五两银子，自己对这些民生经济没有常识，于是被身边的人处处哄骗。所以做君主不能脱离民众，得经常下到百姓之中体察，方能保持明智。朝南的兽头则是警示君王：在外面巡视游玩时间长了，你不要忘了国家朝政的安危，得抓紧回来。

上六：敦临，吉，无咎。

"敦"就是诚恳，诚心诚意、诚恳敦厚地对待所遇到的事件与问题。事情都来到面前了，不要想着逃避，也无法逃避，要"敦临"。"无咎"，就是无所怪罪。上六的意思就是说：以敦厚之道治民，吉利，自然无灾祸。以敦厚诚实治民没有灾祸，说明其志在利国利家，上六者切记要敦厚、厚道。《道德经》里说："朴虽小，天下莫能臣也。"在工作和生活中，要宽容地接纳各种意见，这种敦厚的长者之风，将会赢得人们的尊敬。对待下属，要显示自己的敦厚之德，这样才能吉利而远离灾祸。

上六，也可以象征隐士阶层。在古代，隐士阶层对社会的贡献是很大的。他们表面上隐居山林，但实际上很多人心系国家。由于没有地位与权势，他们更能了解民众内心的真实想法。并且隐士往往与统治者有一定的往来，统治者也很重视这一阶层，所以隐士往往会对君王提出一些治理天下有价值的忠告。比如说，魏晋南北朝时候的陶弘景就被称为山中宰相，皇帝还经常去请教他。他在私下给皇帝的建议，要比他在朝廷里提出的受重视得多，非常有分量。

最后，卦名和总结。

（一）卦名

"临"字，在《说文解字》中的解释："临，监临也。"就是俯视、察看的意思。我们来看一下甲骨文的字形，就像一个人瞪大眼睛，低着头从高处往低察看地上的事物。上一卦蛊卦讲了主动治蛊，进行整治之后就没事了吗？不行，还要经常临民、临事地来巡视、察看，以达到防患于未然的目的。所以，接下来就是临卦，上位者来到群众中间就叫作"临"，本卦讲述的正是统治者应如何管理、教化百姓。

（二）总结

首先，按照《序卦》，"有事而后可大，故受之以临"，有麻烦事需要解决时，就会有领导者出现，时势造英雄。所以临卦告诉统治者，要临民，要临事。如果高高在上，夸夸其谈，曲意逢迎，看似热热闹闹，只能误国误民，长此以往最终也会毁掉自己。踏踏实实地做事才是社会正理，上下融洽才是吉利。不管是哪一个阶层，振民育德，教思无穷，学无止境才是大道！

其次，临卦启示了教民保民的道理，提醒在位者要注意以上临下的态度与方式。一方面，领导者得有一定的水平，站到一定的高度，才能承担教化监督民众的职责；另一方面，领导者要有宽厚包容的品德，能够永无止境地容民与保民，以严师慈父之心对待民众，这就是我们中华传统文化中的民本思想。

观卦第二十：省方观民

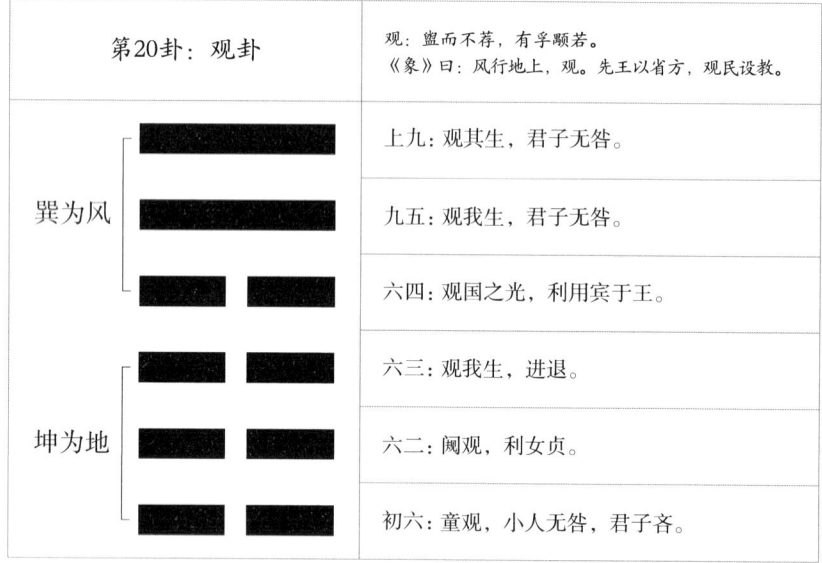

【本卦提示】"物大然后可观，故受之以观。""观"包含着观下瞻上。在上者以道义观天下，省方观民；在下者以敬仰瞻上，顺服归从。

本章以"省方观民"为枢纽来讲第二十卦观卦的文化精神。"省方观民"出自《大象传》："风行地上，观。先王以省方，观民设教。"意思是，风吹在大地上无所不至，这就是观卦。先王由此得到启示，要观察民风，进行教化。有两个近义的成语，很能帮助我们理解"省方观民"的意思。一个叫"省方观俗"，"省"，观察；"方"，四面八方；"俗"，民俗。巡视四方，观察民情民俗。另一个叫"省俗观风",意思是察看、观察各地的风俗民情。

首先,来看卦象。

观卦,上卦是巽卦代表风,下卦是坤卦代表地,风行大地之上吹拂万物,这就是观的卦象,"风地观"。所以受到这种启发,按照这种卦象去做,取法于周流八方的风,比喻德教遍施。领导得像风一样,巡视邦国,观察民情,推行教化。风无处不在,无孔不入,人也应当像风一样无所不观,观察万物,得到更多知识。巽为风在上,坤为地在下,说明"巽"在上为民办事,像风一样迅速;"地"在下,表示地上的万物仰首观察"巽"的行为,产生敬重和景仰的心理,决心学习"巽"的德才。由此可知,观卦本身是以敬重的态度,观察和学习他人的优点和长处。这样的一个卦象,不管是领导对民众的学习,还是民众对领导品德的学习与敬仰,都包含其中。当然,观卦主要还是针对领导者,启示的是观下瞻上的道理,在上者以道义观天下,在下者以敬仰瞻上,人心顺服归从。

其次,来看卦辞。

观:盥而不荐,有孚颙若。

观:盥而不荐,有孚颙若。这个"孚"我们解释多次了,就是诚信。"颙若"就是庄严肃穆的样子。陕西关学有一个很重要的代表人物叫李颙,字中孚,号二曲,就是此意。

观卦强调官员或者领导要注意形象,才会受人敬仰。由此打了一个比方,就是古代祭祀。卦辞的意思是祭祀前要先行盥浴,还没有到进献祭品的阶段,心中已经充满了诚敬肃穆的情绪。古代祭祀的仪式十分复杂,祭祀前要斋戒沐浴,祭祀的时候要洗净双手,称为"盥"。这个字虽然现在还在用,但已经很少有仪式感的味道了。在古代可不得了，"盥"的时候，态度要恭敬肃穆。古人坚信祭祀应该要诚心，而不必过度强调荐礼时的牺牲品。所以牛羊等祭祀用品还没有上来的时候，先要洗手盥浴，这种形式就使人感觉到庄严肃穆而心生敬意。同理，君子如果注意形象，没有开始做事也就使人心生敬意了，很好！

在卦辞中，并没有讲祭祀的具体细节，只是讲了进祭品之前要洗手。其实卦辞想要表达的是一种庄敬虔诚的精神。献上祭品之前庄严恭敬地洗手，就是要给众人树立一个虔诚的模范，让民众也这样虔诚做事。上一卦地泽临卦讲的是"教思无穷"，本卦风地观卦则是借风行地上之象，比喻德教遍施。观卦相对于临卦产生了一百八十度大旋转，互为综卦。

大家注意，综卦是什么？简单来说，综卦就是小孔成像，是两卦完全倒过来的。就比如临卦为四阴爻在上，两阳爻在下，而观卦则是四阴爻在下，两阳爻在上，是完全倒过来的。这对综卦可以交互使用，在上者以道义观天，下临天下，在下者以敬仰瞻上，好好去干事，人心顺服归从。

再次，来看爻辞。

初六：童观，小人无咎，君子吝。

《小象传》就说："初六童观，小人道也。"这个"童"，代表幼稚，见识短浅。意思就是用幼稚狭隘浅显的眼光来观察事物。作为一个普通的百姓，见识短浅一点不会有大问题。但是对担任教化重任的君子来说，身为师者，"童观"就不对了，就应感觉到羞吝、羞愧，感觉到对不起人。进一步解释，如果以"童观"之狭隘、浅显观察事物，只停留在事物的表面，说明还不是个成熟的人。若是甘愿当一个小人物，这样也可以，任性一点也没什么问题。若是想成为一个担负重任的君子，那就必须变得成熟，否则就会造成很大不利。

六二：闚观，利女贞。

"闚"就是从门缝里偷看，侧面观察，引申为暗中打听、了解。所以本爻的意思是说：囿于一孔之见，只是有利于女人的贞兆。先不说古人对女性是否有歧视，只说这一爻的意思，《小象传》进一步解释："闚观，女贞，亦可丑也。"闚观这样的行为，对于女人来说是有利于坚持正道、固守贞操，但对君子来说就丑了。因为古代讲女子无才便是德，作为女人，对外边了解少一点没什么大问题。但是对于要担当重任的男子、君子，这就有大问题了。再重申一遍，我们读的是两千多年以前的作品，就要站在当时的社会背景下去理解。至于其中包含的对于女性的歧视与偏见，有时候不可避免，大家明白它的大旨，懂得扬弃就好了。

六三：观我生，进退。

观察别人对自己的反应，省察自己的言行，审时度势，小心谨慎地决定进退。六三爻辞揭示的是一种警戒性的自审行为，体现的是"观"的双向含义，即自己在观察别人，别人也在观察自己，可以通过观察，根据别人对自己的反应，来决定自己的进退。六三为臣位，是阴爻居阳位，失位。同时，六三不得中，并且上下又无阴阳相合，处境不是很理想，很难有什么作为，所以他需要仔细观察自己的生存环境，以做好进退的选择。不过六三与上九相应，能靠祖上的余荫生活，这也是六三的优势，所以他能够谨慎地做好进退的选择，不会迷失正道。

六四：观国之光，利用宾于王。

我们熟悉的"观光"一词出来了。"观国之光"——观察国家政绩风俗的辉煌表现，"利用宾于王"——适于从政，追随君王。值得注意的是，大家读《易经》，千万不要把"利"和"用"放在一块说，这两个字要分开理解。从卦象上看，六四这一爻属于阴爻居柔位，又紧邻九五。这个位置好，守持正道，上能顺君王之义，颇得器重；下又能和民意，对百姓以德治之，是不可多得的人才，自然会有一番作为。所以天子举行国家典礼的时候，就邀请六四前来观光，说明君王对他很有好感。既然君王喜欢他，他也应该做好君王的宾客。因此六四虽然不居中，但阴爻居于偶位，属当位，又与上面的九五相承接，所以会受到君王、大领导的器重。

九五：观我生，君子无咎。

"生"就是生民，"观生"就是观民。九五爻善于观察自我的德行和生民的意向，君子可以无错。身为君王或者领导，要对照高尚的道德标准审查自己的德行，由此可知万民的德行。这就是领导的表率作用，所谓上梁不正下梁歪。又所谓"君子之德风，小人之德草"，领导之德像风一样，下级的道德像草一样。如果领导做得好了，就像风吹草低一样，下级必定会效仿。

上九：观其生，君子无咎。

这个"其"指的就是九五之位的君主。上九类似退位的太上皇，或者君王的老师之类，终究是处在即将退居二线的、离场的位置。离场了也不能无所作为，这时候还在"观其生"，观察生民的情况，发挥余热，实在是用心良苦，所以值得赞扬。从他的角度来观察九五统治下的生民，能够了解民间的疾苦，审慎地提出建议，自然不会有灾难。当然，只能是建议，不能老是命令。在合适的时候，用合适的方法，提出合理化的建议。

最后，卦名和总结。

（一）卦名

"观"字，在《说文解字》中的解释："观，谛视也。"就是仔细地审视、审察的意思。《白虎通》说："使人观之，谓之观也。"就是观摩、瞻仰的意思。所以，观卦的"观"有两个意思：一是观察、视察、观看之义；还有一层是观摩、仿效、瞻仰等含义。本卦继于第十九卦临卦之后，临了就有事情发生，然后才有物可观。就像我们经常说的"观复"，"万物并作，吾以观复"。所以临卦之后是观卦。以上观下，可以通过视察，了解民生疾苦和施政的好坏，以便及时地修正执政策略。需要注意的是，省方观民有"观民"和"被民观"两种含义，第二个含义往往为人所忽视，就是法律公开化的"悬法象魏"，以供万民观瞻。

关于"悬法象魏"，《周礼·秋官·大司寇》载："正月之吉，始和布刑于邦国都鄙，乃县刑象之法于象魏，使万民观刑象，挟日而敛之。"我国著名语言学家杨伯峻指出，所谓象魏，又称"阙"或"观"："天子诸侯宫门皆筑台，台上起屋，谓之台门，台门之两旁特为屋高出于门屋之上者谓之双阙，亦谓之两观。阙或观若今之城楼。""可以观望，故曰观，悬法于其上，故亦曰象魏。"根据《周礼》记载，大司寇于正月初一将法令悬挂在宫门外的城楼上，供万民观看学习，十日之后收走。同时，《周礼·秋官·小司寇》还记载了小司寇如何率领属官学习并宣传法律之事："正岁，帅其属而观刑象，令以木铎曰：'不用法者，国有常刑。'令群士，乃宣布于四方……"可明"观"之"被民观"的一层含义。

（二）总结

首先，观卦讲了两个很重要的文化现象。一是像风一样的君子要体察民情，也就是省方观民。二是位居君子之位，特别是第五爻的君王，必须庄以临民，也就是像孔子教导冉雍的"使民如承大祭"。像对待大的祭礼一样对待百姓，要对民众有尊重、有敬畏，不能把他们视作草民、贱民。

其次,《彖传》说得更好:"观天之神道,而四时不忒;圣人以神道设教,而天下服矣!"前半句意思是说,观察天地神妙的法则,就知道四季的运行没有偏差。这里的"神道"与神灵没有太大的关系,指的是神妙的法则。虽然观卦里也提到宗教祭祀活动,但是其主导思想依然是观天道以立人道,侧重点在人道而非宗教的神道。重点在于领导者对民众如同大祭的肃穆庄严,以及风一般无微不至的教化服务。这是什么?这就是洋洋大观,顺从而谦逊,居正而观天下,内外诚信而使人敬仰。所以后半句的意思是,圣人用神妙之道来设立教化,省方观民,万民皆顺服。

又是一幅理想化的天下大同的美好画面!古时候的圣人用心至为良苦,规划出这样一幅理想化的社会蓝图。一方面有助于构成完善我们向往仰望的道德星空,另一方面,他提出的"君王要肃穆庄严地对待百姓"这一点,直到今天,依然具有大道般的现实意义。

最后要说明的是,观卦的综卦为临卦。《杂卦传》曰:"临、观之义,或与或求。""与"即赐予,"求"则索取。"与"与"求"是一对矛盾统一体,没有索取,赐予就是无源之水、无本之木;没有赐予,一味索取,就是贪而无厌,杀鸡取卵。所以时与则与,时求则求,与求不失天时,乃天道也。民困则与,民足则取,所以说,这临卦到观卦实乃蕴含治国之大道也。

噬嗑卦第二十一：明罚敕法

【本卦提示】"可观而后有所合，故受之以噬嗑。""噬嗑"，是说应当以坚定的态度明刑法，正法令。有法可依，违法必究！君子治世，当恩威并施，刚柔相济，方可和谐繁荣。

本章以"明罚敕法"为枢纽，来讲第二十一卦噬嗑卦。先来看一下这个成语的出处，出自噬嗑的《大象传》："雷电，噬嗑。先王以明罚敕法。""明"，明确公布；"敕"，诏命，也就是皇帝的命令。这话的意思是：电闪雷鸣，这是噬嗑卦之象，君主明确惩罚之道，修正法律，阐明惩罚的条规并且公之于众，这样使得大家都能够遵守，从而依法治国。

再强调一点，这一卦的占断是四德里的"亨"，亨通，但是中间有阻碍，就犹如遇到硬骨头一样，一定要理智面对，虽然难啃也要坚持啃下来，结果才会亨通。只要坚持不懈，咬定青山不放松，一切不顺的事都会得到解决。

首先，来看卦象。

噬嗑遇到的阻碍从卦象图中就能看出，九四如鲠在喉，必除之而后快。也有说这一卦的卦象是火雷，上面是离卦，下面是震卦，初九和上九两个阳爻在最上面和最下面，像人的上下嘴唇。六二、六三、六五像两排牙齿，而九四就像口内所含之物，被上下牙咬住不放。也有人说就像一个人进了监狱无法跑掉的样子，所以噬嗑卦也可象征监狱，反正意思都是通的。

我们接着来看，雷电交合是噬嗑的卦象。闪电可击中物体使其燃烧，打雷可以把建筑物击倒，人、动物会被雷击而死亡，森林也可能会发生火灾。百姓看到这个自然现象，就认为是天神在惩罚罪恶。雷电是迅猛的，可用于比喻打击犯罪要迅捷，要彻底，力度要狠。雷动而威，电动而明，用刑之道，威明相兼，从而明察其刑罚，修正其法律。用现在的话来讲，前面几卦讲的是振民育德，菩萨心肠，而本卦讲的是雷霆手段，明其刑法，正其法令。

其次，来看卦辞。

噬嗑：亨，利用狱。

噬嗑卦，亨通，利于使用法律对罪犯施加惩罚，使一些不合法的人能够生起畏惧之心。"利用狱"，也就是这种雷电交加的迅猛形象，适合于刑罚、治狱这一方面。噬嗑卦，象征着嘴嚼东西的形象，上下牙齿相合，象征君民相合。口中的硬物则象征了一小撮不法分子，怎么对待这一小撮不法分子呢？就要君民团结起来，就像上下牙齿咬碎硬物一样，把这不法分子绳之以法，该关的关，该押的押，该罚的罚，该杀的杀。

再次，来看爻辞。

初九：屦校灭趾，无咎。

"校"是刑具，"屦"同履，鞋子的意思。这句话的意思是：初九，拖着刑具，磨破了脚趾，但是没有大的灾难。讲的是小惩则可大戒，使之不重犯过错。给这些人上刑是为了纠正行为，如果以犯事而言，初爻属于初犯、从犯，情节比较轻，所以"屦校灭趾"。警告的意味居多，属于略施小惩，并没有一棒子打死。

初九为阳爻，阳爻居刚位，其位居于下卦震之始。有率众闹事不服管束、图谋不轨的行为。对于这类不守规矩的小人，要加以警戒和防范，道德约束是没有用的，得用惩戒来威慑他。如果一点小惩罚，能让他产生大警醒，这是福气，所以讲"无咎"。初九爻无咎的关键在于小惩后能不能大戒，如果惩戒过后重新开始，悔悟并及时改正，那就没有灾祸。

六二：噬肤，灭鼻，无咎。

"肤"，指的就是连着皮的肥肉。本爻的意思就是咬食肥肉，鼻子没入，没有灾难。这个在讲什么呢？讲六二他是大夫之位，官职也不低，但是吃肉的时候太贪婪了，竟然把鼻子陷到了肉里面。这么吃东西肯定显得很不文明，不过这也只是形象的问题，没有大的过失，警诫他一下，使他明白不应该这么贪婪就可以了。

六二属于身居偶位而得位，又能够居中，可见还是有道德的。但他凌驾于初九之上，所以爻辞描写他吃肉的贪，实际上是暗示六二试图控制初九这个下属，老向人家索求，这种贪婪不好，要改正。我们前面说过，肤为带皮的肉，软肉鲜肉，所以一咬鼻子就陷下去，这种吃相很不讲究、很不雅。这一比喻指的是这人在做事的时候不择手段，不注意方式方法，比如对下属大加惩罚或者横加训斥，这样有损自己的形象，还起不到教育的作用。所以这一爻就提醒六二，你不如改为规劝，这样收效更好。如果一直保持贪婪的样子而不加以改正，也得受到警诫。中国人喜欢拿吃来讲深刻的道理，这句话通俗来讲就是："吃相太难看了！"

六三：噬腊肉，遇毒。小吝，无咎。

意思是吃腊肉中毒了，碰上了麻烦，但是不太严重。腊肉比鲜肉难咀嚼，这里比喻事情的难度有所增加。六三做事的过程像咀嚼坚硬的腊肉一样不顺利，同时还会招来怨毒，从而被反噬，所以应该小心，以免受到伤害。因为六三乃阴爻居于奇数位、刚位，不得位又不得中，本身位置不当，所以有遇毒之象。就像不具有施刑的资格，却给别人施刑一样，所以要注意检查自己的行为是否超越了法律和权利的界限。但是好在中毒不深，不会有大的灾难，只是有些小小的忧吝。按现在的话说就是吃了发霉的腊肉，及早发现口味不对，没有再往下吃，所以不会对身体造成太大的伤害，但是一定要小心。所以这一爻给人的警示是，追求现实的利益，犹如吃有毒的腊肉，但小心从事，还是可以进行的。

九四：噬干胏，得金矢，利艰贞吉。

"干胏"，指的是带骨头的干肉，"金矢"指的是金属箭头。本爻的意思是说，这个人他咬食带骨头的干肉，得到了金属的箭头，有利于在艰难中坚守正道，结果还是吉利的。大家听得一头雾水，这什么意思呢？古代打猎的时候，经常把箭射到动物的身体里面，所以肉晾干了之后，有时候可能会吃到箭头。箭头的材质是金属，比较贵重，所以它讲的是，获得意外之喜。

从卦象上看，九四属于阳爻居于柔位，既有刚健勇猛的特征，又有谦卑柔顺的品质，可以说是刚柔并济。同时，九四跟第五爻离得近，他属于近君大臣，领导身边的红人。况且君位上是六五，属于阴爻居于君位，才质柔弱，所以他对九四有很大的依赖。治国的大部分重任，例如啃硬骨头的这类事，都由九四来负责。而九四在此过程中得到了锻炼，增强了能力，反而有意外之喜。因此，九四要靠坚守正道来战胜艰险，虽然很难，但是会有意外的收获。就好像虽然这种带骨头的干肉很难啃，但是可能里面就有射杀动物时留下的金属箭头，只要不放弃，坚持下去，总会有收获。

六五：噬干肉，得黄金。贞厉，无咎。

这比得金属箭头还有意思。是说咬食干肉，本来是很难的事，但是得到了黄金。只要坚守正道，虽有危险，但没有灾祸，还有意外的收获。六五爻，大领导的位置，君王的位置，这君王也吃肉干，说明他能够以身作则，饮食节俭，如此自然会使百姓也跟着节俭起来。君王与天下臣民共同节俭，社会财富就能得到积蓄，国库自然就充实了，所以说"得黄金"。

我们再看卦象，六五以阴爻居于刚位，刚柔相济又居于中位，因此啃食干肉时，依然能坚守正道，去克服困难。可以说六五常怀危惧之心，防患于未然，这样自然就减少了灾祸，而且得到了意外的收获。

上九：何校灭耳，凶。

"何"，同"荷"，和陶渊明"带月荷锄归"中的"荷"一个意思，表示担负；"校"是木制枷具；"灭"就是遮住。本爻的意思是肩负重枷遮住耳朵。这是一个什么样的情况呢？讲的是这人犯了重刑，肩上扛着沉重的大枷锁，把耳朵都遮住了，有凶险。戴这么重的枷锁主要是为了警示众人要引以为戒，这种犯人示众之后就该斩首了，所以凶险。

上九为什么会得到这样的下场？《小象传》给出了答案，叫"聪不明也"。也就是说这个人耳不聪，眼不明，导致了现在的下场。为什么？因为他没有认清当下的形势，积恶不改，仍旧触犯刑法。有些人犯了错，被严厉警告后依然不收手，结果坏事越做越多，最后犯了大罪，被戴上枷锁游街示众，按律问斩，成为警示民众的典型。他虽然长着耳朵，但是却没有大用处，最终走到不可收拾的地步。《小象传》的"何校灭耳，聪不明也"，就指出了为何初九从"屦校"到了"何校"，从一开始磨破脚趾，枷锁戴在脚上，以至于现在扛到肩上，犯罪的严重程度已经到了极点，这是因为"聪不明也"。

我们从卦象上再来领悟一下，上九居离卦终位，自己不聪不明，不听劝告，所以才使得刑具在肩。听不进忠告，一意孤行，去做犯法的事，必将陷入内外交困的处境。

最后，卦名和总结。

（一）卦名

"噬嗑"从卦名解释一下："噬"字在《说文解字》中的解释："噬，啖也，喙也。"是指用嘴啖，咬吃的意思。"嗑"字，左边为口，代表嘴巴，右边为盍，覆盖，相合，是我们现在讲的合、混合、缝合的意思。所谓"噬嗑"就是上下颚咬合、咬住、咬紧、咬断，上唇与下唇间有硬物阻隔，必须咬断方能合拢，这就是"噬嗑"。所以噬嗑卦说的是能咬碎硬骨的强硬态度，比喻君民相合，口中的硬物就像是不法分子，所以就要君民团结起来像上下牙齿咬碎硬物一样把不法分子绳之以法，恩威并施、宽严结合、刚柔相济的态度。

（二）总结

首先，从序卦看，"可观而后有所合，故受之以噬嗑"，前面临与观两卦是察看的意思，临卦是君王观察百姓需要什么，观卦是君王让百姓看到君王在做什么。君王肃穆庄严，给予了百姓所需，就会得到百姓的拥护。百姓看到了君王的典范行为，便会明白自己该怎样做使君民团结，便会与君王一起将这些坏人绳之以法，以维护社会的治安。所以临卦观卦之后便是噬嗑，菩萨心肠以后便是雷霆手段。

其次，噬嗑卦讲的是"明罚敕法"，施用刑法之义。治理国家，不仅需要德政教化，还需要国家机器运行监狱刑罚等手段，以此维护社会和谐与稳定。正如同周朝既有征伐，也有礼乐德政。周朝分封姜太公的后代到齐国，可以代天子征伐；而分封周公的后代去鲁国，带去的是周礼。这两个国家被称为双子星座。所以想要治好国家，振民育德、教思无穷、省方观民、依德治国固然很重要，赏罚分明，依法治国同样也很重要。治国也罢，领导一个小团体也罢，不仅要有菩萨心肠，还得有雷霆手段，否则将会离和谐、繁荣越来越远。

贲卦第二十二：文明以止

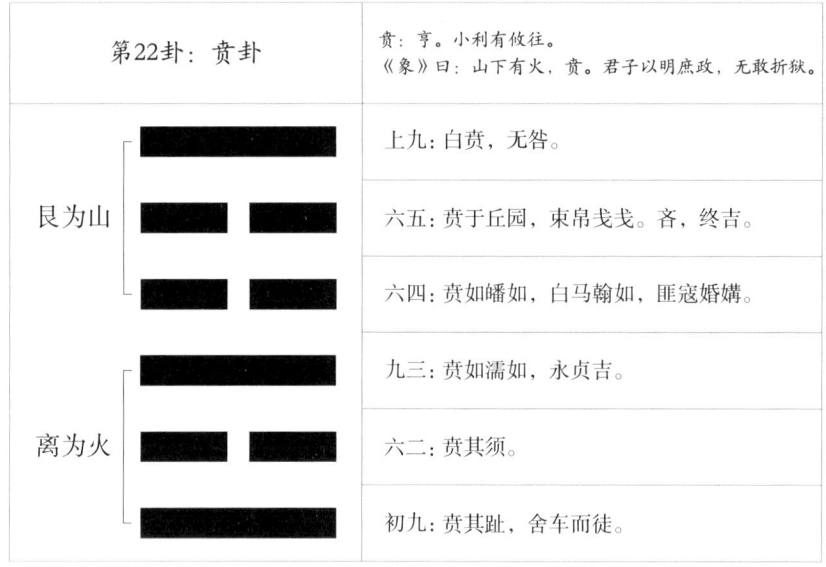

【本卦提示】"物不可以苟合而已，故受之以贲。贲者，饰也。"君子当笃实平淡，返璞归真，饰外扬质。文明以止，化成天下。

本章以"文明以止"为枢纽聊一聊第二十二卦贲卦的精神。"文明以止"出自贲卦的《彖传》："刚柔交错，天文也。文明以止，人文也。观乎天文，以察时变；观乎人文，以化成天下。"这段话的意思是，刚美和柔美的交相错杂，这是天的文采，文章灿明止于礼义，这是人类的文采，观察天文可以知晓四季转变的规律，观察人类的文采，就是人文，可以推行教化，促成天下昌明。

说起"文化"一词,我们常常会提及以上这段话。在中国的古文化中,文明的释义更倾向于道德伦理和教育层面,德智与教化是始终贯穿于其中的一条主线。前面的噬嗑卦我们讲利于用狱,但不可只有用狱之道。所以随之而来的贲卦又来讲礼教之兴,天下文明,以人文化成天下。人文是指人类制作的礼乐典章制度,及其对人类行为的规范教化作用。"文明以止"这个成语,内含着深刻的人文价值意涵与理性智慧,它昭示着可以通过人文教化,达到人与人的友爱相处,人与自然的和谐共生。唯有这样的"文明以止",才能使我们生活变得更文明,更美好。

首先,来看卦象。

贲卦三阳三阴,上艮下离,艮代表山,离代表火,就是山下有火。山下有火光照着,树木草地都披上了五彩的亮光,火光绚丽,离很远就能看到山的雄伟壮观和五彩缤纷,这也可以说是火给山林草木的披彩,这就叫装点装饰。用毛主席的一首词来说最恰当,叫"装点此关山,今朝更好看"。远古时期,人类居于洞穴,晚上点燃篝火照明,举行篝火晚会,从远处望去,构成一幅美妙的图案。下卦的离,可以是落山前的夕阳,把关山装点得美轮美奂;也可以是日落西山后点起的篝火,映照着生命的美好。火带来了夜晚的光明,在火光的映照下,远山更显得明亮秀丽。

火也让人类得以摆脱原始的生活方式,走向文明。所以,贲卦是文明之象。那文明以止的表现在哪里呢?重点来了,贲卦强调治理"庶政",也就是治理士儒、百姓,应当追求"文明"之象。但是"文饰"则不宜滥施,比如说"折狱",就是断案,应以"明"为本,不该文饰其事,也就是文过饰非。装点修饰是人类进步的标志,但它毕竟不能替代实质本身,这些只是附属。注重修饰是对的,但不宜过分,所谓"文质彬彬,然后君子"。文饰之道可增其光彩,但不可以太过以灭其质，所以说要文明以止，要有限度、有边界。故《大象传》说："山下有火，贲。君子以明庶政，无敢折狱。"意思就是，山下有火，火可装点此山，但是也可能燎燃群山，导致玉石俱焚，草木皆尽。所以君子要"明庶政"，辨狱情，不滥施刑罚。

其次，来看卦辞。

贲：亨。小利有攸往。

贲卦亨通、通达，有所往则有小利。人们开始注重修饰，说明积蓄达到了一定层次。一个家庭富足了，家里的装修摆设也就更加讲究了，因此贲卦卦辞为"亨"，这是自然的。后面跟着说"小利有攸往"，"利有攸往"就是指可以前行，可以去做事，前面加了"小"，说明不能走太远。因为上卦是艮卦，艮卦代表山，代表止，到了一定程度就要停下，不可过分。

再次，来看爻辞。

初九：贲其趾，舍车而徒。

有一种常见的解释是说，有车也不去坐，徒步而行，为的是显示鞋子的美丽，显摆一下。其实大家注意看，这初九爻在最下面，地位最低，他还不符合乘车的身份，因为古代只有士大夫阶层及以上才能出门坐车。不过也说明初九这个人性格清高，不肯攀附高位，别人要拉拢他上车，他不肯，宁愿步行，而步行就凸显出修饰脚和鞋子的重要性了。我不坐车，但是我把自己该修饰的修饰好，也就是"贲其趾"的重要性。

六二：贲其须。

意思是修饰自己的胡须。隐含的意思是什么呢？说明老人不服老，依然准备行辅弼之事。六二是阴爻，居于阴位，性情柔顺，他的"贲其须"是向处其上的九三和六五展示他的干练风度，昭示他依旧有处理重要之事的能力。当然，六二也需要护持以展示自己，他得位居中，正如《小象传》解读的那样，"贲其须，与上兴也"，能跟上边很好地沟通。所以六二爻明白应当与九三爻同心同德，阴阳相辅，九三爻有行动，六二爻才可以有举措，奋发向上，有所作为。比如说美髯公关羽要与刘备同心同德，也要听诸葛亮的指挥，一旦僭越，就会败走麦城。一定要知道，胡须是依附于脸的，皮之不存，毛将焉附。

九三：贲如濡如，永贞吉。

"如"，语气词；"濡"，光泽柔润；"永贞吉"，永久贞正可获吉祥。意思就是说，九三不只打扮外表，也注重心灵美，心中有道德并且能坚持这种美德，所以就会吉祥。一个衣着得体整洁、光彩照人、表里如一的人，怎么能不吉祥？领导愿意任用他，左右同事愿意与之交往，相互润泽，相亲相贲，长久地坚持守正，一定可以成就事业，这是非常吉利的。

六四：贲如皤如，白马翰如，匪寇婚媾。

"皤"就是素白色；"白马翰如"就是白马壮硕的样子；"匪"就是非，"匪寇"，不是强盗；"婚媾"本义指结婚，这里指美好的结合。合起来意思就是，六四文饰得那样美，浑身穿着质朴的素白色，乘着一匹洁白的骏马，前方迎接的不是强盗，而是美好的同伴、伴侣。六四迎接初九，却遇见九三从中阻隔，起初误以为有人抢亲，仔细观察之下，发现九三不是强盗，所以才放心大胆迎接前来求婚的阳刚夫君初九，故称"匪寇，婚媾"。引申到人事上，六四素洁柔顺，初九阳刚质朴，两者相得益彰珠联璧合，是修饰之道的完美组合。上升到国家治理层面，六四作为国之重臣，他既要修饰国家政策，也要修饰下层民众与君王朝廷的关系，就像是一位白发银髯的智慧老者，道德纯洁无瑕，做事光明磊落。适当地用文饰之道消除隐患，称之"匪寇"。亲近安抚民众，称之"婚媾"。

六五：贲于丘园，束帛戋戋。吝，终吉。

"丘园"，指的是荒郊野外的山林之地，山林之地常为隐居的贤能隐士的居所，这里是一种指代和象征。"束"是量词，五匹丝为一束；"戋戋"就是少量、微薄。整句话的意思是，六五装饰山丘陵园，质朴无华。虽然居于帝王之位，但是不浪费，不过只拿一束薄薄的丝绢来聘纳贤士，可能会产生遗憾，因为给得太少了，但是最后终能获得吉祥。为什么给得少还能获得吉祥呢？因为态度贞正，心怀诚意。比如藏族的迎客之礼，哈达不就是"束帛戋戋"吗？东西虽然不贵重，但是仪式感是很强的，所谓礼轻情意重。所以下面就好理解了。这六五虽然身处君王之位，但是阴爻居此位尚能采取怀柔政策，具有礼贤下士之德。六五得到了朴实无华的上九的辅佐，所以事业更加发达。虽然六五感谢上九为之谋划的礼物有些微薄，但好在上九这种贤人也不重视物质，士为知己者死，结果是吉祥的。

上九：白贲，无咎。

这四个字在我们的文化中影响很大，"白贲"是绚烂复归于平淡之后，达到的极美之境。白指白色，引申为纯洁天然的本色，"白贲"含有返璞归真之义。所以上九爻的意思是说，用白色来装饰，不喜好华丽，没有祸害。因为白色是朴素的颜色，可是它的装饰效果却非常好。上九表示事物的极致，一般来说，事情发展到终极就会衰败,可是对于装饰则不然,因为装饰的极致,是返回到朴素的、简单的状态中来,所谓返璞归真就是这个意思。所以上九"白贲,无咎"反而是贲卦之大成。上卦三爻,出现三次"白",六五说的束帛也是白色的,为何到最后一直讲白色?这是在明确表示,白色要胜于彩色,这就是《易经》的美妙之处。《易经》认为白色才是最美的,白色为文为礼,为内心光洁,为品行净白。如上九一样,"白贲,无咎"。在《易经》中,能够从美的角度发现其对白色的礼赞。

最后,卦名和总结。

(一)卦名

"贲"是个多音字,如 bēn,比如说虎贲,意为勇敢、勇士;如 bì,也就是我们这一卦的读音。在《说文解字》中的解释:"贲,饰也。"就是指文饰,意思是装饰、修饰。"贲"字上面是花卉的卉,下面是贝壳的贝,形容像花朵一样美丽的贝壳,色彩绚丽,五彩缤纷,交错合为一体,显得文雅而又光明,因此有装饰和文明之义。另外,贝壳在古代也是财富的象征,深受人们喜爱。拿贝壳当钱币,贝壳上面再放上花,看着就美极了,所以在古代,贲意味着修饰,用现在的说法叫化妆。化妆不只限于女子,古代男子也经常装点一番,尤其是文人、贵族子弟,他们的衣服、冠带、玉佩,甚至所留胡须的样式都非常讲究,有时也会如女子一样略施粉黛,为的就是要把自己装饰成翩翩君子。贲之一卦,意象被公认很美,《文心雕龙》的作者刘勰,《美学散步》的作者宗白华都极力称赞。

(二)总结

首先,按照序卦,"物不可以苟合而已,故受之以贲",噬嗑卦讲述应用雷霆手段来管理社会,但是过于强硬也不好,总会缺少一些温情,所以来到贲卦,同时噬嗑和贲也互为综卦。贲卦就是装饰,无论礼乐制度,还是诗词歌赋,这些人类伟大文明成果,都使得社会更加美丽绚烂。噬嗑保障社会正常运转,贲使社会更加美好,两卦互相配合,对立又统一。

其次,宗白华先生认为,有两种美的理想,华丽的繁复的美,还有平淡的素净的美,贲卦中也包含着这两种美的对立。"上九:白贲,无咎"是说什么?是说色彩斑斓的绚丽的"贲"之美,发展到最后就变成"白贲",绚烂又复归于平淡,有色又达到了无色。比如我们说中国的水墨画,墨是什么颜色呢?叫无色。除了水墨之外还有留白,依然是"白贲,无咎",这才是艺术的最高境界。这里包含了一个很重要的思想,就是质地本身才是真正的美。就像大畜卦所说的,"刚健、笃实、辉光"。讲究华丽辞藻的雕饰固然是一种美,但向来不被认为是艺术的最高境界,最高的美应该是本色的美,就是"白贲"。举现在一个例子,什么是最好的妆容?就是妆化完了,看不出来化过妆,恍若本色之美。宗先生说得好啊,火照是美的,但质地本身放光更美;五彩缤纷的"贲"是美的,但"白贲"更美。所以我们说,中国诗歌的境界讲究"清水出芙蓉,天然去雕饰",园林的境界讲究"虽自人工,宛如天开",书法的境界讲究"即雕即琢,复归于朴",大书法家把书法写得像小孩一样,返璞归真。

总而言之,言而总之,贲卦告诉我们一个很重要的道理,绚丽至极,归于平淡,自然、本色之质美才是真,才能够刚健、笃实、辉煌。

剥卦第二十三：剥床以肤

【本卦提示】"致饰，然后亨则尽矣，故受之以剥。""剥"是剥离、剥脱之义。此卦预示着非常危险的时刻，君子当厚德载物，处剥有道，见微知著，为之于未有，方能逢凶化吉，浴火重生。

本章围绕"剥床以肤"来讲剥卦。这个词出自剥卦的六四爻："剥床以肤，凶。"意思比较清楚，是说床面剥落，自己的皮肤紧贴严寒的地面，有凶险。

我们来看看《小象传》对这一爻的解释。《小象传》曰："剥床以肤，切近灾也。"意思是这床面开始剥落，马上就要接近灾祸了。自己的肌肤马上接近地面，有切肤之痛，当然非常危险。

首先，来看卦象。

《大象传》对这一卦的解释是："山附于地，剥。上以厚下安宅。"意思是，剥卦的卦象是上卦为艮为山，下卦为坤为地，山在地上，被风雨剥蚀。所以这一卦是以山石剥落，岩角崩塌为戒，警示人们不管多高多大的山都是依附于地的，如果基盘不稳，上面一定不安。这就告诫统治者，要厚结民心，使人民安居乐业，只有这样才能巩固基础而不致发生危险。

《道德经》里说的"高以下为基"就是这个意思。危机来了，山石剥落，岩角坍塌，那解决这个危机的思路在哪呢？这就是《大象传》的下半句"上以厚下安宅"，地厚则山稳。在上位者对下面厚道，人民安居乐业，根基才会稳固，上面才会安宁，这就是以宅喻家，以家喻国。"贵以贱为本，高以下为基。"在上位者不要认为自己身份高贵，没有底下的人民，哪来他高贵的身份呢！不要老骂他们是草民、贱民，"贵以贱为本"，他们才是国家的根本。"高以下为基"，这个山不管多高都以大地为基础，只有下方基础牢固稳定，上面才能牢固稳定。

这个道理同样出现在《孟子》里，有一句大家非常熟悉的话："民为贵，社稷次之，君为轻。"君主应该以江山社稷为主，可是江山社稷之所以能够稳固稳定，是因为百姓安居乐业。所以"民为贵，社稷次之，君为轻"。

剥卦告诉我们，在遭遇危机的时候，上位者应该赶快释放资源，不可以刻薄待下，要"上以厚下"，否则就有灾祸。比如明朝末年，社稷非常危急的时候，皇帝崇祯不但舍不得拿自己的钱出来，还让大家捐钱，结果落得国破身死。其实不只剥卦，《周易》里边损卦和益卦也深刻阐明了这个道理，"损上益下曰益，损下益上曰损"，都是强调稳固根基的重要性。

其次，来看卦辞。

剥：不利有攸往。

剥这种状态下不利于行动。为什么呢？全卦只剩下上九一根阳爻，其他全是阴爻。山地剥落情况不妙，上九是硕果仅存的种子了，种子在地下才能生根发芽，可是上九在最上面，接触不到土壤，所以此时正确的做法是保全自己，静待时变。

我们再举个例子，这剥卦很像秋天，万物肃杀时，生机在于冬藏。把种子存好，等来年种下去，就又是一个"复"，好好经营就可以开始新一年的循环了。我们知道卦的四德是"元亨利贞"，剥卦是处于"贞"和"元"之间。处理得好，就可以贞下起元，接着一阳来复；处理得不好，不贞，生命历程到此结束。这是非常危险的时刻，所以需要谨慎行事。

我们再来温习一下十二消息卦，剥卦也是十二消息卦之一：

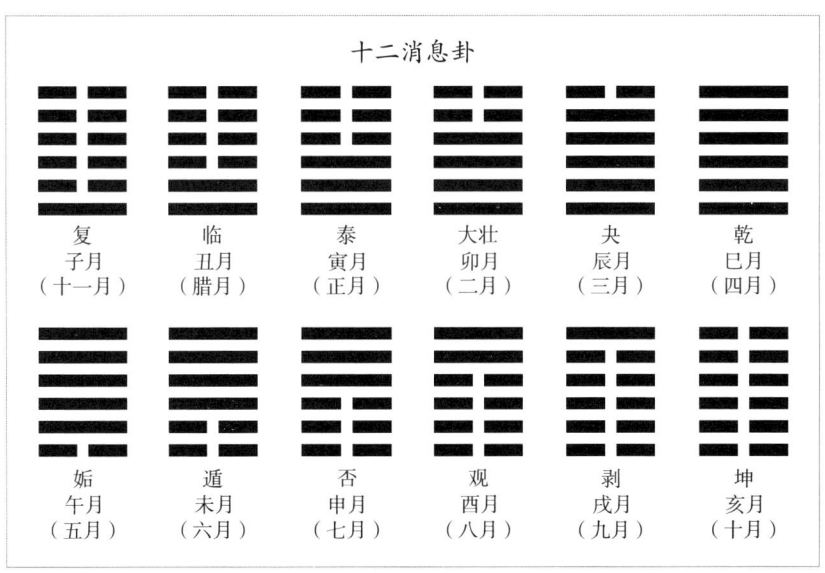

从十二消息卦图我们可以很明显地看到这个演变的过程。由复卦到临卦、泰卦、大壮卦、夬卦、乾卦，这个是利于攸往的。往后从乾卦到姤卦、遁卦、否卦、观卦、剥卦，是不利于有攸往的。为什么？阳爻代表君子，阴爻代表小人，阴爻逐渐增多，就是《彖传》所说的"小人长也"，不利君子。长到阴爻以五比一的优势压着阳爻，怎么办呢？策略是顺时而止，用坤卦柔顺的智慧止住这个局面。就像打太极拳一样，别人的拳打过来，你不能硬顶，而要借力打力，顺势卸掉。六十四卦循环往复，这十二消息卦就是缩影。十二卦此消彼长的过程，说明任何现象都不会长久，一定是在变化的，所以弱者在弱的时候要学会避开锋芒以待时变，等待将来的机会。

十二消息卦中，剥卦的位置代表的是阴历九月，坤卦代表的是阴历十月，到阴历十一月就是剥极而复的复卦了。对剥卦来讲，它的机会就在复卦，只要把上九爻这颗种子保住，将来就有机会再造天地。

看完卦辞，大家有没有发现这里边的奥妙？在《易经》中，哪怕是到了剥卦这种非常危险的状态，它也极力地给大家找到解决的方法，极力让大家乐观地对待逆境。

再次，来看爻辞。

初六：剥床以足，蔑贞，凶。

这个"蔑"和消灭的"灭"是同义，意思是说从床脚就开始剥落。初爻从床脚开始剥落，说明阴柔小人逐渐消灭了正道，有凶险，这是个危险征兆。《小象传》进一步解释说："剥床以足，以灭下也。"意思是，从床脚开始剥落，它毁坏的是最下面的根基。现在这床有危险，从床腿开始毁坏，就像"人老先老腿"一样。

六二：剥床以辨（bàn），蔑贞，凶。

"辨"，指的是床分割上下的一个部件。意思是，床腿剥掉后，又开始剥落床头。从卦象看，六二这一爻剥落得比初六更加严重了，已经从床足到床腿和床头了。所以《小象传》说"剥床以辨，未有与也"。因为六二爻没有相应的阳爻援助，没有外援，所以会导致凶险的情况发生。为啥没有外援？大家看，一六、二五、三四，是相互呼应的。六二阴爻居柔位，与同样阴爻的六五没有办法互相扶持，也就没法坚持、稳固正道，所以凶。

六三：剥之无咎。

意思是接着剥，逐渐往上开始剥落，反倒没有灾祸。这个事比较奇怪。为什么？我们来看一看《小象传》给的理由。《小象传》说，"剥之无咎，失上下也"。意思是在剥卦之中，一阳五阴，阴气深重，小人势力鼎盛，其他的四阴爻由于没有呼应，想摆脱困境也难。唯有六三爻，虽然失中位处不当，但是阴爻处于阳位，自身有阳刚本性，所以它终得上九照拂。虽然身处逆境，但是仍旧仰慕君子之风，固守君子之道，洁身自好，卓尔不群，终究得到了一个"无咎"的结果。所以《小象传》说六三是"失上下者"，六三爻为了与上九爻相呼应，仰慕上九之风，而主动放弃了上下四阴爻，虽然失去了这个小人群体，却保全了自己的君子之道。与上九爻亲近，所以六三爻也可以视为小人中的君子。人有时候难免碰到小人群伺，此时虽然难有所作为，但千万不要去同流合污，而要坚守君子之道，静待光明的出现。

六四：剥床以肤，凶。

从床足开始到床腿、床头，现在开始剥落床面，床面剥落必将危及床上的人，意思是已经迫近灾祸了。六四这一爻属于阴爻居柔位，是得位的小人，又临近六五，它与上九这一阳爻邪正不两立。阴消阳长之时必然与代表正义的阳爻有一场纷争，这是非常凶险的。强调一下，这个六四爻的贪得无厌太明显了，最后自然也难逃凶险的命运。这就好比和珅，他贪污的行径皇上怎么会不知道呢，所以到最后一定会被收拾掉。

六五：贯鱼以宫人宠，无不利。

"贯鱼"就是将鱼依次串起来，"以"就是用，"宫"是"宫商角徵羽"五音之一，五行配属上属于中宫之位，所以句中的"宫"暗示中正之德。这个意思是，六五用中正之德领导这些人，把他们像连贯的鱼一样穿起来，让有德之人受到宠信，这个没有不利的。这一爻很有意思，把阴爻比喻为鱼，五个阴爻就像连贯的五条鱼。因为六五处于尊位，有中正之德，所以把这些阴爻像连贯之鱼一样领导、管制起来，故剥落到此也没有不利的了。六五爻失位但是居中，又居于本卦的尊位，是下面四爻的统领之人，且和六三一样居于阳位，有阳刚之质，又得以与本卦唯一的阳爻相毗邻。这个六五善于管理，有中正之道，所以能化险为夷。他能使众阴爻依序而上行，如贯鱼般秩序井然，此国家之福也。比如武则天，虽然是女皇帝，但她的领导才能很强，善于用人，这是值得称赞的。

上九：硕果不食，君子得舆，小人剥庐。

"舆"是车子，有车子坐，有人抬轿，象征着"支持"的意思。"庐"就是房屋。上九爻的意思是，虽然有硕大的果实却不去吃，对于君子来说，不争而分享，就会获得马车奖励；对于小人来说，就将会剥除房屋。上九为剥卦之中唯一的阳爻，又居上位，有如仅存的硕果。在与"剥"这种情况做斗争时，上九作为唯一的阳爻历经磨难，终于获得成功，由此得到了百姓的拥护。而那些小人，则最终战败。这告诉我们什么？坚守正道，最终能守得云开见月明。上九虽然是弱阳，但是却代表着众阴剥阳的形势已经走到了尽头，物极必反，小人的势力又开始逐渐瓦解了。这个上九有容忍退让之德，所以他不独自享用大果子，正因为这样，他得到了人民的拥护。因为有人民的拥护，上九重新拥有了地位与权力，与他为敌的小人便开始受到惩治。

最后，卦名和总结。

（一）卦名

关于"剥"字，《说文解字》里说："剥，裂也。从刀从录。录，刻割也。""裂，缯余也。"裂就是裁剪后的残余丝绸，引申为破开、分开之义。剥的本义就是削，剥离，剥脱，即去掉物体表面上的东西。《广雅》中也说："剥，离也。"也就是剥离的意思。《杂卦传》怎么讲？剥，烂也。为什么会烂？这就跟前一卦贲卦有关。贲卦是修饰包装，如果修饰包装得过分了，那就名不副实了，慢慢地里边就烂了，外壳也就会逐渐从物体上剥脱掉了。听上去这一卦好像不太美，但好在剥卦有个硕果仅存的阳爻，剥极而返，回归基本面，虽然过程艰难，但依然要乐观面对。因为事物总是生生不息发展的，即使遭遇剥卦这样的情况也是如此。大家想一想自然界的发展史，几次冰河时期的出现，导致多种生物的灭绝和被迫迁徙，可总有生命顽强地存活下来并且延展至今，可谓生生不息，物极必反，剥极可复。

（二）总结

首先，按照《序卦》，"致饰然后亨则尽矣，故受之以剥"，意思是贲极必剥。贲卦讲装饰，但是粉饰过分了就会有剥蚀。比如化妆要适度，否则伤害皮肤，再比如产品的包装要适度，否则导致浪费。

其次，见微知著。剥床及足时，就要早早地意识到这种征兆，所谓"履霜，坚冰至",也是这个意思。

第三,剥床及肤的警戒。事物显露出更加严重的衰败征兆时,应该意识到,如果不好好解决,后果就会很严重。

第四,坚守正道。硕果仅存时,要坚持对阴邪发起反攻,留得一阳在,冬去春会来。

第五,剥极而复。剥与复两卦互为综卦,剥卦阴盛阳衰,复卦阴极而阳复,物极必反,否极泰来。无论是剥卦的硕果仅存,还是后边要讲到的复卦的一阳来复,都说明道路虽然曲折,但前途总会光明。总之,剥卦虽然预示着衰落和劫难,但只要顺其自然,最终会逢凶化吉,所以被称为上吉之卦。还是那句话,道路虽然是曲折的,但前途总是光明的。病痛危难之时,请静待一阳来复,浴火重生。

复卦第二十四：七日来复

第24卦：复卦	复：亨。出入无疾，朋来无咎。反复其道，七日来复，利有攸往。 《象》曰：雷在地中，复。先王以至日闭关，商旅不行，后不省方。
坤为地 震为雷	上六：迷复，凶。有灾眚，用行师，终有大败。以其国君，凶。至于十年不克征。 六五：敦复，无悔。 六四：中行独复。 六三：频复，厉，无咎。 六二：休复，吉。 初九：不远复，无祗悔，元吉。

【本卦提示】"物不可以终尽，剥穷上反下，故受之以复。"剥极复来，是自然之道。"复"是指返回正道，君子当时时复归初心，反省修正；持续精进，静待时机。

本章我们以"七日来复"为枢纽来讲复卦。先来看一下出处，出自复卦的卦辞："复：亨。出入无疾，朋来无咎。反复其道，七日来复，利有攸往。"意思是说复卦通泰，不管是出门还是在家，都没有什么问题。有钱可赚，还可以无灾无祸，往返途中七天就可以回来。七日来复，七日可归，有所往则有所利。

复卦在十二消息卦中代表的是第十一月，复卦的六爻，第一爻为阳，其他五爻为阴，表示阴气剥尽阳气复生，称为"来复"。具体来说，来复的意思就是往还，去而复来，是说阳气经七日已由剥尽而开始复生。复卦强调的"反复其道，七日来复，天行也"。唐朝的孔颖达就注解说，天气阳尽绝灭之后不过七天，阳气就复生，这个是天道的自然之理。当然，七日来复也泛指阴阳循环。复是一元来复的复，不远之复的复。"复"什么呢？复于道，复于天道，合于天理。曾子在《天圆》中说过："天道曰圆。""圆"，周也，周而复始，就是天道，就是天行。

首先，来看卦象。

复卦的卦象是什么呢？上卦为坤卦，为地、为顺，下卦为震卦，为雷、为动，是雷在地下，雷在地中之象。地内有雷，雷声一震，动而顺行，于是大地松动，万物萌生，所以复卦有复兴和回归之义，是事物新生的转折点。

复卦的卦象，除第一爻为阳爻外，其余爻皆为阴爻，就好像是太阳从地平线上升起。《序卦》就说，复卦位于剥卦之后，剥卦走到了极点，阳爻就从底下重新开始，这个叫"由剥而复"，是"一阳复始"的局面，大地重现生机。我们经常讲的"复归初心"也是如此啊！所以复卦启示的是"去而复回"和"失而复行"的方法和哲理，告诫人们发现错误就赶紧修复回归正道，这样才能吉祥。

其次，来看卦辞。

> 复：亨。出入无疾，朋来无咎。
> 反复其道，七日来复，利有攸往。

复卦象征复归，亨通顺利，阳气从下面产生而逐渐向上行进，没有阻碍，这种状态下朋友来了也没有灾难损害，返回复归也一定吉祥。返回复归有一定的运动规律，经过七天就会前来复归，有利于前去行事。所以有什么事想不开的时候不要着急，耐心等待，七天以后情况必有转机。

再次，来看爻辞。

初九：不远复，无祗悔，元吉。

意思是说初九刚刚开始行动，能知过必改复归正道，就不会发生灾祸，也不会出现内心的悔恨，必然会大吉大利。来看《小象传》怎么说："不远之复，以修身也。"意思是刚刚开始行动就能知过必改，复归正道，这说明能注意自身的修养。以"元亨利贞"来判断，初爻占"元"，有元始之德。《易经》始终告诉大家，不管在多么艰难的情况下，都要首先注意自身的内在修养，这样才会有真正的转机，并获得吉祥的结果。在复卦中，初九是最先返回的，所以说"不远复"。由于迅速返回正道，没有做出任何"悔"事，如此确实"元吉"，开始就很吉祥。

我们再来看一下《系辞》对这个事情的评价。《系辞下》曾经引述过孔子的话说："有不善，未尝不知，知之未尝复行也。易曰：'不远复，无祗悔，元吉。'"这是孔子赞扬颜渊的话，引用的正是复卦的初九爻，说颜渊这个人有一点错误，自己立马就能知道，并且一知道错误便不会再次犯错，我们经常说的"不贰过"就是这个意思。"不远复"也可以解释为一有起心动念就立刻知道了，如果是错的马上就平息了。"无祗悔"，因此做人做事永远没有后悔，这样就大吉大利了。

六二：休复，吉。

"休"是美德善行的意思。六二以善美作为自己行为的准则和目标，虽然有时会走弯路，但是只要能够复归正道，就必然获得吉祥。谁不犯错呢？知错能改善莫大焉。大家注意看，在复卦中，六二也是走得不远就停下来返回，这是由于六二以阴爻居柔位，又居在下卦之中，所以他能做出正确的选择。初九为"君子"，为"仁者"，由此可知，复卦所谓的返回是指返回正道。

六三：频复，厉，无咎。

六三屡次犯错误却又屡次改正过错，复归正道，这样虽然有危险，但是最终却不会遇到灾祸。什么意思？六三阴爻居刚位，原本就不安稳，又处在下卦震卦的上位，震为动，所以六三有屡得屡失之象，由于六三跟初九能够相互呼应，受他的影响会频频返回正道。因为动荡不安，所以在迷失时有危险，但他返回的是正道，所以在返回时又有了希望，最终"无咎"。

六四：中行独复。

六四爻位居阴爻的正中，独自专一地复归正道。因为六四爻位处于一串阴爻的中间，上下各二阴爻，所以叫"中行"。这里的"独复"，并不表示其他各爻不复，而是说六四爻的"复"最为直截了当，并且是回到全卦唯一的阳爻初九。

《小象传》说："中行独复，以从道也。"六四本来就走在行列的正中间，却独自返回，就是为了返回初九的正道。发现出现了错误和偏差就要立即回头，即使同行的人都不愿返回，你也要自己跳出来，独自返回。

六五：敦复，无悔。

六五爻敦厚忠实地复归正道，内心不会有什么后悔。复卦上卦为坤，具有厚德载物的品格，而且六五爻处在上卦的中间，动不失中，故曰"敦复"。六五是中爻，居于君位，厚德诚实而归复到善的境界，所以是"无悔"的。但是同时，六五以阴柔之德处于尊贵之位，归复以后又没有其他阳爻来辅助，因此爻辞对它的判断也仅仅是"无悔"，还没有达到顺利和吉祥的地步。

《小象传》说："敦复无悔，中以自考也。"经过考察，敦厚忠实地返回，可以"无悔"。意思是说六五爻虽然远离阳刚，但是他却能够反省，考察自己的言行以完善自我，通过这样的途径促成自己返回正道。

上六：迷复，凶。有灾眚，用行师，终有大败。
以其国君，凶。至于十年不克征。

"迷复"就是犯了错误但是仍然执迷不悟，不知悔改复归正道，这样必然会有凶险，会有天灾人祸不断地降临发生。在这种情况下，要是还一味地穷兵黩武用兵作战，终将一败涂地，国君将遭受凶险。如果这样的状况一直持续下去，那国家就不能复兴了。上六在复卦之终，又是连续的第五个阴爻，已经迷惑而不知何去何从了，这时候就要寻找、复归阳爻。阳爻在哪？在最下面。所以要不忘初心。就如《道德经》所说的，要"归根曰静，是谓复命"；或说"大曰逝，逝曰远，远曰反"，也是同样的道理。对国家而言"是谓复命"，重归正道。

复卦很有智慧，它告诉我们，要找出任何一个事物最本质、最根本的东西，抓住这个本质，按照它的规律一步一步地来，这样才会趋吉避凶。《彖传》说："复其见天地之心乎！"这句话是说，从复卦之中可以看出天地万物之心，也就是天地万物之间最本质的东西。复卦发展的远景是亨通的，然而由于一阳初生，稚嫩微弱，壮大强大有一个长期而艰难的过程，所以不能操之过急，而应该顺其自然。

正如卦辞所说的"出入无疾"，犹如生长、出入都不能操之过急一样，复兴之事也不能过于急躁。既然阳长阴消的势头已成，前途光明，那就应该抱有乐观的信念，同时也要对出现的困难有充分的思想准备。天道自然，阴阳两类势力的消长盈虚是一个周而复始的过程。阴极而阳生，阳极而阴生，也就是天道。"反复其道，七日来复"就是这个循环过程的周期。这个过程的各个阶段不可僭越超越，必须循序渐进。

最后，卦名和总结。

（一）卦名解析

"复"字在《说文解字》中的解释："复，往来也。"也就是去了再回来。而复卦的卦象就是一阳初生，有重生之象，我们常说的"一元复始，万象更新"就是此意。复卦所阐述的就是重生恢复的原则，比如前一卦剥卦中，小人气势很盛，而到了这一卦，则必须根绝过去的错误，重新恢复天道的运行。趁过失尚未严重，及时反省。也就是我们说的发现了错误，跑偏了，就要赶紧复归正道，这样才是吉祥的。若是执迷不悟，那就会发生危险了。

（二）总结

首先，按照序卦，复卦承接剥卦，同时两卦互为综卦，结合起来看也是否极泰来的一种表现。剥卦群阴剥尽阳爻，凶险之至，但是"物不可以终尽剥，穷上反下，故受之以复"，事物总不会一直衰败剥落，衰落到极点就会开始上升了，于是剥卦到了顶端之时，一阳最终由底下复生。复卦虽一阳微弱却蕴含着蓬勃的生机活力，前途也是"利有攸往"，任何事物都有一个循环往复、周而复始的过程，万物零落之际，生命终究不尽不息，阳气终将复生。

其次，通过复卦可以看出"天地之心"。天地本无心，但是阴阳反复其道也确实如天地之心，也就是宇宙之心，宇宙的规律。《系辞传》指出："天地之大德曰生。"生生不息是天地大德的表现。复卦一阳初生于下，以具体形象表现了天地的哲学，的确非常有智慧。

最后，复卦的综卦是剥卦。站在复的角度看剥，也有它的道理。复卦一阳初生，剥卦一阳将尽。故剥卦代表物之终，而复卦代表物之始。有始有终，终而复始，天之道也。《易》曰："生生之谓易。"事物生生不息，周而复始，阴阳之道也，天行也。

无妄卦第二十五：无妄之灾

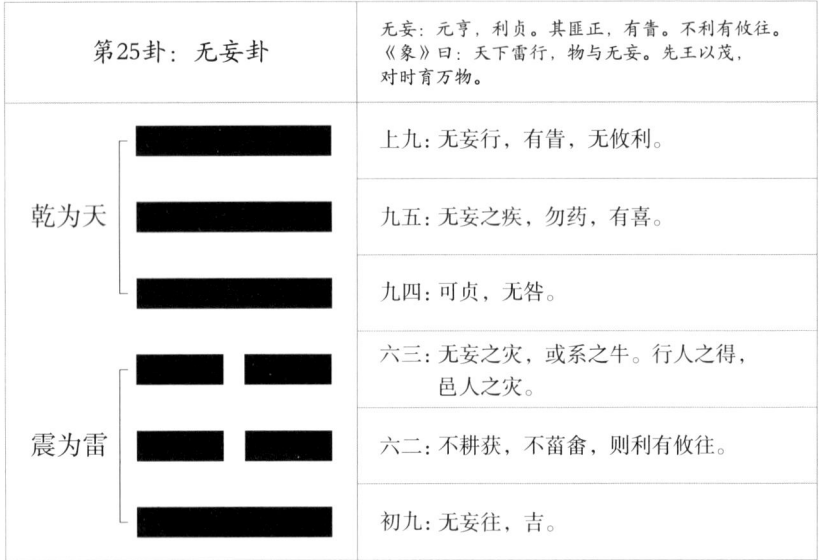

【本卦提示】"复则不安矣，故受之以无妄。""无妄"就是不虚妄，不妄为。君子当复于天道，复于天理，顺应时令，遵循规律，方能保育万物。且尽可能避免无妄之灾。

本章以"无妄之灾"为枢纽讲讲无妄卦。"无妄之灾"出自无妄第六三爻："无妄之灾，或系之牛，行人之得，邑人之灾。"

首先，来看卦象。

无妄卦的卦象是异卦相叠，震下乾上。乾为天为刚为健，震为雷为刚为动，动而健，刚阳盛，用我们今天话说就叫"天雷滚滚"。《大象传》说："天下雷行，物与无妄。先王以茂，对时育万物。"天宇之下，春雷震动，万物萌发，滋生繁衍，这就是无妄卦的卦象。天雷震慑人心，祛除虚妄，还具有脱去万物的外壳、促进万物生长的作用。刚刚恢复一点阳气的复卦，在雷声中滋养壮大。卦象警示人们要奋勉努力，要顺应时令，要保育万物，不要妄行，否则有不测之灾。

其次，来看卦辞。

无妄：元亨，利贞。其匪正，有眚。不利有攸往。

"无妄"，没有虚妄；"匪"，不；"眚"，过错。意思是无妄卦，开始就吉祥亨通，利于坚持守正，如果不走正道，那就还是有过错，不利于有所往。卦辞的意思很明确，就是要安守本分，勿生妄念；要至诚守正，言行举止顺应天理和人情，不要受到私欲的影响。还有一点也很重要，无妄亦可有灾，即使身行正道，也有可能遭受无妄之灾。不过偶然中也有必然性，所以首先要调整好自己的心态，不怨天尤人、坦然面对，理性地分析无妄之灾的原因，进而采取祸福转化的措施。

再次，来看爻辞。

初九：无妄往，吉。

初九爻不妄动妄求，前往行事会取得吉利。初九爻，阳爻居于奇数位，处于无妄卦的最下爻。它是下卦震卦的双足，震有动的意义，体刚处下，当位而动，不胡作非为，所以吉利。因此《小象传》说："无妄之往，得志也。"这是强调前进行事乃是出于正道，而非妄动妄求，能够很好地完成意愿，故吉。

六二：不耕获，不菑畲，则利有攸往。

意思是，不耕种就想收获，不开荒地就想种熟地，这些妄谬的行径怎能有利？《小象传》也说："不耕获，未富也。"不耕种而想收获，这种空妄的念头不能带来财富。完整理解六二爻辞的意思是：不要在刚耕作时就期望立即获得丰收，不要在刚开垦荒地时就期望它立即变成良田，若有这种心态，才有利于前去行事。这是告诉人们，做事要脚踏实地，"休妄想，且诚心"。凡事不要妄想坐收其利，也不要刚投入就立刻想获得高产出，这是不合规律的。如果你想做事，尽管踏踏实实去做，不要在行事之初就去幻想之后的成果，企图违背规律来快速达到成效。正所谓"只顾耕耘，不问收获"，凡人之行事，坚持付出辛勤的劳动，打消不切实际的想法，这样坚持下去，对于事业的成功是很有利的。

六三：无妄之灾，或系之牛。行人之得，邑人之灾。

本章的中心成语"无妄之灾"就出自此爻。六三爻意思是，不妄为却也招致灾祸，比如有人把牛系在某处，行路之人得到了这头牛，这给邑中之人带来了灾难。《小象传》说得简明："行人得牛，邑人灾也。"这行人把牛牵去卖了，给村里人带来了诸如被冤枉甚至诘问逮捕的灾难。这就是我们说的，闭门家中坐，祸从天上来。即便人们循规蹈矩，也会有意想不到的灾难发生，这就叫"无妄之灾"。这类灾难大多不是本人有过，亦或者即便本人有过，并非出自邪恶、狂悖之心，只是由于粗心或者考虑不周等原因，尚且算是小过，所以面对此类状况要旷达、超然。当然，也千万注意瓜田李下，防止别人干坏事连累到自己。

"或系之牛。行人之得"的故事，表面上是在说邑中的人没有妄为、没有过错，却也招致灾祸。如果只说到这一层，那就不是《易经》了。大家再想想，行人得到的这笔财,就真的是福吗?不,妄得之福,灾亦随之。比如牵牛时,有可能被周围的村民发现,就有围殴之灾。另外,这次偷成了,难免下次再起妄心、图妄得,虽然仍有可能侥幸得以豁免,但长期失德,灾必随之。因此孔子在《论语》里边就讲,"人之生也直,罔之生也幸而免"。意思是人凭着正直生存在世上,不正直的人也能生存,那是靠侥幸避免了祸害。

既然无妄卦讲故事,我们也借《战国策·楚策四》中的一个故事来了解无妄之灾的第二个含义:不测。

> 世有无妄之福,又有无妄之祸,今君处无妄之世,以事无妄之主,安不有无妄之人乎?

这段话出自战国时楚国春申君黄歇的手下朱英之口。当时楚国的考烈王没有继承者,有一个叫李园的赵国人,就先把自己的妹妹李嫣嫁给春申君为妾,等到李嫣有了身孕之后,他又鼓动春申君把李嫣献给楚王。李嫣生了一个男孩,被立为太子,自己也被立为王后,李园也因此手握大权。后来,楚考烈王生病了,朱英就对春申君讲了这段话。他说:世人有不测之福,又有无妄之祸,你春申君做楚相已经20多年了,虽然名义上是相国,实际上就是楚王。楚王一旦归天,你不论是辅佐幼小的君主,还是自己当王,都能永远拥有楚国,这就是我说的不测之福。至于不测之祸,当前李园虽然没有执政,但他是王舅,虽然不是领兵的将军,但是他早就私下养了一批为他舍死效忠的军士,楚王一旦去世,李园必定抢先入宫,假托楚王的遗旨,执掌大权任意专断,而且一定会诛杀你来灭口,这就是不测之灾。所以朱英建议春申君赶快重用自己来对付李家兄妹,奈何春申君不听劝告,最后终究死于小人之手。

可见,无妄之灾往往是难以预测的,需要理性地处理,最大限度降低损失。

即便自己不妄为妄作，有时候也难以避免灾祸，更何况瓜田李下，将自己置身于旋涡之中呢！

九四：可贞，无咎。

"贞"就是坚持。这句话的意思是说，九四能够坚守正道，没有灾难。因为坚定维持贞正的德行，能够化解无妄之灾。以丢牛的事为例，丢了牛的人即使骂村里的人、怀疑村里的人，可是他不会去怀疑那些德高望重的人。人固有贞正的品德，行事就会据守正道，不会招致祸害，能够化解无妄之灾。九四这一爻，属于阳爻居阴位，谦卑依从，以德服人，所以无咎。就像《小象传》说的："可贞无咎，固有之也。"失正而能守贞，位危而能无咎，这乃是因为本身固有的品德。

九五：无妄之疾，勿药，有喜。

"疾"，疾病；"喜"，痊愈。这句话的意思是说，平白无故感染疾病，不用吃药治疗就会有痊愈之喜。为什么？还是得从卦象来分析，大家看这个九五，阳爻居刚位，既中且正，其体刚健，且跟六二有应。所以只要正固刚健不乱试药，即使有问题也会痊愈。这一爻以病为例，来说怎么应对无妄之灾。《小象传》说："无妄之药，不可试也。"要是平白因此生了病，不能够随便服药，否则"无妄"就会变成"有妄"，暗示无中生有的事变。你不要去搭理它，它也会自行消失，就像丢牛的事，你没必要表明本人的清白，据守正道就好。

上九：无妄行，有眚，无攸利。

上九爻的意思是，不要妄为，动作多就会有磨难，前去不会有益。或者说，即使没有妄行妄为，也不可行动，否则必然遭遇祸患，没有什么好处。为什么呢？我们需要借助一下《小象传》的解释。《小象传》说："无妄之行，穷之灾也。"意思是说上九居于全卦的最上方，阳爻居柔位，属于无妄卦的极端，宜静不宜动，本来没有虚妄的，行动了就会有过错。天下之事，物极必反，故而处于极亢之位，更不能胆大妄为，否则无妄也将变为有妄，不吉利。

最后，卦名与总结。

（一）卦名解析

无妄中的"妄"，在《说文解字》中的解释说："妄，乱也。"就是胡来、乱来的意思。《广韵》中也说："妄，虚妄。"可见"妄"引申义为虚妄，也就是极不真实、悖乱的意思。所以"无妄"就是不乱来，不虚妄，不妄为，就像《道德经》十六章所说的，"不知常，妄作，凶"。不了解事物的规律规则，随意行事，结果非常糟。所以只有遵循事物正确的规律和原则办事，这样结果才能"无妄"。

（二）总结

首先，按照《序卦》，"复则不妄矣，故受之以无妄"，复卦之后是无妄卦，"妄"乃不合于天理，复于天道，复于天理，于是"无妄"。所以我们平常讲的"合理"，实际上就是合天理，合天理而后能"无妄"。同时，无妄与大畜互为综卦，这就意味着，如果能够做到"无妄"，即遵守天理而不妄为，保持稳健勤勉的作风，最终一定能大有作为，大有积蓄。

其次，无妄卦告诉我们什么道理呢？

第一，知"止"。《道德经》第四十四章说："知足不辱，知止不殆，可以长久。"无妄意味着尊重规律，当行则行，当止则止。当行不行，当止不止，此则为妄，会招致祸患，故欲无害，应当知止。

第二，识"时"。卦中六爻都是"无妄"，但结果不同，有利有咎，这是因为他们所处的位置和时机不同。事物的吉凶得失，随时空的变化而变化，故"善学《易》者在识'时'"。

第三，守"正"。一切动静行止，都建立在守持正固的基础之上，因此"无妄"当守正，有利于之后的发展。无妄卦之后就是大畜卦，不妄为在先，大有积蓄在后，这是事物正确的发展规律。

大畜卦第二十六：刚健笃实，辉光日新

【本卦提示】"有无妄然后可畜，故受之以大畜。""大畜"意味着大积蓄。君子当志存高远，厚德载物，刚健，笃实，辉光！

本章聊聊《易经》的第二十六卦，大畜卦。所选的名句是"刚健笃实""辉光日新"。

先来看下出处，《彖传》说："大畜，刚健笃实，辉光日新其德。刚上而尚贤，能止健大正也。不家食，吉，养贤也；利涉大川，应乎天也。"《彖传》说得好啊！刚健笃实、辉光日新。"刚健"意味着永不颓唐的生命意志，"笃实"是一种诚实面对生活的态度。踏实做事，厚道做人。从某种程度上而言，"刚健"是乾之精神的体现，"笃实"是坤之精神的呈现。刚健笃实，是能将乾坤包纳心中。

首先，来看卦象。

大畜卦外卦为艮为山，内卦为乾为天，意味着积土成山，能承厚高耸，其内则如天空一般广阔而刚健，乃大为畜聚之象。乾卦在下，刚劲强健，艮卦在上，静止充实，故曰"刚健笃实"。大畜之时，畜物者刚健笃实，所畜者则与之相映成辉，生命德行不断提升与成长，故曰"辉光日新"。"畜"者，积聚，"大畜"意味着大积蓄。这就如同大山蕴藏天下万物，所畜至为广大。喻指治世明君，要畜养贤士，利用人才来成就大业。

根据《彖》和《象》的说明，大畜卦象的含义如下：大畜卦，天在山中，山有容天的胸怀。如果说"大有"是大有作为，那么"大畜"就是大团结大富有，就如太阳照耀于山中，万物摄取阳光雨露各自生长。阳刚在上，预示尊重贤才，自强不息而不妄为；该止则止，遵循正道行事。总体而言，"大畜"的关键不限于一般的蓄积财物，而在于立德，目的是"利贞"，也就是利于坚守正道。立德的标准是刚健笃实、辉光日新，每天都能够光彩照人，面貌焕然一新。

其次，来看卦辞。

大畜：利贞。不家食，吉。利涉大川。

"不家食"，不求食于家，不要老在自己家里边吃饭，要有大的志向。这个卦辞是说，大畜卦利于坚守正道，不消极避世，可以获得吉祥，有利于涉越大川。《彖传》说："不家食，吉，养贤也；利涉大川，应乎天也。"大畜之时，也是君主尚贤养贤之时，故一方面有德的贤才要放弃小我的利益，"不家食"，要以天下为己任，积极地出世入仕；另一方面，君主既要养贤，就应当广聚贤人于朝廷，不使之在家中自食。之所以"利涉大川"，是说明其人之行动符合天道的规律，遵循自然规律涉越大河巨流，看似有危险，实则并非冒险妄行，故有利。

再次，来看爻辞。

初九：有厉，利已。

"厉"，指危险；"已"，指停止。这句话的意思是说，有危险适宜停止。从整个卦象来看，初九是本卦的最底层，是初始阶段，与"潜龙勿用"的意思相近。大畜卦以积蓄涵养为原则，初九是阳爻居刚位，易动。羽翼未丰的时候躁动冒进，必有危险。只有暂时停下来，不勉强前进才会有利。当止则止，不要冒着遭受灾难的风险前进，要暂时停下来充实自己。

九二：舆说輹。

"舆"指车子；"说"，跟古语里面"脱"是一样的意思，指脱离；"輹"是车轴上方的配件，此处指代车轴。这句话的意思并不复杂，是说车脱去了车輹，会自动停下来不再前进。以此为喻，形容在做事的过程中，如果发现问题就要自动停下来。九二爻阳爻处阴位，因其失位而行动受阻，要审时度势，冷静地放弃暂时的进取计划。这就犹如行到中途，发现车轴出了问题，不利于前进，就要把它卸下来，不再前进，以待时机。

九三：良马逐，利艰贞。日闲舆卫，利有攸往。

"艰贞"，指在艰辛困难的环境中，仍然坚守贞正，坚守正道；"闲"同"娴"，娴熟之义；"舆"，此处为动词，指驾车；"卫"是防卫。这句话的意思是说，用良马快速追赶，极力地促其回转，令其不要继续前行。无论如何艰难，也一定要保持贞静，不能狂纵恣奔，如此方为有利。然后，每天要训练驾驶车马，并使其非常娴熟，以利于防卫。大畜卦九三爻与乾卦九三爻有相合之处：乾卦九三是"惕龙"，告诫不可轻忽冒进；大畜卦九三同样申明警惕之义。具体来说，人要想开创事业，首先要掌握好相关本领。其次，要知道前行的道路不会一帆风顺，人们固然希望快马加鞭加速行事，但是也要对过程中遇到的艰难有充分的准备，要坚守正道，做好防卫，警惕冒进有失，这样才会顺利。

六四：童牛之牿，元吉。

"童牛"，未经驯化的小牛；"牿"（gù），安在牛角上的横木，用来防止牛角顶人。六四爻辞的意思是，将木棒横绑在小牛犊的牿角上，大吉大利。这爻辞讲的是什么呢？好的习惯需要培养，在坏事发生之前要及时予以规正。就像驯小牛一样，虽然牛的性情温顺，但俗话说初生牛犊不怕虎，也要防止它发脾气伤人或者撞伤自己的角。怎么做呢？古人在小牛的双角上绑上一根木棍，木棍上有一根细绳穿在牛的鼻子上，这样牛一撞东西、一顶人，就会因绳子牵动鼻子而感觉到疼痛。所以时间一长，小牛就养成习惯，长大后即使角上没有横木，也不会轻易去撞人。这是驯化家畜的方法，更是止过于未萌之初的智慧。

六五：豮豕之牙，吉。

"豮"（fén）指阉割，"豕"指公猪。爻辞的意思是，阉割长有锋利牙齿的公猪，使其驯服，可获大吉。六五爻处于君王之位，为大畜之王，这一爻是用比喻的方式，讲述用人驭人的道理。对桀骜不驯的能人也要懂得以柔克刚的方法，要抓住事物的关键，从根本上予以治理。这个比喻很有意思，它借助古人驯服家畜的智慧，来发明用人处事的道理。未经驯服的公猪是暴躁刚猛的动物，很难以强力去制服，所以要找到它的弱点，通过阉割的方式使其变得温顺。善于把握关键，善用巧劲，这正是人类能够积累财富的重要条件。

上九：何天之衢，亨。

"何"通"荷"，担负、承受的意思，陶渊明有诗云"带月荷锄归"，就是此意。"衢"指交通要道，《说文解字》说"四达谓之衢"。所以本爻辞的意思是，受天所赐的通达大道，亨通。也指积累了大量的贤士，天下贤路大开。

上九爻处于大畜卦之极，是本卦中最为理想的一爻，已经到了开始收获的阶段。畜德已久，畜极而通，贤才汇集，自然就会有亨通畅达的通天之路。所以大畜的含义远不止积累财富，更重要的是积累品德，还包括大量地积聚贤士，使贤路大开。讲到这里多说一句，《周易》中有很丰富的联想，就大畜卦而言，六五相当于天子之位，象征天，"天"上面有一横，象征着天上的大街道，所以这一爻辞会令人有"何天之衢"的联想。

最后，卦名与总结。

（一）卦名解析

"畜"有蓄养积聚之义，在《说文解字》解释说："畜，田畜也。"本义是指尽力种田所得的积蓄，家中积存的衣粮，泛指积储的意思。"大畜"即是大有积蓄之义。《大象传》认为，知识的最终目标是"畜其德"，人的一生有许多要积蓄的，学习圣贤的言行与事迹，是用来积聚美好的品德。在中国哲学看来，德性是属于自己的，任何外力都无法从根本上剥夺。《序卦》之中也说："有无妄然后可畜，故受之以大畜。"意思就是说不虚妄是真诚而实在的，由此来培养内涵、来积德，然后可以大有积蓄。

259

（二）总结

第二十六卦大畜卦，四个阳爻，两个阴爻，与上一卦无妄卦是小孔成像的综卦。乾下艮上，高山容天之象，这是形容积蓄之大的有些夸张的说法。当然，大畜的重点不仅包括衣食丰足的财富，还包括积极地蓄积知识和力量，增长智慧，其中最为重要的依旧是对德性的修养，要不畏艰难险阻，努力修身养性以丰富德业。除此之外，还要注重对贤士的积累，就像天上有一条通天大道一样，使贤路大开，这样才能够蓄极而通，对时代、社会的发展大有促进。宗白华先生在讲《易经》的时候，除了我们前面引过的对贲卦的解释，还引用了大畜卦，就是我们选的这个名句："刚健笃实，辉光日新"。这代表了我们民族一种健全的美学思想，也代表了一种健全的人格与道德理想。

颐卦第二十七：自求口实

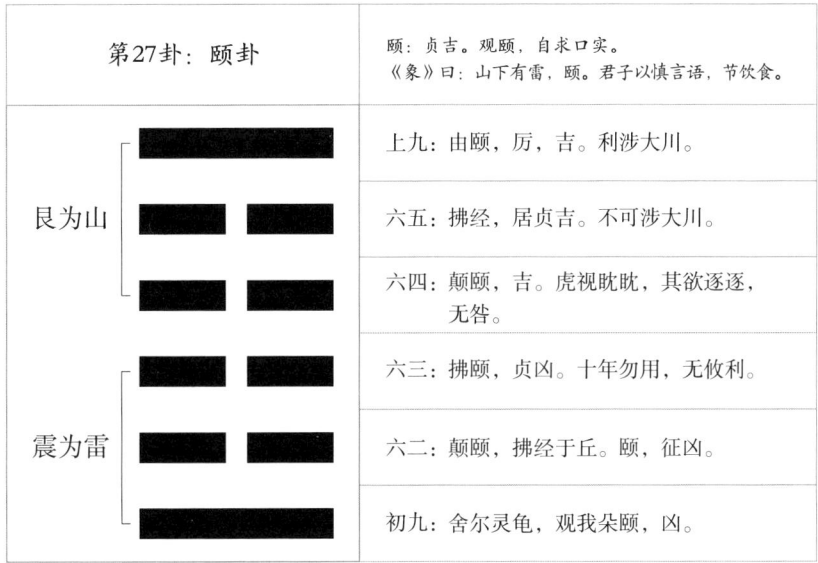

【本卦提示】"物畜然后可养，故受之以颐。""颐"者，养也，亦有养身养心之义。故君子当自强不息，自养以正，廉洁寡欲、养德养贤。

本章以"自求口实"为枢纽来聊《易经》第二十七卦颐卦。"自求口实"出自颐卦的卦辞，这里的口实有两层含义：一是同食，指食物；二是真实真诚，也就是说话出自内心，慎言以修身。所以自求口实也有两层含义：一个是通过自己的奋斗去获取饱腹之食，二是能够把持好自己的言行。可见，这颐卦是通过饮食之道来阐述为人处世的道理。

音乐和饮食，是中国人喜欢用于阐明治国与人生道理的两个事物。饮食之道阐述的是使人们更好地在世界上生存发展的为人处世的道理，音乐之道则包含对情感的表达，具有政治和道德教化的重要含义。其实，颐卦中有一个更为有名的成语——"虎视眈眈"。之所以不选它而选择"自求口实"，是因为这个成语更能表现颐卦象征的颐养之精神。

首先，来看卦象。

颐卦，"山雷颐"，上面为艮卦代表山，下面为震卦代表雷。大家想一下，天雷涌动，高山静止，所以上静而下动，一动一静，说明凡事要有节制。颐卦外艮内震的卦象就像真正的高手，外表看起来不动如山，里边却有无限的生机。山很稳，雷震不倒它，非沧海桑田之大变不足以影响到它。山下有雷，有山镇着，雷动可以，关键是要有度。故《大象传》曰："君子以慎言语，节饮食。"意思就是说，君子言语饮食都要有节制，纯正以养。"慎言语"养的是心，"节饮食"养的是身。所谓君王金口玉言，此为慎言语之道，更是养心之道。

其次，来看卦辞。

颐：贞吉。观颐，自求口实。

意思是说，颐卦守正道吉利，研究颐养之道，在于自食其力。怎么看出来的呢？大家看这个"观颐"，就是劝诫人们与其观看别人在那吃，不如自己追求食物。相当于我们经常讲的"与其临渊羡鱼，不如退而结网"，你老看着别人钓鱼打鱼，羡慕人家获得鱼，不如自己退回来结网，"自求口实"，靠自己的力量来获取食物滋养。颐卦卦辞揭示了"养正"的一个重要含义：与其羡慕他人，不如求己自养。自养之道，在于养形养身，更在于养生养德。自养以正，则吉；自养不正，则不吉。自养以正，是为颐养之道。

再次，来看爻辞。

初九：舍尔灵龟，观我朵颐，凶。

"舍"，舍弃的意思；"尔"指初九爻；"灵龟"，是指善于自养而长寿的乌龟。初九爻是个阳爻，意思是说，初九舍弃了他本来具有的阳刚之才，而去观看、羡慕六四爻大快朵颐，这样有凶险。颐卦倡导"自求口实"，也就是自食其力。然而初九爻在颐养之初，阳居刚位，当位得正，本来拥有好的潜质，也就是"灵龟"之质，但是处在震卦之初，急躁盲动，舍弃自己的美质不用，寄希望于六二、六四来养育他。本有能力养活自己，却去垂涎别人碗里的粗茶淡饭，长此以往，会逐渐养成不劳而获的思想和习惯，这样的人也就没有什么可贵的了，所以"凶"。上文"临渊羡鱼"的人，就是初九，本也是可贵之人，不肯"自求口实"，故不足贵。

六二：颠颐，拂经于丘。颐，征凶。

"颠"，困顿的意思；"拂"，拂去、除去的意思。六二爻的意思是说，不顺时，要把经邦治国的事业先搁置一下，找一个比较幽静的山丘放松休养。此时离开颐养的山丘，勉强去处理政务，会带来凶险。要怎么办？要颐养学习，这样既可以恢复精力，理清思维，又可以找到新的方法、新的出路。如果明知强行前进不能解决问题，还硬要前行，就会使事情变得更复杂，更困难。

六三：拂颐，贞凶。十年勿用，无攸利。

六三爻违背了颐养正道，靠歪门邪道过活，坚持不改，则为凶兆。十年都得倒霉，行动没有好处。为什么？六三爻，不中不正，是邪僻浮躁之徒，贪得无厌之辈，一味仰仗上九，多欲妄动，违反了"自求口实"的养育之道。要想避凶趋吉，必须改过迁善，谨守正道。所以六三爻警示我们，如果一个人坐吃山空，不走正道，下场必定凄惨。推而广之，如果一个国家不能独立自主，那只能是外强中干，这样的国家十年都不能出征，因为一打仗必败。

值得一提的是，初九、六二、六三，分别代表着三类人。第一类人有能力自养，却不愿自食其力；第二类人温柔得正，勤恳劳作，很有出路；第三类人则是不中不正，偏离了中道正道。所以六三的爻辞说"拂颐，贞凶"，譬如个人仰仗庇护卖身求荣，国家屈膝卑躬失去自主权，都违背了"颐"之养正之道，非常凶险。

六四：颠颐，吉。虎视眈眈，其欲逐逐，无咎。

意思是，六四颠倒养育方式，吉祥。就像老虎扑食那样，专心注视自己的颐养之物，孜孜以求，永不放弃，没有灾祸。六四爻所求不过糊口，无害人之心，吉利；虎视眈眈，有防人之心，看好自己的虎食，这样才可以安享天年，悠然自得，无灾祸。为何在颐卦中，六二爻因"颠颐"而获凶，六四却因"颠颐"而获吉？《小象传》解释说："颠颐之吉，上施光也。"也就是说，这是因为六四位居在上，紧邻六五之君位，属于近君大臣，得到了来自百姓的供养；与此同时，他与初九照应，能坚守正道，兢兢业业地为百姓做事，像饿虎扑食一样专注，不辞辛劳地奔波，对百姓广施恩惠。虽然颠倒向下获得颐养，却能再用来养人，说明六四居上，而能够向下普遍地施予光明恩德。就如政府收税，如果能够取之于民又用之于民，这种"颠颐"是符合正道的，是吉祥的。

六五：拂经，居贞吉。不可涉大川。

六五违背了颐养的常理，离经叛道了，但坚守正道就会有吉祥，不可以远涉大江大河。这一爻给了那些自身能力不足、才质平庸的领导一个好建议——顺以从上。从卦象上看，六五以阴爻居于君主之阳位，又无正应，难以泽被苍生。但是，六五有一个好的靠山，或者说是外援，那就是上九。所以《小象传》分析说："居贞之吉，顺以从上也。"六五能够安居尊位，获得吉祥，是因为能够顺从有阳刚之美的贤者。尽管六五才质平庸，能力欠缺，但是因为居于君主之位，若能重用贤能之人，正确采纳贤臣的建议，就会吉祥。比如当年周公辅佐周成王，周成王这个六五虽然自身的能力有限，但他任用贤才，于是迎来周朝的繁盛。如果刚愎自用，逞强好胜，其结果定难如愿。

上九：由颐，厉，吉。利涉大川。

"由"，经历、经过的意思，这里指越过、结束；"厉"就是危险。结束了休养状态，将要投身于事务了，虽然会有危险，但最终能够安然到达彼岸，有利于渡过大江大河。上九位于全卦的最顶端，已经没有了继续发展的空间，颐养发展到此已经亢极，物极必反，将要走向反面。所以上九告诉我们，位高者首先要以德自养，即使有充分的积蓄，也要心存戒惧，防危虑险，以免功亏一篑，这样才能不断前进，成就更大的事业。还要能让下属与民众受益，这样遇到危险的时候，就能够得到他们的辅助与支持，可以化险为夷。上九一方面继续强调颐养之道，另一方面讲的是居安思危的道理。

最后，卦名与总结。
（一）卦名解析

"颐"字，在《说文解字》中的解释："颐，顋也。"这就是它的第一个意思：腮和下颌的合称，以嘴为一道自然分界线，线的上面是颐之腮，线的下面是颐之下颌。所谓"大快朵颐"，就是甩开腮帮子大吃一顿。第二个意思是休养、保养。东汉经学家郑玄解释说："因辅嚼物以养人，故谓之颐。颐，养也。"引申为我们现在经常说的颐神、颐养、保养之义。有所养中正而吉祥，颐养不仅指修养自身，也包括国家层面的养贤育民。比如著名的"文王访贤"，周文王四处寻找人才，带文武百官去渭水之滨寻访姜子牙，求得子牙出山，这是为国家颐养人才。故"颐"也有养贤的含义。颐卦之前是大畜卦，有了丰盈的畜积，畜极而通，才能得到充分的颐养。需要注意的是，颐卦强调的是人间正道，是自己动手丰衣足食。颐养不易，所以君子要慎言语、节饮食。

（二）总结

颐卦的总纲很明确——自求口实。为人要自食其力，为国要自力更生。我们再举一例：《庄子》里边有一个形象是"泽雉"，就是河边的野鸡，它十步一啄，百步一饮，走了十步才有一点吃的，百步才能够喝点水，虽然艰难，但它自由、自力更生、自得其乐。如果把它捉起来放到笼子里，虽然吃喝不愁，但它是不愿意的。

大家注意看，颐卦中有两处"拂经"，就是违反常理。但是圣人不以僵化的眼光看待它，六五虽然"拂经"，但是守持正固还是可以获得吉祥的。与之相对的，对于不中不正、与大道相悖的不养正的行为，圣人则大加贬斥。所以我们读《易经》，要注意其语言有高度浓缩的特征，即使同样的一个字，所处的形势不同，其中蕴含的意思也有差异。颐卦的很多词语都是这样一语双关，比如"不可涉大川"，既指西周君王本身柔弱，此时不可有大的作为，也告诫普遍意义上的柔弱君子，要韬光养晦，到最后，可颐养大成，可"利涉大川"。经受了人世间大风大浪的考验，此时，阳刚之才必须展现出巨大的勇气和才能，方可渡过巨大的险滩，成就大业。如果不懂养贤的道理，让大德大才之人陷入巨大的险境中，国家社稷也有大厦将倾之忧。此时阳刚君子该如何做呢？这就进入了下一卦大过卦所要阐述的哲理。

大过卦第二十八：独立无惧，遁世无闷

【本卦提示】"不养则不可动，故受之以大过。""大过"是指突然经历大的变化。突逢巨变，君子当独立无惧，遁世无闷。以刚柔相济的智慧，舍身成仁的大义，执剑向前。

本章讲第二十八卦大过卦，切入点是"独立无惧、遁世无闷"。《大象传》说："君子以独立不惧，遁世无闷。"意思是说，天下无道时，君子独自一人也不恐惧害怕，不逃避世间的危险，心无烦忧。

首先，来看卦象。

大过卦上卦是兑卦，代表泽；下卦是巽卦，代表木。象辞说"泽灭木，大过"，是泽水淹没木舟，或者说泽水淹没大树的形象，象征大为过甚。就像舟覆于河，树没于水，表示时局已经非常危险了，此时遭遇祸变，应该怎么样呢？守节不屈。此时君子要独立、要稳住，不惧怕，冷静下来思考解决之道。时机不对，实在是回天乏术时，干脆隐居不仕，隐身遁世，清净淡泊，等待时机。大过之时，不要觉得苦闷，乾卦里说："不成乎名，遁世无闷。"孔颖达注解说，"遁世无闷"指逃遁避世，虽逢无道，但是心中不苦闷。总的来看，泽风大过，虽有过越之象，但是内巽外兑，有中庸、顺从之德，还是可以获得亨通的。

其次，来看卦辞。

大过：栋桡。利有攸往，亨。

大过卦的形象是屋梁被压得弯曲了，有所往则有利，通泰。我们一直说大过是一个突然变化的过程，外在的表现就是"栋桡"，房梁弯了。看到"栋桡"不要怕，也不必紧张，只要处理得当，是"利有攸往"，结果是"亨"，也就是畅通无阻。

具体应该如何做？《大象传》永远是给人信心的："君子以独立不惧，遁世无闷。"即便是在这种困厄的状态下，君子也不会失去信心。哪怕孤立无援，不被理解，也要不畏不惧，无怨无悔。"遁世无闷"在乾卦《文言》里就出现过，对应的是乾卦的初爻"潜龙勿用"。我们知道"潜龙勿用"不是不用，而是等待时机，实现大的超越。

再次，来看爻辞。

初六：藉用白茅，无咎。

"藉"，原指祭祀时用来承置祭器的草垫，用来防止祭器碰碎；"白茅"指洁白而又柔软的小草，这里的"白茅"含有虔诚、纯真、柔顺之义。所以本爻的意思是：初六，恭敬地用"白茅"垫着祭器垫着祭品，可无灾祸。简单来说，就是小心驶得万年船。本来祭祀时把器物放在地上就可以了，可是为了安全起见，在器具的下面铺上草垫，这样谨慎小心，可以避免妄灾，确保平安。

九二：枯杨生稊，老夫得其女妻，无不利。

"杨"是杨树，"稊"是指新生的枝叶，"生稊"是指树的根部又长出了嫩苗。九二爻辞的意思是说，枯杨发芽，老头娶少女为妻，并无不吉利。这一爻有枯木逢春之象。遇到好的机遇，得到好的帮手，使得原本衰落的事业又重新充满了生机，也可以从中获利。

九三：栋桡，凶。

屋梁弯曲了，这是凶险之象。解释这一爻的《小象传》说："栋桡之凶，不可以有辅也。"之所以有"栋桡之凶"，是因为阳刚太过，缺乏辅佐。九三爻给人的启示是：过刚则易折。大过卦的卦辞也说"栋桡"，结果却是"亨"，为什么在本爻之中变成"凶"了呢？这是说明刚柔相济才会亨通。而九三这一爻阳居下卦之极，又应于上六，过于刚亢，不能奉行刚柔相济的原则，所以没有人跟他相辅相成，没有人愿意追随帮助他，结果出现问题。

九四：栋隆，吉，有它吝。

"隆"，挺直、鼓起。这句话的意思是说，屋梁向上隆起，可获得吉祥。但是如果发生其他的变故，还是会出问题。大家看这卦象，九四爻紧邻九五之尊，是近君大臣，栋梁之材；又以阳爻居阴位，处于大过卦之中，刚柔适中，自然是吉祥。不过九四又与初六有应，本已损刚，再趋下应之则将过柔，所以有"有它吝"的告诫。虽然如此，九四在大过卦的阳爻中毕竟刚柔相济，难能可贵，所以即使有困难，也不是大的灾祸。

九五：枯杨生华，老妇得其士夫。无咎，无誉。

这一爻的意思是：九五，枯杨开花，老妇人嫁给一个年轻人，不好也不坏。这里含有古人重男轻女的思想，前面说一个老头子娶了一个少女，他觉得枯木逢春，这里老妇人嫁了一个年轻人，他就不再赞扬了。到底什么意思呢？来看一看《小象传》的解释："枯杨生华，何可久也；老妇士夫，亦可丑也。"意思是说，这个枯杨开花，其花怎能够长开不谢呢？妇人嫁给年轻人，总是不太光彩的。已经枯萎的杨树重新又开花，这象征着短期的虚假的繁荣。表面现象又怎么可以长久保持下去呢？所以九五之位更应清醒，不要贪求像枯杨生花般短期的荣盛，而要彻底地重生，长出新枝叶。大过之世勇于担当，才能有真正的新局面。

上六：过涉灭顶，凶，无咎。

"涉"指涉水，也就是《诗经》里面常讲的"冯河"的意思。上六爻意思是说，盲目涉水，水深过顶，虽然遇到了凶险，但终归没有灾难。水深过顶，灭顶之灾，何以没有灾难？从卦象上看，大过卦的象征意义就是水淹没木舟和树。上六居于全卦的顶端，象征着河水淹至头顶。这个情况就好比当处人间衰乱之世，仁人君子为拯救庶民，必起而救之，但是因为力量不足，往往会遭"过涉灭顶"的凶灾，比如岳飞、文天祥之类的悲剧人物。但这些人无咎体现在哪呢？此等杀身成仁的精神是可敬的。

"大过"之旨，正在于扶将倾于危时，此一身独立不惧。即便上六救时而亡，也是没有过错的，不应该受到责难，所谓"难酬蹈海亦英雄"。我想啊，孔子看到这一卦应该最有感触，子曰："知我罪我，其惟《春秋》乎！"我只要认为这是对的，是有价值的，不论别人如何评说，我都会坚定地做下去。大过之世，需要的正是大过之人。

最后，卦名与总结。

（一）卦名解析

首先，"大"有两层含义：一是指坎险困难的程度之"大"，二是指要有大无畏的、不被困难吓倒的英雄气魄。顺理成章，"大过"合起来就有了以下几层含义：

一是所受压制之大。一个人和一个国家变得强大以后，就容易成为敌对势力的肉中刺眼中钉，犹如一个人掉进了水流湍急的大旋涡中。二是受困君子的气概之大。受困君子具备乾天自强不息的阳刚本质，一定能以大无畏的气概战胜大险大难，正如《彖传》所说："大者过也。"最后，陷入大过的原因，往往是因为太过刚强，因此需要以柔济刚。

需要注意的是，此卦中的"过"本义不是过错，而是过程的意思，"大过"就是指大的过程，指突然经历的大的变化。《说文解字》解释说："过，度也。"也就是过程、过渡、经过的意思。大家想，大过卦与颐卦是错卦，从颐卦突然变了个环境，全部的阴变阳，阳变阴，这个巨变之后的现实就叫"大过"。那么能应对吗？能够安全着陆乃至再展宏图吗？

大过卦明示，要有应对的信心，这之后再经过坎险这一关就到了离卦。离卦是光明远大的极致，也是《易经》上经的结尾。大过程本身就不是轻易能成功的，历朝历代都有很多意志坚强乐观之大过之人。乾卦说"天行健，君子以自强不息",曹操《观沧海》讲"水何澹澹,山岛竦峙。树木丛生,百草丰茂。秋风萧瑟,洪波涌起。日月之行,若出其中。星汉灿烂,若出其里",毛泽东诗词《长征》更是气势磅礴,"红军不怕远征难,万水千山只等闲。五岭逶迤腾细浪,乌蒙磅礴走泥丸。金沙水拍云崖暖,大渡桥横铁索寒。更喜岷山千里雪,三军过后尽开颜。"表现的都是蔑视眼前的巨大困难、勇往直前、死而后已的大无畏精神。孔圣人曾补充说"大过之时大矣哉",是感慨大过卦的时机千载难逢,大过之时正是君子大展宏图之时。如果生不逢时,或者虽逢其时却无才德,都不可能建功立业。乱世才能出英豪,烈火之中见真金。

总之,大过就是在沧海桑田之时,能有大担当之人,也包括在大过程中敢顶大过,也就是敢背"大锅"的人。这样的人,能在被需要的时候,站在猎猎风中,执剑向前;功成之时,事了拂衣去,不怨天尤人。说白了,就是能够达则兼济天下、穷则独善其身的君子,他们所奉行的就是中庸之道。

(二)总结

大过一卦,揭示的是"大为过甚"的现象,阐明的是刚柔相济、舍身救时之旨。一方面,值大过之世,须大过之人奋起担当,敬慎从事,调剂刚柔、阴阳,以此拯救大过之弊。此等大过之人,既需要"独立无惧",有非常之能力,能有大的作为,亦能够"遁世无闷",能无怨于隐退。另一方面,大过是一剧烈变化的过程,在救世的过程中,结局或许为凶,但舍身成仁之义没有错,即便失败了,也是"难酬蹈海亦英雄"。

坎卦第二十九：纳约自牖

【本卦提示】"物不可以终过，故受之以坎。""坎"是沟壑障碍之义，象征着重重艰险。君子当持守诚信，坚强刚毅，不畏险，直面坎坷；善用险，化险为夷。故子曰："坎之时用大矣哉！"

本章我们以"纳约自牖"为枢纽来讲坎卦。这个成语出自坎卦的六四爻，原文是："樽酒、簋贰、用缶。纳约自牖，终无咎。"

首先，来看卦象。

我们一直强调，《易经》的卦象比卦辞所处的地位更重要。坎卦的卦象，上下都为坎为水，坎坎相叠，我们把它叫作同卦，象征水。这当中，一个阳爻象征中流，两个阴爻象征涌向两边的支流或者波纹。古人观望滔滔的江河，见河的中流强劲有力，像射出的箭一样，并且向两边撞开一道道或缓或急的波纹和水流。坎为水、为险，两个坎相重，说明险上加险、大水泛滥、灾难重重、屡遭坎坷。上卦的坎可代表天上的水，包括雨、雹、雾、雪，代表着外来的灾难；下卦的坎代表地中的水，包括河、海、湖泊，代表内部引发的灾难。总之，坎卦是内忧外患，险难不绝；所幸阴虚阳实，诚信可豁然贯通。

坎卦位于大过卦之后，大过卦有大行动、大过程、大担当之义，但矫枉过正很容易陷入危险之中，所以接下来是坎卦。要真正克服艰难险阻，必须依靠诚信，险难重重中更显出人性的光彩。坎卦启示了行险、用险的道理，这也正是人接受历练的时候，沧海横流，方显英雄本色。

《大象传》也说："水洊至，习坎。君子以常德行，习教事。""洊"就是重复，一浪叠一浪；"习坎"，习也是重叠。意思是说，流水相继而至，潮涌而来，必须越过前方无数极深的陷坑才能继续向前，象征着重重的艰难困苦。因此，君子应当坚持不懈地努力，充实自己，教化万民。

其次，来看卦辞。

坎：习坎。有孚，维心亨，行有尚。

"维心亨"，追随自己的内心才会走向亨通；"行有尚"，根据自己内心的指引，积极采取行动，才会向上走出困境。整个卦辞的意思是什么呢？是说这坎卦象征着重重艰险，只有抱定坚定的信念，执着专一，内心才能不畏艰险而获得亨通。

坎卦的启示在于，持守诚信，坚定信念，追随内心积极向上，自然会逐渐摆脱困境，获得亨通。坎卦上下卦的中爻都是阳爻，代表心中的理想。但是看不到前进的方向，暂时处于困境之中。中华文化了不起的一点就在于，不论所处的境况看起来如何令人绝望，总会为人们寻找一盏明灯，指点前行的方向。即便是最艰险的坎卦里，依然给了大家一点光亮。出路在哪呢？水代表险，却也代表用险克难。比如我们路上遇到的一个水坑，它代表险；但是水聚成河，河流会将诸多坑洼用水填平，这就代表用险克服这些艰难险阻。当我们遇到困境时，应该学习水的精神，就像《象传》所说："水流而不盈，行险而不失其信。"流水昼夜不停，遇阻而绕，迂回曲折。过不去的地方就绕过去，虽历尽艰难，但目标和方向始终坚定不移，就会最终汇入大海。总之，坎卦推崇的是一种奔流不止、坚强刚毅的精神与行为。

再次，来看爻辞。

初六：习坎，入于坎窞，凶。

"习坎"，双坎之下；"窞"是指坑中的小坑，也就是深坑、洞穴；"入于坎窞"就是说掉进了坎中之坎。初六爻意思是说，置身于重重的艰险困难之中，落入陷坑的最底下，结果必然是凶险的。

事物开始的时候，往往困难重重，这个初六是阴爻居于阳位，属于失位；而且它上面是阳，本身柔弱，又无上援，此为失道，所以为"凶"。《小象传》这样说："习坎入坎，失道凶也。"意思是说在双重的艰险之中又遇到凶险，在行为上偏离正道，必然要遭受凶险。其实这一爻，一是劝人不要在重重危险之中视而不见，继续一意孤行，那样将会失掉朋友的帮助而陷入更大的困难之中。不听旁人劝阻，就好像在沼泽地里边一意孤行，盲目向前，那当然陷入更大的困难之中。

另一方面，劝人要走正道。如果不走平坦之路，偏走险道，必遭致凶险。《道德经》说："大道甚夷，而民好径。"老想着走小路，反而掉到这"坎窞"里边。

九二：坎，有险，求小得。

九二的意思很简单，坎陷中出现险阻，人只能求得小的收获。到了九二爻的位置，前行的道路还是坑坑坎坎，中有险阻。此时面对这条险道，不能往后退，要敢行险道，或许能小有收获。《小象传》说："求小得，未出中也。"意思就是说，道有坎险，虽然本身不能脱险，难以有所追求，然而一定程度上还是能够小有所得，这是因为九二没有脱离正道的缘故。九二爻居于下卦中位，又是阳爻，象征着持中守正，还没有偏离正道，故行险亦可有小的获得。总而言之，这九二爻仍然处于陷坑之中，身居险境，必先从小处开始谋求，不可焦躁冒进。积水成河必始于涓滴溪流，人之为人处世，也应该懂得小心谨慎，以"求小得"为始，此为行险之本。

六三：来之坎坎，险且枕，入于坎窞，勿用。

六三爻的意思是：来来去去都是险阻，险境很深，小心落入危险的深渊，这时候不要有所行动。因为六三爻处于上下坎的交界处，有内外临险的形象，所以叫"来之坎坎"。处于这种内忧外患、险象丛生的情景是不利于有所行动的，所以爻辞说"勿用"。当到处都是危险时，不可轻举妄动，要学会等待。

六四：樽酒、簋贰、用缶。纳约自牖，终无咎。

本章的核心词语"纳约自牖"就出自本爻。"樽"是中国古代盛酒的器具，在祭祀的时候经常用；"簋"是盛食物的器皿，比如北京的"簋街"用的就是这个字；"纳"是接纳、履行。"牖"的意思值得注意，它指的是窗户，在古代中国传统房屋中，窗在房子的西北角，这个地方用于供奉神灵。宋朝的黄庭坚曾有诗云："忠诚照屋漏，万物将自求。"所谓"屋漏"就是指房屋西北角的窗子、天窗，后半句则是将个人的操守和窗子联系了起来，取"君子慎独"之义。

所以本爻意思是说，到了六四爻，内心得有精神支撑啊。于是想起了自己当年的誓言与初心，跟神明讲自己内心的理想与愿望，这个时候应该用铜樽盛酒，用圆簋盛饭，于西北的窗口献祭。礼虽然很轻，内心却充满了诚意，要正大光明地表示诚信。不要老躲在屋角暗处，要在窗口光明之处，和天地相衔接，忠诚地表达自己内心诚信的愿望，让自己的内心获得精神支撑，最终不会发生灾祸。为什么选"纳约自牖"这个词呢？就是因为其中这个非常重要的理念——诚信。用樽盛酒，用两个簋来盛饭和菜，用瓦器盛装酒浆，从窗口的明处用祭，表示自己内心诚挚地和上天、神灵对接，正大光明地表示诚信。以诚信去纳约、去履约，那么最终不会发生灾祸。

九五：坎不盈，祗既平，无咎。

九五爻是说，陷阱还没有被水充满，最多也只是与这个坎齐平，没有什么咎害。深一层的意思是水盈则溢，因此要保持适当，不使其外溢。哲学上将这样的标准称为"度"，正好像事物会向其反面发展是一项基本规律一样，人做事也有一个度，把握住它，凡事还有成功的希望；若是超过这个度，事物就会向另外的方向发展。

经过坎之前四爻，也就是前四个阶段的不懈努力，九五爻的处境已经比较开阔了。虽然还在艰险之中，但是坎险正在逐渐被填平，脱离险境已经有了希望。不过九五爻有阳刚之德，在坎险之时不宜过于强健，遇险用刚会遭受挫折，故坎险不宜盈满，保持适当的水平比较好。好在九五既中且正，具备水的天然美德，能够注满坑洼，使水与大地齐平而不会过盈，并且不停下脚步继续向前流动。

九五以阳爻居尊位，象征阳刚的君子和君王即将出现。更为难得的是，这刚中的君子和君王在胜利即将到来之际没有骄傲自满之心，也没有懈怠之疲，继续保持低调平和的心态，所以能够没有咎害。

上六：系用徽纆，寘于丛棘，三岁不得，凶。

"徽纆"是绳索，古代的绳索，三股的叫作"徽"，两股的叫作"纆"；"寘于丛棘"中的丛棘指的是监狱，古代的监狱上面围有荆棘以防囚犯逃脱。上六的意思是说被绳索重重地捆绑住，囚放在荆棘丛生的牢狱中，长达三年不得解脱，十分凶险。九五差点就脱险了，为什么到了上六却给弄到监狱里边去了？《小象传》的解释是"上六失道"。也就是说水本该向下流，可是上六却居于坎卦的最上面，违背了水的运行之道。而且上六以阴爻居柔位，其体过于阴柔，又陷得过深，所以不能脱困而导致凶险。

最后，卦辞与总结。

（一）卦名解析

坎卦，本义是沟沟坎坎，道路不平坦，有障碍，那就致使行走有困难，引申为羁绊丛生，环境艰难。《说文解字》里边就讲"坎，陷也"，本义是指坑与穴。我们再来看一下甲骨文的字形∪，就是一个坑的形象，用来表示地面的低陷处。这也正是水的居留之地，有水之坎。

大家都知道任何事物不可能永远顺顺利利，总会有坎坷阻拦。上一卦大过的意思之一是大变动的时代，需要有人来担当这个大过，需要有人来背锅，被大家指责。但对他而言，背锅之后还有许多坎坎坷坷，所以大过之后便是坎卦。过极必险，接下来总会陷入种种坎坷。正因为这样，坎卦还有险阻的含义，日常我们说"又遇到什么坎儿了"，就是遇到困难了。

（二）总结

坎卦在《周易》里边是比较重要的一卦，同其他卦一样，坎卦的六爻也阐述了事物发展的过程，分别代表着不同的处境。坎卦加了一个"习"字，这是强调了险阻又重又难，重重叠叠，所以应当特别小心谨慎地去处理。越是危机，越是考验。注重品德修为的人，有强烈忧患意识的真君子，即使身处险境，也一样能化险为夷。

我们学习坎卦，首先要学习的是一种内心不畏艰险，奔流不止、坚强刚毅的精神与行为。在重重险境之下依然坚持理想，心怀诚信为人处世，最终能够获得亨通。其次要知道用险的道理。凶险和阻碍虽然会让人陷入困境，招致灾害，然而任何事物都有两面性，智慧的人会意识到充分利用"险"的自身特点来保护自己，防御外来的伤害。比如说修建城墙和护城河，通过给外界制造凶险来保护自己国家的安全。因此孔子不禁感慨："坎之时用大矣。"第三个是注重细节的道理，这个更为深刻。正如《道德经》六十三章所陈述的"多少"的道理，要重视小事，重视细节。人生不会事事如意，身处低谷或面临凶险境时，要从容变通。先做小事，不图大，不贪功，不忽视细节，善于从小处寻找突破，往往能够转危为安。

离卦第三十：继明照四方

【本卦提示】"陷必有所丽，故受之以离。""离"是附丽、依附的意思。万物草木均有所依附，君子亦当依附正道，心里有爱，眼里有光，继往圣绝学，承光明之德，继明照四方。

本章我们以"继明照四方"为核心，来聊聊上经最后一卦离卦。这句话出自离卦解释卦辞的《大象传》，最能代表离卦的精神。《大象传》曰："明两作，离。大人以继明照于四方。"《大象传》说，太阳每天升起，相继不停顿，君子应该向其学习，以源源不断的光明照临四方。

"继明"在这里指的是什么呢？首先，这《易》象是"明两作"，要从中明白光明必须不断涌现，才能照亮四方。这里与"明明德""日日新"同义。离卦的重明，代表着伟人的光辉美德，能够世世代代相继照亮时空。其次，继明在这里指的是新继位的圣人般的君王。因为从《诗经》开始，大家就发现，君王常常被比作太阳。新君继位，就像"继明而照四方"也，故曰："大人以继明照于四方。"当然，君主法圣人，效法太阳，就要像太阳一样光照四方。

首先，来看卦象。

离卦与坎卦一样是同卦相叠，它的上下两卦都为离，卦象是火，为光明接连升起之表象；太阳东升西落，因而有上下充满光明的形象，象征太阳光辉普照万物。太阳今日落下，明天又升起，它的光明美德连绵不断，君子观此爻象，取法于此，而弘扬光明的德行，并以此引导民众向好的方面转化。《离卦·象传》说："日月丽乎天，……重明以丽乎正，乃化成天下。""丽"乃附着之义，"重明"即双重光明。所以这段话意思是说，日月附着于天，能光照四方。君子要效法这一现象，附丽于正道、大道，继续光大发扬文明德业和事业，教化、成就天下人。《说卦传》中所说的"圣人南面而听天下，向明而治"，就是这种观念的反映。

其次，来看卦辞。

离：利贞，亨。畜牝牛，吉。

"亨"就是利于守正亨通；"牝牛"就是母牛，饲养母牛可得吉祥。整句话的意思是，离利于守正亨通，像饲养母牛那样蓄养自己柔顺的品德，吉祥。这里虽然说的是养母牛，其实更多的是养德，母牛具有柔顺的德性，能够忍辱负重，蓄养自己像母牛一样的品德，就如同附着于人之正道，所以能够获得吉祥。

大家想一下，在我们生活中，人家帮了你，你连句感谢的话都不会说，这就麻烦了。人不可能一辈子单打独斗，人类群居而生，要学会适当地求助。所以离卦卦辞像其他许多卦一样，都是借助取象来类比，它主要表明的还是依附的道理，也是获得帮助的道理。作为附丽者，要培养自己温顺的品性，只有借此来寻求帮助，结果才是吉利的。

再次，来看爻辞。

初九：履错然，敬之，无咎。

"履"本义为鞋，引申为履行之义；"错"是错落、交错；"敬"就是恭敬谨慎。初九爻的意思就是事情刚开始，步履交错，要恭敬谨慎，不可妄动，方能避祸。

为什么呢？初九代表离卦中的第一步，它显示出大家在做人生选择时的茫然。因此，"履"的步伐在迈出前，要以敬慎的态度来看待自己的未来，这样才可以避免少犯错误。人生的旅程是张未知的地图啊，徐徐展开，无论怎样，基本上诚意的态度是先决条件。就像初九以阳爻居下，虽欲上进，但恐怕失于躁动，但若是提前明白进退的道理，小心谨慎地行动，就不至于犯错了。

六二：黄离，元吉。

六二爻辞的意思很简单，天空中出现了黄色的霓虹，大吉大利。为什么出现黄霓大吉大利呢？大家知道，我们中国人讲五行，金木水火土，土居于中间。土的颜色是黄色，所以这黄色代表得中道，正像《小象传》说的"黄离元吉，得中道也"。从卦象上大家也能看得出来，六二爻处在下卦的中位，又为阴爻，居中得位，有中正中庸之道，象征着人得中正之道。所以六二这一爻强调的是，依附要本着中正的原则,可以获得吉利。

九三:日昃之离,不鼓缶而歌,则大耋之嗟,凶。

什么意思?夕阳西下,这时如果不能敲着瓦盆高歌,就会发出垂老之人的哀叹,有凶险。这个九三好!是说事业处在顶峰时,就会走向衰落。大趋势如此,所以要用豁达的心态来接受这一切。就像人必须接受从年轻到年老一样。进入了风烛残年,也要敲着瓦盆高歌,欢度余年,要乐天知命,否则的话,人家都去跳广场舞,你却在家里边自怨自艾,那就难免会徒然悲伤了。

一说到"鼓缶而歌",大家马上就想到庄子。庄子乐天知命的心态,正是离卦九三"日昃之离",处在正中的时候偏离了,开始往下落的方面发展了。那么在这个时候,不鼓缶而歌,"则大耋之嗟,凶。"到老年了,不高高兴兴地生活,这个结果,对自己的健康不好,对别人也是一种麻烦。"鼓缶而歌",所体现的就是这样一种乐天知命的思想。

九四:突如其来如,焚如,死如,弃如。

"焚如"是指其灼热暴躁有如火焚;"死如",大难临头,至于丧命;"弃如",名誉被毁,遭人唾弃。九四的意思就是,灾难突然而来,就如同火焰熊熊燃烧,就会有生命危险了,名声就会扫地了,就会被抛弃了。

大家看,离卦有天生二日之象,上下都是离,是日,是火。预示着天命有变。俗话说天无二日,民无二主,现在可倒好,天生二日,象征着地有二主。九五的旧主弃绝贤臣而去,所以九四就像丧家之犬,无所容也。比如说秦孝公一去世,商鞅就无所容也。无所容,如果不知顺应变化、适应现状,那就糟糕了,就像九四不归顺于六五这一新君主,甚至想要谋权篡位,所以"焚如,死如,弃如"。

九四爻象征的情境就好比历史上许多君主临去世之前，把一些重臣先贬到远方，然后等着新君继位，再把他们招回来。这样一来，新君就对他们有再造之恩了。所以，很多原来的老臣呢，一旦和新君主发生冲撞冲突，往往就会产生九四爻这种情况，因此就得非常小心。九四爻指的是没有守正道，乘人之危采取了一种暴力的手段去谋取利益，所以凶。这时候怎么办呢？如果能够顺应天命，弃暗投明，做出改变，则会得遇王位之六五，而获得吉祥。

六五：出涕沱若，戚嗟若，吉。

六五爻是上卦的中位，非常重要。意思是说灾难过后，人们痛哭，人们悲叹，最后的结果反而是吉利。什么意思？这个时候我们就得借助于《小象传》了。《小象传》说："六五之吉，离王公也。"六五爻辞之所以讲吉利，是因为爻象表明，六五之爻处于上九之下，危急之时，能够因有力的王公而得救。六五爻本身以阴爻居尊位，以柔乘刚，缺乏制下之力，恐为下刚所害，故而哭泣。所幸他附丽于王公的尊位即九五之位，得到上九的庇护。"擎天白玉柱，架海紫金梁"，危难之际能够附丽于国之栋梁，借用其才力，能化险为夷，所以吉祥。

上九：王用出征，有嘉折首，获匪其丑，无咎。

意思是君王用贤人出兵征伐，对能够斩杀敌方首领的给予嘉奖，放过随从，这代表一种宽容，没有灾难。

上九位于离的上端，附丽之道已成，众人归附。此时有尚不归附的人，就可以出兵去征讨他们。《小象传》说："王用出征，以正邦也。"这里指出，出兵征伐是为了治理国家，并非为了耀武扬威，滥杀无辜。所以进行正义的战争，即便战争中会有些凶险的事情，但是大势所趋，是国家统一的需要，就不会发生灾祸。

最后，卦名与总结。

（一）卦名解析

离卦的"离"有两层意思，一个是《说》卦所说的，离为火、为日，代表火，代表太阳。《说文解字》中说："離，黄仓庚也。"就是颜色鲜艳漂亮的黄鹂鸟。我们再来看一下甲骨文的字形，上面就像是一只鸟，下面像有柄的网兜，本义是以网捕鸟，鸟附着于网的意思。因鸟儿遭到捕获，后来就延伸出了分离之义。那第二个意思呢，就和我们现在所说的美丽的"丽"相通，是附丽的意思，也就是附着、倚靠。附丽不只体现在日月悬挂于天、草木根植于土等自然现象中，也反映在人类的社会生活里。六五爻的《小象传》说："六五之吉，离（丽）王公也。"讲的正是王公大臣对君主的依靠、支持，这是吉象的征兆。

我们再来看《序卦传》怎么评价。《序卦传》讲，从坎卦到离卦的发展过程是"陷必有所丽，故受之以离。离者，丽也"。"离者，丽也"强调的是依附的原则，当在险难中，必然要有所依附、依托才能安全，所以坎卦之后接着就是离卦。依附、依托很多时候并不是坏事或者丢脸的事，反而是人生中一大幸运。比如我们常常说的贵人相助、救命稻草，都是讲在艰难的时候，有人帮一把、扶一把，能够把你能从坎险中拉出来，讲的就是依托的意思。所以离卦中讲的丽，很大程度上，是从正面的附丽、附着的层面上来说的。

（二）总结

第三十卦离卦是《周易》上经的最后一卦，讲的是天下的万事万物都有所附丽，所谓"离者，丽也。丽者，明也"。正如离卦的《彖传》所说"日月丽乎天，百谷草木丽乎土"，日月都附着于天之上，植物也罢，草木也罢，它得依托于土。就人而言，也总得有所附丽，事业上要有专攻，思想上要有所信仰，理想上要有所追求。当然，附丽的对象必须符合一个条件，就是"利乎正"，正者正义也。

离卦的六条爻辞也是一个动态的过程，初九爻是人生刚开始，要脚踏实地，要有恭敬之心，所以叫"敬之"；六二爻"黄离"，心中要中正，要走正道；九三爻，是人快到中年了，不要悲观；九四爻是中年之后，要有自然而然地接受夕阳西下的心态；六五爻是艰难之后，新主继位，依托国家的栋梁，化险为夷，"继明照四方"；最后的上九爻，也秉承始终光明化人的治国理念，获得拥戴。就像是当初周朝对待商朝的遗民，姜太公说把他们都杀掉，周公说把他们留下来，专门给他们一片地方居住，就是宋国，宋国的存在就体现了周公的宽仁为怀。

同时，离卦包含着深刻的美学思想，美学家宗白华将其总结为以下三点。第一，从"离者丽也"讲起，认为"古人认为附丽在一个器具上的东西是美的"。因为离同时具有相遇与相脱离的意思，是一种附丽和美丽的统一，这是离卦的一个意义。第二，从"离也者，明也"讲起，"明"的古字表达的是月亮照于窗上，而离卦本身形状雕空透明，有隔有通，这是离卦包含的又一个意义。第三，从"丽者并也"讲起，认为"丽加人旁，成俪，即并偶的意思。即两个鹿并排在山中跑。这是美的景象。在艺术中，如六朝骈俪文，如园林建筑里的对联，如京剧舞台上的形象的对比、色彩的对称等，都是骈俪之美。这说明离卦又包含有对偶、对称、对比等对立因素可以引起美感的思想"。当然，离卦的智慧远不止此，值得深入研究。

总之，离卦很理智，也很人文，懂得离卦的哲理和起伏，我们的生活才能更加阳光。从个人的修养来说，"继明"强调的是用其光，复归其明。内心光明，才能相互照亮，要不断加强修养，充电，这样才能继明，才能照四方。当然，从君主角度来说，继明还有地位继承的问题。要知道古往今来，继承人历来都是大问题。比如说，我们熟悉的被饿死的齐桓公，被饿死在沙丘的赵武灵王，他们结局凄凉都是因为继承人出了大问题。而继明更高的一层意思，则是文明的传播和传承。薪火相传，正是这离卦应有之义。无论时代如何变化，世事如何沧海桑田，传承文明都是功德无量之事。事实上，无论一个民族遇到多大困难，哪怕是灭顶之灾，只要文化在，就会迎来复兴。

离卦是上经最后一卦，从序卦来说，它和坎卦讲的是"坎离之道"，可以说后天八卦图，是"乾坤"退位，"坎离"当家。其更强调的易理是，做事不能绝对的黑和绝对的白。而要知白守黑，知雄守雌，知荣守辱。就像太极图，阴中一个阳眼，阳中一个阴眼。就像"坎离"阴中一点阳，阳中一点阴，"坎离"互为错卦（也叫对卦），这正是易理告诉我们的，没有对错之分，只有看问题角度不同，所以我们用正常的思维或通常做法不能解决问题时，要懂得换位思考，从"坎离"两卦的关系看，就叫"坎离之道"。推而广之，从易理来看，这就是阴阳法则。

从整个上经三十卦的排序来看，离卦是上经最后一卦，讲的正是绝境重生，触底反弹。就像太阳二次升起，绝境重生，凤凰涅槃！

咸卦第三十一：以虚受人

【本卦提示】《易经》的上经是以创造宇宙万物的天地开始，下经的开篇咸卦则是以人伦发端的男女关系说起。说的是互相受到对方影响而产生的反应。宗旨是：君子以虚受人。即以虚怀若谷，容纳万物的德行感化他人，此卦由男女推而广之，夫妇、君臣、父子、朋友皆需心诚感应，以虚受人，人同此心，心同此理，可致家庭和睦，天下清平。

本章以"以虚受人"为宗旨来说说第三十一卦咸卦的智慧。先来看出处。《大象传》曰："山上有泽，咸。君子以虚受人。"《大象传》借助咸卦山上有泽的表象，说明君子效法山水相连，以虚怀若谷的精神容纳感化他人。感是人的行为，所以咸卦是就人的身体取象。北宋理学家程颐解释"君子以虚受人"说：内心没有私念作祟，那就能与所有的人沟通。如果按一己有限的心量容纳他人，就只能选择接纳那些与自己合得来的人，就不是圣人有感必通之道了。

首先，来看卦象。

咸卦是山上有泽之象，泽水下润，山气上升，山泽通气，交相感应，象征着感而遂通的哲理。前面所说的泰卦也是如此，坤上乾下，地气重而下降，天气轻而上升，感而遂通。咸卦卦象告诫我们应当虚怀若谷，以虚受人，扩大自己的心量，上升到包容一切、不存成见，广泛地与他人感应沟通。因此，咸卦或者我们叫作《感》卦，讲的是沟通交流的道理，由此及彼、以己感人。就《易》学的基本道理而言，世界的同一性就在于乾坤并建，独阴不生，孤阳不长，阴阳二气是相互感应、相互依存结为一体的，离开了这种感应的过程，也就没有了世界。所以咸卦的内涵非常广阔，以阴阳交感为主题，就天道与人事进行了全面的讨论。

咸卦上为兑为水为泽，下为艮为山；水为阴为柔，山为阳为刚。所以这一卦叫"柔上而刚下"，这种结构有利于交感作用的进行。结合前面对泰卦的讲述，我们知道阳刚处于有利的位置，要善于处下，甘居于下位，主动向居于上位的阴方表示交合的诚意，争取阴柔之方的接纳，交感的过程才能顺利进行，所谓上下交而志同。

其次，来看卦辞。

咸：亨。利贞，取女吉。

意思是说，咸卦象征交感，亨通。有利于以正道相感，娶妻可获得吉祥。所谓的"咸亨"，是说这种交感自有亨通之理，感而遂通，只有通过交感的过程，阴阳双方才能凝聚为畅达亨通的和谐整体。《象传》对此有深刻的具有哲学意义的表述：从天道的层面看，"天地感而万物化生"，天地交感，促使万物生长发育；从人事的层面看，"圣人感人心而天下和平"，圣人感化人心，促使天下和平融合。全面地观察各种交感的现象，深刻领会其中感通之理，可以得见天地万物的性情。

上文我们说"咸"是无心之感，为什么呢？关键就在于这个"贞"字，即贞正之道。按照感应的道理，所感之处本是无不通的，但如果有私心牵掣着，就会妨害感通，这就是悔吝。圣人之心感天下之人心而无不通，之所以无不通无不应，也是因为圣人能虚己无私，以正道相感。若受私心牵掣限制，所感就偏向了某一角落、某一事物，怎么还能推广使天下一切人和物都与你沟通呢？所以"咸，亨，利贞"。

再次，来看爻辞。

初六：咸其拇。

"拇"就是大脚趾。这一爻意思是说，初六，感应在其大脚趾。这话说得很晦涩，我们看看《小象传》怎么解释。《小象传》曰："咸其拇，志在外也。"意思是感应在大脚趾，说明初六的感应志向是向外发展的。大脚趾在动，说明想要往外跑了，志在于外出动行。初六与九四有应，然而他处于下卦初始的位置，所感较浅，将动而未动，所以只是"咸其拇"。

六二：咸其腓，凶。居吉。

"腓"指小腿肚。六二爻意思是说，感应在腿肚子，这是凶兆。为什么？小腿受伤不宜出门，安居不动自然平安。还是来看看《小象传》怎么说吧："虽凶居吉，顺不害也。"虽然遇到不好的事，受伤了，但是只要安居不动，好好养伤，那就可以转凶为吉。顺从之象可以避免灾难。继续感应碰到凶险，负伤了不要往外跑，只要安静下来就会吉祥了。真正的感应之道在什么呢？在于静，因为事物的本性就是静，静曰复命，静才会吉，顺应感应之道才会吉。

九三：咸其股，执其随，往吝。

"股"是大腿。九三爻说感应到了大腿上，执意盲目追随别人，行动会有害处。这是告诫大家要安于居所。《小象传》解释说："咸其股，亦不处也；志在随人，所执下也。"意思就是挪动其大腿说明他不安所处，然而其志向不过是追随他人，且在追随时都处于一种卑下的形态，可见他所持的主张也是卑下而不可取的。试看，身上有伤还跟着人一起飞快地跑，这不就出问题了？所以，太执着又盲目地跟随就显得偏执，更是凶险了。推而广之，做任何事如果太执着于一面，不顺应环境行事，这是不行的。因此，这爻说到真正的感应应该是无心的感应，同时也要懂得随遇而安的道理。

九四：贞吉，悔亡。憧憧往来，朋从尔思。

九四爻讲：坚贞，吉祥，无所悔恨，纷沓往来，朋友们都能顺从你的意志。为什么？因为你能够换位思考、将心比心，众人咸感其道，大家能一起去做事。《小象传》说："贞吉悔亡，未感害也。憧憧往来，未光大也。""贞吉悔亡"，由于没有蒙受损害，说明德行贞正；朋友纷沓往来，都很同意你的观点，不过所感之人只限于你的朋友，范围和数量还没有拓广、增大。

坚持正道，虽做不成大事，但小事情还是可以有所成就。九四爻阳爻处阴位，处位不当，所以它被感应了还是有些危害。"憧憧"表示心意不定，你心意不定，朋友的心也不会定。想让大家跟随你，顺从你的观点，感应之心贵在稳定，稳定地感应，方能四方来随。

九五：咸其脢，无悔。

《说文解字》说背上的肉叫"脢"，意思是感应发生在脊背上，不会发生后悔。我们还是借助《小象传》来理解："咸其脢，志末也。"意思是耸动其背，做出的是背负重物的反应。看来志向还是在卑微的事情上。可是压在你背上的担子并不是很重，所以不会发生太大的问题。九五阳刚居尊位，他虽然与六二有应，却不能"大感"，即得到广泛的感应，所以最终结果仅仅是"无悔"。

上六：咸其辅颊舌。

上六，感应到了腮帮、脸颊、舌头，但是出现了问题，受到了一些伤害，为什么呢？我们来看一看《小象传》怎么解释："咸其辅颊舌，滕口说也。"意思就是，感应发生在牙床、脸颊、舌头上，说明只是玩弄三寸不烂之舌而已。感应只发生在脸部的时候不是真实的感应，它只是表面敷衍，甜言蜜语，可见这种感应是假感应，不是真感应，是不祥之象，吉凶难测。

最后，卦名与总结。

（一）卦名解析

《象传》曰："咸，感也。""咸"字在《广雅》中的解释也是"感也"，意思是"感应"，代表山泽通气。这种感应是自然的，是喜悦的。上阴下阳，阴气下沉，阳气上升，表明阴阳顺势交会，符合正道，故万物亨通。咸卦是天地日月形成后，人道之始卦，它的哲理是宜谦虚待人。兑卦是地道之终，艮卦是天道之终。咸卦是以男女感应发展过程为例，阐述人与人之间相互感应的原则，也就是我们经常讲的心灵感应。如少年男女相爱心灵的感应。有一首歌很能帮助我们理解咸卦，那就是："高山青，涧水蓝……姑娘和那少年永不分呀，碧水常围着青山转。"

当然，咸卦说男女之事又不局限于男女之情。实际上，"咸"为无心之感，其阴阳交感符合正道。天地交感，则万物可生；男女交感，则子嗣繁衍；君臣交感，则国家昌盛；君子交感，则事业通达。事物亨通的程度取决于其交感的深度。咸卦还讲的是交感双方感应神速之义，《杂卦传》说："咸，速也。"《系辞上》也说："不疾而速，不行而至。"

(二) 总结

咸卦或者叫《感》卦，我们通过《小象传》的解读发现，它讲了几条深刻的道理。第一，要有感觉才有真正的沟通协作。第二，感应要真诚。所以中国人经常讲"修辞立其诚"，诚的意思就是真实诚信。应用于言语交际，必须要求字里行间流露出真实的情感，最忌虚情假意。庄子说："不精不诚，不能动人。"你只是将热情表现在脸上、在表面上，这不算是真感应。进一步说，咸卦总体上是在提示大家，处理人际关系要做到心胸宽广，要用虚心来容纳；要做大事成大器，就要以一颗宽容之心与他人交往。第三，事物内部是相互关联、交互影响的一个整体。就像我们的身体是一个整体，大脚趾、腿肚子、小腿、脊背、脸颊都是身体的一部分，不管是哪部分的反应，都是一个整体的反应，部分不能脱离整体。推而广之，一个国家、一个单位，也是一个整体。所以无论是哪个部门，都只能遵从决策部门的指令而采取一致的行动，不能各自行动。

还是《象传》说得最深刻："天地感而万物化生，圣人感人心而天下和平。观其所感，而天地万物之情可见矣。"这里又提出了人心的概念，人世间所有的事情，都是以人心为基础的。受到天地感而万物化生的启发，找到人同此心、心同此理的同理心，推行开来，就可以天下和平。

《象传》的深刻之处在于说明咸卦作为下经的开端，表示的是作者对人道的理解。咸卦的主题是男女、夫妇，《中庸》就说："君子之道，造端乎夫妇。"夫妇为人伦之始，也是君子之道的发端，所以其卦辞一开始就说"取女吉"。《荀子·大略》篇也说："《易》之咸，见夫妇。夫妇之道不可不正也，君臣父子之本也。"正因为夫妇是人伦之始，所以咸卦位于下经之始，阐述总结了夫妇之道，其深层理由如下。第一，咸卦有天地之象，咸卦的夫妇之义，来自卦象中的阴阳之象。《序卦》在解释咸卦排在下经的时候，说了很长的一段话："有天地，然后有万物；有万物，然后有男女；有男女，然后有夫妇；有夫妇，然后有父子；有父子，然后有君臣；有君臣，然后有上下；有上下，然后礼义有所错。"万物之生，离不开天地阴阳的交合；人之出生，离不开男女夫妇的交合。第二，《象传》也明确说："咸，感也。柔上而刚下，二气感应以相与。"柔与刚，就是阴阳二气的代名词，阴阳"二气感应以相与"，这才是咸卦所描述的真实含义，咸卦之所以得名，正是因为它有阴阳相感应的卦象。第三，我们以"以虚受人"说明咸卦的主题是"虚"，其六句爻辞实际上描述的是从男女之间真挚的情感引申到天地感而万物化生的道理，再到圣人感人心而天下和平的道理，而不是把这一卦只局限在男女之事。咸之义大矣哉！

恒卦第三十二：立不易方

【本卦提示】"夫妇之道不可以不久也，故受之以恒。""恒"是坚贞不易、永不停歇之义。君子当坚守正道，立恒心，树恒行，成恒德。

本章以"立不易方"为枢纽来说说《易经》的第三十二卦恒卦。"立不易方"出自恒卦的《大象传》："雷风，恒。君子以立不易方。"这个"立"不能简单理解为成家立业，而应更多地解释为找到了人生恒定的信念和目标。这个"方"，是正道的意思。君子做事情不能改变人生最根本的道，要持之以恒，始终如一，这就叫"立不易方"。

首先，来看卦象。

《大象传》曰："雷风，恒。君子以立不易方。"所谓"雷风恒"，指的就是恒卦的上卦为震，为雷；下卦为巽，为风。风雷荡涤，宇宙常新，震刚在上，巽柔在下，刚上柔下，造化有常，相互助长，阴阳相应，这是宇宙的常情，所以称为"恒"。

恒卦的卦象是风雷交加，二者常是相辅相成而不断活动的形象，因而象征着长久。风雷交加怎么象征长久？大家想一下，天上的雷动风随，这是我们大家都能看到的现象，是大自然中最恒定的现象。所以说具体的家庭关系也是一样，不一定风平浪静才是长久，有的时候风雷相随，也是一种长久的状态。所以古人从这一自然现象来说明阴阳相随的道理，从而引申出夫妇也应当像雷与风一样，永远相伴相随。

另外，有恒心者事竟成，所谓"雷风恒""铁杵成针"，这些都是很多人占卦时候的常用语。"雷风恒""铁杵成针"看似是一夜成功，但是仔细观察就会发现，其实所有的成功都是长期努力和坚持的结果。

再次，来看卦辞。

恒：亨，无咎，利贞。利有攸往。

意思是：恒卦通达没有灾难，适宜守持正固，适宜有所前往。恒卦的卦辞一方面说利贞，一方面又说利有攸往，为什么？这是因为用于女子是利贞，适宜正固，对于男子就适宜有所前往，要出去轰轰烈烈闯一番事业。从卦象看，恒卦也涉及男女两方面。恒卦上震下巽。震代表的是长男，大儿子；巽代表的是长女，大女儿。这个"大"并非指家里的排行，而是指已经成年了，成年了就更要有恒心了。

再次，来看爻辞。

> 初六：浚恒，贞凶，无攸利。

"浚"，疏浚。本爻意思是：初六，掘进不止，凶险，没有什么好处。为什么初六这个地方使劲挖，像挖井一样掘进不止就凶险呢？《小象传》解释得非常好："浚恒之凶，始求深也。"一开始就求深，这很容易遭受崩塌之祸，坍塌了就凶险了。初六居于恒卦的第一爻，指代的是事情处在初始阶段。初六是个阴爻，但是处于奇数位，本来就失正。不只如此，他还居位卑下，所处位置不高，一开始就想求深远之成果，结果就是欲速不达。俗话说，还没学会走就想跑，这是不对的。所以说应该谨守正道，以防凶险。此外，我们生活中经常讲"交浅不言深"，一开始的时候，跟一个人还不熟悉，就先把他当作知心朋友，那结果当然是很糟糕的。

> 九二：悔亡。

这一爻意思倒简单：九二爻，悔恨自行消除。《小象传》说："九二悔亡，能久中也。"意思就是，九二没有悔恨，是因为能坚守中正之道。从卦象上看，九二属于阳爻居柔位，本来有失正之悔，但是由于其居位，是处在内卦中间的，所以能谨守中庸之道，以中为用。九二能谨守中道，恒久不偏，所以它代表的就是恒而有成。

> 九三：不恒其德，或承之羞，贞吝。

意思是不能恒守德行的人，常常会受到羞辱，如果坚持不改，就会有困难了。《小象传》说得更明确："不恒其德，无所容也。"不能保持其德行，反复无常，最后无人信任了，必然落到无所容身的地步，不仅会受到羞辱，前途也会堪忧。从卦象上看，九三属于阳爻居刚位，具有好动、急躁、冒进之象。本来九三跟上六应该是有所呼应的，但它处在内外卦之间，因此会出现躁动盲进、守恒不终的情况。凡无恒者，皆不能保其德，行事就会艰难，最终落了个无处容身的下场。左右摇摆，一会儿跟随这个，一会儿又跟随那个，这种行为就叫"不恒其德"，这样也就难免会"承羞""贞吝"了。

大家知道在《三国演义》中，"一吕二赵三典韦"，吕布的武力是排第一的。可是吕布最后是怎么样一个下场呢？被骂为"三姓家奴"。因为他一开始跟丁原，认丁原为干爹，结果他把干爹给杀了；然后跟董卓，结果把董卓也给杀了；最后没人敢收留他了，刘备都不救他了，落得被杀的下场。这就是《小象传》所说的："不恒其德，无所容也。"叛徒汉奸也是这样，最后也是无所容身的下场。

九四：田无禽。

意思是：九四，畋猎无所获。为什么去打猎了没有收获呢？这是九四在告诫我们，长久地处在不适宜的环境，错位而行，这是一种不好的境况。九四爻，属于阳爻居柔位的错位，位置不对，因此做事每每徒劳而无功，犹如到外面去打猎却没有什么收获一样。《小象传》分析这一爻说："久非其位，安得禽也。"长久错位又怎么能够捕获到猎物呢？可见九四可能是做事不踏实，如同去打猎，按理说久猎于山必得兽，久钓于水必得鱼。但是他不在猎物出没的地方守候，而是选择了错误的地方，不得其位，只能是缘木求鱼，无所收获了。总而言之，这九四是错位，不中，又是上卦震的主爻，喜躁动不喜沉静。就像有人钓鱼，秒起竿，这样怎么能钓到鱼呢？最后只能是一无所获。

六五：恒其德贞，妇人吉，夫子凶。

六五爻说：长久地保持美德，坚守正道，对女子是吉祥的，对男子则有凶险。有人可能要说，这一爻是不是有男尊女卑的意思呢？借机我给大家说一下，《周易》阐述的是处于不同位置、时势的道理，其实并没有男尊女卑的含义。所谓的天尊地卑，男尊女卑，乃是后来的儒家对《周易》错误的理解或有意的发挥，《周易》本义指的是阴阳、天地所处的位置不同。所以这一卦也是一样，他说长久保持美德对女子吉祥，对男子凶险，是因为六五阴居阳位而且得中，这是女子的柔顺之德。性质上阳追求创造，追求创新；阴则追求包容，追求包涵。刚健不可久存，而静柔却可以久在。如果将六五爻和上六爻的"振恒"对照解读，我们会发现六五讲的正是道家的"揣而锐之，不可长保"，也就是柔弱胜刚强的道理。

上六：振恒，凶。

"振恒"就是摇摆不定。意思是：上六，摇摆不定，不能坚守长久之道，凶险。《小象传》说："振恒在上。大无功也。"指出若摇摆不定，不能坚守长久之道，但是又高高在上，终将一无所成，不会有所建树。就像统治者朝令夕改，政令无常，其结果必所向无功。

上六处于全卦的最高处，又是上卦震卦的最上爻，所以有剧烈摆动的意向，身临高位而摇摆不定，是不会有所作为的。这就是好大喜功，很多的政治工程，都属于"振恒"，结果肯定是凶。正面的做法应该是什么？应该是"治大国若烹小鲜"。这小鱼肉很细很嫩，在烹饪的时候不能够使环节太烦琐，来回折腾，尤其是在高温里烹它的时候更要有耐心，要掌握火候。火候不到老是掀开来折腾、翻动，那鱼不就成了碎片了？所以烹鱼繁则碎，治民繁则乱。政策不能频繁改动，否则百姓很难明白国君的政策到底是什么，也就难以坚持执行，怎么能不凶险呢？

最后，卦名与总结。

(一) 卦名解析

从序卦来看，恒卦位于咸卦之后，所以《序卦》中说道："夫妇之道，不可以不久也，故受之以恒。恒者，久也。"《序卦》认为，咸卦主要是通过男女的感应推及夫妇，以至于天地万物。夫妇在迅速产生情感之后，就如同人们说的相爱容易相处难，接着要考虑的就是长久的维持，所以咸卦之后出现了恒卦。

"恒"，本义是永久、常久不变。《说文解字》说："恒，常也。从心，从舟，在二之间上下。心以舟施，恒也。"由心、由舟，就如舟可在天地间上下往返，由心系舟运转，经久不衰，表示心志的稳定、永恒不变之义。《诗》则说："如月之恒。"这个二代表天地，就如月亮在天地之间的阴晴圆缺，是永恒的变化，是永久的规律。"恒"字，左边一个竖心旁，右边上下都是一，中间是个日，所以是"一日复一日之心"。所以，就如我们常说的恒心，恒与心有关。"恒"一方面要求我们坚持，不改变，不动摇；另一方面其心必正，心不正，则行不正，行不正，则德不成，甚至有可能是"怨成""害成"。

恒卦能帮助我们更全面、更准确地理解"恒"的意思。恒卦的恒有两个意思：一个是贞，代表着坚持，代表着不易，就是不改变的恒；还有一个是不已、不停止的恒。比如我坚持原则一辈子不改变，这是有恒心；而永远在改变，不停改变，这也是恒心。大家经常强调恒之不变、不动的一面，实际上不断变动、不断进步，这也是恒颇为关键的一面。所以，认识到恒同时具有不改变和不停止的双重含义，这样才有助于立恒心，树恒行，成恒德。

(二) 总结

根据对六爻的解读，我们会发现关于"恒"，或者说"立不易方"的几个误区，我们可以把它叫作"三不恒"。第一个不恒是"愚昧之恒"，就是初六爻。比如一个人愣头愣脑去挖井，没有做过调查研究，选的地方不对，肯定有凶险。这时候越是坚持，就越与目标背道而驰，所以是"愚昧之恒"。

第二个不恒是"错位之恒",就是九四爻"田无禽"。你去田里捕猎,那个地方根本就没有猎物,环境不对,即使有恒心也没收获。我们再举个例子,《庄子·逍遥游》里边有一段话:"宋人资章甫而适诸越,越人断发文身,无所用之。"说有一个宋国人,到越国去卖礼帽,可是越国人的习俗是"断发文身",根本不戴帽子,所以东西是卖不出去的,这就属于"错位之恒"。

第三个不恒是"躁动之恒",就是上六爻"振恒"。比如说鸟,飞久了就会坠落;雷雨,下得多了、久了就会成灾。现在有一个词叫"金属疲劳",以金属之坚硬,拉伸到了一定的程度也会疲劳。人自然也是如此,没有哪个人像永动机一样,老是动,不懂得静;只动不静,"振恒在上,大无功也"。政事也如此,国家也如此,要明白动静相宜之恒。《道德经》里讲"躁则失君",急躁、浮躁、暴躁、狂躁,情绪也没法控制了,其他的事情也都做不好了。所以要懂得一动一静,"归根曰静,静曰复命"的道理,不要落入"躁动之恒"的误区。

那恒从正面该怎么理解呢?换言之,君子应该在哪几方面持恒?我们也总结了三个方面,可以把它叫作"三永恒"。第一个,中正可以永恒。能够守定内心的中正之道,如此可以得永恒之道,也可以得永恒之果。比如说孔子就坚信斯文不会被放弃,"造次必于是,颠沛必于是",一直坚持传承文化,坚持教育。司马迁坚信人生有三不朽:立德、立功、立言,忍辱负重,写《史记》立言。

第二个,德行可以永恒。明末清初的顾炎武先生对《易经》也深有研究。他说《周易》六十四卦,三百八十四爻,一言以蔽之就是"不恒其德","或承之羞"。人在德行方面不可学变色龙,要有底线。没有底线,没有恒德,那最后就落到被人羞辱、无处容身的下场。

第三个,静柔可以永恒。刚健不可久存,而静柔却可以久在。正所谓"仁者静柔故能寿,义者刚健故易折"。比如做侠客的,经常早早就牺牲掉了,也是一种"刚健易折"。时时刻刻不可离身者,"仁"也;适宜之时取用者,"义"也——

"义者，宜也"。仁者因为静柔故可以永恒。至于"义"，那是面临具体环境的时候拿出来用的，它刚健而大义凛然，故而不可久存。

总而言之，言而总之，恒卦告诉我们，好的东西，即符合正道的精神和行动我们应该坚持，要不忘初心，坚持始终则必有回应。如果不慎陷入误区，"假恒"的时候，则要早日清醒，所谓过而能改，亦善莫大焉。

遁卦第三十三：不恶而严

【本卦提示】"恒者久也，物不可以久居其所，故受之以遁。""遁"，是退的意思，代表隐退、避让。适逢乱世，君子当以退为进，迂回曲折，遁世救世。

本章以"不恶而严"为宗旨来讲遁卦。这个词出自遁卦的《大象传》："君子以远小人，不恶而严。"它的意思是说，君子从来不用以恶报恶的方法对付小人，而是采取挂冠退隐、远离小人的态度。

首先，来看卦象。

遁卦上卦为乾为天，下卦为艮为山，是天下有山，天高山远的卦象。《大象传》也说："天下有山，遁。"看这卦象，不管山多高，天往后退，但是天永远在山之上，这就叫"山高天退"，这就叫"明哲保身"。君子观此卦象，从中要领悟到什么呢？不必恶声恶气，不必以恶报恶，不必用直接的方式对付小人，而是应采取一种更有智慧的态度，即挂冠退隐，远离小人。首要的是保护和保全自身，等待合适时机的到来再出山，救天下。山有多高，天就有多高；看似山在逼天，而天步步后退，实则无论天怎样后退避让，始终都高居在山之上。体现在人事上，君子应该同小人保持一定的距离，以傲然不可侵犯的态度，截然划清彼此的界限，这样，自然而然会生出一种震慑小人的威严。山高天退，君子退隐，明哲保身，伺机救天下。遁卦这一思想，可谓是后来道家智慧的源流。

其次，来看卦辞。

遁：亨，小利贞。

意思是说，遁卦象征退避、隐退，通达，守持正固有小利。它告诉我们时势不利，君子该有应天顺时、韬光养晦、以退为进的明智之举。"小利贞"说明此处的隐退只是一时的，并不是永久地"躺平"，是我们常说的以退为进，为将来的发展积蓄力量。具体而言，隐遁也包含两类：一类是身遁，一类是心遁。身遁就是像隐士那样归隐山林；心遁则是收起锋芒，保全自己，具体的做法就是对待小人要敬而远之，不与当道小人同流合污。

再次，来看爻辞。

初六：遁尾，厉。勿用有攸往。

"尾"，末尾；"遁尾"就是最后逃遁的人。初六爻说：逃遁落在末尾的人，有凶险，不应有所前往。为什么？大家想，已经到了要逃遁的境地，说明当下时势不利，必须走得越远越好，越快越好，晚走一步就加大了遭遇危险的概率。所以《周易正义》说："逃遁之世，宜速远而居先。"如果落在后面，那就是"遁尾，厉"。

初六作为遁卦之初，又是阴爻，力量微弱，优柔寡断，错过了撤退的最佳时机，那应该怎么办呢？"勿用有攸往"，这时候就暂停脚步，不要轻举妄动，静观局势变化。若明知危险还要往前冲，还要硬碰硬，最后的结果就是自寻死路。《小象传》解释说："遁尾之厉，不往何灾也。"就是说安分守己才不会给自己招致灾祸。所以初六爻告诉我们，小人当道，君子进退两难时，最需要做的就是安守本位，静待时机，固守正道，不与小人起冲突。存人先存己，想要与小人对抗，想要救世，总要先保存自己的实力，"留得青山在，不愁没柴烧"。

六二：执之用黄牛之革，莫之胜说。

"执"，拴缚，捆绑；"黄牛之革"是黄牛皮做的绳索，这样的绳子非常坚韧结实，很难挣断；"说"在这里用作脱，意为挣脱、摆脱。这句话的意思是：用黄牛皮绳索将人捆起来，让他无法逃脱。从客观来说，外部环境的阻碍十分强大，如同黄牛皮绳一样使人无法挣脱。从主观来说，六二本身也没有遁逃的意愿。六二居于阴位，与九五阳爻相应和，如同忠心的臣子。他辅佐君王的心意像黄牛皮绳般牢固，不可动摇。《周易正义》解释了黄牛皮绳的含义：黄色象征着中和，牛生性顺从，牛皮坚厚，因此黄牛皮绳象征"中和厚顺"之道。君子应该秉持此道，顺承天意。

九三：系遁，有疾厉，畜臣妾吉。

"系"就是拴住,这里指有所牵挂;"係遁"的意思是被各种事情牵绊、束缚住了,无法挣脱;"疾"就是疾病;"臣妾",古代男奴隶称"臣",女奴隶称"妾"。九三爻的意思是说,逃遁的时候被牵绊住了,无法退避,将会遭到疾病与危险,蓄养臣仆和妾女可获得吉利。

九三爻处于牵绊未除,还要强行脱离的境地,这样会遭遇祸患。为什么呢?《小象传》说:"係遁之厉,有疾惫也。"想遁又不能遁,进退维谷,心力交瘁,就像疾病缠身一样痛苦。这时候你得干什么才能转危为安呢?"畜臣妾",就是通过一些安于享乐、沉溺情色的举动来向身边的小人、敌人表明:我做不了什么大事儿,对你们没什么威胁。《小象传》说:"畜臣妾吉,不可大事也。"不去掺和治国理政的大事,只是享受一些小乐,这样得势的小人自然会慢慢掉以轻心,也不会来伤害自己。康熙帝不就是这样擒住鳌拜的吗?他召集亲贵子弟假装玩摔跤游戏,等鳌拜放松警惕时将其一举拿下。一时的忍让并不是真正的妥协,而是借这个时间暗中积蓄自己的实力,等待转机。

九四:好遁,君子吉,小人否。

九四爻的意思是:美好的脱离,对君子来说是吉祥的,而对小人来说则不利。为什么呢?《周易正义》说君子"超然不顾,所以得吉",也就是说君子面对着财富、地位等等诱惑,能够不动心,不受影响。他们判断时势到了该遁的时候,就能有决断、有魄力地急流勇退,从而避免了潜在的危险,所以是吉祥的。而小人则相反,他们"有所系恋,即不能遁",小人因为志向不坚定,容易被荣华富贵等诱惑、牵绊,当断不断反受其乱,最终错过了遁退的时机,将自己陷入危险之中。九四爻区分了君子和小人的区别,君子果断,小人犹豫,他们的选择不同,结局也不同。

九五：嘉遁，贞吉。

"嘉"，就是善的，美的。这句话的意思是：脱离旧环境既善且美，持守正道，结果是吉祥的。九五地位尊贵，以乾居乾，得其中正之位；六二行为端正，不敢违抗九五的命令。这样的局势与环境虽然不算危险，但是九五预想到了潜伏的危机，此时的遁退是未雨绸缪。这样的行为产生了什么样的影响呢？就是本卦的关键词——"不恶而严"。君子不屑于与小人为伍，也不会用下作的小人手段以牙还牙，而是在小人张扬之时避退，不与其争锋。九五遁避并非懦弱，相反，这凸显了他自身高洁的品格。因为他划清与小人的界限，并且产生震慑小人的威严之感，因此称为"嘉遁"，得到"贞吉"的结果。

举个例子，唐朝的李泌，智慧早成，能文善辩，在开元年间为唐玄宗、张说和张九龄等所器重。安史之乱，李泌来到灵武，和郭子仪一文一武，成为唐肃宗身边杰出的辅臣，在平乱的过程中立下大功。后来，张良娣和李辅国狼狈为奸，阴谋赶走李泌。李泌隐约看到向他逼来的幢幢鬼影，便恳求到南岳衡山隐居。之后唐代宗召其时已做了隐士的李泌到长安，强逼他吃肉、娶妻、做宰相，做世俗士子。李泌固辞宰相，却被迫娶了妻子。此后，李泌在权臣元载、常衮的驱逐下先后被调迁楚州、澧州、杭州，在这些地方为人民办了许多实事，政绩突出，而那些奸佞小人抓不到一点害他的把柄。后来，唐德宗继位，他昏聩无能又刚愎自用，酿成藩镇叛乱，外侮不断，几乎倾覆了唐王朝。在十分紧急的关头，唐德宗只好任命李泌为宰相，以挽救危险的局势。李泌受任后，提了许多有针对性的坚持正道、说理透彻的建议，最终为德宗接受。后来，史家评论李泌为国尽职是忠臣，及时远祸是高隐，机智周旋得全身，立德立功又立名。

人生如大江，波诡浪谲，成败祸福很难预料。古人有"用行舍藏"之说，指被任用则出仕，不被任用则退隐。有时，看清时势也是一种智慧。李泌在两次天下大乱时，能主动襄助唐肃宗、唐德宗，正体现了他善于审时度势、知己知彼的大智慧。九五爻就是告诉我们，退隐以时，是值得赞美的，前程通泰吉利。九五这一爻的"嘉遁"是比九四爻"好遁"更胜一筹，它距离阴爻尚远，却能明辨时事及时退隐，同时并未放弃自己的职责、信念和志向。

上九：肥遁，无不利。

"肥"在这里用作"飞"。上九爻的意思是：高飞退避而去，没有什么不利之处。上九为全卦的最上端，处外卦之极，下边没有与其相应的牵绊，上面也没有任何障碍，所以内心没有顾虑，外界也没有阻挡，正是远走高飞的好机会，这样的退避是没有什么不利之处的。如果我们把"肥"理解为"丰裕"，也能说通。上九为阳爻并身居高位，已经为退避做了充足的准备，并且积蓄充盈，能够保障退隐之后的生活，所以没什么不利的。所以这一爻揭示了"遁"的最佳状态：外部环境没有牵挂，内心意志足够坚定，不会受到诱惑和阻碍，超然远去，也就能获得好的结果。

最后，卦名与总结。

（一）卦名解析

《说文解字》说："遁，迁也。一曰逃也。"《广雅》也说："遁，避也。"可见"遁"的本义便是逃避、逃跑，引申义为隐遁、躲避。《序卦传》说："物不可以久居其所，故受之以遁。遁者，退也。"遁卦上一卦是代表常久不变的恒卦，虽然夫妇之道以恒为贵，但凡世间万物必有衰微之时，不可能永远停留于一个地方，保持同一个状态，所以恒卦接下来是代表隐退、避让的遁卦。当然，正所谓"反者道之动"，衰微者也终将有盛大、壮大的时候，所以遁卦绝不是单纯的退避，它整体的状态是天大山远，以退为进。遁对于贤人而言，恰好是摆脱束缚，防止灾祸，隐退山林的理想境界。

（二）总结

总的来看，遁卦的六爻其实就是六种"遁"的境况。君子处于困难的境地，受到小人的困扰，这时要退避才能更好地保全自己，也更能凸显自身高尚的品格，产生震慑小人的威严，也就是"不恶而严"。遁卦的道理是遁世救世，以退为进，这不就是"曲则全"的道理吗？这是人在特殊环境下的一种生存方式，讲求的是和善下处，适时进退。按一下暂停键，或者暂时妥协，是为了日后能够成功，此时遁世是为了将来能更好地救世。其实说一事，大家就会更明白：武当山南宫殿有一块巨大的匾额，叫作"曲成万物"，自然界生成的万物并没有笔直的，都是曲线生长的，人不也是如此吗？要懂得曲则全的道理，懂得以退为进，适时再出世救世。

大壮卦第三十四：羝羊触藩

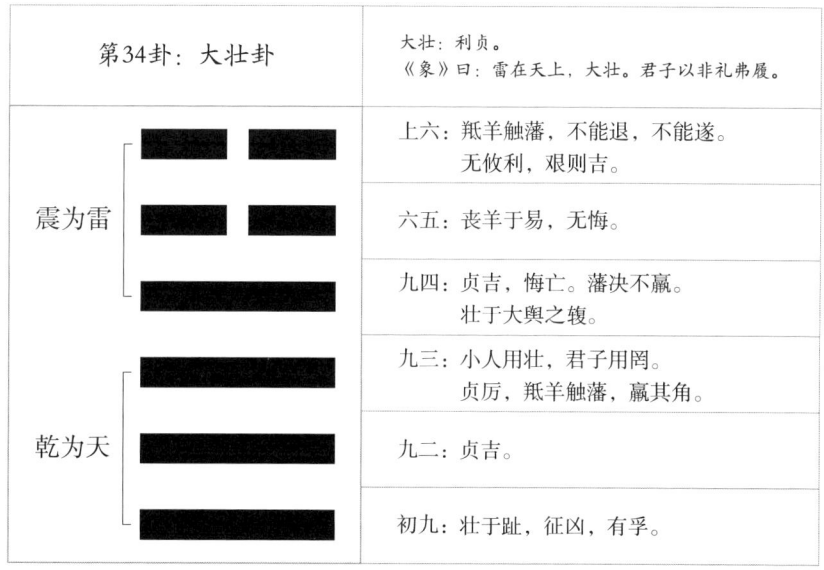

【本卦提示】"物不可以终遁，故受之以大壮。""大壮"是强盛之态。然物壮则老，君子当知壮守弱，知雄守雌，度德量力，谦退持中，方能长久。

本章我们以"羝羊触藩"为宗旨来讲大壮卦。这个成语的意思是公羊的角缠在篱笆上，进退不得，比喻进退两难。这是我们经常遇到的情况啊！那我们来看看，《易经》的智慧又给我们什么样的启发呢？

首先，来看卦象。

大壮卦的卦象，上为震为雷，下为乾为天，"雷天大壮"，雷在天上。大家想一想这个情形：天上雷声响亮，云雷滚滚，声势浩大。大壮卦的六爻，四阳在下，二阴在上，象征阳气上升而强大，阴气下沉而逐渐被削弱。四阳壮盛，积极而有所作为，光明现于天际，为正大光明之象。事物达到大壮卦的状态时，是足够强大强壮的。积蓄实力，蓄势待发，这是它有利的一面。同时，在大有作为、积极进取的时候，就会难以控制自己的行动，稍有不慎就会出现"妄动"。所以此卦就提醒读者，到了大为强盛的阶段，也很容易自惹祸端，应戒之、慎之。

我们前面讲过十二消息卦，大壮卦也是十二消息卦之一，代表的节气是春分。大家知道，惊蛰已过，便是春分，此时天上方有雷声，大地上呈现出一派声势浩大的景象。这是一派极为盛大的景象，但是切记不要得意忘形，要心平气和，不要招摇。虽然此时的大趋势是阳气压倒阴气，但是我们同样也要注意到，阳气的上升过程已过大半，之后总有一天会逐渐走上下坡路，就好像和煦的春和热烈的夏之后，接着的是肃杀的秋和严寒的冬。

其次，来看卦辞。

大壮：利贞。

大壮卦，利于长久地坚持正道。《大象传》解读说："雷在天上，大壮。君子以非礼弗履。"这个解释得好啊！当值大壮之世，君子应该遵守社会礼制，不做非礼之事，并且能够长久地坚持。从卦象上看呢，本卦上卦为震，震为雷，也比喻刑罚；下卦为乾，乾为天，也比喻君主、朝廷。大壮的卦象是天上鸣雷，一打雷，我们都会感觉恐惧，一恐惧就有敬畏，一敬畏就少干坏事。也象征着统治者以强大的威严治下，因为礼法森严，凡事皆依礼而行，所以臣民怀有敬畏之心，社会得到治理。

再次，来看爻辞。

初九：壮于趾，征凶，有孚。

什么意思呢？意思就是初九，强盛到了脚趾，向前进发则有凶险，应该坚守诚信。"壮于趾"就是按捺不住想动了，想往出跑；"征凶"，一动必凶。而这个"孚"呢，就是孵小鸡的孵的意思。卵化而后孵出小动物的时间是比较准确的，所以"孚"或者说"孵"，就代表着诚信中的信。

本爻是阳爻在初九位，这种情况乾卦给我们树立了一个很好的模板，叫"潜龙勿用"，这是事物初始阶段的不易法则。就如同"潜龙勿用"不是说完全不能用，而是强调动和用的时机，初九爻讲"有孚"也有两方面的意思：一方面告诫不要动，强调现在还不是时候；另一方面又对这个动加以肯定。正所谓"孰能安以久？动之徐生"，动是很关键的，只是时机未到，你还不能这么做。积极的想法和动机值得肯定，可是也要意识到在时机未到的时候，那就是妄为和盲动。

九二：贞吉。

意思是九二这一爻，贞正得吉兆。九二完全体现了大壮卦的精神，在大壮则止的原则下，只有"贞"，即谨守中道、正道，才有"利"，才能"吉"。在和遁卦的新旧势力交接过程中，九二在正确的道路上一直坚持，每一步都走得很稳。坚持走中庸、中正之道很关键，因为大壮是阳气强盛的一卦，从正面看是积极进取之象，从反面看则有阳刚过甚、阴阳失调的风险。所以在大壮卦中，九二虽然阳居阴位，是为失位，却反而因为刚柔相济而获得吉利。

九三：小人用壮，君子用罔。贞厉，羝羊触藩，羸其角。

这个九三是说，小人捕动物，捕野兽，凭的是气力硬来；君子捕兽呢，是用网把它围住。如果你只凭气力，最后只能像公羊以角触篱笆墙，结果被篱笆给卡住了。这个爻辞中的"贞"对应的是君子，意思是君子用网是吉兆；"厉"对应的是小人，意思是小人只凭蛮力，结果非常糟糕。这是把正反两个方面的结果都摆出来了，具体说明如果一味用壮，就像公羊一样乱冲乱撞，羊角被卡在藩篱上，越挣扎，捆得越紧；越挣扎，越磨损；越挣扎，力气消耗越大，越虚弱。意思很明显，这是在赞扬君子克己的守正之德，告诫恃强妄为的将至之祸。

九四：贞吉，悔亡。藩决不羸。壮于大舆之輹。

"羸"，指缠绕困住；"不羸"是指摆脱束缚和拘系。"輹"字本来又作辐，车之辐条。这一爻辞的意思是：九四，吉兆，没有悔恨。就像公羊冲决了藩篱，羊角没有被缠住；又好像车輹很结实很壮，车跑起来就很快很稳。

各位注意看，九四属于类似二把手的位置，这个位置很重要，也很容易走偏。这个爻辞就是告诉我们，守好"勿用"的原则。有时不该你管的事，不该你主导的事，不要插手。你要小心，不可功高盖主。要刚柔有度，不要一味往前冲。这样就可以好像羊角不被缠绕，不会受伤；又好像车辐条强盛结实，可以走得很远。壮大进取不在于一时，羊奔草原，车行千里，所想所求在于长久。于人而言，讲求的是要行稳致远。

六五：丧羊于易，无悔。

这里的"易"实际上是指狄人，南蛮北狄。六五爻的意思是丧羊于狄，没有大的灾祸。什么意思呢？这是在讲一个故事：周人在跟狄人争夺、发生冲突的过程中，北狄抢掠了大量的牛羊。而周人迁到岐山后，反而发展得更好了，牛羊繁衍壮大，弥补了以前的损失。所以爻辞借此故事说，失就是得，有时候失去一片地方，反而能找到一片更好的地方，失得无悔。

从卦象来看，六五已经很接近上卦之极。又因为四阳在下，到了六五变成一个阴爻，他处于大壮已经过去了的阶段，这时候就容易发生一些不好的事，比如丧失羊群。好在六五以柔居中居尊，有柔顺之象，所以不至于遭遇大的凶险，能够"无悔"。

上六：羝羊触藩，不能退，不能遂。无攸利，艰则吉。

上六讲一什么事呢？"羝羊触藩"，羊角插进了篱笆，退不了进不了，处境不利。但是，目前虽然处在艰难之中，最终可以化解逢吉。

是啊，冲动莽撞付出了代价，羊角卡在藩篱里了，进退不能，没地方去。怎么办？艰则吉！只能忍着，不论碰到什么情况，只要能忍，终会过去。如《小象传》所说"艰则吉，咎不长也"。任何一种状态都不会很久，错咎啊，过失啊，损失啊，也都不会长久。只要坚持，走正道，那结果就是吉祥，这是自然法则。从《周易》六十四卦的发展顺序来看，上六是大壮卦的最后一爻，后面就该是象征前进的晋卦了。忍忍，到了晋卦问题也就可以解决了。

《易经》有一个简易的法则，当你现在没办法的时候，扛住就是本事。熬一熬，忍一忍，熬到下一个局面，问题基本上就不存在了，所以说时间是最好的疗伤药。一时之间遇到困难不要怕，坚持走中道，走正道，最终会得到好的结果。

最后，卦名与总结。

（一）卦名解析

《说文解字》解释这个"壮"就是"大也"。古人将三十岁的男子称为壮年，可见壮就是壮大、强壮的意思。《序卦传》说："物不可以终遁，故受之以大壮。"就是说不能总是逃避，还得努力地强大强壮，所以要大壮。这大壮卦，重点是表示经过"遁"，力量已得到了最大的积累，现在已蓄势待发。总之，经过明哲保身、以退为进积蓄力量的遁后，阳气终于压倒阴气，发展到大为强盛的阶段。阳气也象征君子，阳气隆盛的大壮就比喻君子壮大强势的情形，是一个吉卦。

（二）总结

"大壮"有过于强壮之义，大壮卦阐释了事物怎样壮大和如何行事的法则：危险隐藏于自满中，居安思危才能长保良好局面。当气势雄壮时，滥用自己的力量，也可能给自己带来麻烦。

就大壮卦六爻的要求而言，初爻等待壮大，二爻坚持中庸，三爻不可逞强，四爻前进吉祥，五爻谨防壮大衰退，上爻自保待时。《道德经》里老子讲："物壮则老，谓之不道，不道早已。"所以在壮大之时，不可逞强用壮，恃强好胜。要懂得持壮守弱，谦退持中，知壮守势，度德量力。《道德经》第二十八章则告诉大家要"知雄守雌，知荣守辱，知白守黑"，道理都是一样的。

当然，大壮卦还指出守正的核心是心念要正。各位来看一下卦象，内卦的中心是九二，阳爻，居阴位。强调在阳气上升之时，要刚柔并济，修德必先正己，不要老站在道德高地去指责别人。外卦的中心是六五爻，是阴爻居于阳位，是说阳气过于强壮之时，应当坚持以柔克刚的策略。当步入衰退时，要保持头脑清醒，隐忍冷静，只有这样才能终身无忧。

晋卦第三十五：自昭明德

【本卦提示】"物不可以终壮，故受之以晋。""晋"象征着进步与更新。君子当贞静自守，自昭明德，方能如日之升，如月之恒。

本章以"自昭明德"为宗旨说说第三十五卦晋卦。我们先来看一下这个成语的出处，晋卦的《大象传》："明出地上，晋。君子以自昭明德。"这个象辞说，光明从地下走了出来，这就是晋卦的卦象。作为君子，要自我表现出光明的品德，正所谓你若盛开，蝴蝶自来。

首先，来看卦象。

晋的卦象是什么呢？是光明从底下冒了出来，也就是火从底下冒了出来。火是上升的，这是本卦的基本特点。晋卦的主卦是坤卦，为地；客卦也就是外卦，为离，也是丽的意思。这个寓意有两层，一个是只有柔顺才能成就光彩亮丽，自命不凡是没有出路的。二是火在地上，火势上扬，象征着不断往上升，意味着前进和昌盛。"晋"，日出万物进，也就是万物随着太阳一起前进，一起生长。自古以来，我们都喜欢把君王比作太阳，其中有众人受到君王的恩泽而有所作为的意思。加官晋爵无疑是恩泽中关键的一项，所以"晋"也有晋升、升值的含义，这个意思一直沿用到今。

晋卦的主卦即内卦，是坤，坤者柔也。所以晋卦整体尚柔不尚刚，这是一个普遍的规律。六十四卦中，壮盛或者呈上升之势时，都力戒用刚，需要以柔相济，柔顺谦恭。总之，晋卦是一个开明的景象，红日磅礴而出，顿时使大地充满了光明和热，处处是生机勃发繁茂昌盛的景象，描绘出一个光明四射的人生丽景，令人期待。晋升、晋级都来自此卦，所有有理想、有能力的人都应该求上进。这一方面讲我们人要顺应自然规律，另一方面须自昭明德，人要自己照亮自己。这是晋卦的主旨，也是晋卦的原动力，更是核心。

其次，来看卦辞。

晋：康侯用锡马蕃庶，昼日三接。

晋卦的卦辞，给大家讲了一个故事。康侯姬封，是武王的弟弟，成王的叔叔，开始的时候被封于康地，所以叫"康侯"。"锡"，就是赏赐。"蕃庶"就是繁殖众多。康侯用武王赐给的良马生育出许多良马，武王因此一天多次接见他。隐含的意思是，人才层出不穷，良马一匹又一匹，其实讲的是个"晋升"的故事。

康侯用心做事，得到了成王的赏赐，得到了晋升。当然，也有人说"康侯"不是指具体哪一个人，"康"，美名也，指的是那些能安民治事的诸侯，也说得通。

我们再来看一看《大象传》是怎么解释晋卦的卦辞的。《大象传》曰："明出地上，晋。君子以自昭明德。"意思就是说，君子要自我表现出光明的品德，就像康叔一样。作为一个君子，一个晋升者，应该自觉地表现出光明的品德，要和天地相吻合。君子的"自昭明德"有两个关键方面：一是人的光明要如同日月；二是做事要非常有秩序，如同一年四季一样有序。"自昭明德"是晋升之人能够以德配位，以期"长晋"的前提与保证。

再次，来看爻辞。

初六：晋如摧如，贞吉。罔孚裕，无咎。

"罔"是空的意思；"孚"就是信；"摧如"就是被摧残；"裕"是宽裕，丰富。初六爻辞的意思是：刚晋升就受到摧残排挤，守正道可获吉祥。不受信任，也要把心放宽，这样最后才能没有灾难。

为什么刚晋升就会受到摧残？因为还不被信任。六二、六三都是阴爻，初六待在最下边，晋升受到了阻力。但是"贞吉"，意思是你得把它看成好事，因为初出茅庐的人很少能不受摧残、一帆风顺的，"摧如"是人成长的必经之路，被摧残后才能有长进。刚开始社会地位、威望学识、诚信等各方面都不足，只有到"裕"的时候，也就是从容宽裕的时候才可以被人信任。等到晋升至高处，拥有了诚信与威望，不信任的人也不敢摧残你了，或者说他哪怕想摧残你，也没办法摧残你了，那就无咎了。

初六给我们一个重要的提醒，"匹夫无罪，怀璧其罪"。不论谁继承了宝贵的璧玉，恐怕都会受到这种"摧如"，这是正常现象，关键是要懂得怎么去应对。

《小象传》解读得好："裕无咎，未受命也。"意思是说，你得等到宽裕的时候才无咎，原因是命还没到呢。所以《小象传》说晋长之初就受摧折，说明初六应该独自践行正道，宽裕之时，才能没有咎害。同时这也说明初六目前命还没到，他的"贵人"还没有提拔他，还得受到挫折。

六二：晋如愁如，贞吉。受兹介福于其王母。

"介"是大的意思。"王母"是指六五爻，六五爻为君位，阴爻居君位，所以称为"王母"。六二爻意思是：在晋升的时候啊，满脸愁容，守正可得吉祥。这样宏大的福泽是从"王母"那里得来的。

"愁如"是忧愁的样子，和初六的"摧如"一样不是很好的状态，为什么也是"贞吉"呢？从卦象上看，这六二阴爻居柔位，居于下卦之中，得其当位，已经晋升到了一定的地位。但是他上下二爻也都是阴爻，没有大人物来帮助他，上升的路途很坎坷，故而忧愁。不过好在六二在晋卦中属于进取心不强的，有中正柔顺之德，结果还是很吉祥的。就好比一个人当了官，有一定地位了，但是官途艰险。虽然他很忧虑，但是始终能够保持中正的德性，小心谨慎地做事，所以最终结果还是好的。不仅如此，六二贞正的德行还感动了"王母"，也就是六五。即便六二、六五都是阴爻，并非正应，但是六五高居尊位，二者都具有中正之德。所以这六二爻告诉我们，晋升有困难也不要紧，只要谨慎小心地做事，始终不忘修养、守持自身的德行，会有好的回报。

六三：众允，悔亡。

六三爻意思很简单：得到众人的信任，无所悔恨。《小象传》说："众允之，志上行也。"解释得很清楚，说这六三之所以失位还能无悔，是因为得到了众人对他的相信与支持，他的志向是向上行进的。六三爻讲了两个方面：一是一个人想要晋升，必须有好的群众基础。下面的人都相信、支持你的工作，上面的领导才会认可你的能力，有机会的时候拉你一把，提拔一下。二是晋升者本身要有一颗上进之心，坚持朝着目标努力，不断攀爬，而不是有所小成就想躺平不动了。这样即使得到了领导的赏识，也很可能会自己把机会弄丢。下面的人支持你，上面的人信任你，晋升之路自然水到渠成，没有悔恨。

九四：晋如鼫鼠，贞厉。

意思是说，像鼫鼠一样晋进，守持正固会遇到危险。鼫鼠其实就是民间说的"喇喇蛄"，它代表着小人。为什么守持正固还有危险？因为有的人像这鼫鼠一样晋进，挖门盗洞，投机取巧，还把这个当作"贞"了，成功一次还想下次也这样，一直坚持。所以九四爻就提醒你，就算一时得逞，结果也不会好，很危险。

我们还得靠《小象传》来给我们解出真实的意思："鼫鼠贞厉，位不当也。"九四不正，也不当位，位高而德薄者不可久存。九四是高位，高位被这个鼫鼠占着。鼫鼠象征着贪婪腐蚀等人性的恶，繁殖还很快，如果不加制止，将为恶无穷。九四，阳爻处在阴位，有把六五这个大领导给遮起来、给蒙蔽之嫌，这是违反"晋道"的。这样即使得到了晋升，但方法不正当，结果也会很严重。所以说，晋升必须是经过艰苦的磨炼，并获得大家的认可，这样才可以避免危险。德不配位是最危险的事。

六五：悔亡。失得勿恤。往，吉，无不利。

"恤"是忧虑的意思，"失得勿恤"是说降服了得失心，失去了也没有感觉到什么忧伤。六五讲的是吃了败仗，也不要气馁，只要再接再厉，终必转败为胜，无往不利。

晋卦里边有两个"悔亡"，也就是悔恨之事消除。六三要"众允"才能"悔亡"，"众允"是条件，得到大家的支持才能做到。而六五没有条件，上来就说"悔亡"，最后"往吉，无不利"，可以放心大胆前进。那么这个"失得勿恤"，真的是不计得失吗？其实也不然，是为了更高的追求，宁愿丢下眼前的小得。《小象传》讲了一个关键的说法，叫"失得勿恤，往有庆也"。在常人看来，丢掉的东西就叫作"失"，《小象传》反而说受到挫折，失去了什么，不要气馁，勇往直前，这是好事啊！智慧修到了这种程度，往哪去、往哪求，都是皆大欢喜的局面，他已经脱离了人世间得失的束缚，进入更广阔的天地了，是真正光明的中心。六五爻，是对成大事者的寄望，因为他居于尊位，位置很高，如今能够放下身段，包容各种各样的人，故而无所悔恨。

我们中国人讲"舍得"，"舍"的过程同时是一个获得的过程。大家再看看《易经》，《易经》把它叫"失、得"，很少用"得、失"。用"失、得"是告诉大家，失去本身就是一种获得，如果能够想通这一点，我们也不必去忧虑这些烦恼了，所以"往吉，无不利"。只要你走得正、行得端，就无需担忧一时的得失，勇往直前，终将得到你所希望的结果。

上九：晋其角，维用伐邑。厉，吉，无咎，贞吝。

上九是个阳爻，晋升到了顶点了，头角峥嵘，只有用征讨小国来建立功勋，危险中会有吉祥，当然也会遇到困难。

这在说什么呢？上九爻处晋之极，过刚失中，所以叫"晋其角"，头角峥嵘，知进不知退，晋升到了极点，反而失去了权力。上九是一个追求功名的人，所以他想通过去征讨一些小的国家来继续提高自己的荣誉。这样做虽然也可以暂时维持局面，但终究不是长久发展之道。

此时该怎么办？应该用文德继续建立自己的功勋。《小象传》说："维用伐邑，道未光也。"意思是，到了上九这个位置，这该做的都做了，该升的都升了，这时候应该好好锻炼自己的文采品德，这样才能够有更大的发展空间，否则叫"道未光也"。上九处在晋卦之终，有明出地上，盛极则衰之象，所以晋极。到了顶端光明将损，唯有刚动而有应，所以去征伐那些不服气的小国。然而用武征战，又居位不当，所以即使"无咎"，还是有遗憾。

总而言之，到了上九的位置要千万千万小心谨慎，应该更多用文德修养自己的品德，这才是光明大道，才是正确的选择。虽然爻辞说靠"伐邑"来晋升或可"厉吉无咎"，但是按照序卦来看，晋卦上九是往下一卦明夷的过渡，明夷卦很痛苦，卦辞就三个字，"利艰贞"，意思是艰苦地守贞，才能得利。晋卦毕竟过刚而未能柔，非晋之道也。这对我们是一种警示，到了上九爻，来到了晋的极端，进步和发展已经到了顶点，这时再往前冲也没有意义了，需要修正和改变自己的策略，查找一下内部的问题，如果发现问题就要全力消除。这样做虽然会引来误会与危险，但若是无所行动，将会更麻烦。

最后，卦名与总结。

（一）卦名解析

晋卦的《象传》讲："晋，进也。""晋"含有长进、前进的意味。《说文解字》也这样讲："进也，日出万物进。"说这个"晋"，太阳出来普照大地，使万物向前发展。清代有《说文解字》四大家，其中有一个叫桂馥，他有一本书《说文解字义证》。在这本书里，他解释"晋"为"日出于地，万物蕃息"。是说"晋"是万物生生不息的意思，所以这个"晋"象征着进步，主吉祥。

我们来分析一下这个字。"晋"字，上方两竖，像什么呢？像从地里长出的两株作物。"亚"，就代表着下一代，所以这种作物是可以结种子的植物。这两株作物也表示竞争的关系，向上生长，蒸蒸日上，欣欣向荣。下面是个"日"，是阳处阴位，阳气上升，阴气下降，叫作"冲气以为和"，形成一个和谐美丽的画面。负阴抱阳，这是生物基础，滋生万物。所以在帛书《易经》中，这个卦名叫作溍。有阳光，有水，就是负阴抱阳，孕育下一代。

《序卦传》中说："物不可以终壮，故受之以晋。"晋卦的上一卦是象征大为强盛的大壮卦，然而万物不可以恒久强盛，强壮后还必须有所前进、发展，更长久地保持这个好的状态，所以接着是象征进步的晋卦。从大壮卦到晋卦，反映的是物盛极而衰的规律，《道德经》也有"物壮则老"之说。唯一的方法就是不断精进，不断进取，以求延长壮盛的阶段，但是要谨记有所为有所不为。怎么做呢？要光明磊落，光大自身的光明之德，发出自己的光和热。所以，君子应当充分显示自己的才华和美德，发挥自己的作用。

（二）总结

晋卦的六爻，初六爻如初升之朝阳，为进步之始，可是地位低下，力量微小，宜静不宜动，只有贞静自守，先求其明，方为正道；六二爻在下卦三阴之中，重阴遮蔽，"晋如愁如"，犹疑不决，所幸居中得正，有致虚守静，贞而得吉之相；六三爻虽然居身不正，但下得众人之力，上得阳明之助，性柔志刚，自强不息，借他人之道，成自己之明；九四爻是居位不当的小人之相，犹如贪婪成性而又胆小怕事的鼫鼠，虽然用明得正，但是德不配位，最终难免危厉之果；六五爻柔而上行，为本卦之主，处在二阳之内，柔而得中，是灾去福来，正当盛运之相。纵然有小悔小失，但只要能柔顺上进，也必然无往而不利；上九爻徒然拥有刚强之质，却不知时穷势极，不能知已守正，为一已之私而躁动，前无去路，退而为私。虽能克己而得正，也是自取有咎之道，具有很强的警示意义。

从上面的六爻来看，越是处在上面的离卦三爻，就越是高而难进，尤以九四、上九二爻刚为甚。九四爻进非其道，上九爻穷极而进，这二爻都有失柔进之道。进亦有道，只有了解进步过程中的智慧和规律，才能更好地选择适合自己的行为。

所以晋卦告诉我们晋升之道，要以九四、上九爻的危厉来诫勉自己的言行，以初、二、三、五之柔进来劝勉自己的行动。让我们能够随时知进退，举止得宜，这样才能日新其德，如日之升，如月之恒。

明夷卦第三十六：明夷于飞

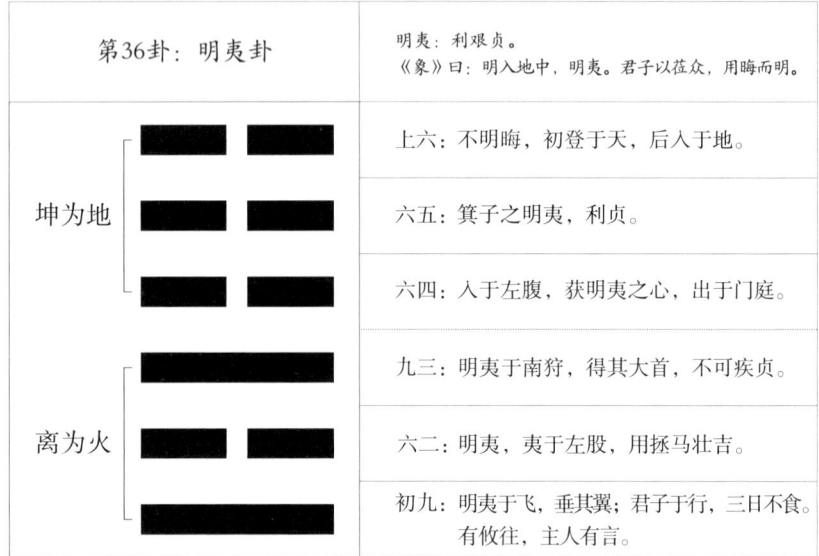

【本卦提示】"进必有所伤，故受之以明夷。""夷"，是受伤的意思，寓意着黑暗与困境。君子当心存光明，坚守正道，谨言慎行，韬光养晦，方能冲破黑暗，拨云见日。

本章以"明夷于飞"为宗旨来解释明夷卦。明夷卦下卦为离为火、为日为明，太阳下山落入地下就叫作"明夷"。也可引申为光明受阻，将有乱世、战乱，社会将陷入黑暗，善良将受到伤害的意思。"明夷于飞"的意思就是说光明受到伤害时，想要如鸟一样飞行，那就要低垂着翅膀，别张扬、别招摇，才能免于祸患。这个成语中的"明夷"还有一种说法，就是鸣叫着的鹈鹕，这是一种鸟。鸣叫的鸟有一种象征的意义，就是指遭受艰难的贤人志士。

首先，来看卦象。

明夷卦的结构是离下坤上，上面是大地，下面是太阳或者说火，"地火明夷"。它要表达的意思是什么呢？"日出地上，其明乃光，至其入地，明则伤矣。"太阳本该从地上升起散播光明，但是现在"火"，也就是太阳，躲藏到地底下去了，看不见了。那么火为什么要躲到地底下去呢？因为这还是一把小火，如果在地上面风一吹，也许就被吹灭了，就很难发展起来了，它躲到地下，是为了韬光养晦来历练自己。当它成为熊熊烈火，就像太阳一样从地上冒出来的时候，就变成晋卦了。所以《大象传》就说："明入地中，明夷。君子以莅众，用晦而明。"

来举个例子，著名的周文王拘羑里演八卦的故事。文王具有光明之才，但是他被关起来，儿子都被做成肉羹了，自己也一直面临着生命危险，处境无疑是黑暗的，可以被称为"明入地中"。但他一直在隐忍，在狱中的时候推演《周易》六十四卦，等到出狱之后，便让周人有了大的发展。这就是《大象传》说的"用晦而明"。

其次，来看卦辞。

明夷：利艰贞。

卦辞就五个字，意思很简单：明夷卦是有利于在艰难中向前进的。各位学《周易》有没有发现，我们民族中有一个很重要的精神，越是在艰难的时候，越要懂得隐忍；越是在艰难的时候，越要坚持信念。前途是光明的，道路是曲折的，不要丧失信心。所以这卦辞是说，韬光养晦，即使有困难，也要向前进，越是艰险越要向前。

再次，来看爻辞。

> 初九：明夷于飞，垂其翼；君子于行，三日不食。
> 有攸往，主人有言。

"于飞"就是指在飞行之中。初九爻意思是：在光明遭到损伤的时候飞行，像飞鸟低垂着翅膀，惊慌快行。君子前行的时候，多日没有饭吃。在此时行动，必然受到上位者的责备。

为什么没有饭吃？因为不论是飞鸟还是行人，在仓皇离开的时候是顾不上饮食的。初九位于卦底，处于"明夷"之初，当务之急是尽快远离此地，躲避灾难。走的时候要"垂其翼"，也就是希望低调、保密。同时，初九阳刚，有动的志向；又处在低位，有所动必为人所疑。所以本爻劝诫阳刚君子不要轻举妄动，勿"有攸往"。

> 六二：明夷，夷于左股，用拯马壮吉。

六二是说，逃离的过程中，左腿伤了，但是它得到了壮马的援助，也就是贵人相助，获救，吉利。

这六二的阴爻处在九三阳爻之下，具有柔顺中正的特性，正像马顺从主人，善体人意。由于这爻守中得正，会有人前来相助，从而获吉。马这个形象，可以代表贵人，也有更深的一层意思，它代表的是此时在困境中受伤，应该具有的一种智慧——柔顺。如果这时候还暴跳如雷，动不动就发火，那可能连命都保不住了。在混乱的时局中受伤，但懂得柔弱并不去引人注目，也不会招致更大的危险，最终等到了强有力的救援。《小象传》说："六二之吉，顺以则也。"六二之所以能够得到吉利，是因为"顺以则也"，也就是《道德经》里的"混兮其若浊"，顺应时局，避免成为众矢之的，最终等到贵人相助而转危为安。

九三：明夷于南狩，得其大首，不可疾贞。

九三在光明受阻的情况下，比如晚上、黑暗中，到南方去狩猎，反而俘虏了敌方的大首领，不要操之过急，要坚守正道，持之以恒。

从卦象上看，九三爻属于阳爻居刚位，得位。阳爻具有好动、积极向上的特性，九三在下卦的终位，既有动向又心存光明，已经可以付诸行动了。但是现在力量还不是很强大，所以此处描绘了这样的一幅画像：天黑了，动物们都在熟睡，这种情况下去狩猎，那就更容易获取猎物。这是一次成功的夜袭，不但打败了敌人，还俘获了敌人的头领。但是在这种情况下，由于黑暗不明，所以不能穷追不舍，这就是卦辞的"不可疾"。黑暗有黑暗的意义，当我们面对任何一种情况的时候，如果只从它的负面来理解，它永远是负面的，要是从正面来理解，就会发现对我们有利的地方。

六四：入于左腹，获明夷之心，于出门庭。

什么意思呢？回到深隐之处吧。走出居室，进入社会，就会感到环境的险恶，退隐的念头就会油然而生。

六四爻属于阴爻居柔位，它位于上卦之初。明夷卦的昏暗是在上卦，所以说六四已经进入了昏暗之中。当然在这种最黑暗的时候，仍然要心存光明，坚守正道，这是前提。同时要保持高度的警惕，随时做好逃离避难的准备，给自己留好后路，就像出入门庭一样，一旦有危险，迅速逃离。

六五：箕子之明夷，利贞。

六五爻以"箕子"为例来讲明夷，说明君子守正之志。

箕子作为与微子、比干并称的"殷末三仁"，能够在商末乱象四起、国势衰微的乱世中保全自己，不仅具有见微知著、一叶知秋的洞察力，也具有随机应变、相机行事的执行力。他可以从一双象牙筷子想见商代的败落，也能足够机敏地察觉到即将到来的祸害，果断装疯躲避，最终若周武王这般雄才大略的君主，即便求贤不得，也恭恭敬敬地向他请教治理国家的法则。《小象传》评价说："箕子之贞，明不可息也。"箕子在受挫时能够以韬晦之道明哲保身，坚守正道，因为他心中有着不可磨灭的光明。所以此爻说的正是守正不移，暗不能没，明不可息的道理，值得我们品味学习。

上六：不明晦，初登于天，后入于地。

意思是上六的时候阳光消失了，天黑了，太阳隐没，君子退隐。

太阳初生是君子进仕之象，如今则是太阳入地，只能等待明天的日出。上六爻位于全卦的顶端，代表的是最黑暗之时。天上应该是有太阳照射四方的，可是上位者昏庸不守正道，结果光明陷入地下。最黑暗的时候，也就是光明即将到来的时候，是黎明前的黑暗。"初登于天"描写的是日出，"后入于地"描写的是日落，这是光明与黑暗轮回与交替的现象。所以在黑暗的时候要明白，明天的光明就要来临了。

《小象传》认为日落导致的黑暗，是因为失去法则造成的。这里的日落，已不是我们在傍晚所看到的日落，而是指一种政治上的腐败，是文明制度的日落，是黑暗腐败的意思。即使面临这种情况，明夷卦依然给我们信心，今天"日入地下"，明天"初登于天"。

最后，卦名与总结。

（一）卦名解析

"明"，在《说文解字》中的解释："明，照也。"就是日月照耀的意思。"夷"意思是受伤，《说文解字》解释说："夷，平也。"有平坦、平安之义。清代段玉裁在注解"夷"字时说"凡注家云'夷，伤也'者，谓夷即痍之假借也"。"痍"字在《说文解字》中即"痍，伤也"，就是创伤、损伤的意思。那"明夷"即是光明损伤，我们可以理解为日食的自然现象。

接着我们从序卦的角度来看。这个明夷卦是在晋卦之后，所以《序卦传》就说："进必有所伤，故受之以明夷。夷者，伤也。"晋是太阳升于空中，现在是太阳落入地下了。不管是太阳落入地下，还是鸣叫着、垂其翼的鹈鹕，其实都是"夷"者。晋升或前进之中难免有所损伤，所以接着出现了明夷卦，也就指光明受到损害，飞行的鸟儿翅膀受到损害。

（二）总结

首先，明夷卦给大家展现了一派光明泯灭、政治昏暗的状况，告诉人们在此暗世之中，应当抱有对光明的希望，逢慎行事，保全自身，始终坚持以正道立身。

其次，按《序卦传》的排序，明夷卦紧接晋卦，从卦象可知，它与晋卦不仅是综卦，还是交卦（亦即外卦与内卦可以交换成卦，晋卦卦象是"火地晋"，而明夷的卦象是"地火明夷"，所以它们是交卦，而且晋卦旋转一百八十度也是明夷卦象，所以也是综卦），它们卦象相逆、性质相反，明夷光明入地，晋卦光明盈天。由晋而至明夷，有晋卦之后的负伤在身、晦暗无光等含义。此时需要隐忍待机，用良好的品德应对环境的恶劣，黑夜依然是黎明的必由之路。

最后，从综卦、交卦等来系统理解晋和明夷卦的哲学，意义是说，如果能够参透黑与白、红与黑之间的相互转化，就不会感到人生只有痛苦，只有我最倒霉的幼稚想法了，其实谁的人生路都是一把辛酸泪，晋必有所伤，所以得意时不能忘形，小心有争讼（明夷卦的错卦为"天水讼卦"）。另一方面，黑暗时也总会有光明到来，所以在困难的时候，包括在争讼失败之时，也要看到光明，要坚信"艰难困苦，玉汝于成"。

家人卦第三十七：风火家人

【本卦提示】"夷者伤也，伤于外者必反于家，故受之以家人。""家人"寓意着返回家庭，寻求安定。君子当以修身齐家为本，家道正，天下安乐。

本章借家人卦的卦象"风火家人"来讲此卦。家人卦是由巽和离组成，火可以做饭，风又无处不到，这全家人齐心协力做事，然后回家吃饭，休息停顿之后再去各干各的事，所以用"风"和"火"的形象来代表一家人。家人卦对我们有很实用的意义，人间烟火气，最抚凡人心。

首先，来看卦象。

家人卦由巽卦和离卦组成的。离代表火，生火可以做饭；巽代表风，无处不到。离下巽上，风自火出。古人以风喻德教，以火比明哲，有明哲然后有德教，而家是社会活动和道德教育的基本单位，先齐家后能治国，所以本卦命名为"风火家人"。

《大象传》说："风自火出，家人，君子以言有物而行有恒。"《大象传》是从伦理道德角度来说，君子言辞应当有内容才不至于空洞，德行须持之以恒才能充沛。我们从卦象本身来分析，内卦是离卦，外卦是巽卦，内火外风相辅相成。火使热气上升成为风，然后延伸向外，也就是发生于内形成于外。这个卦象是风吹火之象，风能助火之威，比喻一家人同心协力，发展事业，不要内讧，不要出现拖后腿的现象，不要后院起火。这比喻先治家而后治天下，家道正，天下安乐。

其次，来看卦辞。

家人：利女贞。

卦辞就三个字，"利女贞"，利于女子守正。"利女贞"这三个字说明家道之事应以女子为主，女子以正持家，其他的家庭成员各自承担自己的责任，和睦相处，才能形成良好的家风。家是港湾，家人是坚强的后盾，家庭中的每一位成员，都应该为了良好的家道家风去努力付出。说到这我得提醒大家一下，我们国家最初期的时候，男女各有分工，没有高低贵贱之别，男尊女卑完全是后来的曲解。美国有一句谚语"happy wife, happy life"，妻子开心，生活就开心。就是讲一个家庭中，女性的重要作用，家人卦就是指家庭的分工，在家里边起主要作用的、主持家道的就是女性，她的作用是男子所替代不了的。

再次，来看爻辞。

初九：闲有家，悔亡。

"闲"不是现在的休闲之义，而是"防范"的意思，也可以延伸为"界限""规矩"，《论语》中的"大德不逾闲"就是这个意思。可以看"闲"的写法，门里边一根横木，横木就是门栓，把门栓拴上，防范戒备。古代的大门就像两片木栅栏，关上门后插上一根横木，外面的人就进不去了，这根横木就叫作"闲"，不但可以防止外人进来，还可以当武器用。所以说平时懂得用横木把门插好，笼牢犬不入，就不会有悔恨的事情发生。

"闲"字我们解读完了，初九的意思就清楚了：防范家庭出现意外事故，没有悔恨。持家要能够预防不测之灾，就不会有什么过失了。初九是卦之始，意味着刚开始组建家庭，此时最好要设下规矩，具体地说既要约束自己，也要约束家中的女子和孩子，从一开始就树立正确的道德规范。做家长的定下规矩，自己要执行，家里的女子、小孩也要执行，再推而广之。在中国历史上还有"乡约"，治国如治家："以家观家，以乡观乡，以国观国。"

六二：无攸遂，在中馈，贞吉。

六二爻意思是：妇女料理家务、安排膳食，没有失误，这是吉利之象。《小象传》说："六二之吉，顺以巽也。"六二的爻辞之所以称吉利，因为六二阴爻居九三阳爻之下，具有柔顺谦逊的品德。规矩制定好了，女子认真地去执行坚持。此爻是表达，不可随心所欲去追求外部事业上的功名，而要尽心料理家中的饮食起居，不然连家都治理不好，还怎么去治国平天下？

九三：家人嗃嗃，悔厉，吉。妇子嘻嘻，终吝。

"嗃嗃"就是发怒训斥之声，"嘻嘻"就是放肆嬉笑之声。这句话意思是说，

335

如果治家严厉，可能会后悔，但是结果是吉利的；但是如果纵容家里的妇女小孩嘻嘻哈哈，最终一定会悔恨。

就像现在家长如果制定好家规、家法，规束小孩，虽然有时候会想："是不是对小孩太严厉了？"但从长远来看，结果是好的，因为小孩被约束着，才不会走歪路。相反，如果任由小孩想做什么就做什么，导致小孩没有规矩意识，没有是非善恶观，最终一定不是什么好结果。《小象传》说："家人嗃嗃，未失也；妇子嘻嘻，失家节也。"无论是"嗃嗃"还是"嘻嘻"，反映的都是家庭的规矩，就是"家节"。王弼说："行与其慢，宁过乎恭；家与其渎，宁过乎严。"就是说，治家要严厉一点，哪怕过于严厉了，也比放肆无状要好得多。父母之爱子，则为之计深远，所以要想家人都能有好的发展，就一定要立好规矩。

六四：富家，大吉。

这个意思很容易理解，"贫贱夫妻百事哀"，所以要创造机会让家里富裕起来，这样才会大吉大利。

《小象传》说这一爻的大吉是因为"顺在位也"。六四这一爻属于阴爻居柔位，并且已经进入上卦，身份就像一位贤妻良母，协助中正刚严的父亲，精心治理家中经济财务。家财富足，也是主妇善于理财的结果。人丁兴旺，也是良母抚育的结果。另外，家庭物质富裕的同时也要注重精神世界的富足，优良的家风也是一种宝贵的财富。

九五：王假有家，勿恤，吉。

"假"就是降临的意思。九五，君王治国就像治家一样，要懂得这个道理，不要忧愁，吉祥。

这一爻是说要像治理国家一样治理自己的家庭内务，让家里人都互相友爱，

《小象传》说"交相爱也"。君王治国像治家一样，君臣就能交相爱护。再往大说，天下像一家人一样相亲相爱。九五居君位，这里指代一家之主的父亲，君如父，父亦如君，父亲应该像家里的领导一样，规范每个人的行为，同时，要能使全家人和睦相处，感情融洽，相亲相爱。作为一国之主也应该这样，国家才能安定，各个民族才能像石榴籽一样，紧紧地团结在一起，这就是各个民族大统一的理念、愿望与志向。

上九：有孚，威如，终吉。

"孚"就是诚信，"威"就是威严。所以上九爻辞的意思是：君上掌握杀罚之权，威风凛凛，权柄不移，终归吉利。

《小象传》就说："威如之吉，反身之谓也。"就是讲杀罚立威，终归吉利，是因为"反身之谓"，就是能够内省己身，外树威望。上九爻居于家人卦的最上层，是全卦的主旨，治家不仅要宽严有度，也要威而有信。之所以建立尊严和威信能够获得吉祥，是因为这种尊严和威信，是通过严格要求自己得到的。上九必须不负众望，像父亲，像国王，像君主，有诚信有威望，自然终吉。

最后，卦名与总结。

（一）卦名解析

家人卦，顾名思义，就是"一家人"。"家"字，《说文解字》中说："居也。从宀，豭省声。"是居住的地方。"豕"，猪的总名，也就是住所下面有一头猪。怎么家里没有人反而有头猪呢？其实这与古人祭祀有关。在古代，人们有两种基本的崇拜对象，自然（天神）崇拜与祖宗崇拜，祭祀也就成为社会各阶层人们生活中共同的重要主题。平民百姓是没有专门祭祀场地的，就在自己家里把煮熟的猪当作祭品，所以猪在屋中便是最早的"家"的含义。也有一种说法是说：最早人类在择穴而居时就开始驯养野猪了，虽然人也住在洞中，却给猪垒一个圈，主要是为了防止它逃跑和饲养方便。后来人类到了平原建房屋居住时，也是人畜同居，房屋内便是猪圈。而"家"字也由猪的居所，而变为人的居所了。"家"字在《尔雅》的解释也是说："牗户之间谓之扆，其内谓之家。"其实都是指居所、屋内、住所的意思。那"家人"，当然也就是共同居住在一个屋内的人，也就是我们说的"一家人"。所以，这一卦主要讲述的也是家庭伦理道德方面的事情，家庭成员齐心协力，各尽其职，家庭就稳定了，天下也就安定了。

（二）总结

我们综合一下这个卦象和卦辞，再来总结一下。各位应该还记得我们上一卦讲的明夷卦，讲人受伤、处于困境中，那么受伤之后要回到哪里去疗伤呢？当然是回家。有了家，受了惊吓受了伤也不会害怕，所以家人卦在明夷卦之后。明夷卦谈的是从政做官，或者在外做事受到了伤害，而家人卦讲的是返回家庭，寻求安定，比如做做饭、刷刷筷子、洗洗碗。看来，古往今来的智慧从道德层面来讲是一致的，家庭的影响和作用都产生于自己内部，所以君子应当特别注意自己的一言一行，说话要有根据和内容，行动要有准则和规范。风自火出，更重要的是内在，所以说话要有根据，要有内容，行动要有准则，要有规范，不能随波逐流，不能朝三暮四，也不能半途而废。

家人卦的上卦为风，风无孔不入，也有润物细无声的效果，这就像良好家风的建立，是一个漫长的过程，需要不断地熏陶。比如四爻的财富积累，五爻的表率作用和效果，还有上九爻的威信建立，也许"家风"一词，最早就是由此而来吧。"幸福的家庭有相同的幸福，不幸的家庭各有各的不幸。"大家耳熟能详的这句名言，也正是家人卦要告诉我们的道理：幸福的家庭一定是都做到了家人卦的要求，做到了立规矩、积累财富、诚信威严等等。相反，如果家长不能严格要求家人，女主人不理家政、不守妇道，男主人不务正业、不守诚信、不顾家，那么这个家庭发生问题的可能性就很大，家风不正，家道衰败就难以避免。推而广之，由家风到民风，不也如此吗？我们再重温一下《道德经》里的这段话，"以家观家，以乡观乡，以国观国，以天下观天下"，此之谓也。

睽卦第三十八：求同存异

【本卦提示】"家道穷必乖，故受之以睽。""睽"象征着人际关系的恶化。君子当注重团结，求同存异，以诚信相交，方能终无灾祸。

本章以"求同存异"为宗旨讲睽卦，睽卦为水火相遇之表象，所谓水火不容是也，象征对立。所以君子应该在求大同的前提下，保留小的差别和不同，这正是睽卦所要表达的道理，异中求同，求同存异。

首先，来看卦象。

《大象传》曰："上火下泽，睽。君子以同而异。"《大象传》就说：本卦上卦为离，离为火；下卦为兑，兑为泽。依然是上火下泽，两相乖离。为什么呢？火往上来，水往下润，所以两相乖离，这就是睽卦的卦象。所以这卦象首先是告诉我们，凡事有同也有异，所以要知同异之理。睽卦上下两卦，火苗是向上燃烧的，水是向下渗透的，这两者朝相反的方向行进，渐行渐远，背道而驰。这正如世间万物都有所不同，每个个体都有自己的主张个性。因此，彼此要求同存异，共同发展，这样才能够相互团结，这就是《大象传》里说的"以同而异"。

举例而言，比如孔子讲"有教无类"，他也是求同存异的。首先都是学生，其次认为大家各自个性不同，要根据这个不同，来进行不同的教育。有教无类是讲同的方面，因材施教是讲异的方面，所以有教无类，因材施教，以同而异。

其次，来看卦辞。

睽：小事吉。

这个太有智慧了，意思是说：睽卦，做小事吉利。什么意思？想做一个大事，有一个大的团队，大家相互团结才能把事情做成，所谓"孤举者难起"。现在在睽的状况下，后院起火了，也做不成什么大事了，因为任何大事，都不是哪个独立的个体可以完成的，小事还可以尝试一下。没人跟你同心，做什么都难，家里是这样，团队是这样，国家也是这样。

出现了睽的这种状况，靠自己独立奋斗，孤军奋战肯定是不行的。那就先把小事做好了，大事等待以后情况调整好了再去做。小事约等于不需要别人配合，自己可以独立完成的事，这样的事有，但是比较少，得到的成就也比较有限。我们发现这睽卦从家里说到了我们工作的地方，说到了整个社会，睽卦六爻讲的就是在乖背睽违的情况下应该怎么做。

再次，来看爻辞。

初九：悔亡。丧马，勿逐，自复。见恶人，无咎。

初九爻是说：不必悔恨，你丢失了马匹也不必去寻找，它自己会回来。途中遇见坏人，也不会有灾祸。

这意思就是马跑丢了你不要去追，马会自动跑回来，有个成语"老马识途"，说的就是这个意思。不是睽卦吗？怎么讲到马去了？大家注意，这个是在讲家里面的事，小夫妻吵架，女方喜欢往娘家跑，自古而然。这时候男方不能马上去追，越追矛盾越深，等到女方心平气和之后，你再去接回来才是上策。夫妻感情破裂是有一个过程的，不能激化夫妻矛盾，最好把矛盾化解在萌芽阶段。假如出现这种情况，那你要知道怎么样处理。要冷处理，而不是针锋相对，不然只能激化矛盾。

九二：遇主于巷，无咎。

九二的意思是：在巷子里碰到主人，没有害处。

这九二爻就好比一个已经潦倒的富人家的奴仆，主人家没落了，没有能力养奴仆了，所以奴仆也被遣散了。结果一天，主人与奴仆在一条小巷子里相遇了。"遇主于巷"是讲这个仆人，奴仆仍然把旧主人当作主人看待，这种忠诚怎么会有灾难呢？再分析一下，既然是在小巷子里相遇，说明主仆二人当时混得都不是很好，但是二人同心，其利断金，主仆相辅相成，所以，还有什么困难克服不了呢？

六三：见舆曳，其牛掣。其人天且劓，无初有终。

六三的爻辞复杂一点，这里边有好多疑难的字词："舆"是指车子，其人是指赶车的人；古时候额头为"天"，此处用作动词，是指在罪人的额部刺字；"劓"就是古代割掉鼻子的酷刑。这啥意思啊？意思是看见一辆牛车被拽住了，不能前进，牛也被掌控住了，掌控这个牛的人还是个受刑的牢犯。总之，看到的是一幅非常不好的景象，所以这个六三就比喻陷入困境，但是最后结果还是终吉，意思是六三最终会有人相助，结局还好。

所以大家读《易经》，确实会很受启发，因为它给我们描绘的哪怕是这样一种悲惨的景象：车也动不了了，牛也动不了了，赶车的人还是那个样子。但它最后告诉我们，还是会有人来相助，最后的结果还是不错的。

九四：睽孤，遇元夫。交孚，厉，无咎。

第四爻是个阳爻，所以叫九四。意思是说：这个女人孤独地在路上走，碰见一个"元夫"，一同被抓住了，情形危险，但是交相诚信，终无灾祸。

九四爻的这个"厉"字，表示困难重重，但结果还是"无咎"，没有什么大的灾难过错。为什么呢？首先，之所以有困难，是因为九四无应独处，有"睽孤"之象。这时候遇到一个"元夫"，"元"是大、长的意思，阳大为元，"遇元夫"就是碰见一个阳刚的大丈夫。"孚"是诚信，《周易》第六十一卦中孚卦就是讲诚信的。九四告诉我们，睽违之时虽然有困难，但是如果能以诚信相交，终无灾祸。

六五：悔亡。厥宗噬肤。往，何咎？

这个"厥"是代词，指其人的"其"；"宗"指宗族，同族的人；"噬"指的是融合。所以这个爻辞的意思是：悔恨消失，和族人一起吃肉，前进路上还能有什么危害？

悔恨消失的原因是和族人一起吃肉，表明有值得庆贺的事情，大家捐弃前嫌，融洽地团结在一起，这样同心协力一起做事，容易成功。大家看繁体字"乡亲"那个"鄉"，两边是乡党，中间是个容器。比如说东北的"杀猪菜"，一村人一起吃，而这里是一族人一起吃肉。这说明大家团结，既然这样，前进路上还能有什么危害？这六五爻的道理，是说处理人际关系宜亲不宜疏，能得贤人辅佐，这样不仅悔恨消失，而且会使周围的人团结一致，有助于去做更大的事。

大家想一下，我们中国人常说这是个"生人"，那是个"熟人"。"生"和"熟"是拿什么来区分的？吃肉。生的不能吃，熟的就能吃了。大家在一起，比如同族人在一起，乡党在一起，一起吃肉，这不互相就熟了吗？成为熟人，团结在一起，大家才能做成大事。

上九：睽孤。见豕负涂，载鬼一车，先张之弧，后说之弧。

匪寇婚媾。往，遇雨则吉。

上九的内容很丰富，我们先来说一下里面字的意思："豕"指猪；"弧"就是指弓箭；"说"在这读"脱"，意思也同"脱"。那这爻辞讲什么呢？爻辞是讲：这人处在极其孤立的状态，恍惚间，出现幻觉了，看见一头猪，背上涂满污泥；又看见一辆车，满载着像鬼一样的人，惊慌得要张弓欲射。后来放下了弓箭，原来不是强盗而是迎亲的队伍。遇到下雨可获吉祥。

这里边讲一个什么道理呢？"疑人不用，用人不疑"，宜信不宜疑。上九这一爻阳爻居阴位，处于孤立之中，出现幻觉，疑神疑鬼，所以只有消除怀疑的心理，才能认清真相。与人交往之时，不应当轻易地怀疑对方，而应当相互信任，这样去处理矛盾，才能收到阴阳和合的效果。所以这个地方以雨为喻，就像天降甘露，就像天上阴阳相聚会下雨一样，肯定吉祥如意。各位有没有看到？古人比我们真诚，或者说比我们天真，在那个时代，以诚信相交为原则。不像现在我们说"防人之心不可无，害人之心不可有"，但是呢，防范也蛮重要，这是时代发展的结果。

要想把这个事理解得更为生动形象，我们还是借助一下《小象传》。《小象传》中这样解释："遇雨之吉，群疑亡也。"意思就是在睽独处的这种状态时，乱想一气，各种不好的现象都在头脑里冒出来，比如看到一群浑身是泥巴的猪，比如看到满车的妖魔鬼怪，这个时候最需要头脑清醒。到外面淋一场雨，淋透了，清醒了，就是个不错的选择，这里也许表达的就是这样一个意思。

最后，卦名与总结。

（一）卦名解析

"睽"字，《说文解字》中说："睽，目不相听也。"就是相互瞪眼，彼此不从的意思。清代段玉裁在注解"睽"字时说："目不相听也。听犹顺也。二女志不同行。犹二目不同视也。故卦曰睽。""听"即顺的意思。"目不相听"，就像两个女人同住，但是各自的志向和行为则不同，就像两眼不协调，无法一同看一样东西一样。引申之义就是说人与人之间彼此不一致，合不来，相互违背、乖离的意思，比如"睽异"是指意见不合。还有一个大家熟悉的"睽"的意思，就是睁大眼睛盯着的样子，众目睽睽即张大眼睛注视。瞪大眼睛是相互瞪眼，彼此不服，反目成仇。"你瞅啥？""瞅你咋地！"最后就打起来。所以"睽"的意思就是不顺，乖离，相违背。

从序卦上来讲，睽卦位于家人卦之后，所以《序卦传》就说："家道穷必乖，故受之以睽。"家人卦走到了尽头，接着出现了规定。家人卦讲的是从结婚到持家，睽卦讲的什么呢？差不多快离婚了。那么如果我们仔细琢磨一下，这睽卦对待离婚是什么样的态度呢？它所要表达的道理就是异中求同，还是以挽救为主的。

（二）总结

首先睽这个卦，代表矛盾，但从初九到上九都是"无咎""有终""吉"。意思是不要遇到睽的这种现象就放任不管。矛盾是固有的，正确的处理方法是求同存异，寻找缓和的方法，君子要以同而异的心态拥抱睽变，才能度过艰难。

其次，睽卦重点说的是夫妻反目的事，古代男主外女主内，家里都是妇女留守。有鉴于此，《序卦传》把睽卦放在家人卦的后面，而且警示说：只有懂得求同存异的人，才能解决这个问题，如果不懂这个道理，那就会引起大麻烦。自古以来相爱容易相处难，但《易经》的睽卦告诉我们另外一个更深的道理：睽卦是难得的机遇，在睽的环境中可以很好地训练自己解决问题的能力，一旦具备这种能力，对人生将起到不可估量的作用。《彖传》最后一句感慨道："睽之时用大矣哉。"睽卦至此，完全超出了卦辞讲的"小事吉"的境界，如果大家能够择时就势而用，往往起到奇效。

最后，睽卦和家人卦互为综卦，是彼此的另一面。家人是风火相宜，而睽卦则是火炎上，水润下的相背离。其道理就是"人有悲欢离合，月有阴晴圆缺"，这很好地诠释了家人卦和睽卦的关系：前者是欢、是合、是圆满，后者是悲、是离、是缺憾。这便是一体两面的哲学。家中有睽，睽中有家，两者交织，才是生活的真相。

蹇卦第三十九：反身修德

【**本卦提示**】"乖必有难，故受之以蹇。""蹇"，是难的意思。面临艰难险阻，君子当反求诸己，在困难中培养和提升自身的能力，方能走出困境，柳暗花明。

本章我们以"反身修德"为主旨来聊聊蹇卦。此卦告诉人们在面对困难的时候应该反省自身，提升自己的品德，注重自身的成长与强大，这是解决困难的基础。

首先，来看卦象。

《大象传》说："山上有水，蹇。君子以反身修德。"意思是说，蹇卦的卦象是艮下坎上，也就是下面代表山，上面代表水，是山高水长，高山上有积水的表现。这个象征艰难险阻，行动困难。面对这种困难，《易经》告诉我们，君子应该很好地反省自己，提高自己的品德修养，通过自身的努力度过困境。

大山本已构成险阻，但山中又有水流重重，所以山重水复，险象环生，使人举步维艰。蹇卦里含艮卦，代表蹇卦又有"停止"的意思，所以此卦还有行人被前面的险阻所困，进退两难的含义。蹇卦启示知难而退、知难而止的人生哲理。处于蹇卦，适宜顺守而不必冒进。

其次，来看卦辞。

蹇：利西南，不利东北，利见大人。贞吉。

什么意思呢？说这个蹇卦象征着艰难险阻，利于向西南前进，不利于向东北前进。利于见到大人，守正可获得吉祥。

为什么利西南不利东北呢？西南为坤位，为和为顺；东北为艮位，为山为险。本身就行走艰难了，你此时冒险呢，不是一个好的选择，所以说利西南，不利东北。不单是方位的事，更多是这个卦的精神气势，说白了"蹇"就是艰难，因为险境就在前面，看见险境而懂得"知止不殆"是很明智的。懂得"西南坤卦有利"，这样前往就能合宜适中，利于见到贵人。有智慧的人，遇到蹇的情况的时候懂得柔顺，懂得获得人家帮助之后要感恩，这样才利于见到贵人。

再次，来看爻辞。

初六：往蹇，来誉。

意思是：前进将会进入险境，后退将得到赞美。什么赞美？有智慧！初六这一爻辞，给我们的启示就是，作为初爻，势弱力柔，应该见险而止，等待时机。

初六处在蹇卦的开始。阴爻居于刚位，优柔寡断，办事迟疑不决，柔弱不争。他处于艮卦之初，艮也代表山，代表止，往前将陷入坎卦的现状，所以叫"往蹇"。往前走困难重重，如果识时而退，见险而止，知止不殆，就能获得赞誉。意识到前进有困难，暂时返回来等待，不失为一种明智的选择。水不就是这样吗？过不去的地方绕回来，甚至以倒退的方式奔向自己的目标。

六二：王臣蹇蹇，匪躬之故。

二五相应，这里的"王"指九五爻；"臣"呢，指六二爻。"蹇蹇"叠字，意思是艰难之时又遇艰难。整句话的意思是说"王臣"之所以屡犯艰难，并不是为自身的私利。因为帮别人度过艰难，自己也遇到了险阻。好在这六二与九五都是得中，位置都处在卦中了，具有中正之德。虽然险难重重，但这些灾难也不是因自己的错误导致的，所以最终没事。

九三：往蹇，来反。

这个"反"呢，就是返回的"返"。意思是说：九三，代表什么时候出门，都是困难重重，归来则笑逐颜开。九三爻说明形势仍无转机，再往前发展仍然十分困难，这时还不如回到家里和家人在一起，团聚欢乐。其实有的时候，也就是在外面打拼事业的时候，没有时间陪伴家人。遇到困难的时候，正好有比如回归家庭、陪伴家人这样的机会，你也不能说这是一种坏事！所以，好事坏事就看你从什么角度来理解。

六四：往蹇，来连。

各位注意,"往蹇来连"实际上是一个成语,它的普遍解读是"往来皆难"。一事连一事,一困难连着一困难,所以叫"往蹇来连"。其实从卦本身来分析,这个"连"解读为联合的"联"更合适,是说:你要前往必有险阻,那怎么样才有可能解救这个危难呢?应该建立统一战线,联合大家。

以三国时期为例,刘备因怒而征讨东吴,最终在八百里连营被陆逊火烧,遭至惨败。兵败之后,他在白帝城托孤,而此时魏国大军压境,蜀国面临严峻挑战。受刘备之托的诸葛亮,首先做的便是恢复与东吴的联盟关系。尽管刚刚经历了一场血战,双方宿怨未消,但诸葛亮能抛开旧怨,迅速修复与东吴的关系,成功抵挡住了魏军对蜀国的进攻。如此一来,蜀国得以联合东吴抵御曹魏的入侵,诸葛亮方能无后顾之忧地进行南征北伐。不难发现,倘若当时没有这一联盟,诸葛亮又怎敢放手一搏?因此,我们应从这一更深层次的角度去理解诸葛亮的决策。

九五:大蹇,朋来。

意思是说九五,处境极为艰难!但有志同道合者前来协助,度过危难。

我们要借助一下《小象传》帮助我们理解。《小象传》说:"大蹇朋来,以中节也。"为什么会有志同道合者来相助呢?原因是能够坚守正道,行为合乎准则,所以有众多的人前来协助。大家看,九五为阳爻,处在中位得正,有阳刚中正之德,故有解民倒悬、赴难济困的雄心壮志。身陷险难之中,不改济困之节,所以能得到众人的帮助!《道德经》里讲:"道者同于道,德者同于德。"

上六:往蹇,来硕,吉。利见大人。

"硕",大和丰的意思。所以,上六爻辞的意思是说:上六,前进有险阻,但是归来大有收获!这样做会吉祥如意。这一卦,有利于见到贵人,追随其做大事业。

上六，处于艰险的极至！它的险难不是山川险阻之难，而是穷途末路、无路可走的险难。怎么办呢？上不去了，就退回来和众人一起度过眼前的险难。上六与九三相应，与九五又相合，所以，他有回来的意愿，他回转后便可与九五相合。上六再往上走，穷途末路，往回来到九五，这不是一个很好的倚靠吗？不是贵人吗？所以"利见大人"。

上六的吉祥，就在于能够在无路可走的情况下退回来。这就好比一个地方发生了水灾，上六从水灾里逃了出来。可是他却发现，前面虽然没有水的灾害，但是却无路可走了，在这种情况下他又回到灾区和大家一起抵抗灾害。就好像我们的抗疫一样，不是一个人的事！所谓"青山一道同云雨，明月何曾是两乡"。

最后，卦名与总结。

（一）卦名解析

《说文解字》说："蹇，跛也。"本义就是跛脚，跛脚当然跛行困难，"跛"指跛涉。《广雅》中也解释说："蹇，难也。"跛脚行路难，行人生之路亦难。蹇卦位于睽卦之后，《序卦》解释它们之间的关系时说："乖必有难，故受之以蹇。蹇者，难也。"在睽卦的"乖离"之后，一定会出现艰难险阻，这正是蹇卦的用意。前面的睽卦表示家道衰落。俗话说家贫百事哀，家道衰落会带来百事不顺，在睽卦之后一定会出现艰难险阻。家是这样，国家也是如此，所以睽卦的后面是蹇卦。

（二）总结

蹇卦的智慧核心就是"反身修德"，有两个方面。一个是要在磨难中培养自己的能力。我们大家都知道，一个人要成就大事，一定要经历许多艰难困苦的磨炼，关键是要在困难中培养和提升自身的能力，英雄自古多磨难，纨绔从来少伟大。举例来说，王阳明曾经遭受不公而被贬官，日后他想来，这反而对自己学问、修养、品性有很大的好处。他说："谪贵州三年，百难备尝，然后能有所见，始信孟氏'生于忧患'之言，非欺我也！"意思就是说：我被贬谪贵州三年，各种各样的灾难都尝到了，然后我发现我自己的学问日渐提高，这时候我才相信这孟子所说的"生于忧患而死于安乐"，不是欺骗我，那话是真的呀！

既然说到孟子，那我们再说孟子。孟子把仁者比作"射箭的人"。他也强调作为仁者应该反求诸己，这个"诸"就是"之于"的意思。你射得不好的话，那你要先找自己的问题！有仁德的人就像射手，射手先端正自己的姿势，然后再放箭。如果没有射中，你不要怪比自己射得好的人，也不要怪风，也不要怪靶子，要反过来找自己的原因。这是我们现代人最缺的一种修养！因为很多人有事就"甩锅"，什么责任都能推到别人身上，这就完全违背了我们要讲的这种义理。

第二个叫"知难而止"。没有让你"知难而上"啊！"知难而止"是一种智慧。但是，即便是止、即便是退，也要坚守正道。居位适当，坚守正道，可以摆脱艰难，走上正路，获得吉祥。其实我们的人生、事业上都可能会出现险阻，因此在行动不可经常冒险，一定要以柔克刚，待机候时，量力而行。最该做的是什么？反省自己，提高自己的品德修养，通过自身的努力度过困境。要注意结交贤人——我们现在就是要结交成功人士。经常结交这些人，大家能相互帮助，你自己又能坚守中正之道，自然会得到贵人相助，这样才会有好的结果。

电视剧《天道》里有一句话讲得很有意思，就是说，有的人高谈阔论，就像什么都知道的样子。可是遇到艰难，他认为都不是自己的原因，是这个世界出了问题，是别人出了问题。所以，蹇就告诉我们要"反身修德"。遇到问题的时候，反求诸己，反身修德，提高自己的品德修养。这样才能够最终度过困境，收获好的结果。

最后要强调的是：蹇卦的错卦是睽卦，也就是说睽对待蹇的错误态度大眼瞪小眼，只盯着别人问题的争吵不休。蹇卦的综卦是解卦，这提示我们，站在蹇卦的综卦的角度来看，遇到问题的时候，能反求诸己，反身修德，提高自己的品德修养，这样终究能够度过困境，还是那句话，"道路是曲折的，但是前途是光明的"，困难时要看到光明，提升勇气。

解卦第四十：怀菩萨心肠，行霹雳手段

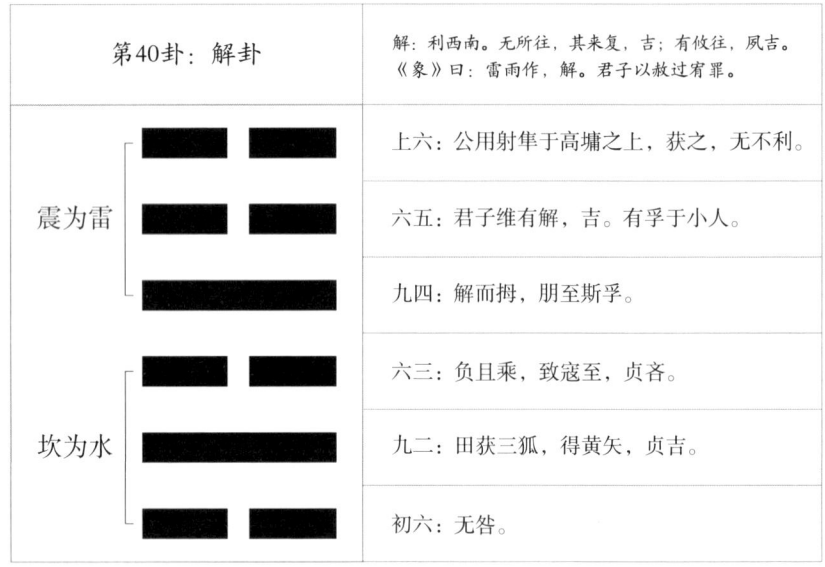

【本卦提示】"物不可以终难，故受之以解。""解"是缓解、解脱的意思。面对困境，既要柔和平易，顺应情势，又要藏器于身，必要时除恶务尽。

本章我们以"怀菩萨心肠，行霹雳手段"为宗旨来讲解卦。这句话出自湘军著名领袖胡林翼送给曾国藩的一副对联。胡林翼是清朝的中兴名臣，毛泽东非常敬佩这个人，胡林翼的字叫"润芝"，灵芝的"芝"；毛泽东的字叫"润之"，也可以看出他对胡林翼的尊重。胡林翼送给曾国藩的这副对联是什么意思呢？是说做人做事要刚柔并济，做人得有菩萨心肠，替别人着想，而做事得有霹雳手段。

注意，在"霹雳手段"和"菩萨心肠"之间有主次之分，"霹雳手段"只是做事的手段，对事不对人，而做人讲的是慈悲为怀。

首先，来看卦象。

解卦上卦是震卦代表雷，下卦是坎卦代表水，所以叫"雷水解"。雷也代表动，水也代表风险，险在内，动在外。解卦卦象表示严冬过后春雷大作，大地解冻，雪化冰消，春天到来了，这意味着万物已经从不适于生存的寒冬中解脱出来了。

严冬天地闭塞，静极而动，代表什么呢？万象更新，生机勃勃。"雷水解"是我们对这卦的形象描述。春雷阵阵，春雨潇潇，缓解了久旱大地的旱情，清除了天上的乌云，呈现出雨后的晴空，也使得天下万物舒展生长，充分显示了解卦所蕴含的解除危难之义。

其次，来看卦辞。

解：利西南。无所往，其来复，吉；有攸往，夙吉。

"无所往，其来复吉"的意思是：没有要去的地方不如回来，回来是吉祥的。"有攸往，夙吉"，"夙"就是早的意思，意思是有所前往，越早越好。所以卦辞的意思是：你前往西南方向有利，没有要去的地方不如回来，这样吉祥。如果有要去的地方呢？那你就越早出发越好。

为什么要利西南呢？这个不单是方位的问题，而是由于西南是"坤"，代表性格平易。用平易的性格解决困难，能够得到大众的拥护，这是符合正道的，也说明能够获得成功。关于这一点，《大象传》说得很清楚："雷雨作，解。君子以赦过宥罪。"意思就是雷雨并作，化育万物，这是解卦的卦象。君子应该懂得赦免、宽宥别人过失的道理，让他们在宽松的环境下，得到解脱和新生。

有个事大家都知道，周朝建立之后，是怎么对待商朝的这些遗民的呢？是给了他们宋国这个地方，让他们在这得到新生，而不是像以往一般全部杀掉，这就是"赦过宥罪"的道理。

再次，来看爻辞。

初六：无咎。

意思很简单：初六，没有灾难。

为什么这么讲？《小象传》说："刚柔之际，义无咎也。"意思是说，初六与九二相接，这是刚柔相应之象。君臣也罢，夫妻也罢，能够和衷共济，那自然就没有灾难了。初六爻在最下方，柔弱在下，位置不显眼，所以安全。而且初六与上卦的九四，阴阳相应，固然不会大吉，但是也没灾难。

九二：田获三狐，得黄矢，贞吉。

"田"就是畋猎，狩猎；"黄矢"就是铜箭头。"三狐"指的是什么呢？如卦象所示，除了在君位的六五，还有三个阴爻，所以叫"三狐"。爻辞的意思是说：畋猎获得三只狐狸，猎物身上带有铜箭头，吉祥之征兆。

具体来分析一下：九二是阳爻，在内卦的中位，因而中庸。又与君位的六五相应，得到信任，能够驱逐迷惑君主的小人，所以说猎获三只狐。所射之狐假如逃走了，那就会损失铜箭头，但是这里射中了，不仅猎获了狐，箭也回来了。大家注意这个"黄"，是地的颜色，在木火土金水的五行中是中心颜色。箭是直的，象征在驱逐小人时须用中庸正直的方法，驱逐小人是为了伸张正义，要坚守正道。这一爻说明解除困难，需把握中庸正直的原则。

六三：负且乘，致寇至，贞吝。

"负且乘"，就是带着许多的财物。又是肩背，又是车拉，甚是招摇，自然招致盗寇抢劫。坚持这样做不更改，一味招摇，就会有灾祸之象。所以古人讲"慢藏诲盗"，东西藏得不严实，到处招摇，那自然"致寇至"。

《小象传》解说："负且乘，亦可丑也；自我致戎，又谁咎也。"是说你带着许多财物，又是背负又是车拉，招摇惹盗，这是愚蠢可耻的事。由于自己慢藏诲盗招致盗寇，你又能够怪谁呢？六三是阴爻，象征小人位于下卦的最高位，而且阴爻阳位，不正。品德与地位不相当必然会招致想盗取这一地位的人出现，就是坚守正道也难以免羞。所以《小象传》说：你乘坐超越自己身份的车辆招摇过市，自己招来强盗，这又是谁的过失呢？所以后代用"负且乘"形容地位与身份不相当的人，也就是德不配位。这一爻说明：要想解除困难，"名"和"实"必须相符。

九四：解而拇，朋至斯孚。

"孚"，就是中孚卦的那个"孚"。九四讲什么呢？赚了钱，懒惰不想走，结果被人给掳去了。《小象传》解释得更具体一点："解而拇，未当位也。"是说懒惰不想动，说明这个人怠于职守，不称其位。

本爻其实应该是商旅之人一次生活遭遇的记录，《小象传》给它抹上了政治色彩，认为这是由于位置不当的缘故。由于九四应当得正，却不正，所以含有惋惜的意思。

六五：君子维有解，吉。有孚于小人。

六五爻讲这个君子被囚后又获释，吉祥。被囚后又获释，被囚可能是得罪了小人，所以要用诚信感化小人。

六五爻比较重要，我们来举个例子加深理解。1990年，南非的领袖曼德拉出狱，并且后来当选为总统。他在就职仪式上做了一件非常令人敬佩的事，他邀请当时看守他的三位看守员上台——这三位看守曾经很残酷地虐待过他——向在场的嘉宾一一介绍，并且恭敬地向这三个曾经关押他的看守员致敬。曼德拉博大的胸襟和宽宏的精神，让所有到场的人都肃然起敬，也让那些残酷虐待了他二十七年的白人汗颜。曼德拉在自传中写道："当我走出囚室，迈出通往自由的监狱大门时，我已经清楚，自己如果不能把悲痛与怨恨留在身后，那么我其实仍在狱中。"所以说，要用诚信来感化小人。

上六：公用射隼于高墉之上，获之，无不利。

"隼"是鹰的一种，比如说我们看那个"马踏飞燕"，大家认为的那个"燕"其实是一种鹰，也就是"隼"。"墉"指的是高墙。所以上六的意思就是说：在高高的城墙上，王公射中了一只鹰，并且抓到了，这没有什么不吉祥的。

什么意思？《小象传》就解读说："公用射隼，以解悖也。"是说王公射鹰，意在用霹雳手段，除强去暴，这也是解决问题的一种方法。我们来看，"隼"是猎物，"弓箭"是打猎的工具，所以人在用弓箭射这个猎物，指什么呢？君子将猎具时刻带在身上，等待时机行动，这也是解决问题的一种方式。怎么会不利呢？上六这一卦在最高位，但是不如五的君位，所以称"公"，公爵的意思。"隼"是恶鸟，象征小人，指六三。上六在最高位，在六三飞上来的时候，就像站在高墙上射隼那样，将其射落，不会有不利的，这一爻说明在面对邪恶时，应采取雷霆的手段。

最后，卦名与总结。

（一）卦名解析

"解"的意思是分解，解脱，引申为和解，排解。想要分解事物，那得熟知规律。"解"字在甲骨文中的形象，是两手掰开牛角，也就是把牛分解开。《说文解字》中也说："判也。从刀判牛角。一曰解廌，兽也。"是说"解"字，是分解的意思。字形由"刀"来分解"牛""角"会意而来。有一种说法认为，是"解廌"，解剖兽体，意思也都是一样的。关于这个方面，《庄子·养生主》里有个成语叫"庖丁解牛"，这个大家就熟悉了，由分解之义，引申为和解、排解。想分解事物，要熟知规律，就像"庖丁解牛"时"游刃有余"一样。概而言之，"解"有两个意思：一个是离析，将其分开；第二个是缓解，使矛盾得以舒缓。解卦兼有此二义。所以《序卦传》中说："物不可以终难，故受之以解。解者，缓也。"在表示险难的蹇卦之后，接着是解卦，意思是险难得到了缓解。

（二）总结

解卦阐释的就是解除困难的法则。具体来说有以下三个方面：

其一，要待时而动，不妄为。这样方能让自己免于遇险。如果自身能力不足，就主动让贤，好好配合，让有能者充分发挥。

其二，藏器于身，有备无患。这里藏器并不是指藏着武器，而是说先准备好，因为不知道什么时候会有什么挑战。譬如地震、火灾、水患，这些天灾防不胜防，必须有一套应变之法，不要等发生问题再来准备，要"为之于未有"。我们所做的一切准备，往往在某一时刻就会派上用场，就能疏解当时的困境。

其三，向内建设，虚怀若谷。有些问题实在是解决不了的，就要和自己和解。放下过错和恩怨，彼此都能得到解脱。

此外，再来看解卦的错、综卦关系。

首先，解卦的综卦为蹇卦。蹇卦反映的是矛盾尖锐时的状况，而解卦反映的是矛盾缓解后的状况。故《周易·杂卦传》曰："解，缓也。蹇，难也。"其要义在于，君子在蹇难之时，要多反省自身，修进自身的道德；而在缓解之后，则要宽容别人，讲究恕道。而这两方面要完美结合起来，才具有完整的君子之德。这就是解卦和蹇卦的互补意义。

其次，解卦的错卦为家人卦。家人卦讲家道，家道要严；而解卦讲恕道，恕道要宽。这体现了当时对齐家的重视，特别是对家长的严肃要求。正如《周易·家人·象辞》所说："家人有严君焉，父母之谓也。父父、子子、兄兄、弟弟、夫夫、妇妇而家道正。正家而天下定矣！"意思是：家人之中有一家之主，像严厉的一国之君，这就是父母。父亲像父亲，儿子像儿子，兄长像兄长，弟弟像弟弟，丈夫像丈夫，妇人像妇人，各守着正道，这样家道就正了。所有的家道正，天下也就安定了。这正是古时齐家和平天下逻辑的一致性。

当然，从现代思想来看这种严厉的家道也应该有所缓解，更温暖一些。而这，正是解卦的意义。反之，解卦的错卦家人卦也有提示恕道不能太随意、没界限，这正是错卦相互警示的意义体现。

损卦第四十一："减法"之道

第41卦：损卦	损：有孚，元吉，无咎，可贞，利有攸往。曷之用？二簋可用亨。 《象》曰：山下有泽，损。君子以惩忿窒欲。
艮为山	上九：弗损，益之，无咎，贞吉，利有攸往。得臣无家。
	六五：或益之，十朋之龟，弗克违，元吉。
	六四：损其疾，使遄有喜，无咎。
兑为泽	六三：三人行，则损一人；一人行，则得其友。
	九二：利贞，征凶。弗损，益之。
	初九：已事遄往，无咎，酌损之。

【本卦提示】"缓必有所失，故受之以损。""损"是减损、止损之义。君子当少私寡欲，俭以养德；自觉减损，损中受益。

本章来说说第四十一卦损卦，这一卦的主旨是做减法，就像老子在《道德经》里边所说的："损之又损，以至于无为。"

首先，来看卦象。

损卦，上卦为艮卦，代表山；下卦为兑卦，代表泽。可见损卦是"山下有泽"，泽水由下向上渗透，滋润山上万物生长，但是泽水自身在减少，所以这一卦被命名为含有减少之义的"损"。但是从另外一个角度来看，"山上泽下"，也意味着大泽浸蚀山根，损下益上。所以此卦乃山高水深，各得其所，因损得益之象。

治理国家，应损则损，但必须量力适度，"少损而益"为佳。推而广之，对于我们自己来说，要懂得做减法，懂得"减损而益"的道理。因为我们在做减法的时候，从表面上看，对自己是一种减损，但实际上对大家是有益的，对我们自己也能够有损而益。所以"损""益"之间，"损"中有"益"，"益"中有"损"，二者之间不可不慎重对待。比如说甘肃、新疆等地区有一些"丹霞地貌"，就是以陡崖坡为特征的红层地貌。维吾尔语称其为"雅丹"，原义是"陡峻的土丘"。在夕阳之下看，这个"雅丹地貌"就像一座座古堡，鬼斧神工，比如在敦煌阳关附近的"雅丹魔鬼城"就是这样的。这样一个被风力侵蚀后的地貌，"损"之后的结果，反而成为我国宝贵的旅游资源。所以，这是"损"中有"益"，"益"中有"损"，我们需要用辩证的智慧来理解。

其次，来看卦辞。

损：有孚，元吉，无咎，可贞，利有攸往。

曷之用？二簋可用享。

"孚"就是信用、诚意的意思。"簋"是古代盛食物的器具，这个器具是圆口，有两个耳。这句话的意思是说，损卦象征减损，内心有诚意最为吉祥，不会招来祸患。可以坚守正道，利于前去行事。用什么来祭祀神灵呢？用两簋粗淡的食物就足够了。

卦辞连续用"元吉""无咎""可贞"等词来形容"损"，这是在强调"有孚"，也就是诚心、诚信对于减损的重要性。毕竟人的本性是欲多不欲少，如果不以有信为基础行事的话，那么不可能会得到卦辞所说的几种好结果。卦辞就举了祭祀神灵的例子，为什么只用两簋粗淡的食物祭祀神灵就可以了呢？这是因为关键在于祭祀的诚心。"损"之道在于心诚，不在于过分损耗自己的物质财富，将其奉献于上。卦辞是在告诉人们，不必损不足而补有余，"损下益上"之道在于人心而已。

再次，来看爻辞。

> 初九：已事遄往，无咎，酌损之。

"已"就是停止；"遄"就是急，就是我们说的湍急、快速的意思；"酌"就是适当。它的意思是说：你停下正在做的事情，赶快前去助人，没有灾祸，不过要适当地斟酌，减损自己一部分利益就可以了。

它讲什么？"损己助人"要再三斟酌，把握分寸。比如，周围的人遇到了困难，能帮助要及时出手相助。但"损己助人"也要分情况，我们常说的"救急不救穷"。朋友有急事需要帮忙，可以义无反顾地及时给予帮助；但是他贫穷，你还义无反顾地帮助他，反而会养成他依赖的性格，不但会拖垮自己，最后可能也会害了他。所以，这里说及时帮助了别人，虽然会有一定的损失，但能积累人脉关系，给别人留下好印象。不过要再三斟酌，根据情况，把握分寸，只提供适当的帮助就可以了，也不必倾囊相助。这个很有意思，需要大家去细细品味。

> 九二：利贞，征凶。弗损，益之。

"弗损"是指不要自损。所以本爻辞的意思是：利于坚守正道，主动出击会有凶险，可在没有任何损失的情况下，使尊者受益。

九二是阳爻，具有好动冒进的特性；但是他以阳爻居阴位，是失位的，若是出征可能会遇到风险，所以应该守中，不要出征。若是想助人呢？也要考察一下他是否值得你同情和帮助。我们小时候都学过《伊索寓言》中"农夫与蛇"的故事，在寒冷的冬天农夫发现一条冻僵的蛇，就把它放在怀里施救，蛇苏醒后反而咬死了农夫。再比如在生活中你看到别人掉河里了，但你根本不会游泳，这时你要记着"弗损"，不要过分损耗自己。如果偏要下河救人，那结果就是"征凶"。估计不但救不了人，反而会把自己的性命也搭上。所以，即便是真正想帮助别人，也不可不顾风险去冒进，最好在没有损失的情况下去实现助人的目的。也就是我们经常说的举手之劳的事，最好去帮助一下别人，这是有益的。

六三：三人行，则损一人；一人行，则得其友。

这个爻辞的意思是说：三人同行，难免意见分歧，必然有一个人被孤立。一个人独行呢，孤单无助，所以应该主动地邀人作伴。

本爻讲什么？是说"损下益上"，不能不分情况一窝蜂地上，而要审时度势，讲求实效。在做事时不要找太多的合伙人，否则就会因为争执和差异而闹翻。《小象传》曰："一人行，三则疑也。"一个人行走就会得到朋友，而三个人在一起就会相互猜疑。"一个和尚挑水吃，两个和尚抬水吃，三个和尚没水吃"，讲的就是这个道理。三个人在一起就容易相互比较，所以很容易闹翻。若是一个人单独去做事，一边做一边寻找志同道合的朋友，这样会得到朋友的帮助。

六四：损其疾，使遄有喜，无咎。

"遄"，我们前边解释过，迅速、马上的意思。所以本爻辞的意思是：尽量克服自身犹豫不决的弱点，迎接马上到来的喜庆，不会有任何灾祸。《小象传》这样解释本爻："损其疾，亦可喜也。""损其疾"指出，你要尽量克服自身的弱点，等待接受别人的助益。这样克服自身弱点的举动，是十分可喜的事情。

这里"损其疾"指的是什么呢？其实就是窝里斗。我们知道《周易》以通变为要旨，爻变之后就叫作"变卦"。在泰卦中，上卦是三个阴爻，众阴爻在一起，这种局面很容易因窝里斗，而使集体力量遭受损失。怎么办呢？只能减损一个阴爻到下卦中，从下卦减损一个阳爻到上卦来，这样就形成了损卦。由于这样变动不会出现窝里斗的现象，所以集体的力量得到增强，这就是"损"，也是强盛开始的意思。

六五：或益之，十朋之龟，弗克违，元吉。

"朋"是古代的货币单位，两个贝为一朋。南宋有位著名的诗人就叫"王十朋"，字"龟龄"，这个名字就取自这里的"十朋之龟"。所以这里边讲的意思就清楚了：有人送给他价值十朋的大龟，这不能拒而不收，这是大吉的事情。

六五的大吉是来自上九的保佑，故得到价值十朋的宝龟。为什么要收呢？因为这宝龟正是权力的象征，所以六五不用拒绝，只要正确行使自己的权力，便会大吉大利。当然更重要的是，六五爻本身是阴爻居于尊位，仍想着自我减损尊位而使他人受益，这样不但得到了大众的广泛助益，也博得了上天的好感，利于江山社稷。不管我们是处于领导的位置，还是处于家长的位置，都要减损自己的尊位，懂得考虑下属和孩子的立场，使下属有机会展现自己的价值和忠心，使孩子有机会来表现自己的孝心。这就是《道德经》说的："损之又损，以至于无为。"你这样的做法，反而会得到大家的爱戴和支持，这才是大吉的。

上九：弗损，益之，无咎，贞吉，利有攸往。得臣无家。

什么意思呢？是说这上九用不着自我减损，就可以使他人受益，没有一点灾祸。坚持守正，结果十分吉利。前去行事，得到了无私忘家的臣子，一定能获得天下万民归心。

上九居于损卦的顶端，所以《小象传》这样分析："弗损益之，大得志也。"在没有任何损失的情况下就能使他人获益，双赢，这更好啊！这是因为上九处在损卦的最高位置，损极必反，本身获得了大量的帮助与益处，使得他不用自我减损就可以有益于他人。这当然是损卦"损己益人"的最高境界，没有"小我"，反而实现了"大我"，当然也实现了损卦所追求的最高目标。

最后，卦名与总结。

（一）卦名解析

"损"的意思在《说文解字》里是："损，减也。"就是做减法。损卦位于解卦之后，所以《序卦传》这样解释："缓必有所失，故受之以损。"解卦在缓和了矛盾之后，解决了困难之后一定会因松懈而造成损失，所以接着就出现了损卦。

它所包含的哲理是什么呢？"减损"和"止损"的道理。对一个国家而言，上下都应该适度减损私欲，以利国家大业，比如说物质上的节俭。老子在《道德经》中曾言"我有三宝"，第二宝便是"俭"，并强调说"俭故能广"。"俭"，节俭，减损私欲之义；"广"，宏大，长久之义。减损私欲，保持节俭的生活作风，才能得到宏大、长久的结果。所以说不管是对国家、企业，还是对于家庭、个人，都应该适度减损私欲，这样才能使大家受益，才能得到宏大长久的发展。

（二）总结

损卦就是减损之卦，减损的范围包括自己的私欲、自己的财富。但这种减损并不意味着损伤自己一部分利益去援助别人，损卦最本质的东西还是在于如何在不得已的情况下适当减损，或者放弃一部分利益，而去追求更大的利益。老子对"损"这个字眼也非常看重，在《道德经》里边老子就讲："为学日益，为道日损。损之又损，以至于无为，无为而无不为。"是说为学要日增，而对于其他的欲求应该一点一点地减少，比方说物质追求，权力追求等等，乃至于最终达到无欲则刚的境界，能够无为而无不为。

当然，本卦所强调的重点在于减损下面的利益，增加上面的好处。比如说作为下属对上级的奉献，作为子女对父母的奉献，等等。懂得适度减损自己的私欲，坚持做有利于大家的事，结果呢？众人拾柴火焰高，众志成城。最后你好，我好，大家好，必然获得吉祥。

再来看损卦的错、综卦关系。

首先，损卦的综卦为益卦。损卦是"损下而益上"，益卦是"损上而益下"。有减有增，有增有减，有失有得，有得有失，最终形成增减、得失平衡，这就是善人善己、善己善人的人生智慧和平安和谐的绝妙之处。

其次，损卦的错卦为咸卦。"咸"为"无心之感"，圣人之心感天下之人心而无不通，就像大自然中的寒暑阴晴有感必通必应。强调受自然规律支配，而不掺杂人为因素的直感。而"损"就不同了，需要仔细斟酌权衡，注意"损"之"时"，"损"之"度"，才能"无咎"。

益卦第四十二：损上益下，民说无疆

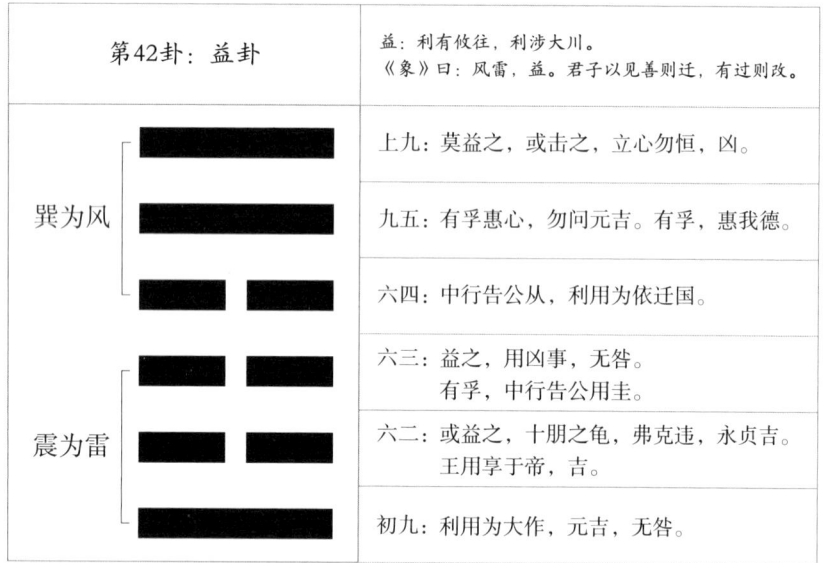

【本卦提示】"损而不已必益，故受之以益。""益"是增益的意思。是说君子要自我减损，懂得做减法，无欲则刚，敢于担当，后其身，才能身先；外其身，才能身存。

本章以"损上益下，民说无疆"来讲益卦。益卦的主旨出自益卦的《象传》。意思是减损上面，增加底下，那人民就会喜悦无限。上有损而下受益，则民能诚心悦服，可与时偕行，利涉大川。

首先，来看卦象。

益卦的卦象是震下巽上，"风雷益"。上边是巽卦代表风，下面是震卦代表雷，为狂风和惊雷互相激荡，相得益彰之表象，象征增益。增益什么呢？一个是取法别人的优点来增益自己的德行，二是巽风刮起使地上的万物得益。风吹万物往往自上而来，从这个角度讲，所谓"益"，是指上者使下面的人得益，所以此卦阐释的是"损上而益下"，是损益的原则。巽风强劲，把雷声送到遥远的地方，风雷相助互长，上级使下级得益，而下级会更加拥护上级，结果上下得益。它和损卦是一组卦象，两相对照来理解，就更加全面了。

其次，来看卦辞。

益：利有攸往，利涉大川。

这里有两个"利"字，意思是有所往则有利。"涉大川"，就是渡大河，指做这些大的事情，有利。所以卦辞的意思是：益卦象征增益，有利于有所前往，利于涉越大江大河。

这卦辞说的是"益"的道理：人们想要受益，想要获得好处，就一定要抓住所有可能的机会。如果看到了受益的机会，那么不要迟疑，果断地向前行，哪怕遇到像大江大河这样的困难也不要怕，最后结果会是好的。当然，抓住机会并不意味着不择手段，求"益"千万不能出于自私、贪婪之心，而应该出于坦诚、诚敬之心。所以《象传》说："利有攸往，中正有庆。"秉持中正之德，方能够无往而不利。

再次，来看爻辞。

> 初九：利用为大作，元吉，无咎。

初九讲利于大兴土木，至为吉祥，没有灾祸。所以《小象传》说："元吉，无咎，下不厚事也。"因为百姓努力工作，加快了工程进度。

初九是阳爻居刚位，得位，虽然是益卦的最下层，但是因为这益卦讲的是"损上而益下"，所以可以大有作为。我们经常讲走下层路线，你"损上益下"，使百姓获益了，百姓自然就很有主动性，做事也很勤勉认真。本爻意味着等待已久的时机已经到来，应该抓住机会，尽管这可能有一定的风险，但最终的结果是十分喜人的，要全力以赴。

益卦是"损上益下"，所以初九也是最大的受益者。君王使民众受益，民众自然吉祥，所以处在这种大好的形势下，民众就应该大有作为，积极发展经济。反过来呢？君王也不再多取于民，没有那么多的苛捐杂税，民众的劳作收入大部分都是自己的，自然要利用这种优惠的政策兴办大事。

> 六二：或益之，十朋之龟，弗克违，永贞吉。
>
> 王用享于帝，吉。

"克"在古汉语里经常解释为"能"。"朋"我们解释过，是古代的货币单位，"双贝为一朋"。所以六二爻辞的意思是说：有人送来了价值十朋的神龟，不要推辞，只要长久地坚持正道就会吉祥。宝贵的礼物要用于公，吉祥。

六二与九五有应，属于臣子之位，当坚守柔中之德。所以有人送了宝贵的礼物来，不用推辞的前提是"永贞"——要长久地坚持正道。比如把"十朋之龟"送给君王，用在祭祀天神，祈求降福保佑，而不是满足自己的贪婪物欲，也会如愿以偿获得吉利。我们一直说"国之大事，在祀与戎"，祭祀在古代是非常非常重要的一件事。有了"十朋之龟"来祭祀神灵，这不是一件吉利的事情吗？

六三：益之，用凶事，无咎。有孚，中行告公用圭。

这里的"凶"指的是凶荒之年。"中行"就是持中慎行，手持玉圭，报告王公，得到批准，来做这种好事。"圭"是一种玉器，一般用于比较正式的场合，比如说在朝廷里边，卿大夫要执"圭"以作为本人身份的凭证。所以这个爻辞就是讲：增益于荒年赈济百姓，没有咎害。心存诚信，持中慎行，时时好像手执玉圭一样心怀虔诚恭敬。

六三是一阴爻，居于阳位，居位不当。他又处于下卦最上，在"益下"之时得到很大增益，此时必须将益处推广开来，让更多的人受益，比如致力于凶荒之年开仓济民。六三做开仓济民这类事有一个重点，就是要讲诚信，要行正道，益之当益，万不可借赈灾之机中饱私囊。所以这句话其实是一种警戒，警告你在受益之时不可肆意妄为，一定要心存诚敬、诚信之心，始终修养中正的品德，这样才能得到上级的信任，有所作为。

六四：中行告公从，利用为依迁国。

意思就是：严守中正之道，有事求告于王公的话，王公会很乐意就答应了。因为此时最有利于借重王公的威望，来决定一些大事。比如说，这爻里边所说的迁徙国都这样的大事。

可见，即便是你严守中正之道，当遇到做一些重大的决定，比如迁徙国都，或者是改变企业发展的战略方向等重大事件，依然要"告公从"，先征得上级领导的同意才可以。也只有这样，才可以得到上级领导的协助，你的主张才能顺利往下进行。试想，在重大的事情上若是不请示上级领导，就自己擅作主张，多半是很难执行下去的。如果在这个过程中再引发上级领导猜忌的话，最终的结果不但是出力不讨好，甚至还会给自己引来杀身之祸。历史上很多的功臣最后被杀，大多是这个原因。我们说"伴君如伴虎",在"中行"做事的同时,别忘了"告公从"。

九五:有孚惠心,勿问元吉。有孚,惠我德。

意思是:满怀虔诚地怀着一颗使天下受惠的仁慈之心,根本用不着占卜就知道开始会大吉大利。诚信能使品德受惠。

看来古人也非常明白,相比于占卜问卦,最重要的还是自己内心的诚信忠诚。《小象传》就解读说:"有孚惠心,勿问之矣;惠我德,大得志也。"是说这个九五,怀着一颗使天下受惠的仁慈之心,根本用不着占卦问卜,吉祥如意将永远伴随着他,万民归心的盛况就出现了。他自行减损,造福大众的心志得到了极大的满足。

比如在《贞观政要》中就记载:唐太宗李世民在位的第二年,天下大旱,蝗灾四起。李世民看庄稼损失惨重,就在禾苗上面抓了几只蝗虫说道:"百姓把粮食当作身家性命,而你吃了它,这对百姓有害。百姓有罪,那些罪过全部在我自己一人身上,你如果真的有灵的话,你就吃我的心吧,不要再害百姓了。"说完就要将蝗虫吞下去,周围的人忙劝道:"恐怕吃了要生病的!不能吃啊!"李世民却说:"我真希望它把给百姓的灾难移给我一个人!我为什么要逃避疾病呢?"说完,就把蝗虫给吞了下去。没过多久,蝗灾真的就没了。所以说君王自行减损的美德可以感天动地,也可以使天下人都虔诚地感激他的大恩大德。

上九:莫益之,或击之,立心勿恒,凶。

"恒"是永恒之义,"勿恒"就是不稳定。所以本爻辞的意思是:没有人来增益他,却有人来攻击他,所立定的心思不能持之以恒,必然会有凶险临头。

我们分析一下,上九这一爻,它在益卦的顶端,益卦的宗旨是什么呢?是

"损上益下",但是上九却没有做到这一点,所以"凶"。由"损上益下"变成了"损下益上",凡事只考虑自己,总是靠损害别人的利益来满足自己的欲望,那他必然会遭到世人的唾弃。所以在《易经·系辞下》中就说:"君子安其身而后动,易其心而后语。"有道德的人要先使自己本身安定,然后再去行动,先使自己心平气和,然后才开口说话。像上九这样没有长期地照顾百姓,没有用心地帮助别人,最后怎么会有人来拥戴你呢?就是处在高位,也是德不配位。

最后,卦名与总结。

(一)卦名解析

"益"的甲骨文𧖅,就像器皿中的水满溢而流出,本义为充满而向外流,后来就用来表示增益。本义由"溢"字表示,由"满溢"引申,指增加、增多。由于增加了,得到的好处更多了。"益"又引申为好处,《说文解字》中的解释为:"益,饶也。"是说"益",富饶,有盈余,超出、过度的意思。

益卦位于损卦之后,所以《序卦》这样解释:"损而不已必益,故受之以益。"一直减损下去,接着一定会有所增益,也就是要"损上益下"。就像企业一直减损自己照顾员工,就像父母一直减损自己照顾孩子一样。最后当有重大问题和灾难发生时,他们就会和你一起面对问题,渡过大河,战胜困难,这当然就是有利、有好处的了。

(二)总结

益卦的含义是减损上面,增益下面,这样做才是真正有光明前景、远大前途的!比如体恤民情,比如轻徭薄税,比如藏富于民,这些都是使大家得到喜悦、"损上而益下"的行为。

对人民而言,也要与时偕行,若是发现了有利的机会,尽管可能有一定风险,也应该果断地抓住它,不过要出于坦诚而不要贪婪,更不能以牺牲别人的利益为代价，否则将一无所获。善良谦虚，事业必定蒸蒸日上，做事时会有贵人暗中帮助。真心实意地帮助别人，自然可以得到诚心诚意的回报。不要追求小利，比如说做生意，让利于顾客，反而能获得丰厚的利润。

关于"损益"之道，《道德经》四十二章的解读最有哲理："人之所恶，为孤、寡、不穀，而王公以为称。故物或损之而益，或益之而损。"说万物都损己，反而能够得益，一味强横反而会受损。比如说"孤、寡、不穀"，"孤家、寡人、吃不上饭饿死"，这些不好的字眼，大家都讨厌，王公却用来自称。这是在警告自己：不可损人利己，失去支持，最后成为孤家寡人，甚至吃不上饭饿死。唯有不骄不矜，"处众人之所恶""受国之垢""受国不祥"，方可为"社稷主""天下王"。"受国之垢""受国不祥"，不都是"损上而益下"吗？这样的人才能成为江山社稷的主人，才能成为天下的王者，这样的人才可得长久。

此外，再来看益卦的错、综卦关系。

首先，益卦的综卦是损卦。损卦告诉人们如何正确把握舍与得之间的尺度，而益卦则进一步告诉人们，如何通过修损而获得良好的增益。"益"，不是损人，而是自损的结果。损人是不利己的，必须要自损，才会"益"。通过学习益卦，我们可以知道，当为了"益"而"损"的时候，要懂得自损；当"损"后受"益"的时候，要时刻记住适可而止。只有这样才能以小的代价，获得大的益处。总之，"损"和"益"是一体两面，得放在一起看，"益"的时候想着"损"，"益"才能长久；"损"的时候着眼未来的"益"，"损"才有所值。损和益结合，我们的理解才会更深刻。

其次，益卦的错卦是恒卦。恒卦告诉我们符合正道的精神和行动，我们应该坚持，要不忘初心，坚持始终则必有回应。无论是益卦还是恒卦，都是由震卦和巽卦组成，震巽互为错卦，即雷与风对立；益卦，即雷与风相得益彰。雷风相搏而不相悖，又对立又统一。雷与风相互促进而不是相互戕害，是竞长增高、水涨船高的关系。其对立统一正是事物联系的核心、运动的源泉。所以两者的关系也是对立统一，无论怎么变化，其核心都是雷与风对立统一，相得益彰。所以说，错卦也是对卦，易理真是深刻的哲学啊！

夬卦第四十三：扬于王庭

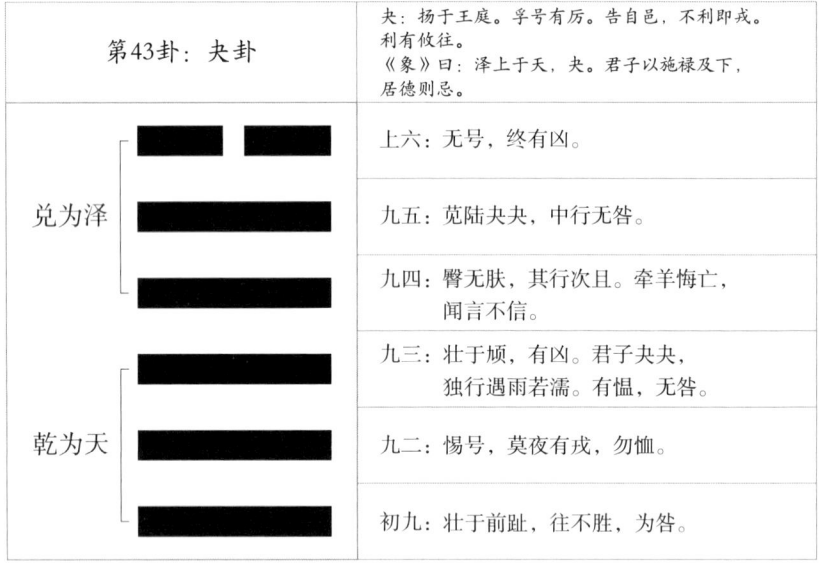

【本卦提示】"益而不已必决，故受之以夬。""夬"代表着决断、决策。解决问题时，君子当思虑周全，团结一致，当断则断，方可以正道决除危机。

本章以"扬于王庭"为宗旨，聊聊夬卦。"扬于王庭"出自卦辞，讲的是对付小人、奸人的方法。在小人衰微，君子道盛之时，大势所趋，小人必败，所以君子不必采取武力手段，使小人困兽犹斗，而应当以正道决除小人，要正大光明地把小人罪状公布于朝廷、天下，让君王与天下众人都看清奸臣丑恶的嘴脸，使人明知善恶，这就是"扬于王庭"。因为小人的特点或致命之处就是做事见不得人，一旦扬于王庭，则人共见之，清除就不难了。

夬卦说明君子虽然光明坦荡，力量强大，但小人诡计多端，暗藏杀机，所以在除去小人的时候要警戒危惧、小心行事。应先有周密的准备，然后方可进攻。君子并不是不懂阴谋，只是不屑于使用阴谋。

首先，来看卦象。

夬的卦象是五阳决一阴，上卦为兑，兑为泽；下卦为乾，乾为天。可见，这卦的形象是泽水上涨，得决之以浇灌大地。该决口的时候，那就要这样决口。泽气上升，最后决注成雨，雨湿大地，滋润万物。如果雨在天上待着不下来，大地就干旱了。就像有的人，有能力却不肯略施小惠，举手之劳的事也不做，这就是一种错误。

《大象传》认为，夬卦的卦象是泽天夬，湖水蒸发上天，即将化为雨倾注而下，以此象征要决断。雨啊，该下的时候要下。上位者应该自觉地向下层民众广施恩德，如果高高在上，不施恩德，就会遭到记恨。比如这一卦中的上六，便是如此。

其次，来看卦辞。

夬：扬于王庭。孚号有厉。
告自邑，不利即戎。利有攸往。

"夬"，就是抉去；"扬"，就是宣扬。卦辞在讲什么事呢？它谈的是处理上六那个阴爻的问题，怎么把它抉去的问题。"扬于王庭"，是大家一起公开讨论分析，不要藏着掖着，不要各行其是。"孚号有厉"，"孚"就是诚信，是说讨论形成决定之后，五个阳爻要真心诚意地号召大家一起干，化解危险。在王庭开会回来之后，再把会议的结果"告自邑"，在自己的领地扩散，告知大家，这就等同于形成全民共识了。这个共识是什么呢？是"不利即戎"，不利于马上发起行动，有共识之后就"利有攸往"，可以果断行动了。

夬卦这个建议好啊！是在用最小范围的影响和代价，来解决上六高高在上、好货自居、贪污腐败的问题。夬卦是有这个基础和能力的，有五个阳爻，五个君子，怕什么？本卦中君子要除去小人的态度是果决的，但具体行动却不能莽撞，不可掉以轻心。搞得不好，就会打不成狐狸反被陷害，此类事例从古到今不胜枚举。此外，小人靠近君王，清君侧。如果用武力，必然伤及君王和国家整体，使国家整体利益损失巨大。所以不利于动用武力，更适宜以联结众人的"德"来制裁。

再次，来看爻辞。

初九：壮于前趾，往不胜，为咎。

"壮"，就是刚壮冒进；"趾"，就是脚趾，"前趾"，是说初步行进之时。本爻辞这个比喻是说，脚趾前端盛壮，贸然前行不会取胜，反而会招来灾祸。

如果把整个一卦比作一个大脚，那这个初九就在前趾那个部分。初九好动，容易冒进，但是上临四个阳爻，你实在是无力可施。这不是你自己能解决的事。稍安勿躁，潜龙勿用。

九二：惕号，莫夜有戎，勿恤。

这里的"莫"就是日暮的"暮"，夜晚的意思。本爻辞的意思是：恐惧地惊叫，夜间有兵戎经过，但是不足为患。

《小象传》解释得比较具体："有戎勿恤，得中道也。"有敌来犯，不足为患，因为九二这一爻，属于阳爻居阴位。阳刚之气稍减，并且居中而行，不会冒进，也不会做过分的事情。尽管遇到了危险，但结果是"勿恤"。

大家要知道，不能轻易说周易里阳爻好还是阴爻好，要具体问题具体分析，看他具体处在什么位置。有的时候阳爻处在阴位，反而是刚柔相济，呈现出一种好的结果。所以《小象传》提醒我们要时刻保持警惕，防患于未然。为什么呢？因为有上六这样的小人存在。在你不注意的时候，生活中可能会出现意外的情况。所以要保持警惕和戒备，这样做符合中庸之道，十分有利。从爻辞来看，九二还是因为兵戎的经过，而受到了惊吓，以为有敌来犯。可是这一点正说明九二处事小心谨慎，谨慎而持中，所以不会有灾难。

> 九三：壮于頄，有凶。君子夬夬，
> 独行遇雨若濡。有愠，无咎。

"頄"，就是颧骨。所以这个爻辞的意思是说，九三，它强壮在颧骨上，这是凶象。君子匆匆忙忙独自行路，碰上了雨，全身淋湿了，令人很不快。遇到了一点波折，但是没有灾难。

我们分析一下，九三爻阳爻处于奇数位，当位，又居于下卦的高位。为什么会有凶险呢？因为九三爻把自己的想法、喜怒好恶，全都写在脸上。这个"壮于頄"，就是典型的喜形于色、怒形于色的表现。这样做，很容易把自己置于凶险之地。

怎样避免这种凶险呢？

第一，"夬夬独行"。"夬夬"是说九三的做法，与其他的阳爻不同。因为他是唯一与阴爻相应的阳爻，他是君子，想劝服上六，结果被大家误解了：你怎么跟小人交往啊？所以九三爻遭到冷遇，不被人理解。这时候就应该刚毅果断一点，独自前行，与小人周旋，等待解决小人的时机。

第二，"有愠无咎"。九三爻上行不顺利，心中也难免有所愤慨。但是他明白小不忍则乱大谋的道理，形势虽不利，但他能保持头脑的冷静。淋场雨保持冷静，也未必不是好事，最终，这个君子也没有什么过错。所以《小象传》就说，"君子夬夬，终无咎也"。

九四：臀无肤，其行次且。牵羊悔亡，闻言不信。

"次且"，就是趑趄，指的是行走不稳的样子。你看看，屁股上蹭破了皮，行走十分艰难，若是紧紧牵着羊行走，借羊之力，就不会出现令人后悔的事了。我们知道，越使劲拉拽羊，羊越会原地不走，相反，顺从羊的意愿，跟着它走，就不会出现令人后悔的事。无奈听了这话的人并不相信。

分析一下，所谓"牵羊"其实是示弱。是要借助外部的力量，要依附九五。"臀无肤"，是指处境艰难，别人劝他"牵羊悔亡"，借助九五，也就是借重有利的阳刚君子的帮助。但是九四呢，"闻言不信"，决然要独行。

九五：苋陆夬夬，中行无咎。

九五是阳爻处于当位，君王之位。爻辞"夬夬"，就是决决的意思，独行决然貌。"苋陆"是什么呢？指细角的山羊。我们看卦象，上卦是兑卦，"兑"这个字，跟羊是很像的。羊在多数情况下性格较为温顺，不过有时也较乖戾，一旦认准方向，即使加以鞭笞，也不能变改它的意志，所以叫"苋陆夬夬"。所以九五的爻辞是说，细角山羊在道路上蹦蹦跳跳，独行决决。我们直接用这个"决"字，意思更清楚了。

这九五既是当位，又处在非常好的位置。为什么只是"无咎"，而不是吉祥呢？因为九五与九二不正应，两个都是阳爻；且与九四不相承，九四也是阳爻。所以呈现出一种阳刚过猛、刚愎自用、鲁莽行事的样子。所以即使有吉，也因为不外察，不自审，不能聚众，而出现了问题。不过以《周易》的原则，只要其不出中道，还可保留自己一定的优势。所以本爻给出的断词是"无咎"。

《小象传》就说："中行无咎，中未光也。"在行为上宜奉行中庸之道，这样就会减少麻烦。意思是，尽管处在尊贵的地位，要解决小人易如反掌。但是解决问题很容易，重要的是得借机团结更多的人，尤其是要团结众君子。下边四爻都是阳爻，团结众君子，能避免灾祸。如果已经做了偏激冒失的事，那也应该停下来认真地反省一下自己。如果刚愎自用、好货独占，则后患无穷。比如项羽，除了我们都了解的刚愎自用，其实他还有一个问题。他把封给别人的某一个官职的大印放在自己身边，手老抚摸着，棱角都磨没了，也不想给别人，这样就叫"好货独占"，如此吝啬，就没办法团结下面的这些人了。所以说本卦六爻无一"吉"，最多是个"无咎"，九五要负主要的责任。这样的领导应该好好地反思自己。

上六：无号，终有凶。

这句话的意思很清楚，没有号令之权了，被解决了。预兆着终将有凶险之事，上六终于被解决了。上六处在卦的顶端，阴爻居柔位，才质柔弱又心怀阴险，行为也不光明正大。上六做了什么呢？以阴爻乘阳位，在九五周围制造矛盾。他的倒行逆施，不会持续很长时间，最终会有凶事发生。等到大势已去，将欲哭无泪。

最后，卦辞与总结。

（一）卦名解析

关于"夬"的几个含义，在卦中不同的句式里，会体现出不同的意思，所以我们要先把这个字的含义给大家解释一下。"夬"字无论从字形还是字义都很接近决定的"决",所以直接把这卦念成《决》卦,也未尝不可。为什么呢?比如说发大水之时,为了全局的利益该决堤放水之时,那该决口也得决。这正是夬卦所讲的哲理:当断不断,反受其乱。当然,夬卦还强调决定的方式是"分决",在《说文解字》中也解释说:"夬,分决也。"也就是做决策,要具体问题具体分析。"夬者,决也",就像用力把物抉出。比如说用剪刀剪东西,也是一个"夬"的含义。此外,"夬"还有快速决断的意思。

夬卦位于益卦之后,所以《序卦》中说:"益而不已必决,故受之以夬。"就是说如果一直增啊增啊增下去,最后一定会溢出,要溃决。所以天上要下雨啊,撑不住了,该决了。地上堵了,那你也得决断,也得疏通。

(二)总结

本卦的六爻没有一个"吉"字,可见小人当道让君子都难受。有诗云"一蚊便搅人终夕,宵小由来不在多",一个蚊子让你一晚上都睡不安稳,这小人呢,不在于多,有一个,让底下的五个君子都难受。九三、九四的独行,就是明证。遇到问题,当然要当断则断,不能优柔寡断,否则就会带来严重的损失。更重要的是,处理问题时君子们要团结一致。这个团队要正直,也要内部团结,要"扬于王庭",众人讨论果断处理。否则就会造成问题的恶化,以致产生恶果。就算把小人解决了,不团结的问题又出现了,岂不是更大的麻烦?

此外,再来看夬卦的错、综卦关系。

夬卦的综卦是姤卦。"夬"讲的是刚决之道,"姤"讲的是柔取之道,二者是一体两面的关系。夬卦告诉大家要有该舍则舍的刚毅决心,要有彼此相处的方法,要有团结众人的格局。

夬卦的错卦是剥卦。两者站在不同角度看问题,得出不同的结论。"剥卦"下面有五个阴爻,上面有一个阳爻,代表一阳与五阴相抗,所以在剥卦当中唯一的阳气一定要保护好,因为只有保护好这最后的一个阳气,才能迎来新的开始,正所谓"一阳复来"。但是与之相反，夬卦则是一阴在上，寓意小人当道，当除之。所以夬卦是五阳决一阴，从剥卦的角度看，想要铲除小人需要下决策，但是下决策的时候千万要小心，不要掉以轻心，要做万全准备。

姤卦第四十四：风行天下

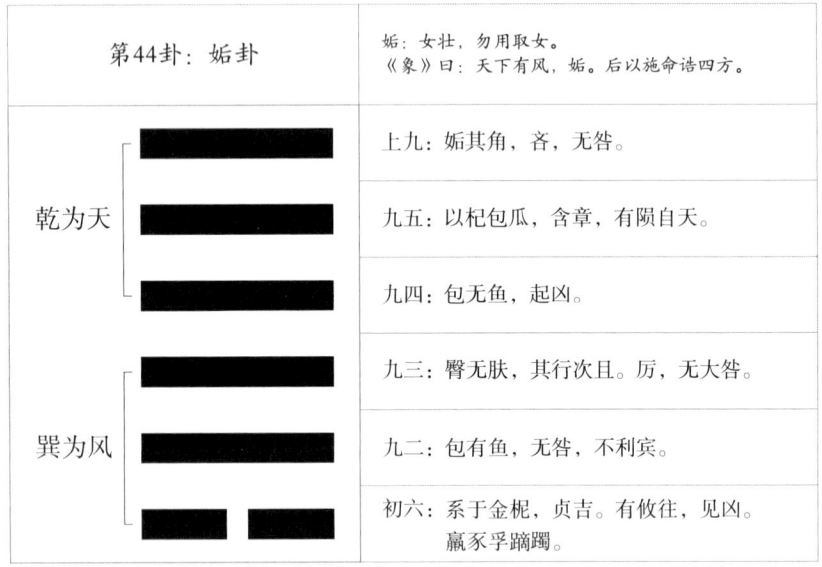

【本卦提示】"决必有遇，故受之以姤。""姤"是相遇，本卦讲人与人交往的原则。君子当尊己敬人，修身养性，自立自强。

本章以"风行天下"来讲姤卦，这一卦上面是乾卦，下面是巽卦，所以叫"天风姤"。主旨讲的是：风行天下。意思就是说，风行天下则无物不遇，万物都能相遇，风能够吹拂万物，就像施教化于天下，就好像昭告四方。其实，这一卦是一个很美的形象，就叫"自主独立"。像风一样的男女，一旦相遇就像是首很美好的歌，但是相处起来就很难，大家相遇之后该怎么相处呢？让我们一一

384

道来。

首先，来看卦象。

姤卦上卦为乾，乾为天；下卦为巽，巽为风。本卦的形象是天下有风吹遍大地，阴阳交合，万物茂盛。虽然"姤"也用作"媾"，讲的是婚姻，但是仔细看看姤的卦象，五阳一阴，不好长久相处啊。姤卦中那个唯一的阴爻，就好像一个女子，如何找寻自己的对象呢？另外的五个男子又该怎么样对待这个女性呢？所以这整卦在探索的是，世间的男男女女，该如何选择自己合适的对象，如何深入地交往，甚至组建家庭。

推而广之，既然是相遇，也讲人与人、人与团队相遇应有的态度和原则。这又涉及如何处理人与人之间的关系、人与人相处的底线。姤卦讲婚恋的宗旨是什么呢？是平等自立，不能形成依附关系。姤卦的上卦为乾为天为刚，下卦为巽为风为入。寓意就是，你要真的想进入别人的世界，想让人了解，引起别人的注意和重视，那你得有像风一样"天下之至柔"的品德，在婚姻中尤为如此。为什么？春风化雨，润物细无声，讲的不就是这样一个道理吗？

其次，来看卦辞。

姤：女壮，勿用取女。

姤卦的宗旨是自立，所以卦辞的含义也明确地强调了这一点。卦辞的意思就是此女太强势，不要娶她。

"姤"也有邂逅的意思，从卦象看，是指初六阴爻与其余的五位阳爻相遇，一阴承五阳，就好比一个女子遇见了五个男子，这个女的太强势了，并且行为不正。所以《象传》解读为："勿用取女，不可与长也。"要是女子过分强盛、花心，娶这样的女子，感情难以长久维系。首先"女壮"，是指女的地位显赫，男的依附女子，吃软饭，那注定是一场灾难。其次，是对女子的花心提出异议。当然，《周易》成书的时代是男权社会，所以强调"女壮，勿用取女"，现在男女平等，也可增加一条："男壮，勿用嫁男。"如果一个男的太过霸道，而又风流成性，那就是"渣男"，你作为女子也要谨慎，不能嫁给这样的人。

第四，来看爻辞。

> 初六：系于金柅，贞吉。有攸往，见凶。羸豕孚蹢躅。

"金"就是坚刚；"柅"就是制动装置；"羸"是柔弱，"羸豕"合起来是指母猪；"孚"理解为浮躁、躁动；"蹢躅"就是徘徊不前。合起来意思就是：要系在坚刚的、有制动的装置上。为什么？一是它不容易被拉断；另外，有了保护，就不会滑落，就能持中守正，吉利。若是不能管束自己，轻率前往，就会凶险，就像母猪发急，不停地来回走动。怎么办？用大绳子把它系住，就会老实一点。初六是说，宜静守而不可乱动，当安守心中的贞正，压抑躁动之心，修身养性，自胜者强。"致虚极，守静笃"，以静制动，自立自强。

> 九二：包有鱼，无咎，不利宾。

"包"可以直接读为"庖丁解牛"的"庖"。这一爻意思是说，厨房有鱼，没有殃咎，但是不利于这个时刻去招待宾客。

这是讲一个家庭有粮还有鱼，生活无忧，平平安安过日子。人首先要自立才能不受制于人，不要去宾从别人，也不用再招纳那些宾客，所以，最重要的是把自己的日子先过好。

九三：臀无肤，其行次且。厉，无大咎。

"次且"就是趑趄，指行走不稳的样子。所以九三爻的意思就是：臀部负伤，行走艰难，有危险，但是也没有什么大的灾难。

臀部受伤了，坐不安，行不稳，生活有点小困难。但是不怕，因为九三阳居刚位，居位虽然不中，但是得正。更重要的是他不在阴爻边上，不会受到阴邪的伤害。《小象传》就说九三"其行次且，行未牵也"，他的行为没有牵制外物，所以小小的困难更能激励人奋斗。九三爻嘱咐我们努力奋斗，就会有收获，哪怕有点小挫折，也没有大的问题。

九四：包无鱼，起凶。

厨房里没有鱼，引起凶险。为什么？因为不能很好地赚钱养家，生活紧张就有可能引起矛盾，就是我们说的"贫贱夫妻百事哀"，总因为经济问题吵架，时间长了嫌隙也越积越深。同理，国家也是如此，为政者要把发展经济列为重中之重。小到一个家庭、一个部落，大到一个国家，只要吃饭的问题解决不好，就很难收拢人心，就会有凶险。所以《小象传》解读得非常明确："无鱼之凶，远民也。""民"就是百姓，吃不饱穿不暖，他们自然不会追随你，就会离你越来越远，正所谓："民以食为天。"

九五：以杞包瓜，含章，有陨自天。

"以"就是依托依靠；"杞"就是枸杞；"包瓜"，就是葫芦。这个很有意思，依托着枸杞的葫芦，花是开在了高处，但结了瓜，就会把枸杞的枝条压塌，花自己也会掉下来。你自己不强大，没有支撑点，再好看的花也会掉下来。退一步讲，就算要依托，要借别人的力，也要选择强大的伙伴，"近朱者赤"，而不要做依托枸杞的葫芦，因为枸杞本身就矮小柔软，依托它，没有远景，没有前途。

上九：姤其角，吝，无咎。

"角"是角落。上九的意思是说，遇到没有人的角落，会有遗憾，但是没什么咎害。

从卦象上看，上九处于姤卦之极，至高而无所遇，所以会有一点小麻烦，也就是"吝"。幸好他虽然遇不到什么人，但是心境还不算很糟糕，能够自己一个人待着，慢慢想通，所以最终结果是"无咎"，还算不错。这一爻意思是彼此相遇后，要保持一定的独立性，有时候有点钩心斗角，有点冲突，有点不如意，但一直在努力，这样虽然有麻烦，但是没有大的灾难。就像家里边吵架吵得很凶，也可以"床头吵架床尾和"。

最后，卦名与总结。

（一）卦名解析

《序卦传》说："决必有遇，故受之以姤。"不好的事情都决断了，疏通了，那就会有所相遇，所以夬卦之后紧跟着是象征相遇的姤卦。

"姤"字通"遘"，邂逅，就是意外相遇的意思。《广雅》解读这个"姤"就是"遇也"。本卦《彖传》中的解释也是："姤，遇也。"就是相遇。在《说文解字》中的解释："姤，偶也。"就是交互为婚姻，也就是我们说的亲上加亲的意思。所以"姤"字也用作婚媾的"媾"，它更多讲的是婚姻的事，全卦的内容主要也是与出行遇见、婚姻等相关。

（二）总结

"姤"是相遇，推而广之，就是人与人交往的原则。具体来说：

第一个原则是平等，也就是人格平等，或者说是要互相帮助，自己要有根，不能迷失自我。《彖传》总结得好："天地相遇，品物咸章也。"意思就是从阴阳相合、天地相遇这个源头开始，就生生不息。"万类霜天竞自由"，所以要取长补短，如此才能茂盛发展。

第二个原则是自立自强，靠谁也不如靠自己。《彖传》说"勿用取女"的理由是"不可与长也"，依附他人是不会长久的，强调的就是自强。

第三个原则是要有底线。比如说我们讲"系于金柅"就是以免自高跌落，也不能为私利，把身家性命系于他人之手。藤蔓植物攀援树木而生，一方面依附，另一方面也与主干竞争光照、养分，对彼此都不是好事。在自然界中如此，在爱情婚姻中也是如此，这就是古人的智慧。

正如舒婷《致橡树》中所说的："我如果爱你，绝不像攀援的凌霄花，借你的高枝炫耀自己……我必须是你近旁的一株木棉，作为树的形象和你站在一起。根，紧握在地下；叶，相触在云里。每一阵风过，我们都互相致意……我们分担寒潮、风雷、霹雳；我们共享雾霭、流岚、虹霓。仿佛永远分离，却又终身相依。"

萃卦第四十五：除戎器，戒不虞

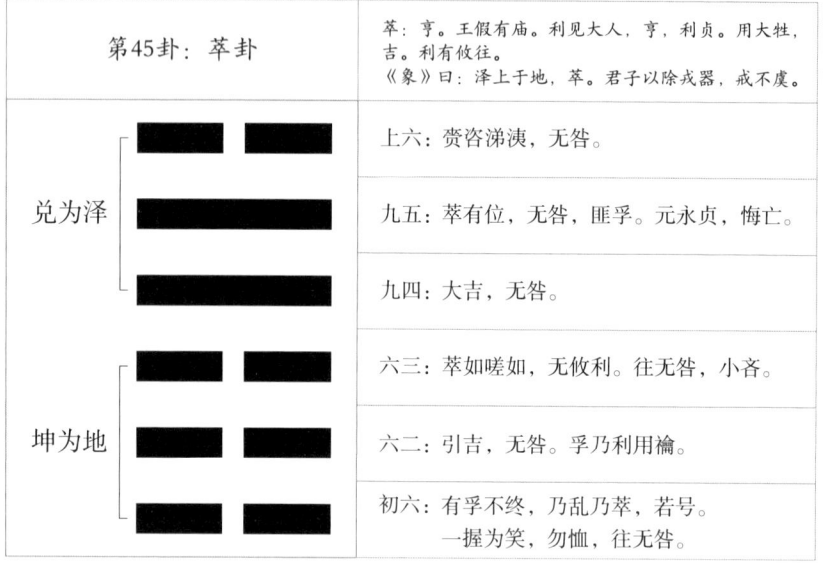

【本卦提示】"物相遇而后聚，故受之以萃。""萃"是集、汇聚的意思。君子当海纳百川，萃聚英才，齐心协力，成就伟业。

本章以"除戎器，戒不虞"为宗旨讲萃卦。这句话里"除"的意思就是修理，"戎器"就是兵器，"虞"就是预料。总体的意思就是说："要修理兵器，以武力戒备不测之事。"正所谓忘战必危，狼来了得有猎枪在手。

首先，来看卦象。

萃卦的上卦是兑，代表水；下卦为坤，代表地。萃卦的形象就是泽水积聚，润泽万物，万物群聚而生。《大象传》是这样解释的："泽上于地，萃。君子以除戎器，戒不虞。""泽上于地，萃"，泽水淹地就是萃卦的卦象。在讲什么呢？你看，水泽润地是一个好的样子，但如果洪水横流，反而成为一种祸端了。祸乱丛聚，要小心这种情况，要修治兵器戒备意外的变乱。

从另一个角度看，兑卦的"兑"加一个竖心旁就是喜悦的"悦"，表明一个人外表喜悦；下卦坤也表明内心柔顺。所以，一个人外表很喜庆、很喜悦，整天面带微笑，内心又很柔顺，所以他能够聚集朋友。"兑为悦、坤为顺"又表明，只要大地能顺着自然的规律运动，就会使喜悦相继而来，使喜悦得到聚集。当然，这也警惕我们一个事，在这种众流汇聚的时候，必然出现鱼龙混杂、泥沙俱下的情况。引申来讲，君子应当修缮甲杖兵器，以防意想不到的变故，尤其是群体祸乱，更是应当首要戒备的事。

其次，来看卦辞。

萃：亨。王假有庙。利见大人，亨，利贞。

用大牲，吉。利有攸往。

我们先解释一下卦辞里难理解的点。"假"就是借的意思，比如我们知道"假道伐虢"的故事，这里的"假道"就是借道的意思。"王假有庙"是比喻，反映周朝的社会风俗。王到庙里祭祖，或者是祭神，求赐一个好收成或请求其他保佑，所以通泰，此时利于会见贵族王公。"亨通"，这是吉利的征兆，用牛这种大牲作祭祀，也很吉利，并且出行也吉利。看来这一卦还是相当不错的！

萃卦讲的聚集不是普通的聚集。而是带有政治意义的聚集，这种聚集是有条件的。第一要有思想基础，大家意识形态一致，第二得有核心人物，也就是卦辞所说的"王假有庙。利见大人"。

萃卦的卦辞里有两个"亨",也就是两处"亨通",这在卦辞中是不常见的。我们知道,想要得到亨通的结果,也是有条件的。第一个条件是"利贞"。众人聚集,稍有不慎就会生出异心或心怀不满,只有坚守正道,才可最大程度地避免这种情况。这一点,从萃卦的六个爻辞中都有"无咎"也可以看出。用大牲口祭祀,引申为利益分配,因为祭品是要分给参加祭祀之人的,用大牲祭祀,可以分给更多的人,或者每个人分到的更多,他们自然会更加喜悦,更好地为群体效力。

再次,来看爻辞。

> 初六:有孚不终,乃乱乃萃,若号。
> 一握为笑,勿恤,往无咎。

意思是有诚信但是没有坚持到终点,于是出现了混乱与新的聚集,哭号夹杂着大笑,这种情况不用忧虑,因为有戒备了,前往没有灾难。

萃卦的要义是汇聚,包括如何汇集众人,凝聚人心。萃卦六爻,爻辞所说的情形都是如何作为,才不至于下降甚至能上升。初六爻辞中的"乃乱"状态,与当初聚集众人时的诚信截然相反。初六此举,令追随者大失所望,引起了内部的混乱。好在初六自身有诚信,所以能够前路亨通。初六给我们的警示就是:第一,最重要的是要有明确不变的目标,不要左右摇摆,变化不定;第二,不要把别人的嘲笑放在心上;第三,不要忧虑,只管朝着目标前进、前进、再前进。

> 六二:引吉,无咎。孚乃利用禴。

这个"引"就是牵引;"禴"是一种祭祀,祭品不用大牲,只用饭菜,比较节俭。意思是什么呢？受牵引而上升，吉祥，没有过错，只要心存诚敬，即使只是微薄的禴祭也有利于举行。

六二位置在坤卦中间，当位，可表众人安居于卑下之地。六二与九五相应，九五这个阳爻在上面牵引六二上升，这当然是吉祥的。六二位低，所以上升的空间很大。如果像卦中所示，有高人加以引导，使其得以上升，这是吉祥。我们都知道，伟大都是出自平凡的，但是要有坚定的信念，坚信自己一定能够改变自己的命运，坚信自己一定能够不断地向上升起！当然，在努力奋斗的同时，还需要有一位能力非凡的大人物，来激发我们的奋斗热情，给我们指明奋斗目标，带领我们不断地前进，帮助我们打开上升的门路。

六三：萃如嗟如，无攸利。往无咎，小吝。

意思是说：忧愁嗟叹，无所利，出行也没什么灾难，但是有小小的麻烦。

这个爻辞中的"嗟"，是对"萃"这件事所秉持的态度。结合本卦的主旨，"萃"就是汇聚天下英才这件事，"嗟如"就是一种患得患失的心态。既希望通过这件事招贤纳士，又担心付出太多，无法得到应有的回报，这种心态对于吸纳人才，绝对是一点好处都没有的。像梁山的白衣秀士王伦那样，当然是无攸利。有的时候，甚至还会让人感觉你不是真心，反而会失去人才。

九四：大吉，无咎。

这一爻意思很简单：九四，大为吉祥，没有咎害。

九四处在位极人臣的尊位，辅佐君王，握有很大的权力，所以"大吉"。但是，九四是阳爻处于阴位，位置不对，因此需要摆正自己的位置，争取民众的支持。同时，需要使自己处于谦卑谨慎的状态，以免招来祸害。按照王弼的说法，九四下面聚集着三个阴爻，可以依据的力量庞大，所以很吉利；但是他本身处位不正，只有不断完善自身，不断立下大功，才能够摆脱本来有咎的命运而获得"无咎"。

九五：萃有位，无咎，匪孚。元永贞，悔亡。

意思是说：九五，聚集的时候处于尊位，没有过错，但是还不能完全取信于人民。作为德行的表率，应当永远守持正道，那么，悔恨就会消逝。

九五阳爻处在奇数位，当位，其心既正，何患之有？然而必须注意的是，只有坚守一条正道，不带半点邪心，才可以不遭物议不受人非，才可以团结大家把大事做成。总之，这九五爻处于萃卦的君位，身为阳爻，居中守正，象征其阳气刚猛，毫无隐蔽。这样的一个阳刚之主，他应该大气地坚持中正之道，自然能够免除悔恨。如果自恃位高权重，刚愎自用，那么无疑其信用将受到损害，到时候即使有悔，也是悔之不及了。君主的德性，当如光芒一样昭然天下；君主的恩惠，当如雨露一样泽被苍生。九五爻，应以荟萃天下为天命，行事应宽厚仁和，中正无私，才能得到万民的敬仰，吉祥无忧。

上六：赍咨涕洟，无咎。

"赍咨"就是悲伤叹息；"涕洟"，就是我们说的涕泪交流。所以本爻辞的意思是：悲伤叹息，痛哭流涕，没有灾难。

怎么回事呢？大家看，上六与下卦六三无正应，孤立无援，下边是九五，不安又不顺。眼见大家聚合而自己孤单，所以叹息痛哭。好在他明确知道自己的处境危险，终日担忧可能到来的祸患，始终想着怎么才能改变自己的命运。《小象传》就说："赍咨涕洟，未安上也。"上六不安于处在最高的穷困之地，发自内心地求萃求聚，所以最终结果还好。上六告诉我们，哪怕求聚不得，只要内心秉持着德性，知危知惧，那么还是可以免除咎害的。

最后，卦名与总结。

（一）卦名解析

"萃"在《说文解字》中的解释："萃，艸皃。"本义是草木丛生的样子，《集韵》也说"萃"是"草盛貌"。草木茂盛，丛聚而生，由这个形象引申出群聚、聚集的意思。所以段玉裁注《说文解字》说："萃，聚也。此引申之义。"

《序卦传》怎么说？"物相遇而后聚，故受之以萃。"姤卦讲的是相遇，相遇之后必然聚集在一起，所以这个萃卦就是聚集、汇聚的意思，是讲群体聚集。当然，就好像水在地上聚集成泽，水可以灌田有益收获，也可能泛滥成灾。人的聚集也是如此，既可以团结起来创造庞大的财富，也可能造成混乱灾难。所以"萃"的含义很丰富，既肯定团结凝聚的力量，也告诫人们要防患于未然。

（二）总结

萃卦的主旨是聚集更多的财富、更多的人才，这背后究竟有什么隐藏的智慧呢？

第一，"泽地萃卦"，下卦为坤为地为顺，上卦为兑为泽为悦，这是个水泽聚合在地上之象，所揭示的乃是居于上位之人，与处在下位之人如何相聚相合，进而有所成就的智慧。

第二，本卦坤顺而兑悦，六二柔而九五刚，上下相合，刚柔相应，同声相应，同气相求，所以天地万物才能共同成就聚集之道。我们了解了这种智慧，懂得如何聚集人才，如何聚集财富，才能成就经天纬地之业。相遇而志同道合，才能内聚精神，外聚财力，以顺悦之道，而使力量集中在一个共同的目标之上，才是真正的归聚之道。就像汉初三杰和刘邦的关系一样，这样的风云际会，才是真正的聚！他们的目标是什么呢？推翻秦朝的暴政，这个是正道，所以他们最终成就了一统天下之功。

第三，萃卦的智慧概括来说，是通过自然界的水和大地之间的关系，形象地阐述了团结、汇聚、整合的意义。要想成就人生伟业，就要团结聚合一切力量，广集精英、聚集贤才，齐心协力壮大自己，提升自我优势，为创造伟业奠定坚实的基础！这和俗语说的"团结就是力量"是一个道理。具体到六爻中是：初爻诚信汇聚；二爻诚信有利；三爻忧愁叹息；四爻吉祥无灾；五爻是核心宗旨，坚守中正；上爻以德悦人！

在姤卦的阴柔与阳刚相遇后，萃卦讲究聚集精华，迈向繁荣。古时候的统治者利用精神来聚集天下人的思想，通过加强民众对神的信仰，用民族情怀感染每一个人，使民众思想得到统一，使国家形成强大的凝聚力，共同创造萃卦的丰盛局面。俗话说"滴水不成海，独木难成林"。凡做大事，须会聚各类精英人才，形成志同道合的团队力量。在团队中，每个人都能把自己的志向和决心展现出来，以行动实干率先示范，则能无往不利，最终达到顺利亨通的境界！"孤举者不起，众行者易趋"，能把天下万物都凝聚在一起的力量，古人就称之为"道"。坚持正道是《易经》的核心追求。其核心就是一句话："以中正之道去行悦而归聚之事，则得正而民聚，民聚则大事可成。天下归心，民德归厚，又何愁财富不聚呢！"就像毛泽东所说的，军民团结如一人，试看天下谁能敌？

升卦第四十六：合抱之木，生于毫末

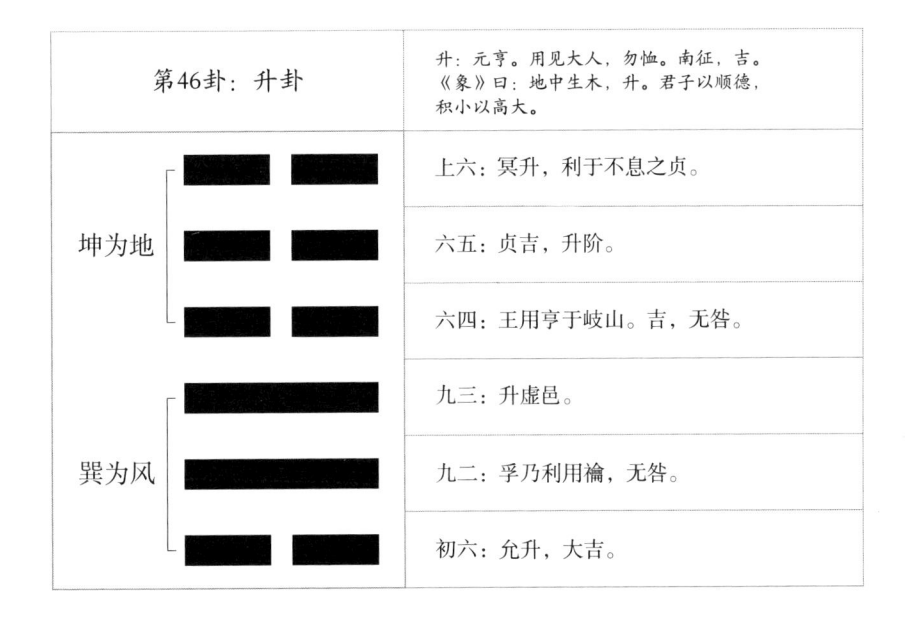

第46卦：升卦	升：元亨。用见大人，勿恤。南征，吉。《象》曰：地中生木，升。君子以顺德，积小以高大。
坤为地	上六：冥升，利于不息之贞。
	六五：贞吉，升阶。
	六四：王用亨于岐山。吉，无咎。
巽为风	九三：升虚邑。
	九二：孚乃利用禴，无咎。
	初六：允升，大吉。

【本卦提示】"聚而上者谓之升，故受之以升。""升"是"上升"的意思。君子当注重积累，为大于其细，循序渐进，稳步发展。

本章以"合抱之木，生于毫末"为宗旨来讲四十六卦升卦，以《道德经》第六十四章里的这句话来概括本章的内容最为合适。意思是，粗大的树木都是由小树苗长成的，比喻大事都是由小事逐渐发展演变而来，这也是升卦的主旨。树往高处长，人往高处走，总要有人升到高位去承担重任。

397

首先，来看卦象。

升卦是异卦相叠而成的，一个是坤卦，一个是巽卦。坤为地为顺，巽为木。大地生长树木，树木日渐高大成材，用来比喻事业步步高升，前程远大。我们再来看看《大象传》怎么说："地中生木，升。君子以顺德，积小以高大。"意思是：上卦为坤，坤为地，下卦为巽，巽为木，木植于地中，这是升卦的卦象。其中蕴含的哲理就是，人要遵循德义，要加强修养，从细小起步，逐步培育崇高的品德。人往高处走，这个社会需要世代交替，所以总是需要有人升到高位来承担更重的责任。另外，巽也代表风，风在地下，如同有才干的人在人群中不容易被发现一样，只有被提升上来，才能发挥出才干。从这个角度讲，"升"的含义也是，把有才干的人提升到应有的岗位上。

其次，来看卦辞。

升：元亨。用见大人，勿恤。南征，吉。

升卦，最为通达，宜于出现权高位尊的大人物，不必担忧，往南方发展会吉祥。

《彖传》的解读是："柔以时升。巽而顺，刚中而应，是以大亨。用见大人，勿恤，有庆也；南征，吉，志行也。""柔以时升"非常重要，怎么才能上升呢？要柔顺，并且按时而升。升卦的上卦是坤，就是大地，是柔的，下面巽卦是风，也是柔顺的，所以想要上升就不能强硬。《道德经》中有"曲则全"一语，字面意思是弯曲才能得以保全。自然界没有笔直的事物，无论是河流、海岸线，还是石头、树木，都是曲曲折折的，可见自然之道正是如此，那么人也应该懂得"曲成万物"的道理，懂得委婉迂回处理问题的方式，懂得不争的结果就是"天下莫能与之争"，才能更好地保全自己，才会有更圆满的结局。相反，如果不懂得

"柔顺"的道理，那么"木强则折"，太过刚强只会过早受损，没有好的结局。所以这一卦告诉我们要柔顺，柔顺者依循时势而升进，既顺利，又和顺，刚强者居中而有应合，因此非常通达，如果你占得这一卦，可以用来见大人。不必担忧，这是因为有吉庆。往南前进吉祥，是因为心意可以实现。

再次，来看爻辞。

初六：允升，大吉。

意思是：初六，适宜升进，大吉大利。

初六居于升卦的初位，心里是想要获得提升的。初六在下卦，这个下卦是巽卦，巽为风，为木，为随顺；作为一个阴爻，它上承九二阳爻，可以随顺九二前进，它们是有应的、相互配合的。初六是种子阶段，种子阶段最重要的是什么？是向下扎根。虽然初始阶段不一定有成果，但是扎根了，就能更好地向上成长。扎根就是打基础，植物如此，人也应该如此，所以《周易正义》说君子应该"积其小善，以成大名"。想要做大事，就必须从小事做起，想要成为端正的君子，也必须做好生活中基础的小事，也就是《道德经》中所说的"为大于其细"。根扎得越深，以后生长得也越高大，这是事物发展的必然规律。因此，初六之人，正处在上升的良好时机，先扎好根，然后上升。

九二：孚乃利用禴，无咎。

"孚"是指诚信，"禴"是指春祭，春天的祭祀。本爻辞的意思是说，内心非常虔诚，这样有利于祭祀祈福，可免除灾祸。

"孚乃利用禴"在萃卦的第二爻也出现过，这里是指只要有诚信，不用那么太浪费，薄祭也可受福。因为祭祀讲究的是内心虔诚，不一定非得用厚礼来体现。《小象传》说九二爻"有喜也",也是因为九二内心虔诚仁厚,与六五相应,上升必能受重用,同时自己的诚心也能为神明所知,自然会有喜庆的事情发生。

九三:升虚邑。

"邑"就是诸侯封地,"虚邑"是什么呢?就是无人管理之地。这个爻辞的意思是:上升到空旷的城邑,空间大了,表面感觉是入无人之境,好像可以顺利上升一样,但仔细一琢磨,却并非如此。

我们来看,升卦的爻辞判词,初六大吉,九二无咎,九三却不讲吉也不讲凶,这是什么道理?《易经》其他卦爻的判词都说得清清楚楚,而这里不写吉也不写凶,就是告诉我们结果不定。九三阳居阳位,既刚健又很有实力,而且它上面是三个阴爻,都是虚的,也就是说,只要九三想上升那就没有阻碍的,如入无人之境。但《易经》提醒我们"祸福未可",升得太快,可能方向偏了,可能得意忘形,也可能被别人利用,最后自毁前程。所以爻辞只说"升虚邑"。这背后也说明,九三上升得顺利,往往容易沾沾自喜,被大好的形势冲昏头脑,忘记了自己是谁,就会出各种差错。这个时候不能"无所疑",而一定要"有所疑",要反问一下自己,怎么会这么顺呢?这样就会得到吉祥。反思后发现本来就应该这样,这是自己能力所及的,而且时机大好,便快步向前,如入无人之地。

有两种情况千万要记住,任何事情都不例外。第一种,敌人埋伏起来,我们没有发现,等我们深入之后,敌人再把我们包围起来,到时候想跑也跑不掉。所以当一个人觉得太顺的时候,就要开始怀疑了,这样才能避免很多潜在的危害。第二种,人家根本不拿我们当回事,我们要进来就进来,要怎样就怎样。想想看,这还有什么价值呢?当没有人把自己当敌人的时候,就真的一无所有了。现在很多人没有注意到这点,没有同行嫉妒,也没有人批评,还沾沾自喜。殊不知,这个时候更要反思自己、认识自己。

六四：王用亨于岐山。吉，无咎。

"用亨"指的是举行祭祀之礼；"岐山"是周部落的发源地，也就是"凤鸣岐山"的岐山。这句话的意思是说，君王到岐山祭祀神灵，吉祥如意，没有灾祸。周这个部落，从现在的旬邑县、彬州迁到岐山，随后在此发展壮大。《小象传》解释说，这是向神灵表示恭顺，诚惶诚恳地供奉神灵，供奉祖先，结果必然会吉祥如意。《左传》有云："国之大事，在祀与戎。"国家的大事一个是战争，一个是祭祀，古代人认为诚心信奉神灵才有助于成功。

六五：贞吉，升阶。

"升阶"这个词我们现在也经常用到，沿着台阶稳步上升的意思。关于这句话，《小象传》是这样解释的："贞吉升阶，大得志也。"意思是：守正，结果吉祥，乘势沿着台阶稳步上升，表明上升已达到鼎盛时期，接近光辉的顶点，可以说得上是春风得意，踌躇满志。六五爻是阴爻居于尊位，必须稳健行事，步步升阶，循序渐进，这样才能满足大的志向。

上六：冥升，利于不息之贞。

"冥"就是昏冥；"不息之贞"，就是永不停息地坚守正道。整体来看意思是：在昏昧中升进，有利于不停地坚持正道。

我们分析一下，上六居升卦的最顶端，与九三正应，表示只要坚守正道，尚可安稳。《小象传》是这样解释的："冥升在上，消不富也。"在昏暗幽冥的状态下仍然上升，处于事业的高峰期，所以要保持谨慎，以守为主，盲目冒进会遇到麻烦。我们经常说创业容易守业难，不要松懈，要更加努力、坚持前进，否则会出现不进则退的情况。同时在前进的过程中也要注意休养生息，王弼注说"劳不

401

可久也",就是提醒我们注意把握前进的度。

最后,卦名与总结。

(一)卦名解析

"升"就是上升的意思。它的古字形好像一个盛放东西的有柄容器,本义是一种量器,《说文解字》就说:"升,十龠也。从斗,亦象形。"后来假借为升高的"升",这个字古时也写作"昇"和"陞",都是上升的意思。"升"的上升之义或许最初来自人们对太阳升起的观察,《广韵》说:"昇,日上。本亦作升。"《诗经》也有"如日之升"的说法。

《序卦传》是这样说的:"聚而上者谓之升,故受之以升。"也就是说,堆积物不断地向上聚集,越堆越高,这就叫作"升",前面的萃卦表示的是聚集,所以萃卦的后面便是升卦。

(二)总结

首先,按序卦,升卦与萃卦互为综卦。萃卦体现的是一种凝聚的向心力,而升卦体现的是一种扩张的离心力。萃则以一个中心团聚在一起。

其次,"升"则向上发展,象征事物上升阶段,正当其时,自求高大,故不甘落后。从升卦六爻总体来看,初六在下位,有随顺之德。意思就是,位低者由信赖而得升进,可谓大吉。九二不但诚信并且举行合宜的祭祀,上与六五正应,因此虽为阳爻居柔位,是有尊位者帮助的,也就是我们说的有贵人相应,也没有什么大的咎错。九三往上是一望无际的虚邑,非常有利于发展,比如说古公亶父,也就是周太王,他为了避免打仗损伤部落,被迫迁到了当时是"虚邑"的岐山。可是周部落的人很团结,所以一年成邑,二年成都,三年五倍于初。往上进展如入无人之境,十分顺利。六四所指的事,可以周文王为例,他在岐山向上天祭献,此时他还是以柔顺的姿态服侍商王,因为这时候他毕竟只是西伯侯,也处在比较偏远的地方。但国势渐渐上升，逐渐有三分之二的诸侯归心。所以六五正式登上台阶，《小象传》说这叫"大得志也"。上六是说在昏昧中升进依然要坚持，但是不要冒进，要循序渐进。在事物发展过程中，应该稳步寻求升级发展。

最后，我们从升卦中领悟到的哲理，一是柔顺，要按时上升，要把握时机。并有诚信地达成某些重要结果，有利于推进升级。发展到鼎盛阶段要注意谨慎，不可抱持无限扩张的企图。要总结发展历程和经验，持久坚持，这样才能不断地升阶，才能如大鹏一样待时而起，"抟扶摇而上"。二是升卦与萃卦结合起来，体现的是一种团结向上的力量。只讲团结，不讲向上，则失去了上进的动力，使团体维持在一个较低的水平；只讲上进，不讲团结，则上进就会失去基础，成为无本之木，无源之水。

困卦第四十七：困境求通

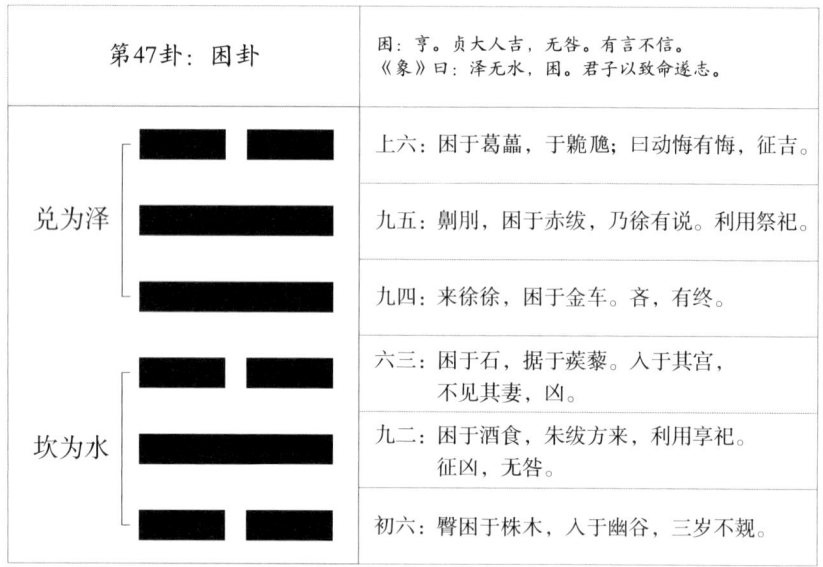

【本卦提示】"升而不已必困，故受之以困。"面对困境，切忌躁动妄行。君子当困而不馁，静守待变，方能困境求通，大有作为。

本章以"困境求通"为宗旨来讲困卦。我一直跟大家说，中国人有很深的乐观情绪。比如这一卦讲的是困卦，可是它的主旨是困境求通。

首先，来看卦象。

《大象传》就说："泽无水，困。君子以致命遂志。"这个象辞的意思就是：

本卦上卦为兑，代表泽水；下卦为坎，坎为水。水渗在泽的底下，泽中干涸，坏了！这就是困卦的卦象。

这个卦提示我们什么呢？要以处境艰难自励，穷且益坚，以此来实现长久的夙愿。困卦兑为泽在上，泽水落入坎水，泽水减少了，坎水东流入海，坎水也减少了，水势越来越小，就会遭受贫困。从另一个角度分析，假如两水合一，水势一下突然增大，那就有可能成灾！灾难也会给天下人带来穷困。总之，不管是从哪个角度理解，总是有危险困境存在。所以坎为险在下，兑为悦在上，这又意味着先遇危险而受困！后来呢？因为困难得以克服而喜悦。这就是我们说的，我们中华文化的一个非常重要的特点：陷入困境时，才智难以施展；但是只要你坚守正道，自得其乐，必可摆脱困境，成就大事。

其次，来看卦辞。

困：亨。贞大人吉，无咎。有言不信。

这个困卦，它竟然有"亨"和"贞"两个判词，意思是通泰。卦辞的意思是说，困卦象征穷困，亨通，坚持正道，大人可获得吉祥，没有过错。这个时候靠语言是不能脱困的。

"大人"也指君子，我们从下往上看卦象会发现，阳爻都被阴爻所遮蔽，象征着君子受困于小人。但是结局还是好的，"吉而无咎"，不会遇到什么问题。"信"，就是"伸"的意思，"有言不信"是说仅靠语言，我们是不能够让自己得到提升的！脱困要靠行动，只靠嘴上说，不去认真做，这样是不能脱困的。

大家想，在困厄的情况下，小人往往容易变节，只有君子才能正确认识困厄，正确对待困厄，知道这困厄只是暂时的，知道这困厄有利于磨砺我们。所以在遇到困境的时候，依然能够坚持真理、坚守正道、保持操守。比如孔子是怎说"穷困"的呢？"君子固穷，小人穷斯滥矣。"小人遇到这种情况就变节了，就不再努力了，而君子即使在穷困之中也能坚守正道。在困境中，任何言语都显得苍白无力，只有切实行动才能脱困。所以我们看，卦象中九五是兑卦的主爻，是行动的动力。所以九五"动则会突破"，困卦受到重重的限制，不能单依靠言语，而更需要依靠自己的积极行动去突破，去脱困。

再次，来看爻辞。

> 初六：臀困于株木，入于幽谷，三岁不觌。

"觌"就是见面、相见的意思。大家看爻辞讲的，"屁股卡在枯木桩上"，这下麻烦了！坐立不安，采取什么方式呢？退隐到幽深的山谷里，三年不与外人相见。

初六居下卦坎卦之初，坎为沟壑，从人体结构上看，人的臀部就象征这坎之初。这个卦象意为"臀困于株木"。为什么要入于幽谷啊？"幽，不明也！"就是进入荒僻阴暗、不见天日的地方。这个比喻处境极其艰难，仿佛被困于众多灌木丛中，不能脱身。"三年"是大概的时间指向，就是告诉你这个时期能做的，只有在困顿之中等待，待机而动。你想想，屁股卡在木头上，你越动反而越麻烦！等待，找准时机，伺机出困。

> 九二：困于酒食，朱绂方来，利用亨祀。征凶，无咎。

爻辞中有几个难点的词，先来解释一下。"朱"是红颜色，"朱绂"，指的就是丝带，也借指古代贵族的官服；"利用亨祀"就是利于举行祭祀的意思，大家注意读《周易》，"利""用"两个字千万不要连上。所以九二的意思是：为酒食所困，将会得到荣禄，有利于举行祭祀。此时前行有凶险，但是没有咎害。

九二在下卦坎的中间位置，以阳爻居阴位，大志难伸，又与九五没有阴阳互补的相应。九五是君位啊，说明九二难以得到君主的信任。这种情况下如果再急功近利，只有"征凶"的危险！不管是走远路，还是出征，都有危险。但是，他又在提醒我们什么？要是持中守正，静等时机，别着急，反而会有好事出现《小象传》就说："困于酒食，中有庆也。"这个"中"就指九二处于下卦的中位，坚持守中，无咎而有庆。

六三：困于石，据于蒺藜。入于其宫，不见其妻，凶。

六三爻很凶险。这个地方的"石"指的是磐石，代表坚固。这个"蒺藜"呢？我们现在也是经常用到，它代指荆棘丛生的困难之地，引申为同时遇到很多困难的意思。你看，身体被乱石所困住，抬足举步本来就很窘迫了，而手之所触，身之所倚，又都是生满尖刺的野蒺藜。好不容易摆脱这些困难，回到家里，发现妻子已经离家而去了！当此之际，可谓家庭事业皆处困境，这对一个普通人而言，实乃一场大灾祸啊！

分析一下，这个六三是阴爻居于刚位，就像才质平庸的人担当了一个重要的职位，难以胜任。京剧里边唱的"我好像笼中鸟有翅难展"，说的就是这个情形。站在刺人的蒺藜上面，十分困窘，而摆脱这困窘回到家中，又不见妻子了。这说明什么？祸不单行！已经饱受各种困扰，家门又惨遭不幸，实在是不吉祥的兆头。我们要怎么做呢？处困之道在于静守待变，最忌讳躁动妄行。各位，这一爻提醒我们做事要量力而行，自己不胜任的事不要去强做。如果自己能力不行，不要去争强好胜，要谦虚谨慎，静待时机，否则会陷入困境之中。

九四：来徐徐，困于金车。吝，有终。

"徐徐"就是行动迟缓，"困于金车"就是交通阻塞。意思是缓缓而来，是因为被金车所困阻。路上堵车了，堵得厉害，虽然会遇到一些困难，但最终不还是到了，是有一个好结局的。九四已经进入上卦，上卦不是讲"被困"，而是讲"济困"，怎么样把这个困境解除。九四以阳爻居柔位，失位！所以最初并不顺利，遇到了坎陷之困。幸好，有九二的支持，才最终走出困境。"来徐徐"，慢慢来，表明没有飞黄腾达的奢望，最终能获得大家帮助，摆脱困境。虽然所处的位置不妥当，不能胜任职务，但慢慢地能得到志同道合者的支持。所以这一爻讲的就是：要想摆脱困境，那得得到别人的支持，你得懂得团结别人。你要想去解救别人，那也要量力而行。

九五：劓刖，困于赤绂，乃徐有说。利用祭祀。

这一爻又拿祭祀说事，古人把祭祀看作是能够坚守正道、保持诚信的一种很重要的手段。"劓"是古代的刑罚之一，指割去鼻子。秦国的公子虔就被商鞅割去了鼻子，就是遭受了这种刑罚。这个"刖"呢？是只砍去脚踝以下的部分，就是我们经常说，某一个人没有脚了，便是受到了这种刖刑。"赤绂"指的是大臣的官服。

所以，这一爻的意思就是说，九五象征着什么一种情况呢？就像被割去鼻子、砍掉了脚，又被官服（位置、职责）所困。但是依然告诫我们，渐渐地可以解脱。怎么办？保持诚心，祭祀啊！这于古人大概是没有办法的办法了。诚心祭祀，期望得到神的保佑。九五这一爻，处在全卦的君主之位，君王之困在于言路闭塞，上下不通，弄不好就会众叛亲离。好在这个九五当位，所以他能坚守中庸，保持正直的品德，诚心敬神，求得吉祥顺利。

上六：困于葛藟，于臲卼；曰动悔有悔，征吉。

"葛藟"是一种藤本植物，用来比喻困于藤条之内。"臲卼"是高而直竖的木桩，用来比喻高危之地。所以上六的意思是：被困在缠绕的葛藤中，身临高危之地。如果说行动会有所悔恨，那么干脆早点行动，以便早些悔悟，坚持前进，则会吉祥。

困极则通，穷极思变。陷入困境之中，你要是不采取行动，不找寻机会，一直在等啊，等啊，等啊……那就会被困死此地。身陷困顿之中，不管成不成功，都要拼力一搏，都要找机会积极去行动。就像流动的水，在无路可走的时候，在山崖上化作瀑布，呼啸而下，又一个新天地！行动起来才能走出困境，故而要放手一搏。

最后，卦名与总结。

（一）卦名解析

《说文解字》对"困"字的解释是："困，故庐也。从木，在口中。"外边有一个大框、里面是木，意思是像废弃房屋的四壁，里面是生长的树木，大家形象地理解就好。《六书本义》也解释说："木在口中，木不得申也！"你被圈住了，引申为穷困、病困之义。据说"淮海战役"的时候，国民党的一个高级将领看到房屋的院子中间长了一棵树，他想：这就是"困"字啊！于是就把这棵树都给伐掉了。你看，从故事中，大家也能理解这个"困"字——穷困、病困、困境之义。

按照序卦来说，困卦在升卦之后。《序卦》解释说："升而不已必困，故受之以困。"一路上升，一直提升，终会遇到困境。所以大家要注意，这个易理提醒我们，发展得太顺了，一路升迁，反而可能会出现大问题。比如我们时常说坐"直升飞机"升上来的，一遇到问题，就很麻烦。但在困境之中，正好可以得到锻炼，最终会出现转向通达的契机。所以困卦象征着困顿，但又告诫人们困境求通的道理，这是我们理解困卦需要知道的两层含义。

(二) 总结

第一，困卦的卦象是坎下兑上，为泽中无水之象，象征困顿。作为君子应该身处穷困而不气馁，为实现自己的志向，不惜牺牲生命。

第二，六爻是六种情况。从六爻来看，六三荆棘丛中生；九四迟缓而且被阻碍；九五守正脱险境；上六思变，解除了葛藤的困扰。特别是上六爻，启示的是穷极思变、困极则通的道理。已经到了这一卦的尽头，我们处在这样的境遇中，要能"动悔，有悔"，行动虽然有悔过，但是及时醒悟了。通过醒悟找到解决的方法，这样的行动，最后还是可以获得吉祥的。陷于困境之中，若是不采取行动，将会被困死此地。此时，不如放手一搏，即使行动失误，也能吸取经验教训！记住，行动起来才能走出困境。

第三，困卦谈的是陷入困境以及如何解决困境中遇到的问题。面临发展中不可避免的困境，应该坦然面对。因为这些困境，从某种意义上看都是有利于事物发展的，不会影响目标的实现，而我们在解决这些困境的时候，不断地使自己得到锻炼。因此，困卦虽然叫"困"，但是它时时讲的是如何脱困，以至于亨通。困卦的错卦是贲卦，交卦是节卦，比较明确地告诉我们：素履之往、节制节俭是摆脱困境的常用方法也。

第四，困卦虽"困"，但它却有令人"有言不信"、亨通、无灾祸，且利于"大人"出现与崛起的一面，这种深邃的辩证观点实在是颇有见地的。

总之，困卦的哲理告诫我们：在困苦穷厄之际，要把困难看成是对自己的考验和挑战！正如孟子所言："故天将降大任于是人也，必先苦其心志，劳其筋骨，饿其体肤，空乏其身，行拂乱其所为，所以动心忍性，曾益其所不能。"人都会犯错误，陷入困境，内心困苦，思虑阻塞。只有把它解决了，我们才能逐渐得到磨砺与锻炼，从而不断增强自己的本事，最后才能大有作为！

井卦第四十八：井以养人

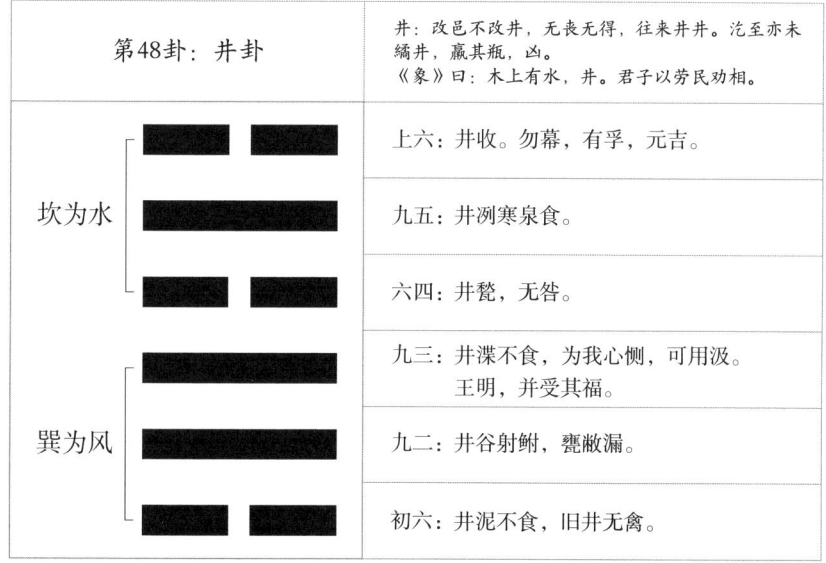

【本卦提示】"困乎上者必反下，故受之以井。"君子当蓄养内心的力量，"用其光，复归其明"，方能以理纾困，且养物无穷，善始善终。

本章以"井以养人"为主旨讲井卦。困卦的前一个卦是升卦，往上一直升，跑到尽头了，被困住了，怎么办呢？改变方向向下，所以要打个井。井卦的主旨是：井以养人，人也要善用井。

古时人靠水井生活，而水井是由人挖掘而成的，所以人和井两者相互为"养"。井以水养人，经久不竭。深一层的意思是，井有养人惠物之功，却不以为功。这是井卦智慧中最为人所称道的品德。周恩来总理认为《道德经》里最深刻、最有哲理的话就是这十二个字："生而不有，为而不恃，长而不宰。"这也可以说是对水井功德与智慧的一种概括。再深一层的意思，从人的角度看，人也要善于养井，否则就会"井泥不食"，井底下堆积了太多的污泥，水就没法取用了。比喻什么？埋没人才。

首先，来看卦象。

"水木井"，是井卦的卦象。此卦意在取法于井水养人，从而鼓励国民勤奋并相互劝勉。我们来看一下《大象传》怎么说："木上有水，井。君子以劳民劝相。"这个"相"，就是相互的意思。井卦，上卦为坎为水，下卦为巽为木，所以叫"水木井卦"。它还象征一种什么情况？木桶从下而上破水而出，就如同在井中提水一般。井中有水，树木得水而蓬勃生长。人靠水生活，水井由人挖掘而成，相互为养。这就是我们说的主旨。

还有更关键的一层意思，这个井以水养人，井水无穷无尽，经久不竭，孜孜不倦地养育着人们，象征君子应当不辞劳苦地为大众谋福利，以此德勤劳自勉。"井"象征着君子"井养"和"养井"的美德！所以得好好重视人才，以防有才能的人变得"井泥不食"。

其次，来看卦辞。

井：改邑不改井，无丧无得，往来井井。汔至亦未繘井，羸其瓶，凶。

"羸"，意思就是毁坏；"汔"指水干涸了；"至"同窒息的"窒"，淤塞之义；"繘"，出来之义。这句话什么意思呢？改建邑落而不改建水井，等于什么也没干，因为井很重要，人们往来在井边提水，水井干涸淤塞，不加以淘洗，你改邑又有什么用呢？反而将吊水罐都打破了，这是很凶险之兆。

井中虽有取之不竭的水以养人惠物，但也要善用之。明明有水井，却不知善用或用非其时，那么这口水井有便会和没有一样。只知索取，不懂养井，就会"井泥不食"。这卦辞表面上讲的是汲水之道，说不管人们住到哪里，都需要井来取水，如此一来经常淘洗水井，使井水能够源源不断地流出来供人取用，是非常重要的事。深一层的意思呢，是说君子要时时修养自己的德行，进而像水井一样养物无穷，善始善终。

再次，来看爻辞。

初六：井泥不食，旧井无禽。

"井泥"，井枯无水，都见到污泥了，指的是身困才竭，废而无用。你不养它，井废了。废旧之井，禽鸟不至。禽鸟都不至，人当然更不可以饮用。好好一口井给废掉了，好好的人才被废掉了，不得"食"用！

初六位于井卦的底部，阴爻居阳位，相当于井底部位。与之相应的六四爻，是一个阴爻，初六和六四无法相互呼应，初六上无进身之路，反映出的是一种时过境迁，被遗忘、被抛弃的凄凉遭遇。"井泥不食"的废井，如同被抛弃、被遗忘的人才一样。进一步说，人也如同"井"一般，如果不及时养护，除掉淤泥，也就是没有自净的功能与方法，那也会被淘汰掉。对井而言，众人应该善于养井、用井；对人而言，大人要善于培养人才、使用人才。

九二：井谷射鲋，瓮敝漏。

"井谷"，井中积水低洼处；"射鲋"，指捉鱼；"敝漏"，陈旧破漏。九二爻意思是，井里积水容水的地方被用来捉鱼了，水瓮被碰破而漏水。

井都成这样了，结果打水的水瓮也被碰破了，"屋漏偏逢连夜雨"！此处的井，也是比喻人才。《小象传》曰："井谷射鲋，无与也。"这也是从怀才不遇的角度谈用人。井中积水之处，都被当作捉鱼的场所了。主要是由于上面没有接应，难以把水送到地面上去供人饮用。井水没有办法被提上来供给万物，井反而成了养鱼池。

九三：井渫不食，为我心恻，可用汲。

王明，并受其福。

"渫"，指的是除污疏通；"恻"，指的是悲伤、同情、不忍心。爻辞的意思是：井中已经除污了，但仍然没有人来取水饮用，使人心生悲伤。井还可以用来汲水，人才更是可以再使用、再利用。而人才如果被贤明的君王发现，那是大家共同的福气。

九三爻，阳爻居刚位，得位。位置正，但他失中，不在下卦中间。位于下卦的上端，说明他仍然有积极向上的动向。本事还在，还有可能获得被任用的机会。但是九三爻和九五阳刚相敌，没有得到他的重用；又与上六相互呼应，上六虽然对九三怀才不遇的境地感到惋惜，但上六不是君位呀！只能帮点忙。

再来看这一爻的《小象传》："井渫不食，行恻也；求王明，受福也。"依然是从怀才不遇的角度来分析。井中已除污泥，但仍然没有人来取水饮用，表明一个人尽管积极上进，一心想有所作为来造福于民，但是一片好心无人领受。满怀热情的善行，只落得个令人悲叹的结局，只能寄希望君王贤明。这《小象传》直接从井水说到了人事，希望圣明的君主出现，期盼伯乐，盼望他们能思贤若渴，像提水一样选拔、重用人才。君王如果能任贤为用，大家就可以享受由此带来的恩惠。

六四：井甃，无咎。

"甃"字，上面是个秋，下面是个瓦，啥意思？动词"砌"的意思。"甃"指用砖石砌井壁。这句话是说用砖石垒砌加固井壁，就不会出差错。

从卦象上看，六四阴爻居柔位，属于得位；上承九五，阴阳相互呼应。那为什么只能"无咎"呢？因为六四虽然柔顺得位，但是下面的初六也是个阴爻，和他不相应。而且六四有柔顺之才，持中守正，给九五帮忙打下手还行，自己想要广施才用、济世救民就力有不逮了。所以《小象传》说："井甃无咎，修井也。"六四只要能修治水井，不废井养之功，最后不出什么差错还是可以的。

九五：井洌寒泉食。

"洌"，清冽，清澈明净；"寒"，凉爽。所以这句话意思是说，井水清澈明净，就像甘甜凉爽的泉水一样，可供饮用。

《小象传》就说："寒泉之食，中正也。"九五以阳爻居君位，持中守正，是有德有才大有作为的领导。国君为民谋福，犹如甘泉供人使用，因而能够集中体现水井滋润万物、造福大众的美德。九五展示的是"井"道的极善之境，但是爻辞却没有评价"吉"，为什么呢？我们挖井，要把井水挖出来才算成功。九五没有达到最上的位置，虽然有甘美的泉水，但是毕竟不方便人们取用，所以"元吉"的评价要到上六才会出现。

上六：井收。勿幕，有孚，元吉。

这个好！"收"，收取；"幕"，覆盖；"孚"，诚信。井口建成后，不加盖，有诚信，大吉祥。

"勿幕"就是不把井口盖严，啥意思？有井，别把它锁上阻碍大家使用。不把井口盖严，怀有诚信，为人们不断提供饮水的方便，功德无量，必然会有大吉大利到来。因为上六得位，能帮助九五纳才，而且待之以诚。明君与贤士志同道合，相互亲近，自然"元吉"。看来到了这个位置，像井一样的人才，如果沟通顺利，如果一直诚信，是会得到重用的。而对于人才来讲，既然受到重用，那就要不辱使命，做好实事，为民众谋取幸福。

最后，卦名与总结。

（一）卦名解析

"井"字始见于商代，传统认为甲骨文的"井"字，模拟的是用木料和石料围起来的井栏杆，当中那个空的地方就是井口。西周之时，"井"字当中多出一圆点，代表井中有水，也可以代表用来提水的桶或者罐子。

《说文解字》说："八家一井，象构韩形，罋之象也。古者伯益初作井，凡井之属皆从井。"意思是：井，古制八家共汲一井。"井"字像木头纵横构架的形状，像汲瓶的样子。据说古时一个叫伯益的人最早发明了水井。所有与井相关的字，都采用"井"作偏旁。有一个著名的成语叫"坐井观天"，其实井底的青蛙不是不想出去，而是一开始就没有这个机会，因为井的四周都是高墙，它被束缚在了狭小的区域里。看过前面解说的读者都知道，《周易》里面说到有坑的时候，多半不是一件好事！同样的，说到"井"也不是一件好事。比如我们今天还在说"陷阱"，那就是一种井，所以"阱"字也有"井"这个部首。井卦，第一反应是陷阱，有人挖个坑，让你陷进去，这就是井最原始的含义：陷阱。

但是，任何事物都有两面，井卦也并非完全是负面的，因为井也是每家每户生存所必需的东西。《易经》以"井"为卦名，用于体现劳动者的衣食住行，大自然与人们生活的关联。这类关联用《易经》的语言，能够归纳为"养"。从《彖辞》与《象辞》来看，"养"具备两个层面的含义，不仅指大自然对人们的养育，亦指人们对大自然的爱护、保养，有"井养"与"养井"这两个独特的定义。形象大于思想，上述意思，大家都可自行去领悟。

（二）总结

井卦的智慧主要体现在哪些方面呢？

其一，要开发自身的潜能，保持自身的道德修养。井经过深挖之后涌出水，供给人类与万物。人也有很多潜能，必须经过深入挖掘才能显现出来。开发自己的能力，培养内心的力量源泉，使自己的生命之树常青，使自己的生命之井常净、常涌、常存。

其二，井需要有人照管，要保持清洁，要不时填补裂缝。人也要对自己进行种种维护，发现错误及时修补，及时改正，这样才能使自己的生命之源得到充分的利用。总之，井以养人，人也要善于养井、用井，千万不要使他明珠暗投。

其三，井卦与困卦是"综卦"，井卦表述通畅，困卦表述困顿。人人都有困顿的时候，仔细研究井卦的易理，对我们脱困很有帮助。具体而言：第一，井卦爻辞体例严整，均以"井"字打头，井泥（井被淤塞）、井谷（井底积水）、井渫（淘净井水）、井甃（修砌井壁）、井洌（井水可食）、井收（修井完工）。显而易见，是以井被淤塞比喻被囚困，以清理淤泥比喻在囚困中依然努力脱困。第二，困卦谈的是陷入困境以及困境中遇到的问题。井卦的易理是说这是面临发展中不可避免的困境，这些困境，从某种意义上看并不会影响目标的实现。而我们面临困境的时候，不断地使自己得到锻炼。困卦虽然叫"困"，但讲的是如何脱的方法，故卦辞为"亨通"。这种乐观的精神是很可贵的！第三，井卦可看作是对困卦的反省，以砌井壁比喻积极进行营救工作，以清冽的泉水比喻已经脱离危境，重获新生，以"井收不幕"比喻履行承诺，知恩报德。井卦是一套完整的脱困程序，举例来说，《肖申克的救赎》这部电影就是将救赎脱困的主题贯穿始终。在监狱的阴影下，安迪通过建立图书馆、帮助狱友提高生活质量，不仅纾解了狱友们的痛苦，更给他们带来了新的希望。而他自己的救赎则来自他迈步离开牢笼，实现自由之梦。救赎并不仅仅是指摆脱橙色囚服，也体现在心灵的自由和对人性的信仰上，这也正是井卦所要表达的人生哲理！

革卦第四十九：君子豹变，小人革面

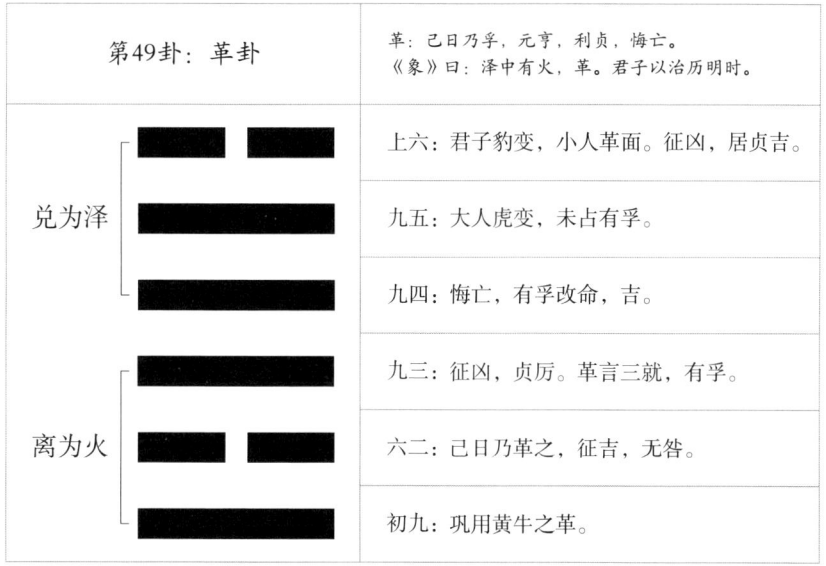

【本卦提示】"井道不可不革，故受之以革。""革"是变革的意思。"常制不可以待变化，一涂不可以应无方，刻船不可以索遗剑。"君子当时时自我更新，修身求知，拥抱变化。

本章以"君子豹变，小人革面"为宗旨来说说革卦。"君子豹变"是形容君子通过不断地学习，从而使品质变得高贵。豹子拥有美丽的花纹而且动作勇猛迅捷。比喻君子一开始并不出色，但经过修身求知，最终也能成为像豹子那样敏捷勇敢、高雅大度、品德高尚的人。"小人革面"是啥意思？"小人"，指的是老百姓。老百姓虽然不能和君子的豹变相比，但也能顺应社会的改革，支持君子的革命！"君子之德风，小人之德草"，指的也是这意思，百姓像草一样，风迅猛他就随着你了。

首先，来看卦象。

本卦的外卦为兑卦，兑为泽；内卦为离卦，离为火。水泽之中大火燃烧，这就是革卦的卦象。火在下，可以把泽水烤干，失去了水的泽就变成了其他性质的东西。从另外一个角度来说，如果泽水四溢，它也可以把下面的火浇灭，火灭之后就不再是火了，而变成其他性质的东西。所以说：火旺水干，水大火熄，二者相生亦相克，必然出现变革，所以本卦命名革，这是我们从卦象的角度来说的。还是从卦象角度来看，革卦的错卦为蒙卦。错卦相互否定的性质表明：革卦是对蒙昧的状态的否定，反过来说，要想进入革卦时期，必须走好蒙卦这一阶段。

要变革，就要先启蒙，我们现在常说要创新，要解放思想，这就是革卦精神。"泽火革卦"的交卦是"火泽睽卦"。和革卦一样，也是以两个女人同住，意见彼此冲突为比喻的。不同的是睽卦是两人分离，彼此不能相让，最终发生家庭变故。而革卦的易理在于，彼此信赖，变革的时机成熟。改革者，以主卦离的文明德性，使群众悦服，改革的前景才亨通，如商汤王、周武王的革命，是遵循人类社会和自然的规律，不失时机地进行，"顺乎天而应乎人"，得到人民的拥护和支持。故商汤灭掉夏桀，建立商朝，周武王推翻殷纣王，建立周朝，都是顺时而动，深得民心，所以取得了成功，建立伟大的功业。和"火泽睽卦"比较起来，"泽火革卦"需更大格局，更大智慧，更具伟大意义。

其次，来看卦辞。

> 革：己日乃孚，元亨，利贞，悔亡。

卦辞还不错，四个判词都是很好的，"元亨利贞"齐聚在《易经》里边不多见。先来解字："己时"在中国的计时排位上，它排在"天干"的第六位（甲乙丙丁戊己庚辛）。这个"己时"，是日过中午偏西下斜之势，所以"己日"当指日已过极盛转衰之时。比喻国势已经由盛转衰，这说明改革的时机已经到了。所以本卦辞的意思就是：在"己日"变革旧的事物，能够使民众深深地信服，前途通畅，坚守正道，悔恨终将会消失。

我们一直说革命，其实"革命"在这里就出现了。当然这里面就讲了，不论变革最终能否成功，他最初的目标一定是向好的方向努力，所以"元亨利贞"。我们在讲《周易》的时候，经常看到"悔亡"这两个字，它的意思就是无悔——后悔丢了，失去了，无悔。既然已经决定进行变更，那就要有一往无前的气概，艰难险阻也不能阻止前进的步伐，即使遭受了挫折和失败，也没必要去后悔。

再次，来看爻辞。

> 初九：巩用黄牛之革。

这个"巩"就是巩固的意思；"用"在这是捆绑的意思；"黄"字很有讲究，它是中央之土，表示中庸之道。所以本爻辞的意思是：黄牛的皮革牢牢地捆绑住。为什么？这初九有冒进之象，躁动，所以用黄牛的皮革牢牢捆绑住，以免轻举妄动。

这里是说变革要掌握好时机。初九这一爻属于阳爻居刚位，得位，有上进之象，但是他与九四相斥，得不到九四的支持，所以这个时候时机还不到，它被束缚住了，要老实一点，等待机会。老子在《道德经》中曾言"企者不立，跨者不行"，踮起脚尖是站不长久的，要脚踏实地；大步跨越是不能持久的，稳步才能致远。孔子在《论语》中也曾说："欲速则不达。"意思是说一味求快反而达不到目的。此处犹如乾卦之中的第一爻"潜龙勿用"，时机还没有成熟，应当像潜藏的龙一样，不要施展你的才干。所以，在条件不成熟时，不要贸然行动，要"巩用黄牛之革"，这样才不会发生危险，造成悲剧。

六二：己日乃革之，征吉，无咎。

这一爻是说，到了国势由盛转衰的时候，条件成熟了，就要断然进行变革，前途必获吉祥。六二爻正好处在中位嘛，而且行得端，走得正。这六二呢，既有初九、九三的拥护，上面又有九五的大力扶持，他已具备了改革的条件。《象传》所说的"革而当"是革道的总则。六二是"革而当"的典型，顺乎天而应乎人，故"吉"而"无咎"。正当的革命，像四季转换一样自然。"天地革而四时成"，四时转换而历数更，以示一个新的开始。古代革命成功后，新的帝王都要更改历数，启用新历，以示新的开始，这就是《小象传》所谓的："君子以治历明时。"请大家深深记住，"己日"乃是变革成功的日子。

要注意的是，变革要循序渐进地进行，这样做起事来才会顺利。时机不到的时候进行这种大的变革，往往会功亏一篑。此外，你需要得到众人的支持，尤其是像九三、九五这样的在上位者，他们的支持很关键。此处犹如乾卦之中的第二爻："见龙在田，利见大人。"当具备了一定的能力，如果又遇到大人物的提携和协助，就会更加顺利。所以，当时机和条件都到了，进行变革就"吉"而"无咎"了。

九三：征凶，贞厉。革言三就，有孚。

"征"，躁动，激进；"言"是指变革的理论，政策方针；"三"是多的意思；"就"就是征求意见；"有孚"就是指有诚信，大家信服。这个爻辞的意思就是说：在进行变革的时候过于躁动激进，就会发生凶险，要以正防危。对于变革的言论政策方针，要多次研究，周密考虑，这样才能赢得人们的信赖，才会获得成功。"革言三就"这个成语讲的就是这个意思。

《小象传》曰："革言三就，又何之矣。"对于变革的方针，经过了多次研究和周密考虑，其他的路都没有了，那要怎么办？放弃吗？当然不能放弃！变革已经势在必行了，只有继续往前。变革没有一蹴而就的，所以在改革的时候，一定要注意稳步前进，不可激进，否则会带来麻烦。此处犹如乾卦之中的第三爻："君子终日乾乾，夕惕若厉，无咎。"既要做到不冒进，又要不太过保守，谨慎前行才是应该有的态度。

            九四：悔亡，有孚改命，吉。

这个爻辞的意思就是：悔恨已经消失了，但是仍旧需要人们的信赖，以革除旧的事物，如此改革定会吉祥。

我们经常讲，制定政策也罢，推进工作也罢，不能得罪大多数人。如果失去大多数人的支持，工作就没法进行下去。九四以阳爻居柔位，具有刚柔相济的才能，位置又接近九五的君主，这类人足以肩负改革的重任，故而得"无悔"，得"吉"。

这一爻的《小象传》是这样解释的："改命之吉，信志也。"革除旧的事物，这样做是吉祥的。因为这符合变革的志向。改变天命的吉祥，这是信心所成就的。就像在武王伐纣时，出兵前先要进行占卜，而占卜后的结果却是大凶。卜兆不祥，不宜出兵。姜子牙却说："枯骨死草，何知而凶！"说枯骨和杂草懂什么吉凶啊，根本不可信，直接把蓍草折断，把龟壳踏碎。结果武王按照姜子牙的计策出兵伐纣，大获全胜。你看，这不就是信心所成就的吗？

九五：大人虎变，未占有孚。

到关键的九五了。意思是：伟大的人物像猛虎一般进行变革，不必质疑他具有光大诚信的美德。

九五以阳爻居刚位，得中且正，象征着得位的大人物。其变如虎意思是，老虎小的时候，跟狗也没什么区别，其貌不扬。但慢慢长大，慢慢变化，身上的花纹变美丽了，这象征着美德，这就是"虎变"。所以，《小象传》这样解释："大人虎变，其文炳也。"是说伟大的人物像猛虎一般进行变革，必然成功，他的美德光照天下。这说明什么？改革之时，依靠的并不完全是地位和职权，"文炳也"，还要依靠自己的人格力量，去获取他人的信任与热情，这样人们自然会拥护你。你有这样的人格魅力，做事也就容易成功。

我再来重点说下这个"虎变"。当炎热的夏天来临的时候，为了散热，虎身上的毛也会逐渐脱落而变得稀疏，斑驳地露出皮肤来。夏去秋来，天气由热而凉，由凉转冷，为了抵御寒冷，虎身上的旧毛脱去，又换上既厚又密的新毛。新毛细，文彩焕然，这不也是"虎变"吗？大家想想，树不也是一样吗？在北方寒冷的季节，很多的阔叶树为了保存水分，它得把树叶脱落，凝聚水分。所以，人也是一样，在特定的时候，为了一个更重要的目标，有些事情可以暂时忽略。所以说在这里，"虎变"是指大人物，由默默无闻一变而腾达显赫，文彩焕然彪炳。对一个人来说这种转变是巨大的；对国家、对社会来说，这种影响也是巨大的。大人物蛰伏的时候并不为天下人所知，当他应时顺势而腾飞在天的时候，光辉四射，光彩夺目，声名显赫，功德彪炳千秋，这都是大家所渴望的。

　　　　　　上六：君子豹变，小人革面。征凶，居贞吉。

　　"君子豹变"和"虎变"差不多，形容的也是一个君子成长的过程，或者是顺时顺势的过程。所以《小象传》曰："君子豹变，其文蔚也。"君子像豹子换毛一样改变自己，因为君子的"豹变"也像"虎变"一样，一开始并不出色，但是经过修身求知，最终也能成为像豹子那样，敏捷而勇猛，高雅而大度，也就是品德高尚的人。

　　此外，这"小人革面"也不容易。虽然不容易，但是他迫于大势所趋，往往也顺从改革。所以《小象传》曰："小人革面，顺以从君也。"小人也改换新的面貌。虽然是表面上顺从君王，有很多还不能洗心革面，真正从内心支持，但是他们也容易顺势而顺从改革。

　　"征凶，居贞吉"，这时候继续前进会有凶险，安居守正能获得吉祥。为什么？问题就出在"小人革面"上。这小人呢，虽然表面上能够改换面貌顺从改革，但是他内心不一定是真的顺从，很大程度是因为惧怕刑威。所以这种时候，贸然前进就很容易出问题，安居不动反而没什么凶险。这上六处于革卦之极，属于改革已经成功的时候，此时就应该守成，稳定大局，否则过犹不及，反而有凶险。

最后，卦名与总结。

（一）卦名解析

　　"革"也是个象形字，字形像一张制好的皮革，头尾俱全，中间较宽的部分就是加工的皮革。《说文解字》说"革"的本义是"兽皮治去其毛"。就是指将加工好的兽皮去毛，我们习惯上把它叫"熟皮子"，由此而衍生除去的意思。兽皮经过去毛加工，它的形态就有了改变，也有了许多新的功能，所以也引申为"变革"。清代段玉裁注："革，更也。"就说是变革、变更的意思。《诗经》里也有个说法叫"羔羊之革"，指的也是"改变"的意思。"革"的意义重大，没有变化就没有万物，没有变化就没有发展，所以《象》说"天地革而四时成"。

再从序卦角度来讲，革卦位于井卦之后，所以《序卦》的解释很有意思："井道不可不革，故受之以革。"一口井使用久了，必须要定期清理，所以井卦之后要求变革。总而言之，《大象传》曰："泽中有火，革。君子以治历明时。"泽中有火，水火相克相生，从而产生了变革，君子根据变革的规律制定历法，以明辨春夏秋冬四季的变化。

（二）总结

"革"就是对旧事物本质的改变。在国势由盛而衰时，改革是众望所归，有极大的亨通，也"利于贞正"，一切悔恨将会消亡。你看看，谁说我们这个民族只会保守，其实革卦从这么早就开始讲必须变革的道理了！战国时期各个国家，不也是都在进行变革吗？魏国有李悝的变革，楚国有吴起的变革，韩国有申不害变革，尤其是秦国有商鞅的变革。无论如何都使国势有所增强，所以"利于贞正"，一切悔恨将会消亡。

革卦体现了《易经》的基本精神，孔颖达解释《易》的三个意思——变易、不易和简易，第一个就是"变易"，也就是变易、变革之道。当然，这个变易、变革，你从革卦也能看出来，它充满了艰辛和风险，但前途是光明的，要坚定信心。

我们仔细看一下革卦，它把希望都寄托在这个"豹变""虎变"的大人和君子身上。其实我们知道，真正的改革动力是老百姓的真心拥护，而不能像本卦一样仅仅期望大人与君子的"虎变"和"豹变"。只有人民才是历史发展的真正动力，只有大家一起勇敢面对挑战，才能真正改革成功。上六爻辞的最后说"居贞吉"，在改革获得成功之后，就不能再过于激进地继续让每个人都"豹变"，应当懂得改革是要争取民心的，只有固守正道，继续巩固改革的成绩，才会获得吉祥。可见"革"的目的不仅仅是变革，更是为了巩固和建设。所以，紧接着的下一卦就是鼎卦，正所谓"革故鼎新"。把革和鼎两卦相合，这样才会理解得更为深刻。

鼎卦第五十：革故鼎新

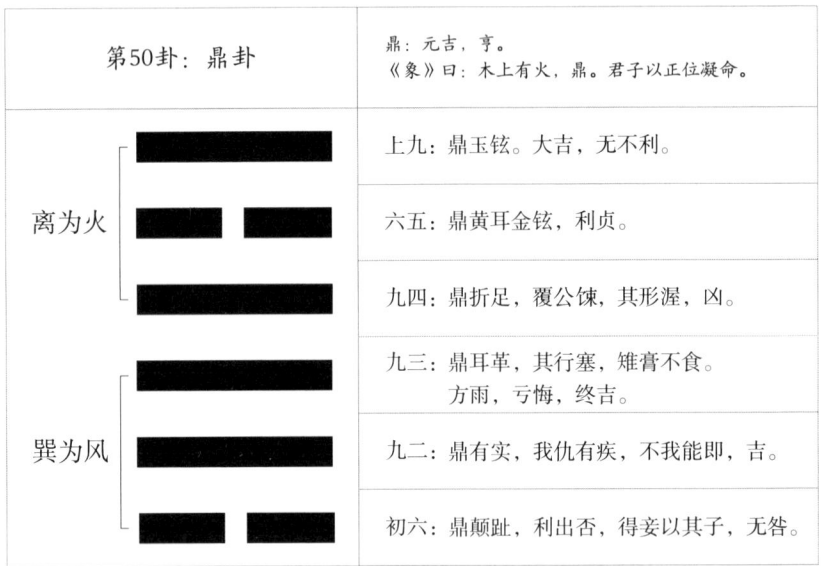

【本卦提示】"革物者莫若鼎，故受之以鼎。""鼎"象征着彻底的变革。君子当端正而稳重，如风照拂万民，身先示范，革故鼎新。

本章以"革故鼎新"为宗旨来说说鼎卦。语出自《周易·杂卦》："革，去故也。鼎，取新也。"意思是革卦为铲除陈腐故旧的东西，鼎卦为迎取新生事物。先革后鼎，才是真正的去旧更新。

首先，来看卦象。

鼎卦下卦为巽，代表木；上卦为离，代表火。所以它的卦象就是：木上有火，以鼎烹物。这就是鼎卦的基本的卦象，燃木煮食，化生为熟，除旧布新。

鼎卦，它还有一个意思就取法于"鼎足三分"。这个很有意思，自然界的动物要么是两条腿的，要么是四条腿的，而中国人发明的鼎，很多是三条腿。三条腿比四条腿的简洁，比两条腿的稳定。所以"鼎足三分"，象征正立不偏，从而持正守位，为君上所倚重，不负使命。我们知道，"鼎"作为重器，有三足稳重之象，被视为权力的象征。同时"鼎"作为烹饪器具，能够容纳很多食材，比喻食物充足。一方面将事物化生为熟，有调剂成新之象；另一方面，人的基本需求稳定了，就不再有困难与困扰，能够大胆地去创立新制。提供食物，这是基础，在此基础上，就很适宜变革。

从卦象的变化来看，鼎卦的错卦是屯卦，其意义在于，想要问鼎、成就大事必须要有万事开头难的思想准备。而且要有屯卦"利建侯"信心，勇于克服困难，才能成就大业。"火风鼎卦"的交卦是"风火家人卦"，其提示的意义在于，想成就大业有家人的鼎力支持非常重要，而家有数口，定鼎主事者一人，家里定鼎者也需一言九鼎，讲诚信，方能得到支持，家和万事兴。

其次，来看卦辞。

鼎：元吉，亨。

卦辞很简单：鼎卦象征鼎器，大为吉祥，亨通。

从序卦上来讲，鼎卦位于革卦之后，"鼎"使生食变为熟食，化生为熟，没有比它更彻底的改革了，所以象征新制的建立，自然吉祥亨通。同时，"鼎"也被看作是君王权威的代表，鼎上边刻着的饕餮纹、雷纹、虎纹等，配上沉稳端正的外形，威风凛凛，不可侵犯。花纹镇邪，"鼎"还象征法制，当时国家的法律条文经常刻在鼎上，以显示法律的庄严。春秋时期，郑国著名政治家子产改革的一项标志性事件，就是把惩治犯罪的刑律铸刻在鼎上，即所谓"铸刑鼎"。威严的君王执掌权力，推行法制，这个时候自然"元吉"，然后可致亨通。

实际上，改朝换代以后，新登位的君王第一件工作就是"铸鼎"，颁布法律，以象征朝代的开始，并表示吉祥。这是一种对鼎的象征性含义的独占，根本上反映的是政治权力的转移。所以各位知道，朝代的改变也叫作"鼎革"，就是把革卦鼎卦合在了一块。

再次，来看爻辞。

初六：鼎颠趾，利出否，得妾以其子，无咎。

这个"颠"就是颠覆、倾倒，把鼎里的东西倒出来；这个"否"就像否卦中的"否"，指的就是不好的、丑恶的、劣质的东西，"出否"就是我们现在经常说的吐故纳新。这个爻辞的意思就清楚了：烹饪食物的鼎足颠翻，有利于倒出鼎中沉积的污秽之物。娶妾生子，不会发生灾祸。这是个比喻，是指在古代的时候有妻、有妾，正室要是不生男孩的话，那要变革一下，娶妾生子了。

当然，"鼎颠趾"本身也是一个比方。初六是鼎卦的初始，在这个时候，要"鼎新"必须先"革故"。这就像用"鼎"烹饪食物前，你得把里面清洗一下吧？就像我们现在做饭之前，把锅要好好先刷一下吧？初六是在为纳新做准备工作，这一爻的《小象传》是这样分析的："鼎颠趾，未悖也。利出否，以从贵也。"是说烹饪食物的鼎足颠翻，看似反常，实则不然，颠翻了，顺利地倒出鼎中沉积的污秽之物，便于除旧布新。对我们来说，就好比我们先清理一下自己的思想，把陈旧的观念从大脑中排除，这样才能适应新的形势，有些过时、污秽或不好的东西，要去掉。用《道德经》的说法叫"涤除玄览"，用玄镜照出污秽的东西，然后把它去掉，留下真正有价值的东西，才能更好地去观照"道"，意思也是一样。

九二：鼎有实，我仇有疾，不我能即，吉。

这个"仇"就指与自己意志不合的，是个对立者；这个"疾"就是嫉妒的"嫉"，嫉妒有相害之义。所以九二爻辞的意思就是说：鼎中装满了可供给养的食物，容易招来敌对者的嫉妒，不过他也不会过来打扰我，吉祥。

我们前面说过的古公亶父，就是后来的周太王，当年在豳地的时候，就是因为土地肥沃，招致周围敌对的少数民族、游牧民族的抢掠。周太王不忍自己的人民抵抗丧命，就把财富交给他们，结果不久又遭到侵犯，最后周太王带领人民南迁岐山。土地肥沃，财用充足，即便你不去侵犯别人，也容易招来敌对嫉妒。"不我能即，吉。"其实，也不能把自己怎么样，那结果是吉祥的，你好好做自己的事就行了。古公到岐山以后，各地民众听闻他的仁义，都前来归附他，周部族的势力日益壮大，为最终建立周朝奠定了基础。

九二爻以阳爻居于柔位，刚柔相济，上应六五之君。六五阴居尊位，下面又隔着九三、九四两个阳爻，以柔承刚，犹如"有疾"，不能前来就应九二；但是九二也因此减少了负担，不至于盈满溢出，得以保全自己。九二这个阳爻与六五之间阴阳相应，所以上应六五之君，有强力的支持，仇恨者也无隙可乘，故终将无所怨尤。

九三：鼎耳革，其行塞，雉膏不食。方雨，亏悔，终吉。

"鼎耳"就是鼎上两耳，鼎器两边高出的部分，中间是空的，搬运的时候就在中空的部分插入横木杠。"雉膏"是指鲜美的鸡汤，野鸡汤、山鸡汤等。"方雨"就是下雨的时候，雨从天上落到地上，象征阴阳和通。"亏悔"，就是没有悔恨的方面，悔恨的部分被消释掉了。爻辞的意思是：这鼎的耳朵破坏了，无法被移动，这下坏了，里面甘美的山鸡汤也喝不上了，所以要等到阴阳调和，润雨出现才能消释悔恨，好在最终还是可以获得吉祥的。

九三居于下卦的顶端，虽然得正，但是失中。《小象传》说"失其义也"，他没在中的这个位置，这意味着行动不能坚守中庸之道。本卦的最高领导六五，属于阴爻居阳位，他和九三的性格相异，意见也难以协调统一。九三行动受阻，如果能改变自己的行为，自思己过，该听六五这个领导的时候就听他的，结果就是阴阳调和，终能获吉。

九四：鼎折足，覆公餗，其形渥，凶。

"公"，指位高权重的王公大臣；"餗"，是一种用碎米与竹笋做成的菜粥；"渥"，汗流满面之义，这里指尴尬的样子。所以这爻辞的意思是：移鼎不慎而折足，使得鼎中王公的粥饭洒了出来，鼎身沾满污物很难看，有凶险。

《小象传》这样分析本爻："覆公餗，信如何也！"大家想象一下，这鼎断了腿就失去了平衡，里面的食物都翻倒在地，这是工作干砸了。九四承担了自己所不能胜任的工作，才会既折了自己的足，又毁了别人委托的大事，而且事态严重不可收拾，个人的信誉也有很大的损坏，差点砸了自己的饭碗。想想吧，这么重要的一个事折足，以后该怎么再受信任？

六五：鼎黄耳金铉，利贞。

"黄耳"是指鼎耳饰以黄色。按照中国古代的五行理论，土居于中央，四方分列金、木、水、火，其他元素的生成都要依赖土，故土的位置非常关键。就本爻来说，黄色属土，是一种尊贵的颜色，因为六五是处在君位、中位的一个阴爻，所以"黄耳"，寓意守中；这个"铉"是古代横穿鼎耳用来杠鼎的杠子；"金"是指刚实坚硬之质。都解释完了，也好理解这个爻辞的意思：鼎耳的位置适中，又配上了结实的鼎杠，这样有利于保持中正。

"黄耳金铉"，这是功成名就之象啊！六五以阴爻居君位，其位得中，具有怀柔之德，所以利于安居守正。《小象传》是这样解释的："鼎黄耳，中以为实也。"是说鼎耳位置适中，又配上了结实的鼎杠，自然可获得实惠。立在坚实的基础之上，事业也会蒸蒸日上。

上九：鼎玉铉。大吉，无不利。

六五爻中的鼎耳像金子一样牢固，现在上九爻再给他配上点玉饰，锦上添花，能拥有这样华贵鼎器的一定是大富大贵之家。所以本爻辞的意思就是：在用来抬大鼎的鼎杠上配上玉饰，很漂亮，十分吉祥，不会有什么不利的。

"鼎玉铉"是说鼎配备了玉制的吊环，"鼎"通常是用青铜浇铸而成，质地坚硬，而"玉"显然更为柔和。上九《小象传》对"鼎玉铉"的解释是："玉铉在上，刚柔节也。"上九以阳爻居柔位，"鼎"代表了刚强，"玉"代表了柔和，"玉"的饰品和"鼎"结合起来，则是刚中有柔，柔中带刚，既好看，又实用。这意思是说我们做事不能硬来，要刚柔相济。最终"大吉，无不利"。

最后，卦名与总结。

（一）卦名解析

"鼎"在《说文解字》中的解释为："三足两耳，和五味之宝器也。昔禹收九牧之金，铸鼎荆山之下，入山林川泽，螭魅魍魉，莫能逢之，以协承天休。"意思是说："鼎"有三根立腿，两只提耳，是用来加工和调和各种味料的宝器。古代的夏禹，收集中华九州之长贡献的金属，在荆山下铸鼎。进入山林、江河、湖泽，其间的螭魅魍魉，都不会遇见他，他凭借铸鼎，和谐地接受苍天的恩赐。意思是说，"鼎"在古代是炊煮之具，经过烹调而熟食，不仅较为健康，也造就了各种美味的料理。相传大禹平洪水之后，铸九鼎以象征上天恩赐的"九州"，从此，"鼎"也成为国之重器。

可见鼎所代表的，既是"养人之道"又是"自养之道"。"鼎"最早的用途是用来煮食，饮食是人生存的基本需求。推而广之，国家要得到长久的稳定，就跟人民煮熟食需要"鼎"一样，大家都有东西吃了，国家自然也就稳定了。作为国家的统治者和管理者，能使人民拥有充足的财物，自然会获得人民拥戴，国家的政权也就得到了稳固。所以，"鼎"自古以来就是政权和财富的象征，自古就有"得王鼎者得天下"之说，它的重要性是显而易见的。

（二）总结

鼎之为器，使人人皆得鼎之利，所以叫"鼎利天下"。具体而言，第一个，它能养天下，有化生为熟之功，就如同天地化育万物，使天下万民得养。万民得生、得养，则万民得长、得亨。这就可以解释鼎卦的卦辞中"亨"的意思了，所以卦辞就说："元吉，亨。"

第二个，鼎之养天下，不仅在于以食物养天下，更在于以教化，以文明之德养天下。鼎卦上卦为离为火，代表光明；巽风在下，风性顺，如君子有文明之德，而以教化之风顺行于天下。《论语·颜渊》篇讲的"君子之德风，小人之德草，草上之风必偃"可做注解。风吹到草上的时候，草就跟着伏倒；君子高尚的道德品质就好像风一样，碰到小人的时候，小人就像草遇到风，被压倒了。大众得教化之养，君子成教化之功。鼎卦想表达的这层含义是，君子为人应该像风一样，照拂万民，以好的品德为天下做好示范。

再说一下大家熟悉的这个成语"革故鼎新"。革卦之后接着就是鼎卦，革重在去其故、去其旧；鼎则重在取其新。君子成"鼎"之重器，不惟生民养民，而且还有焕然一新之用。不能先把旧的东西打翻，新的东西就建立不起来，所以这意味着弃旧之后要重新建设，这叫作"革故鼎新"。以"革故鼎新"为宗旨做事，事业才能够鼎盛。当然，我们要注意，破坏容易，但是建设不易；旧的固然要摧毁，更重要的是要有新的创制。

总之，我们学习鼎卦要注意以下四点：

第一，革卦和鼎卦是一组综卦，两者要结合起来理解。鼎卦位于革卦之后，《序卦》中这样分析道："革物者莫若鼎，故受之以鼎。"最能变革的事物是"鼎"，"鼎"在古代为炊煮之具，使生食变为熟食，没有比它更彻底的变革了。

第二，革卦强调的是由静态向动态的转化，鼎卦则是强调由动态向静态的转化。"鼎新"是为了建立新秩序，《大象传》说"正位凝命"，居上位者要各安其命，且要使百姓大众做到安身立命，只有如此，才能谈得上创立秩序，也就是使自己和他人都端正居位、严守使命。

第三，"鼎"为重宝大器，三足稳重之象。煮食，喻食物充足，不再有困难和匮乏，在此基础上宜变革，发展事业。

第四，朝代改变也称作"鼎革"。《杂卦》中说："革，去故也。鼎，取新也。"

震卦第五十一：震惊百里，不丧匕鬯

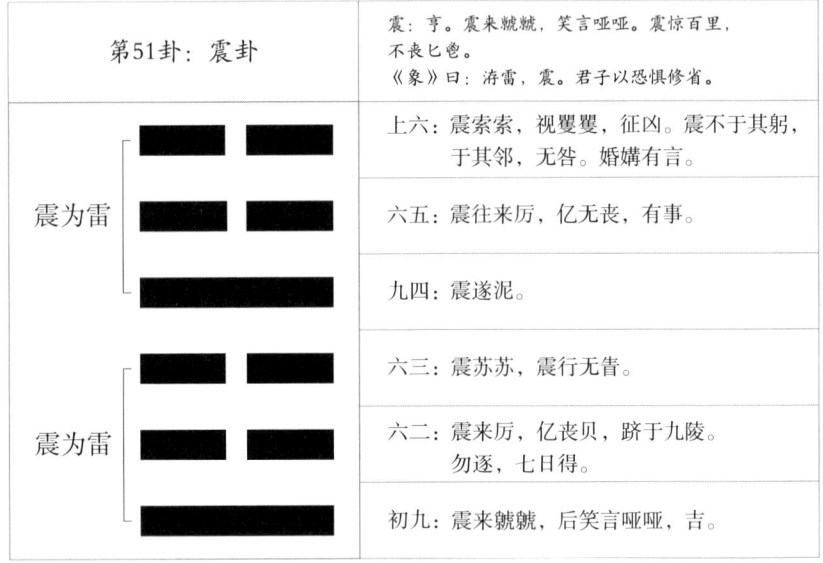

【本卦提示】"主器者莫若长子，故受之以震。"每临大事有静气，遇到突发事变，君子当安然自若，谈笑如常，泰然处之，方能遇难呈祥。

本章以"震惊百里，不丧匕鬯"为宗旨来讲震卦。震卦的形象是雷，雷震百里时，君子外表应该泰然自若，内心则不能忘记祭祀等国家大事。"不丧匕鬯"，是说用于祭祀的酒器等东西，依然从容地握在手上，用这个来比喻泰山崩于前而面色不变。雷震惊百里，依然泰然自若，这是一种蛮不容易的修养。

首先，来看卦象。

震卦两阴爻在上，一阳爻在下。象征云上电闪雷鸣。爻这个东西也有意思，两个阴爻象征闪电，表示一种向上、向外的发展趋势。所以，这个震卦的正向理解，就是上升、出发、新生、勇敢，意气风发之义。

《大象传》怎么说？"洊雷，震。君子以恐惧修省。"意思是说：一个雷接一个雷，重复打雷，这就是震卦的卦象。因为震卦是八卦里边的两个震重叠，所以叫"洊雷"，重复打雷。君子因而心怀敬畏，常反省自己，提升自己的修养。我们小的时候，家长教导我们："你别做坏事啊！做坏事，打雷的时候你就麻烦了。"有时候就做了点坏事，打雷的时候，就很害怕，这就是一种反省。所以要心怀恐惧与敬畏，以此来提升自己的修养。震卦上下卦都是震，巨雷连击，两雷相叠，反响巨大，从正面来说，可消除沉闷之气，亨通畅达。平常我们讲应该居安思危，怀有敬畏恐惧心理。事实上，这个地方讲了一个更为重要的话题，那就是遇到突发事变，依旧能安然自若，谈笑如常。

再从卦象变化来看，震卦的错卦是巽卦，其关系在于：首先是震与巽相克，震为雷，为风。雷电能够扰乱风的流动，而风能够消散雷电的力量。其次是相生相成，指雷风相薄。雷与风是相互接近、相伴相随，风急则雷动，雷动则风随。雷电刺激大地，而风则扶持万物生长。雷与风的相生关系体现了自然界万物生机勃勃的状态。

其次，来看卦辞。

> 震：亨。震来虩虩，笑言哑哑。震惊百里，不丧匕鬯。

"匕"和"鬯"，古代祭祀宗庙用物，借指宗庙祭祀。后来以"不丧匕鬯"，形容军纪严明，百姓安稳，不废宗庙祭祀。比如在周代，它的建筑分成两部分，一部分是宗庙，一部分才是宫廷建筑。祭祖之地，就像古村落的祠堂一样，要放在很重要的位置，不废宗庙祭祀。卦辞的意思是，作为震动的震卦，它本身是亨通的。震卦之震，虽有如猛虎到来的恐惧之状，但圣贤君子能谈笑风生，泰然处之。看，响彻天地的雷声，震惊百里，主持祭祀的人却能气定神闲。这才是真正能做好领导人物的气质。遇雷震惊百里的时候，他能气定神闲，声色平静，手中稳稳地拿着器物和祭品。这一刹那所呈现的，就是他最本色的修养。

再次，来看爻辞。

> 初九：震来虩虩，后笑言哑哑，吉。

"虩虩"，就是惊恐不安的样子；旁边不有个虎嘛！"哑哑"，指欢笑和乐的样子。你看，这两个放在一起，就成了一个很有意思的对比：惊雷震动，让人恐惧不已；但是君子应知恐惧而修省，然后言笑自若，结果是吉祥。

初九这一爻，属于阳爻居刚位，喜动好震，这是震的主体，所以又把卦辞重复了一遍。初九位居震卦的初始阶段，最先感受到了震动而生恐惧之心！但是恐惧之后呢？这天上为什么打雷呢？它在告诉我们什么呢？要谨慎从事，要懂得反思，要有敬畏，这样就能够致福。所以《小象传》曰："震来虩虩，恐致福也；笑言哑哑，后有则也。"所以君子亦应知恐惧而省修，然后言笑自若。总之，当突发意外事件时，不应该过分恐惧，而应该冷静地对待它，这样才能遇难呈祥。

> 六二：震来厉，亿丧贝，跻于九陵。勿逐，七日得。

"亿"，大的意思。"贝"，在古代是钱币。当然，这里不是一般的贝，是中间有一道金带子的贝。"九陵"，峻高之陵。意思是：雷动来得非常快速，有危险，钱被吓掉了，应当跻登远避于峻高的九陵之上。这也是一个象征的说法。丢了就丢了，不用追寻，过了七天，失而复得。在中国的文化里，这个"七"很有意思！我们在讲复卦的时候就说"七日来复"。有什么不好的事、担心的事都不要着急，七天以后再说。什么都有转机。

从卦象上看，初九阳刚上进，象征震动之始。六二是柔位且得中，所以能以柔承刚。但底下这一震，把他也带上来了，所以他受到的冲击也最大。就像地震有"震中"，离"震中"近的地方不也是受到这种冲击吗？所以《小象传》中这样分析："震来厉，乘刚也。"六二受到的冲击最大，无处可安身。你看，惊雷震动，六二爻凌驾于阳刚之初九，可能出现危险。虽然会受到危险的冲击，但是六二属于阴爻居柔位，得中且正，自身没有什么过失。虽然因震动丢失点钱，破财免灾，但是大家现在都忙于保命，钱不是重要的。大震来了，还从家里边搬东西，可能会把自己搭进去。只要人在，其他都好办。所以后面会告诉大家，一切恢复如常之后，丧失的财物可能会失而复得。还是那句话，"人在，什么都好说"，先保住性命。

六三：震苏苏，震行无眚。

"苏苏"，指微微发抖。"眚"，就是眼上长东西了，看不清楚，喻指灾祸。雷震动时身体微微发抖，但是正因如此，而能谨慎行事，这样就不会有灾祸。总而言之，古人认为，天上打雷，是在警告我们、提醒我们。提醒什么？谨慎行事，这样不会有灾祸。《小象传》说："震苏苏，位不当也。"六三以阴爻居刚位，才质柔弱又失中，不在中间，又不正，难以经受重大的打击，容易被困难吓倒。所以，听到雷声竟然微微发抖，这是易理里惯用的逻辑。如果能因此小心谨慎从事，持身无妄动，做事有规矩，那就可以远离灾难。这也是为什么孔子说，早点读《易经》可以免出很多过错！它告诉我们，遇到事，你应该怎么样自我反思、自我反省、谨慎从事。

九四：震遂泥。

"遂"，读成坠落的"坠"，更容易理解，意思是掉下来了。雷霆震动，惊慌失措，掉到污泥里边，不能自拔。九四爻是阳爻居柔位，不中不正。说明九四这个家伙不自修德，难以坚守刚健之道，所以不能发达。《小象传》说："震遂泥，未光也。"就像什么？雷来了，心里面害怕，东奔西跑，结果陷到了污泥中，现在出来都比较困难。

六五：震往来厉，亿无丧，有事。

"有事"，春秋时候什么才叫"事"呢？祭祀活动才叫"有事"，大事才叫"事"。今天我们遇到的很多事，在古代都不叫事。"有事"，代指宗庙社稷。"亿无丧"就是不会有大的损失、丧失，这里指的是社稷稳固。六五爻辞的意思是，当雷声震动时，你还老往外跑，上下往来，就会有危险；以恐惧之心、敬畏之心谨守中道，就会万无一失，宗庙社稷也可以长盛不衰。六五这一爻，是君主之位，所要守护的是宗庙社稷，这在古代太重要了。从卦象上看，六五以阴爻居阳位，所以它的处境危险，此时更要小心谨慎。所以《小象传》这样解释本爻："震往来厉，危行也；其事在中，大无丧也。"当雷声震动之时，上下往来就会有危险，但能够知道恐惧而谨慎行动，处事恪守中道，就不会有什么大的损失。历史上有不少例证，很多人本来位置就不稳固，还冒险行动，企图以几百手下去收拾掉权臣、佞臣，结果到最后，不仅位置没了，有的连命都丢掉了。这一爻告诉我们，不是处在六五这个位置，就什么事都能做的。六五虽然才质柔弱，但是其位尊，如果能够守柔顺之德，虽然身处危险之地，也无灾祸。

上六：震索索，视矍矍，征凶。

震不于其躬，于其邻，无咎。婚媾有言。

"震索索"，"索索"就是"缩缩"，缩头缩尾、畏畏缩缩的样子，形容已恐惧至极，足不正，双足畏缩难行。"视矍矍"指目不正，吓得目不敢正视，左顾右盼，局促不安。所以上六的意思就是说：雷动之时，恐慌得双足畏缩难行，两目惶顾不安。如果在这个时候，还要贸然采取行动，那必致凶险。如果能在雷动尚未震及自身，也没有涉及要害的时候就预先戒备，那就不至于导致咎害。"婚媾有言"，在本身已经畏畏缩缩、左顾右盼，随时将起争端的情况下，还想找一个好女子或者男子婚配，就会出现问题。

回到卦象再看，上六居于什么位置呢？阴爻居柔位，才质柔弱，不能守中，难求安定，这时也就不可盲目乱闯。所以上六位于震卦的顶端，处于边缘状态。要提早预防，才能够免受更大的冲击。这一爻其实也警告我们，要小心行事《小象传》说："震索索，中未得也；虽凶无咎，畏邻戒也。"听到雷震之后吓得浑身颤抖，这是因为上六爻其位不中，但是好在处于边缘状态，离震中比较远，虽然有凶险，却不致受害。因为能够看到周边的这种危险啊！比如说你居住的那个省，它处于地震带，你没有办法规避风险，所以你只能提前做足准备！防患于未然。比如某种意外事件，出现在朋友或者周边人的身上，如果我们能主动反思，防患于未然，消除相关因素，事情就不会出现在自己身上了。

最后，卦名与总结。

（一）卦名解析

《说文解字》中说："震，劈历，振物也。"是说天穹的霹雳，振动室内物件。其实就是说迅疾的雷，能够使物体动荡。"震"的本义为疾雷，快速的雷，或者雷击。而"震"源于"雨",所以叫"雷雨",震上面不是有个雨字头嘛!《说文解字》中还引用了《春秋传》曰:"震夷伯之庙。"是说响雷震撼夷伯的庙堂。所以"震"字有震动、颤动之义。用在人的身上,人被震了一下,则有惊恐、害怕的意思,比如说震惊、震怖。此卦就是启示我们应当心怀恐惧和警惕,以修身省过。

(二)总结

其一,震卦为两雷相叠之象,就好像震动的雷声,一个接一个。它告诉我们,突闻惊雷,态度镇静,谈笑自若的人,必然能担起重任。能做大事的人,面对艰难险阻,应该临危不乱、从容不迫,泰山崩于前而不变色。所以说,宠辱不惊、气定神闲、眼界开阔、胸襟豁达,我们方能挺过风雨,包容万千。

其二,震卦警示我们,当有令人敬畏的事发生时,应当多自我反省。雷声往往会引起人们的警觉,提醒人们注意周围的变化和可能的危险。在充满变化和不确定性的社会中,需要时刻保持警觉,及时发现和应对可能的风险和危机,以确保自身和社会的安全与稳定。

艮卦第五十二：知止不殆

第52卦：艮卦	艮：艮其背，不获其身；行其庭，不见其人。无咎。《象》曰：兼山，艮。君子以思不出其位。
艮为山	上九：敦艮，吉。
	六五：艮其辅，言有序，悔亡。
	六四：艮其身，无咎。
艮为山	九三：艮其限，列其夤，厉薰心。
	六二：艮其腓，不拯其随，其心不快。
	初六：艮其趾，无咎，利永贞。

【本卦提示】"物不可以终动，止之，故受之以艮。""艮"是停止的意思。时时观照自身，节俭节制，知行知止，方可长久。

本章以"知止不殆"为宗旨来讲艮卦。人的欲望是无止境的，欲壑难填，所以要做减法，要懂得节俭节制，知道适可而止就不会遇到危险。知止，才能无败。

首先，来看卦象。

《大象传》怎么说？"兼山，艮。君子以思不出其位。"艮为山，两个艮卦相重就叫"兼山"，可见艮卦的卦象是高山重立，有阻挡之象。当然，阻挡也未必都是不好，比如说围墙也可以防止泛滥，这也是艮卦的重要含义。大家看艮卦卦象，一阳爻在外，两个阴爻在内，就如同一道闸门把水关在了里面，因此艮卦被称为"山"。山的作用就是将泛滥的水挡住，用诚信和品德，把泛滥的权力关在笼子里，令其稳定下来，这就是稳定如山的意思。

其次，来看卦辞。

艮：艮其背，不获其身；行其庭，不见其人。无咎。

意思是止于背后，以避免被察觉，不让身体直接面向应该被抑止的私欲，比如行走在庭院里也两两相背，互相不见对方被抑制的邪恶，没有咎害。

无论做事也好，自我修行也罢，都需要我们私下慢慢地做，保持好底线，也不为人所察觉，也不互相揭短，这样就必然没有害处。卦辞所讲"抑止"的方法，集中于"背"字，所谓"背者"，背后之义。指在相背的情状下当止则止，止欲于未萌，得其所指。背靠着背就看不见对方，无见则自然静止，就是《道德经》中所说"不见可欲，使民心不乱"。所以艮卦阐明的是抑止邪欲之理，知止而已，不同于宋明理学"存天理，灭人欲"那般严苛，艮卦是"存天理，简人欲"。

再次，来看爻辞。

初六：艮其趾，无咎，利永贞。

这一卦的"艮"都是静止、停止的意思。所以初六是说，停止他的脚趾，没有过错，有利于永久坚持。

初六位于停止的最初期，这时候如果轻举妄动最容易产生过失，因此只有保持静止才能不出错。大家想，脚是全身最好动的部位，人要想有所行动必然要先迈出脚，而初六在最开始时就将最基础的脚趾给止住了，因此也就防止了后续的行差踏错，避免了万劫不复。《道德经》中说"为之于未有，治之于未乱"，初六就是在一开始的阶段就防微杜渐，制止住了自己的行为，因此也不会有什么失误。如《象传》所说："艮其趾，未失正也。"没有失去准则，没有离开正道，这样不会有错。

六二：艮其腓，不拯其随，其心不快。

"腓"是小腿肚。这句爻辞意思是：抑止在小腿上，既然无法拯救别人，只好随别人行动，心中感觉不畅快。

六二属于阴爻居于柔位，得位守中，具备了中正仁和之德。六二和九三、六四一起组成坎卦，意味着危险。且六二居坎卦之初，最先意识到这种危险，但他的上级九三却不能守中，阳刚激进，不计后果，六二想劝止他的行为，但是六二的地位比九三低，正像人的小腿不能控制大腿一样，所以没能劝阻成功，只能勉强相随，心中有点不快。

九三：艮其限，列其夤，厉薰心。

"限"是"身之中"的部位，就是人的腰胯部；"夤"就是人的夹脊部位。这句爻辞是说，拖住了腰胯部，但是上身还在往外倾出，导致脊背处的肉快要撕裂，情况危险得好像烈火在灼烧内心。

九三阳爻居刚位，得位但是不居中，急躁，易动，陷于坎卦的危险中，既没有援助，自己又不能动，这种状态就是王弼说的"上下不相与"。这时候境况太危险了，脊背上都撕裂了，再继续下去性命不保，所以内心十分焦灼。这一爻十分危险，形容本该同进退的一个整体，不一条心了，面对危险时一个想前进，一个想停下来，所以产生了背叛、争斗的撕裂感，比如君臣离心，后果是非常可怕的。《周易正义》中说："君臣共治，大体若身，大体不通，则君臣不接，君臣不接，则上下离心，列夤则身亡，离心则国丧。"君臣本应是一个整体，一旦双方产生了嫌隙，对于国家来说就是灾难。"当行则行，当止则止"，想停就要及时停下，想走就利索地走，如果犹犹豫豫反复难测，导致停止的时机和位置不恰当，就会产生不必要的损失。

六四：艮其身，无咎。

本爻辞的意思是说，抑止身体上的贪欲，就不会受害。

六四的位置属于上卦的下部，而处于下卦之上，对应于人体腰部以上的上半身。整个上半身都能止住，不像九三那般离心离德，自然不会有什么错处。六四已经进入了上卦，临近君主六五，属于近君大臣，犹如人体的胸腹部，保护着五脏六腑，制约四肢。六四以阴爻居柔位，当位得正，所以他既能抑止急进躁动，贪心不足，又能自我审视，管住自己，并且听从六五的命令，所以这个位置是非常好的，无咎。

六五：艮其辅，言有序，悔亡。

"辅"，指人的面颊部分。能好好地控制住你的面颊，言语就会有条理，自然没有什么悔恨。

六五以阴爻居于君主之位，才质平庸，有失正之嫌。还好他能够执守中道，有效地约束自己的言行，所以不会出现悔恨之事。其实六五就是告诉我们，要避免"祸从口出"。如果说话前不过脑子，就很容易说出令人误解的话；或者你本身没有攻击伤害别人的意思，但是没有整理好语言就脱口而出，"嘴在前面飞，脑子在后边追"，就容易被曲解，容易祸从口出。《道德经》就说"廉而不刿""直而不肆"，恶语伤人六月寒，做事不能用语言刺伤别人，不能放肆。为了避免对方误解和怨恨，就要管住自己的嘴，言多必失，到了非说不可的时候，也要经过谨慎思考后再说出来。这样就不会做出后悔的事情。

上九：敦艮，吉。

"敦"就是敦厚，在这里解释为彻底、非常。整句话连起来就是，彻底的停止是吉祥的。

上九停止得及时又彻底，避免繁盛之后的衰落，不陷入危险，所以吉利。王弼注说上九"居止之极"，上位者能够以敦厚来要求自己，止于至善，这是很难得的。上九这一爻很有讲究，《易经》把第五的位置作为君主之位，所以最上边的爻不论是阳爻还是阴爻，处理问题的方式就很关键。比如乾卦的上九叫"亢龙有悔"，位置太高了，还不知道收敛，就会出问题。坤卦的上六爻叫"龙战于野，其血玄黄"，位置高，想跟乾卦的龙对阵，本来应该是辅助的，老想抢人的位置，结果弄得硝烟四起。所以上六爻、上九爻也是卦象里很关键的爻。

最后，卦名与总结。

（一）卦名解析

"艮"字是象形文字，在《说文解字》中的解释："很也。从匕目。匕目，犹目相匕，不相下也。"本义就是"很"，回望怒视。字形采用"匕、目"会义。匕目，犹如说目光如剑，相逼视而不相让，既进攻不得，又不能后退。"艮"的本义也是停止，后来引申出坚硬、坚固等含义。《彖传》说："艮，止也。时止则止，时行则行。"意思就是说当止则止，当行则行。

为什么要停止呢？《序卦传》说："物不可以终动，止之，故受之以艮。艮者，止也。"没有什么事物是可以一直震动、奋进的，修整也好，调整路线也好，都要先让运动停下来，所以震卦下来是象征着停止的艮卦。"艮"就是停止，或者说稳止、稳定。当然，艮卦讲的绝对不是全然静止，它主要有两个含义：一是要宜止则止，宜行则行，行止应该恰到好处，动静不失其时，其道光明；二是要默默修行品德，不要轻举妄动。人难免被欲望牵动，恰当的停止说起来容易做起来难，艮卦要达到的是一种我将无我、观照本心的境界，这样一来才可以担负更多更大的责任。

（二）总结

艮卦的卦象是两山重叠，象征着静止。艮卦六爻，从脚指头开始到脸颊，每一个部位都在警惕，非常形象生动：初六防微杜渐，静止自持；六二劝阻不成，勉强相随；九三上下离心，灾难将至；六四止贪止急，柔顺无咎；六五谨慎言语，悔恨消亡；上九止于至善，非常吉利。

很多古代先哲论述了静的妙处和止的功用，比如《爱莲说》的作者周敦颐就十分推崇艮卦，他曾经说，一部《法华经》，只消一个"艮"字就可以了。他在《通书》中说："艮其背，背非见也，静则止。"转过背来自然看不见，止于所无见之地则静，有静才有止。止是一种停顿，一种冷静，这是根治冲动的良药。比如两个人吵得不可开交，这时候背对背，很多矛盾就停下来了，因为冲动而犯的错误就会止住了。如果遇事都有一个止的环节，就会减少我们犯错误的概率，这是第一个层次。

第二个层次，止就像当一潭激荡的池水静下来，我们就可以看清池底一样。这就是庄子所说的："水静犹明，而况精神，圣人之心静乎，天地之鉴也，万物之镜也。"我们像水一样安静下来，才能照见事物的本来面目，我们的心像静明的镜子一样，天地方能入我心。所以在现实生活中，我们也应该逐渐学会静下心来，止住妄想，修养身心，在诱惑面前静心安稳如山。如果能如此，我们的人生可能会有另外一番境界，高山仰止，泽被后世。

第三个层次，艮卦与震卦互为综卦。在《周易》中，震卦被称为"动卦"，意味着需要行动和追求进步。而艮卦则强调知行知止，当然，艮卦和震卦虽然代表了截然不同的意义，但艮卦和震卦在《周易》八卦中相邻，艮卦和震卦也可以互为对立面。艮卦象征着坚定不移，而震卦象征着行动和变化。因此，在特定情况下，这两个卦象可以被视为一种对立的选择。

再者，艮卦和震卦在《周易》八卦中相邻，也可以互相联系，又都是阳卦，代表了积极、强劲的力量。它们都是八卦中的重要组成部分。如果说前者是震动警醒，后者则是动中能静。所以，不能把"震"简单理解为动，有节奏、有规律地运动才是"震"的境界。同理，更不能把"艮"简单地解释成停止。想象它如风雨中的宁静，才是真正"艮"的境界。两者相辅相成方是"动之徐生"与"静之徐清"。

可见，通过深入探讨艮卦和震卦的含义和应用方法，我们可以更好地理解《周易》的哲理，增益自己的人生智慧。

渐卦第五十三：鸿渐于木

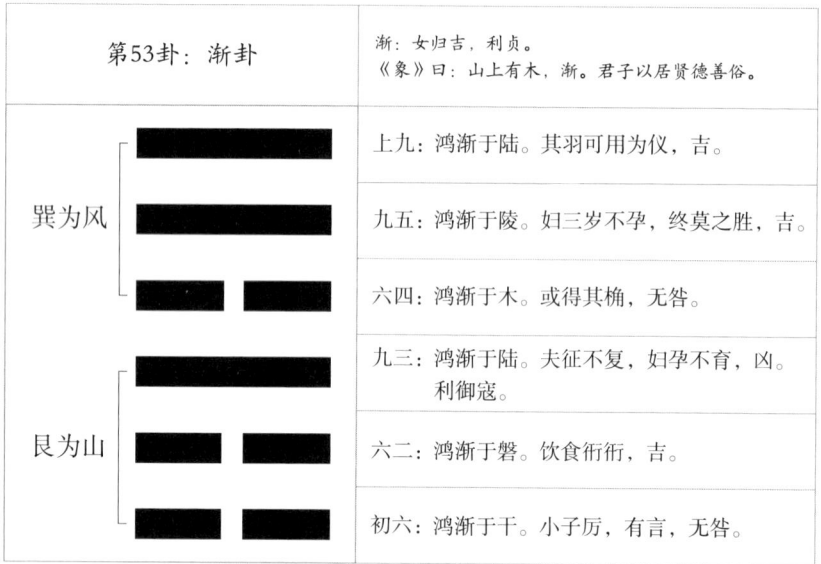

【本卦提示】"物不可以终止，故受之以渐。""渐"者，进也，指循序渐进走向圆满。如鸿飞有序，知长幼之礼，明舒缓之道！君子当脚踏实地，依序而进，行稳方能致远。

本章以"鸿渐于木"为宗旨来讲渐卦。"鸿渐于木"的意思是鸿雁从大地上起飞，但是飞起来不知道向何处去，所以一直在寻找最佳的落脚点。比如《围城》里的方鸿渐，就是一只徘徊不知栖息于何处的鸟。而我们看渐卦里边的鸟，它先落在水边，然后落在大石头上，然后落在平地上，最后"鸿渐于木"，落在

450

了一棵高高的树上。站得高了，终于找到了自己落脚的地方，明确了方向，准备施展更大的抱负。

首先，来看卦象。

本卦的下卦为艮，艮为山；上卦为巽，巽为木。树长高了，山的高度也随之增高，这是象征渐入。山上之木为高大之木，高大之木缓缓生长，所谓"十年树木"，徐而不速，宛如女子出闺，循礼渐行可获吉利。比如女子出嫁那样，要依据一切婚嫁的礼节循序渐入，就会获得吉利，利于守持正道。

再者，渐卦的交卦是蛊卦，蛊卦告诉我们：一是天下所有的混乱，都是由上面引起的，根子都在上面；二是天下所有的混乱，也都要由上面来搞定，解决问题的人和解决问题的办法，也都在上面。这就是蛊卦的卦义。蛊卦的交卦渐告诉我们要换位思考。无论是蛊乱的形成还是治理，都是一个渐渐、逐渐、渐进的过程，不可操之过急。

其次，来看卦辞。

渐：女归吉，利贞。

女大当嫁是好事。卦辞以待嫁之女子来比喻君子，说利在像女子那样守正宜家。《杂卦传》就说："渐，女归待男行也。"是说古代女子若要出嫁，别着急，必须要等待男方行聘，送聘礼，以便依序进展。以此为例，体现渐的特点。

再次，来看爻辞。

初六：鸿渐于干。小子厉，有言，无咎。

这个"干",在古代就是"水的岸边",湖畔或者河岸。"有言"就指"有怨言",被人说三道四。这个爻辞讲什么呢?说这个鸿雁迁移远行之前,汇集到河岸,做好结队飞行的准备。雏雁调皮,不知道旅途艰险,不能耐心等待。头雁还没发令呢,它老想往高飞,因而受到众雁的责备。此处讲做事要循序渐进。乾卦的初九不也讲"潜龙勿用"嘛,还没有到那个水平却着急行动。这不行,循序渐进才不会受害。初六是阴爻,居于刚位,如同雏雁能力尚不足,而且又不得中(处在二、五的爻叫得中),做事不能持中,有冒进之嫌,所以会被责备。但是别人看它年幼无知,处在初爻,也不会刁难。就像雏雁被责备之后,大雁还会帮助它。所以说,年幼无知或是经验不足,做事不要冒进,要循序渐进。"不听老人言,吃亏在眼前。"要养精蓄锐,不要急于发表自己的观点。要看大家怎么做,暂且跟着大家去做,这样才能免受责难。

六二:鸿渐于磐。饮食衎衎,吉。

这个"衎"字读音和"看"相同,是自得、快乐的意思。六二爻讲什么呢?鸿雁走上了水边的大石头,饱饮饱食,自食其力。什么叫自食其力啊?《庄子》说过"泽雉十步一啄,百步一饮",这不就是自食其力嘛。自己找食吃,自得其乐,这乃是一个吉利之象。

九三:鸿渐于陆。夫征不复,妇孕不育,凶。利御寇。

"陆"就是较平的山顶,"不复"就是不回来了。爻辞的意思是说鸿雁飞起来,逐渐前进到较平的山顶上。每一只都要紧跟着群体,不要离队,也不可苟徇私情随意结合。那大队伍就不能领着你们跑了。有私情,随意结合,母雁有孕了也难以生育,这当然是凶险的事。这里强调要坚守正道,大家在一起谨慎防守。雁们只有结成一个团队的时候,才可抵御敌人的侵犯。如果雁想远翔成就事业,必须依附一个团队，凭自己单打独斗难以有所成就。人在一个团队中，就要遵守团队的纪律。大家团结在一起，更有利于抵御困难，否则就如孤雁一样。

六四：鸿渐于木。或得其桷，无咎。

"木"指大树，"桷"，我们经常叫的黄桷树，名字中就有这个字，树枝分叉的地方常为飞禽做窝、栖息之地。爻辞的意思是说鸿雁飞起来，逐渐前进到一片大树林，或许能找到较平的枝杈得以栖息做巢，这样好。鸿雁是水鸟，它的脚蹼不同于爪，能一下就抓住树。它是有蹼的，在树上待不稳，栖而不安，要时刻防止跌落。所以树上并不是长久的栖息之地。但是六四能够对九五柔顺以待，因此能"承九五荫护"，受到九五的庇护保护，而没有灾祸。所以《小象传》解释本爻："或得其桷，顺以巽也。"或许能寻找到较平的枝杈得以栖息，说明六四柔顺和服从。

九五：鸿渐于陵。妇三岁不孕，终莫之胜，吉。

听起来这个爻辞可不像好事，怎么最后又是个吉呢？我们来看看这爻辞的意思：鸿雁飞起来，逐渐前进到丘陵上，好比丈夫远出在外，妻子三年没有怀孕。但邪终不能胜正，因此最终得到吉祥。九五以阳爻居君位，居中守正。它和六二是正应，象征两夫妻都能居中守正，有点问题也没关系，最终能得到吉祥。所以《小象传》的解释是："终莫之胜，吉，得所愿也。"邪终不能胜正，因此得到吉祥，实现了夫妇聚首的愿望。

上九：鸿渐于陆。其羽可用为仪，吉。

意思是说雁群通过循序渐进地飞行，终于到达了目的地。用"鸿渐于陆，其羽可用为仪"来说婚礼的仪式也不可乱。为什么这么讲？古代的婚礼有六个步骤。第一个是"纳采"。"纳采"是用什么？古人倒不像我们现在送钱作为彩礼，他们用"雁"。最后一个步骤是亲迎。新郎迎亲时，帽子上还要插上雁翎。所以你看，从雁飞最后过渡到这儿了，象征着男女双方通过循序渐进的步骤得以圆满结合。顺便说一句，古代拜师的时候，也送这种"雁"作为拜师礼。比如孔子拜见老子的时候，随行的人手里拿的就是一只雁。接着我们来看看《小象传》对这爻的解释："其羽可用为仪，吉，不可乱也。"这里指漂亮的羽毛可以作为典礼上的装饰品，吉祥。说明典礼包括婚礼也不能够乱。此爻提醒人们，要循序渐进地行动，一步一步踏实地工作，要慎终如始，才配得上最后的圆满。

最后，卦名与总结。

（一）卦名解析

"渐"字有三点水，在《说文解字》说："渐，水。出丹阳黟南蛮中，东入海。"它是一个水名，"渐江"也就是现在的"浙江"。其次，这个"渐"是"进"的意思。"渐"是一个会意字，核心是"车"字，左边是"水"，右边是"斤"，"斤"就是砍伐的横刃，想象一下车子在水坑和横刃中行走，也就是在道路泥泞、凹凸不平的坎坷路上行走，会是什么样子呢？必然小心翼翼，缓慢渐行。所以渐卦讲的是循序渐进。渐卦位于艮卦之后。《序卦》这样解释道："物不可以终止，故受之以渐。渐者，进也。"因为艮卦是止，不能总是静止，静止到尽头又须开始活动。并且，它要求有秩序地渐进。渐渐前进而不急速，比喻循序渐进逐渐生长。对我们而言，在品德和学业两个方面都要脚踏实地，循序渐进。

（二）总结

在快餐时代，我们再来讲《道德经》里的"大器晚成"，很多人都觉得这是一个笑话。大家关注的是，如何一夜成功，很多人已经不能安下心来等待循序渐进的圆满了。而渐卦专门讲如何循序渐进取得成功。物有终始，人有盛衰，万事万物都处在一个渐进渐长的规律之中。如果太急功近利，而渐进之道丧失，便会造成一些无可挽回的恶劣后果。比如水果催熟，比如饲料添加剂的滥用，会带来身体机能的损伤，使生病的概率大大增加。"鸿飞有序，知长幼之礼。其群有偶，厚夫妇之别。其来有候，适寒暑之期。"所以说，"渐进之显明者"莫过于鸿雁，它们了解自然的节奏，我们能从它们身上学会循序渐进的重要道理。

我们在讲履卦的时候说过"素履之往"，讲的是一种慢生活。从前的世界很慢，很长时间才能接到一封信，慢得我们一生只能去爱一个人。鸿雁要飞的时候也是这样，循序渐进，找到方向，慢慢才有完美的结果。在渐进之道中，唯有九五、六二以中正之道相应，获得了吉祥的结果。大家要特别注意这六个爻之间的相互关系。比如九五、六二，正是以舒缓之道渐进于上，知止。该休息的时候得休息，逐步前进。这样才获得了好的结果。卦象以鸿雁为夫妇之喻，使大家可以一目了然地认清其遵循客观规律的特性。明白了成功背后的规律性，从而可以知止而动，动必有序，而后才可以成就不世之功。

世人多浮躁，"大道甚夷，而民好径"。其实大路很宽广，但是大家就是喜欢走捷径，喜欢抄近路，喜欢投机取巧。结果呢？很多人走上歧路，遇到挫折。唯有像本卦所启示的遵循客观规律而行，才可以行稳而致远。

归妹卦第五十四：月几望

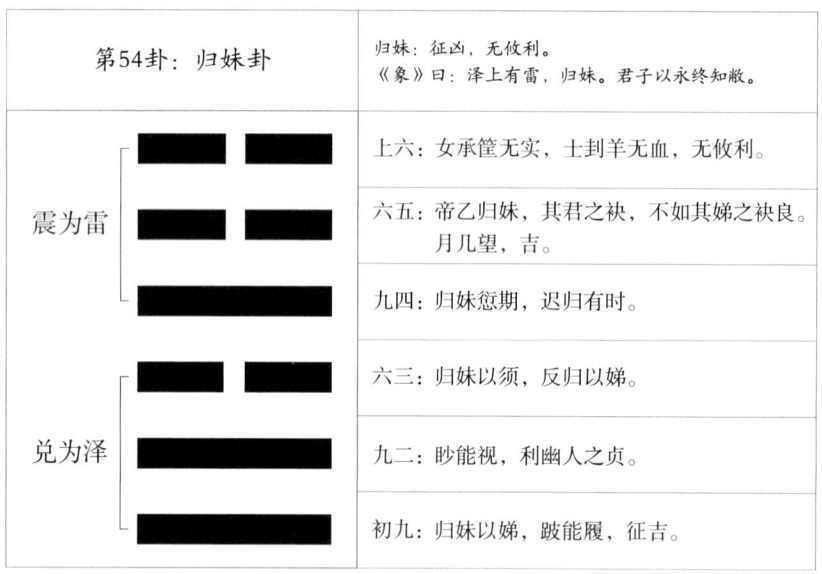

【本卦提示】"进必有所归，故受之以归妹。""归"，是女子出嫁的意思，所启示的是立家兴业的道理。男婚女嫁，乃自然伦常之道，当合两姓之好，上以事宗庙，下以继后世也。君子当重之、慎之，方可圆满。

本章以"月几望"为宗旨来讲归妹卦。"月几望"的"几"是接近的意思，月亮接近十五的时候逐渐盈满。由月亮接近圆满状可联想到人世间对圆满的渴望。《周易》的六十四卦里有三处"月几望"，就是传统文化中以"满月"来象征美满团圆的源头。

首先，来看卦象。

《大象传》说："泽上有雷，归妹。"归妹之卦，下卦为兑，兑为泽，上卦为震，震为雷。可见卦象是"泽上雷鸣"。雷鸣水动，就是心动，男女之间产生爱情后小鹿乱撞，心咚咚直跳，不就像打雷吗？所以这一卦象就是比喻男女心动相爱而成眷属。《大象传》就说："泽上有雷，归妹。君子以永终知敝。"兑上有雷，兑代表少女，震代表长男，为嫁出少女之象，君子应当永远使夫妇和谐，白头偕老，防止夫妇关系被破坏。所以归妹卦象征婚嫁，所启示的是立家兴业的道理。

从卦象的关系来看，归妹卦与渐卦互为综卦，《序卦传》有云："渐者，进也。进必有所归，故受之以归妹。""渐"虽不是进，但有进义；进必有所至，所以"渐"也有归义。"渐"既有归义，故渐卦之后次之以归妹。归妹也是渐卦的错卦，取象取义都与渐卦不同。

归妹卦取象女归，"妹"之归往往不像正式婚配那样循序渐进，"归妹"从"妹"字上取义，所强调的恰恰是觉得这有点草率对未来不利。很显然，从周礼的角度来看，渐卦会认为女子不经过男子迎娶而主动从男的行为是不合礼仪的。总之，从归妹卦角度看，对渐卦刻板的礼仪要求颇有微词，这也是人之常情，但从渐卦的角度来看，依然应该"发乎情而止乎礼"，这具有更高的社会价值。

其次，来看卦辞。

归妹：征凶，无攸利。

不太美妙，"征"前面多次讲过，过于激进的意思。归妹卦象征婚嫁，如果行为不正，也就是过于激进，没有循序渐进办事，前方会有凶险。在《道德经》第二十四章中也讲"企者不立，跨者不行"，越是想着快速达到目标，急于求成时，往往就会心态浮躁，就像是少女急嫁一样，甚至会把最简单、最基本的事都做得失误频发，麻烦不断。所以做事时要循序渐进，《序卦》说："进必有所归，故受之以归妹。"上一卦渐卦讲的就是循序渐进。进展到一定时候，就要有个归宿，古人以女子出嫁为有所归，有如回到家一般。

再次，来看爻辞。

初九：归妹以娣，跛能履，征吉。

"娣"，偏旁"女"加一个"弟"，古时姐姐出嫁以妹妹陪嫁作偏房，称为"娣"。按照周礼，诸侯结婚只能结一次，但是只娶一个女子无法保证子嗣繁盛，要知道古时多子多福、人丁兴旺是家族和国家绵延昌盛的根本。所以为了保证后代，姐姐结婚就把妹妹也带来，甚至把侄女都带来，有的诸侯同时娶九个。所以本爻辞的意思是说，姐姐出嫁做正室，妹妹出嫁做偏房，就如同跛足之人，虽然偏斜不正，但如果姐姐和妹妹以及其他人能够互相协助，依礼而行，前进也可获得吉祥。如果争风吃醋就麻烦了。所以大家最好都互相协助。

九二：眇能视，利幽人之贞。

"眇"，原指视力有毛病，这里是说，睁只眼闭只眼，难得糊涂。"幽"，就是幽怨。"贞"是守正。有幽怨的时候你也得睁一只眼闭一只眼。九二以阳爻居柔位，位于卦的中间，虽然心里不甘，但是能坚守正道。《小象传》在解释本爻时说："利幽人之贞，未变常也。"这正如少女急于求嫁，但是找了一位并不满意的丈夫，虽然心怀幽怨，但是依然能够固守正道，睁只眼闭只眼，遵守恒常的规则。所以，在工作和生活中遇到一些让你感到不满的境况，但又无法改变现状时，不妨学着"睁只眼闭只眼"，尽可能地做好自己本分的工作即可。

六三：归妹以须，反归以娣。

"须"就是等待，这里指急欲媚上婚嫁而不得嫁时，只好返回等待。所以本爻辞的意思是：这个女子想嫁为正室，但是一直没有找到合适的对象，还在等待，结果为了青春而急于出嫁，最后以陪嫁女的侧室身份出嫁，"反归以娣"。所以六三也提醒人们，做事不要急于求成，这就像待嫁女一样，本来不想做小妾，但是急于出嫁，没有等待，最后还是成了偏房小妾。

九四：归妹愆期，迟归有时。

"愆期"就是延误日期，这里指当嫁却不急于草率成亲。本爻辞的意思是说：待嫁少女延迟出嫁的日期，静等好的时机。九四以阳爻居阴位，紧临六五，属于近君大臣之位，这里指出身高贵的女人。而且这女人德才兼备，不愿意草率嫁人，还在等待好的时机。《小象传》说："愆期之志，有待而行也。"错过了出嫁的时机，是为了等到更好的时机到来，因为自己出身高贵、德才兼备，当然相信会有一个白马王子到来。即便晚了，也会来。

六五：帝乙归妹，其君之袂，不如其娣之袂良。月几望，吉。

"君"指的是君夫人，也就是正室夫人。"袂"指的是服饰。"几"，将近的意思。北宋著名理学家邵雍有一首诗就引到"月几望"："人间自有回天力，林下空多忧国心。日过中时忧未艾，月几望处患仍深。"本爻辞是说：帝乙的妹妹出嫁，她所穿的衣裙还不如陪嫁侧室的艳丽华美，月近十五将要圆了，吉祥。

六五居于卦中的君主之位，帝乙的妹妹就是身居此位之人。她出身高贵、德才兼备，却不以容饰取悦于人。她穿的衣服，甚至还不如陪嫁穿的鲜艳华美，说明她不凭着兄长的君主之位而自视甚高。《小象传》说："帝乙归妹，不如其娣之袂良也；其位在中，以贵行也。"她身居中位，十分尊贵，却能保持勤俭谦虚的美德，如此品行高尚，自然吉祥。

上六：女承筐无实，士刲羊无血，无攸利。

"女"指的是未婚的少女。"筐"就是装载陪嫁物品的器具。"士"指未婚之少年。"刲"是刺的意思。这爻辞的意思是：女子的筐篮里空空荡荡没有实物，男子用刀宰羊却不见出血，非常不利。"承筐无实，刲羊无血"，多么形象地描绘出有名无实的婚姻景象，这种婚姻无论对夫妻双方，还是对社会伦理，都是没有好处的，无攸利。

最后，卦名与总结。

（一）卦名解析

"归"这个字，始见于商代甲骨文及金文，本义就是女子出嫁。在《说文解字》中也解释说："归，女嫁也。"就是女子出嫁的意思，引申为归宿。有往必有还，因而又引申出返回和馈赠等义。"妹"在《说文解字》中的解释说："妹，女弟也。"就是同父母的女孩中比自己年纪小的就称为"妹"。归妹卦下面是兑，为少女，故称"妹"；上面是震卦，以嫁震男，故称"归妹"，说的就是妹妹的出嫁。女子出嫁来到了男方家里，这是女人的最终归宿，所以"归"的引申义为归宿、回家。如《杂卦传》中所说："归妹，女之终也。"就是强调的这层意思。总之，归妹卦所讲的就是女子出嫁、立家兴业的智慧。

（二）总结

《诗经》有"窈窕淑女，君子好逑"，男婚女嫁是人类的自然行为，符合自然的伦常之道，也符合天地阴阳和合的自然法则。"月几望"，在此处表达了大家对美好婚姻的渴望。想要长久的婚姻，首先要心存纯正，抛弃邪念，其次双方应当相互尊重，彼此包容。

　　归妹卦还从夫妇之道推及天下万事，教导我们做任何事不能任由欲望驱驰，应该找到真实的热爱。这样当我们回望一生时，才能无怨无悔。从这个角度看，归妹卦教人"知止而善其终"，知道该停止而停止，知道慎终如始，最后得到美满的结果，真是人生大智慧。

丰卦第五十五：日中见斗

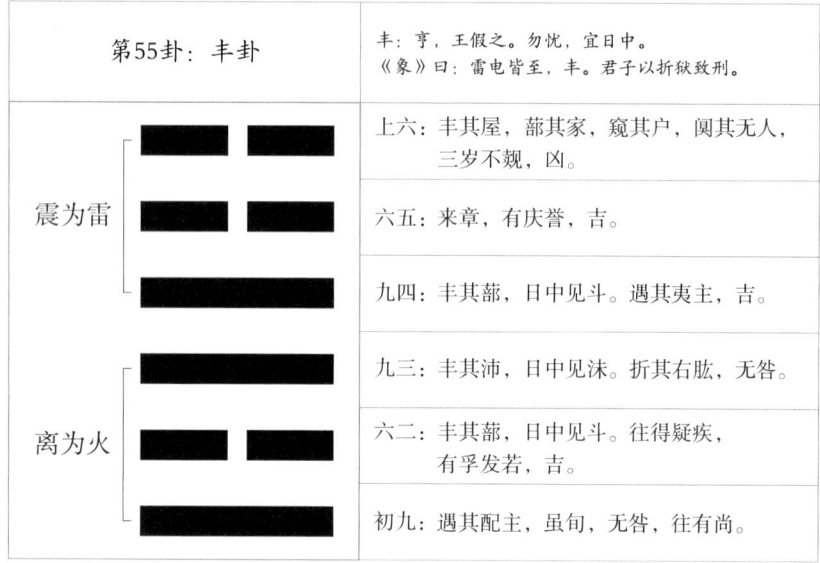

【本卦提示】"其所归者必大，故受之以丰。""丰"象征着丰富与盛大。君子当丰时卑以自牧，戒骄戒躁，济世容人，普惠众生，方可聚民以富国，成就丰大之业。

本章以"日中见斗"为宗旨来讲丰卦。这句话意思是：日光大片地被遮掩住，以至于中午时分能够看到星斗。清代《易》学家惠栋曰："日中见斗，日食之象也。"我国古代的历史文献上，对日蚀的记录甚为重视。《易经》的作者，当时肯定还无法对日蚀现象做出正确的解释，但他们究竟是如何看待日蚀的？古人对日蚀的观察，往往与人事相联系，这种渊源也可能与《易经》有关，以后发展为"天人感应"的思想。比如丰卦的六二、九三、九四三段爻辞，讲的都是遇到波折的情况下，最后又转为吉或无咎。

首先，来看卦象。

本卦上卦为震，震为雷；下卦为离，离为电。电闪雷鸣，是上天垂示的重大天象。《大象传》说："雷电皆至，丰。君子以折狱致刑。"君子观此卦象，有感于电光雷鸣的精明和威严，从而裁断讼狱，施行刑罚。雷电交加，声势壮大；又电光普照大地，皆为盛大之象。所告诫的是：务必注意事物向相反方面发展，盛衰无常，不可不警惕，这是"雷火丰卦"的象征意义。

从卦象变化来看。

其一，丰卦的错卦是涣卦，两卦的差别对立在于：丰卦代表的是"盛"，重在把控，涣卦强调的是"放"，重在宽松。错卦可以代表换角度看到的危机、转机和出路。也就是说先看当下的"丰"是好还是不好，如果不好，"涣"就是转机；如果好，"涣"就是危机。反之亦然：如果从"涣"卦的角度来看，先看当下的"涣"是好还是不好，如果不好，"丰"就是转机；如果好，"丰"就是危机。

其二，丰卦的交卦是噬嗑卦。因为丰卦为上震下离，噬嗑卦则是上离下震，两卦相同点都是雷电齐发。丰卦是"明以动"，说"君子以折狱致刑"，噬嗑卦是"动以明"，说"利用狱"。两卦皆有"明""动"的特质，所以都适于做惩奸除恶、使用刑罚的任务。得丰卦事情可以高调行之，不要畏首畏尾，要光明正大地去做。同时必须以明快的判断与执行力把握事情的最佳时机。

其三，无论是丰卦还是噬嗑卦，共同点就是雷电皆至。雷电皆至是闪电到了地面，紧接着就有雷，是一种雷厉风行的行为。如果是雾霾天，经过雷电的洗刷，雨后就是个艳阳天，所以雷电皆至为丰大创造了一个开始。比如"商鞅变法"，就是秦国追求一个丰大的过程，秦孝公以雷霆手段，利用折狱致刑把强大的反对势力打压下去，这样"商鞅变法"才能顺利推行。

其次，来看卦辞。

> 丰：亨，王假之。勿忧，宜日中。

意思是：丰卦象征盛大，亨通，君王可以达到大的境界。不用忧虑，应该如日中天，光芒四射。卦辞隐含的意思是：君王崇尚并能效仿太阳的伟大功劳。君王的德行犹如中午时的太阳，能够普照天下万物，日蚀也不能遮蔽。

再来看《象传》的解释，《象》曰："丰，大也。明以动，故丰。王假之，尚大也。勿忧，宜日中，宜照天下也。日中则昃，月盈则食，天地盈虚，与时消息，而况于人乎？况于鬼神乎？"是说所谓丰卦，象征着盛大。想象一下，太阳不正是用它的光明照万物，才使万物有了的生长动力，才有了大的丰收？就如道德光明的人有所行动，就有更多的收获；君王来了，可以达到盛大的境界，这是因为君王崇尚发扬了盛大的美德；不用忧虑，应该像太阳升到正午时那样，把光明洒遍人间；太阳升到正中时就会逐渐西斜，月亮满盈时就会亏损；天地之间存在着满盈和亏虚，它们都将随着时间而消亡、生息。又何况人呢？又何况鬼神呢？所以警示我们要抓住这一时机，发展自己，一定会有所成就。但是"日中则移"，兴盛与衰败也会随着时间环境而变化，因此对这一点又要保持高度的警惕。

再次，来看爻辞。

> 初九：遇其配主，虽旬，无咎，往有尚。

这一爻的意思是：遇到与自己相配的主人，虽然能力、学识均等，但是没有什么关系，今后的发展会呈现上升的趋势。

《周易》崇尚的是阴阳相济，而初九和九四都是阳爻，怎么就"无咎有尚"呢？这是因为初九以阳爻居刚位，得位。阳爻为君子，代表光明与动力。初九与上卦中的九四互为宾主，"英雄识英雄"，互相欣赏，所以"无咎"，还会呈现上升的趋势。可是在《小象传》中却这样解释本爻："虽旬无咎，过旬灾也。"就是说：虽然能力、学识均等没什么关系，但是如果要超过均等就会出现麻烦。想象一下在做某一件事时，会遇到一个能力与自己相当、志向又一致的人，大家互相欣赏，互相配合，共同奋斗，这是特别好的；但是如若两个人中，有一个人妄想超过另一个人，总是在比谁更强，一定要争个长短、论个高低的话，那就会带来很大麻烦，就会很影响事业的发展了。

举个例子：《三国演义》中的荀彧，出生于世代官宦之家，由袁绍处转投曹操。曹操认为他是自己的张良，便任命他为司马。官渡之战，曹操军粮将尽，想退兵还许昌，荀彧以谚语"两雄相争，先退者势屈易败"来劝曹操坚持下去，并待机出奇兵制胜。曹操接受了荀彧的意见，后来大败袁绍。荀彧跟随曹操二十一年，曹操多用其谋略，他也得到曹操的礼尚优遇，应该说是互相呼应，互相扶助。这里无疑，曹操是荀彧的"配主"。而大家都知道，荀彧不得善终，这正是由于他在要害问题上与"配主"唱反调、砸了锅的结果。所以"虽旬无咎，过旬灾也"。遇到与自己相配的主人，能力、学识均等没什么关系，可以有很好的发展；可是你如果总想用自己的才能左右"配主"，那就会有大麻烦了。

六二：丰其蔀，日中见斗。往得疑疾，有孚发若，吉。

"蔀（布）"，为草席屋顶，在这里指遮蔽；"斗"，星斗；"发"，启发。本爻辞的意思是：就像遮蔽屋顶的草席被增大，正午时日食，见到了星斗。君主若是如此昏暗，贤士前往就会受到猜忌，只有以谦虚的心态，积其至诚来启示昏君，才会获吉。

六二以阴爻居柔位,又位居下卦中间,当位得正。而六五阴居阳位,是位昏君,像日蚀时被遮蔽了光明的太阳一样。如六二打算前去劝谏,那么在劝谏方式上要采取以诚动人的办法;但君主若是如此昏暗,贤士前往是会受到猜忌的。那要怎么办呢?只有以谦虚的心态、积其至诚来启示昏君,才会获吉。比如你很想在一家企业或单位大展宏图,可是领导觉得现在的成绩已经很不错了,加上又听信谗言,不思进取,如果这时你非要去劝谏领导,说"你不能这样安逸享受,不求上进,而要有远大的抱负、更高的目标"等等,这恐怕不会有什么好结果。所以《小象传》解释说:"有孚发若,信以发志也。"不如以发自内心的真诚和忠信来对待,尽职尽责地把工作和计划都落实在行动上,以此来启发和拓展其盛大的志向,这样最终就会获得吉祥。

九三:丰其沛,日中见沫。折其右肱,无咎。

"沛"与"旆(音佩)"同义,指幡幔、窗帘类的物品,表示遮蔽程度比"蔀"更严;"沫",同"昧",指阳光由明变暗,时隐时现;"右肱",指右臂,喻指帮手。本爻辞的意思是说:用来遮蔽的东西更多了,还挂上了窗帘,中午的阳光从缝隙中透过来,昏暗的光时隐时现。贤士遇到如此昏暗的君主,好比右臂被折断,难以有所作为,但终究不会受害。

《小象传》中这样解释:"丰其沛,不可大事也;折其右肱,终不可用也。"是说遮蔽得更严了,像挂上了窗帘,在这种昏暗之中不可成就、胜任大事;右臂折断而无为慎守,最终得不到重用或不可能有所作为了,只能韬光养晦。虽然你很有才能,但是领导昏庸,根本不做正事,那你怎么办?在这种怀才不遇的情况下,没有办法大展身手施展抱负,那就要懂得明哲保身,韬光养晦,等待时机,以待明主,如此就不会有伤害。你看,在《易经》中我们可以认知到:不管人生遭遇什么样的境况，依然可以找到出路，寻求到应对的方案。这就是《易经》所带给我们的智慧。

九四：丰其蔀，日中见斗。遇其夷主，吉。

"夷"，指外族，这里指与自己能力相当但不属于同党的上级领导。本爻辞的意思是：遮蔽屋顶的草席被增大，遮蔽的范围更广。正午的阳光从缝隙中透过来，如同满天的星斗。虽然国君昏庸，但是遇到与国君不属于同一派的能人并受其赏识，可获吉祥。

《小象传》中这样分析："丰其蔀，位不当也；日中见斗，幽不明也；遇其夷主，吉行也。"由于蒙蔽而出现昏暗，遇到与国君不属于同一派的能人并受其赏识，行动还是会获得吉祥的。领导很昏庸，但不可因为领导昏庸自己就懒散，要在自己的岗位上尽职尽责，充分地展现自己的能力。这时可能就出现与公司相竞争的单位看中你，赏识你，而你也会得到更好的机会。

六五：来章，有庆誉，吉。

"来"，招徕，吸引；"章"，章明；"庆"，福庆；"誉"，美誉。本爻辞的意思是：能招徕有美德的贤能之士辅佐，会有喜庆和美誉，吉祥。

六五以阴爻居阳位，具备谦顺之德，所以能吸引到贤能之士前来辅佐。历史上的秦昭王（五跪得范雎）、刘备（三顾茅庐得诸葛亮）等君主都具备谦顺之德，明白广纳贤才的重要作用，所以能放弃自己高高在上的姿势，谦逊地对待贤能，最后自然能赢得贤能之士的辅佐，成就事业，同时得到大家的赞扬并获得美好名声。所以在《小象传》中有这样的分析："六五之吉，有庆也。"也就是说六五这一爻很吉祥，必定会有喜庆。

上六：丰其屋，蔀其家，窥其户，阒其无人，三岁不觌，凶。

"窥"，偷看；"阒"，寂静；"觌"，见。本爻辞的意思是：建起房子，把居室用草席覆盖上，对着窗户窥视外面的世界，寂静无声，不见人影。多年来不出外见世面，必然有凶。

上六以阴爻居柔位，处于丰卦的顶端，有独占丰收成果之象。上六与六五逆比，居高自傲而不能谦恭地服从君王；在自己黑暗的房子里自闭，拒绝与人合作，这样会招致凶险。就像一个人突然发财了，如果你老是担心别人觊觎你的钱财，于是把自己封闭起来，不再与任何人来往，那么慢慢地人们也就会远离你，或者把你给忘了。如果突然有一天你遇到什么事了，需要他人来帮你时，也就没有人会站出来，这是非常危险的。

《小象传》分析说："丰其屋，天际翔也；窥其户，阒其无人，自藏也。"这里指建起大房子，居内自闭，孤立于人，好似在天际飞翔，深深隐藏踪迹。其中蕴含的道理是：获得盛大成就的人，若不能超然物外，就须善于隐晦，否则后果堪忧。

最后，卦名与总结。

（一）卦名解析

丰卦为异卦相叠，下卦为离，上卦为震。离为火，震为雷。雷雨会使五谷丰登，火又可以把丰收的粮食变为丰盛的饭菜，所以此卦名为"丰"。

"丰"字在《说文解字》中有两个意思，一是："丰，艸盛丰丰也。"原义是指草木茂盛的样子。二是："丰（豐）：豆之丰满者也。从豆，象形。一曰《乡饮酒》有丰侯者。"清代段玉裁注："谓豆之大者也。""豆"是祭祀时盛放祭品的礼器，所以"丰（豐）"的另一个意思是指祭品很丰盛，用段玉裁的话说就是指祭祀时盛放祭品的大礼器。在古文中"丰"又通"豊",《说文解字》中也说:"豊,行礼之器也。"也是指古代祭祀时盛满了祭品的礼器。可见"丰"字不管哪种解释都是指丰盈、丰收、丰盛、丰富之义。

所以丰卦位于归妹卦之后,《序卦》这样解释道:"得其所归者必大,故受之以丰。丰者,大也。"是说归妹卦描述来归,有如众人来归,则民聚国富,所以接着要谈代表盛大的丰卦。

(二)总结

《周易正义》说:"财多德大,故谓之为丰。"因为财多则足以济世,德大则足以容人,能济世容人,自然可以事无窒碍而获得亨通之道,从此便可以如日上中天,而光明遍照下土,德泽天下。在"雷火丰卦"引申出来的智慧之中,有三点尤其值得人们去注意:

第一,"知行合一"的智慧。卦体以离而遇震,离为电、为明,震为雷、为行,不知方向,是有目如盲之行。反之,光明白了自己的方向,却不去采取实际的行动以达成目标,明无所用而成空明,所以唯有明动相资,才能使事业由此恢廓而成丰大之业。

第二,"达则兼济天下"的智慧。当丰盛之极时,便应该如日上中天般普惠群生,德泽万物。若是如守财奴一般不肯德泽万物,那便是失去了"明照天下"之德而自取祸端。

第三,"为之于未有"的智慧。天地之间,损益各有其时。有盛必有衰,盈虚消长是自然界的规律。明白了这个自然规律,自然懂得在丰盛之时,就早做打算,以"夕惕若"之心自处,古人云"生于忧患,死于安乐",即此之义。

旅卦第五十六：切莫"旅琐琐"

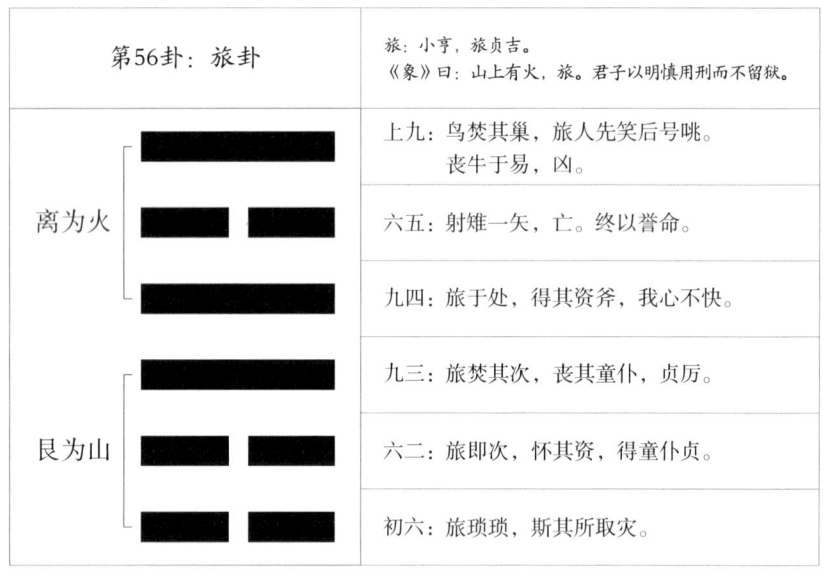

【本卦提示】"穷大者必失其居，故受之以旅。""旅"象征着漂泊和闯天下，人生如逆旅，君子当持中正恒常之道，谨言慎行，和顺谦逊，自立自强，温暖乐观，"天涯踏尽红尘，依然一笑作春温"，方能于艰难困苦中蜕变成长。

本章以"旅琐琐"为切入点来讲旅卦。"旅琐琐"出自旅卦的初六爻，意思是：旅途中千万别弄出一些不该有的动静，比如为琐事争吵之类，否则会自取祸殃。

首先，来看卦象。

旅卦上卦为离，离为火，下卦为艮，艮为山，所以它的形象就是山上有火，洞照幽隐，山上什么情况都看得很清楚。山中燃火，烧而不止，火势不停地向前蔓延，如途中行人，急于赶路，无所定处。旅卦位于丰卦之后，《序卦》说："穷大者必失其居，故受之以旅。"丰盛到极点而不知收敛，结果就是离开居所。所以丰卦盛大，有许多故旧，可是旅卦却很少有亲友，被流放了，谁敢与之亲近？

再从卦象的变化来看，需要注意的是：

第一，旅卦的错卦是节卦。"节"者，节俭节约，节制欲念，提醒我们，在旅途中不可大手大脚，更不可放纵自己的欲望，方能一路平安。在人生的旅途中更是要如此。

第二，旅卦的综卦是丰卦。从"丰"的视角看，"旅"丰富了什么呢？旅行要花钱，还劳累，为什么我们还要旅行呢？因为读万卷书不如行万里路，在路上也是重要的生命体验。所以，从丰卦的角度来看待旅行，看待人生，正是丰富了自己的人生阅历，不断地提升自己，变得强大。

第三，旅卦的交卦为贲卦。和旅卦一样，贲卦也涉及"折狱"问题，只是强调的侧重点不同。先来看艮上离下的贲卦："山火贲，君子以明庶政折狱。"强调的是君子执法，要如山下明火一样，亮堂公平。而"雷火丰，君子以折狱致刑"强调的是君子也要严明执法，执法如山。再来看离上艮下的旅卦："火山旅，君子以明慎用刑而不留狱。"强调的是司法审核中要明察刑狱，慎重判决，不能滥施刑罚。可见，两卦正是换位思考，既强调法律的严肃性，又强调明察秋毫，不妄用、不滥用。其对立统一的智慧在交卦中体现得非常有深度，值得为其击节赞叹。

其次，来看卦辞。

> 旅：小亨，旅贞吉。

这么不好的情况，最后的判词还是不错的，意思是说，稍见亨通，能够守正持正，最后必获吉祥。《周易》六十四卦中的坎卦、蹇卦、困卦等等，都不是什么好卦，但每一卦都告诉我们如何摆脱当下的困境。旅卦也一样，虽然是流离失所，可是它告诉我们的是要坚守正道，要充满希望，最后也会吉祥。中华文化就是这样，越是艰难的时候越要充满希望，在困难的时候要看到前途光明。旅卦告诉我们，在人生的旅途中要懂得和顺、谦逊、守法，避免躁动、亢进。当然，太过柔顺也不好，就成了卑贱，要坚持中正恒常之道。

再次，来看爻辞。

> 初六：旅琐琐，斯其所取灾。

"琐"，本义是玉件相击发出的细碎声音，后来引申为烦琐、猥琐，此处"旅琐琐"就是指旅途中的麻烦事。整句爻辞的意思为：旅行是琐碎麻烦的事，是旅行者自找的灾难。初六位于旅卦最下极，并且以阴爻居阳位，不当位，因此初六本来就意志薄弱。非要在这种情况下出行，那必然会遇到麻烦事。《周易正义》将"琐琐"解释为"细小卑贱之貌"，初六地位卑微，出行时拘束扭捏，少见多怪，不能落落大方，也会招致别人异样的目光。就如《小象传》总结的："旅琐琐，志穷灾也。"初六的灾难是因为"志穷"而自取的。

> 六二：旅即次，怀其资，得童仆贞。

六二得位居中，体柔奉上，必定有安稳的结果。"次"指旅店，这句话意思是结束了颠沛流离的旅行，住进了旅店中，此时资金充足，并且获得了童仆。有了安身之所，并且有人跟随侍奉，这时六二就可以安心休息了，利于坚持守正。相比初六穷困潦倒，麻烦事不断，六二的境况就好了很多，这一状况也应了我们常说的俗语，"钱不是万能的，但没有钱是万万不能的"。

九三：旅焚其次，丧其童仆，贞厉。

旅行中寄居的旅店被火焚毁，服侍自己的童仆也丧失了，如果继续固执地坚持，就会有祸患。天有不测风云，刚才六二安稳无恙的境况被颠覆了，安身之所被焚毁了，侍奉的童仆也丧失了。为何九三与六二有这么大的差别呢？王弼解释道："居下体之上，与二相得，以寄旅之身而为施下之道，与萌侵权，主之所疑也。"九三位于艮卦最上，上无所应，不顺于上，刚愎自用又迁怒下属，所以童仆也跑掉了。九三本就是旅行者，寄旅之人本就在他人屋檐下，这时不自量力要统治六二，在君王看来他就是有了侵权的想法，能不怀疑他吗？他的境况能好吗？"不在其位不谋其政"，九三的灾难就在于没有认清自己的位置。所以这一爻提醒我们，外出一定要保持谦恭，不要自高自大，不要与人发生争执，否则会自招灾祸。

九四：旅于处，得其资斧，我心不快。

"处"就是可以暂时憩止的处所，比如歇脚的洞穴、野外等地，不如"次"那样安稳。这句话意思是：旅行在野外稍作停歇，得到了可以防身的利斧，我心中不愉快。为何得到利斧还不愉快？我们想，寄旅之人漂泊时最需要什么？是像"次"那样可以长久停留的安身之所，而并非"处"这样的临时场所，得到利斧也是因为要清理野外的荆棘丛林，并且作为时刻保持警惕的武器。九四以阳爻居于阴位，也不得位，所以客观环境不利，整天提心吊胆的，又不能得偿所愿，自然心中不愉快。苏轼说"此心安处是吾乡"，在人生的旅途上，也应该找到自己的寄托，找到心安之处。

六五：射雉一矢，亡。终以誉命。

"雉"就是野鸡，雄性野鸡的羽毛十分美丽，可作为装饰品，所以古代经常用它作为见面礼。这句话的意思是，旅行途中看见一只羽毛美丽的野鸡，只用了一箭就把野鸡射死，将此作为拜见他人的礼物，最终得到荣誉和赏赐。六五以阴爻居于尊位，虽不得位，但是持中守正，能以柔顺承上，也能得到好的结果。

上九：鸟焚其巢，旅人先笑后号咷。丧牛于易，凶。

"易"在此意为边界。整句爻辞意思是：鸟的巢穴被焚毁了，旅行者先大笑然后嚎啕大哭，牛在边界丢失了，灾祸降临。上九位于旅卦最上极，卦义走向极端，也就是旅行过度，走得太远了。在外旅行有其美妙之处，但是漂泊无依也不是长久之计，如果旅行得太久就容易迷失方向，走得太远到了陌生地也容易遭受危险，很容易乐极生悲。一开始旅行是美妙的，新奇的，所以心情愉悦，大笑；随着旅途越来越久，身心俱疲，灾难也降临，所以号咷大哭。就像牛一样，在自家地里吃草是安全的，或者偶尔在熟悉的田野游走也没问题，但要是走得太远了，超过了边界，那就走丢了。所以居于高位一定要注意自己的态度。举个例子，三国时代三大才子之一，祢衡，非常有才，但也非常傲慢。他生活在一个群雄逐鹿、杀人如同儿戏的时代，如果隐逸山林或可全身而退，但祢衡却喜欢游走于朝廷庙堂之上，这不如同刀口舔血吗？他目空一切，心高气傲，出言不逊，狂傲无礼，先骂曹操，后骂刘表，最后骂到一个粗人黄祖身上，终于把命丢了。这不就和上六的情况一样吗？这样的名士，即便再有才华，在那个时代，他的死也是注定的。

最后，卦名与总结。

（一）卦名解析

《说文解字》说："旅，军之五百人为旅。"就是古时候军队的编制，五百人为一个旅。所以，旅卦本义指的是军队，由于军队经常出征，所以又引申出旅游、旅行、旅人等。丰卦处理不好，就只能面对旅卦了。因此旅卦原来的含义是指迫不得已失去了自己的住所，比如远离故国，远离家乡，或者被放逐流放，客居异国他乡。

（二）总结

旅卦讲早立志、立大志。初六爻地位卑微，但别着急，还有大把的时间去调整、去发展，最终结果尚难预料。如果早早陷入"旅琐琐"，就只会"斯其所取灾"。它从反向提醒我们，人之初当立志，立大志则易有成，切忌"旅琐琐"。不管是在旅行途中，还是在人生的旅途上，要坚持中正的恒常法则。范仲淹说："夫旅人之志，卑则自辱，高则见嫉，能执其中，可谓智矣。""能执其中"，也就是"中庸"，"中庸"不是平庸，而是以中为用，这才是智慧。苏轼说"人生如逆旅，我亦是行人"，人人都是天地间的过客，我们都过着旅居的生活，所以不用为离别而伤感。但愿我们如旅卦所期待的那样，"天涯踏尽红尘，依然一笑作春温"，经历磨难后，依然会像春天那般温暖。

巽卦第五十七：随顺如风

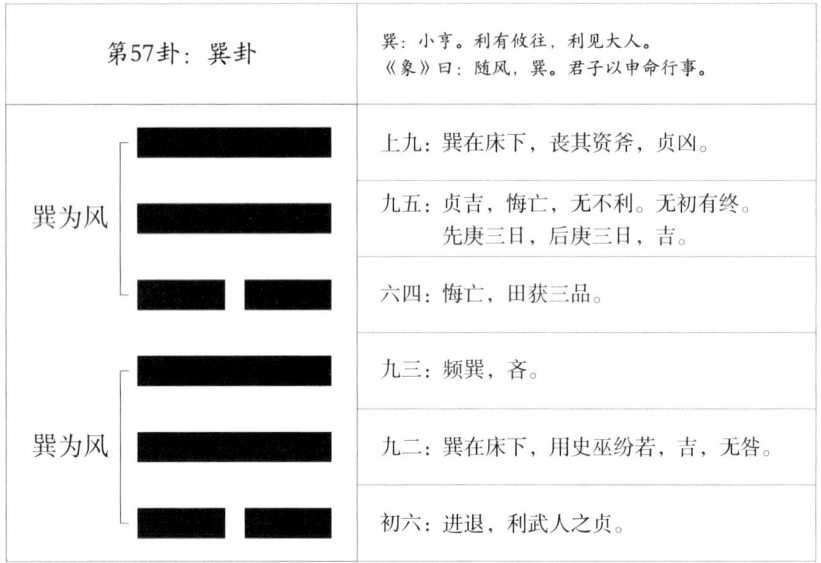

【本卦提示】"旅而无所容，故受之以巽"。巽者，入也，象征随顺、进入。君子当以刚健之德自持，以谦顺之态处世，刚柔并济，方能无往不利。

本章以"随顺如风"为形象来说巽卦。"随顺如风"出自《大象传》："随风，巽。君子以申命行事。"意思是，风与风相随而来，君子要反复宣布命令。"随顺如风"颇有"无有入无间"的顺其自然、以柔克刚的味道。

首先，来看卦象。

本卦两巽相叠，巽为风，因而长风相随，吹拂不断，是巽卦的卦象。君子行事如长吹不断的风，不断地申明道义。反复地颁行政令，教化纲常大义。风无孔不入，犹如政令颁布，深入民心。巽亦为和顺、谦逊的态度和行为，君子有此行为，可无往不利。

从卦象的变化来看，其一，巽卦的错卦是震卦。从震的角度来看巽卦，有时一定要震，震怕了，才能顺；从巽卦的角度来看震，巽卦并不是让我们事事谦卑，处处忍让，而是要像风吹草伏一样，风来，草才会伏下，风走，草依然挺立，这是一种为人处世的变通。

其二，巽卦的综卦是兑卦。"兑"是喜悦之义，两者是对立统一的关系。从兑卦的角度来看，喜悦来自顺从。但巽卦是反对媚上取宠的，不可无原则谄媚，无原则地讨好。君子就算性情和顺，也要秉持正道，走正路，事事都跟人家起冲突的人当然缺乏修养，但事事顺人也是没有原则的。巽卦告诉我们谦顺让人喜悦是有一定条件的，必须是符合客观规律，遵循自然之道，我们才会顺。巽道与老子的"柔弱胜刚强"是相通的，我们一定要柔，硬碰是两败俱伤，没有好处的；可是要柔就要讲究方法，修养自己，用理智来指导感情，总之，巽卦并不是要我们以顺为立身之道，而是要我们择善而从，内方外圆。

其次，来看卦辞。

巽：小亨。利有攸往，利见大人。

意思是巽卦，稍见亨通，利于出行，利于会见王公贵族。《彖传》解释说："重巽以申命。刚巽乎中正而志行，柔皆顺乎刚。是以小亨，利有攸往，利见大人。"巽卦九五居于王位，中正而权衡天下，故曰"刚巽乎中正"，标志着九五的王权得到了巩固，使君王能够实现其"家天下"的愿望，故曰"志行"。

再次，来看爻辞。

初六：进退，利武人之贞。

"进退"，意思是在前进还是后退之间犹豫不决，摇摆不定。"利武人之贞"，"贞"，刚决，果断。这句话的意思是，应当像孔武有力的武士那样刚决果断。初六位，卦为震，震动，动摇不定之义。因此，应当审时度势，改掉优柔寡断的毛病，像武士那样果断采取行动。

比如周勃安汉。周勃不仅忠心，而且做事很果断。发生变故，他能马上做出反应。比如在平定叛乱中，周勃先后打败了韩王信，杀了陈豨等。后来，在"诸吕之乱"中，周勃说："拥戴吕氏的袒右肩，拥戴刘氏的袒左肩！"军中兵将都袒露左肩，呼声震天，拥戴周勃为统帅。叛乱平定之后，周勃、陈平诸大臣拥立代王刘恒为帝，是为汉文帝。

此为巽卦的第一爻。"巽"是谦卑顺从的意思。但过于谦卑顺从，面临进退的抉择时，便难以做出决定，十分犹豫。勇武的人应该持守正固，不轻易冒进，但也要使自己的心智坚韧起来。《小象传》中说初六爻："进退，志疑也；利武人之贞，志治也。"之所以这样进退犹豫，是因其意志懦弱多疑，应当修养自己的意志，使自己更加坚韧。

九二：巽在床下，用史巫纷若，吉，无咎。

《易》中所言"床"，指君王之位，即卦之五位。所以"床下"，指位置，古代的礼仪规定，尊者在床，卑者在床下。本爻辞的意思是：过度谦卑而屈居于床下，如果能像祝史、巫觋那样用崇敬谦恭的态度事神，这样自然吉祥无害。九二以阳爻居阴位，失位，如果对待九五就像那些祝史、巫觋对待鬼神时那样谦恭，就没有过错。总之，保持崇敬谦恭的态度，并像史、巫一样，洞察天道，顺应时宜，随风而行，申命行事，终将获吉而无咎也。

九三：频巽，吝。

频繁地、过度地细致谋划、谋算，将悔恨遗憾，羞愧耻辱。人无完人，事无完事，对任何人任何事都不要奢求十全十美，不要过度对其忧虑担心，否则会丧失或错过及时行动的良机。那再细致再周密再好的谋算，都只能是空纸一文，毫无用处了。善于谋划谋算之人，应与有能力又果决的大人物相结合，才能使自己的谋略不失良好时机，及时派上用场。

巽卦阐释的特点是风力持续、不断加持。既不能像上九一样，风力已是强弩之末，也不能像九三一样，朝令夕改，频繁指令，没有起到作用。为人做事谦和且从善如流、灵活调度、积极应变才能中兴发达。顺，不是毫无原则、没有底线的退让，更不是缺乏自信、低三下四的顺从。这样得来的不是顺，而是凶！

六四：悔亡，田获三品。

"悔亡"，没有悔恨。"田"，同"畋"，狩猎。"三品"，犹言多种多类。这句话的意思是，六四，狩猎获得各种猎物，所以心中喜悦。六四位，卦为坎，坎为收敛，能收敛自己的行为，这是符合巽卦的"巽退"之道的。合于道，当然不会有悔恨，不但如此，还会有丰厚的回报。位坎又为心、为离，离为喜。离居坎上，有心中喜悦之象，故说"悔亡"。

虽然自身华彩灿然，却不外彰其美，而是善于隐藏，行事遵循柔逊之道。如此，无论何时何地，都能无怨无悔。如果以这种藏而不露的行为方式出去畋猎，定会得到许多种类的猎物。畋猎时当然不可显扬自己，因为那样会暴露自己的行踪，使动物因受到惊吓而远远离开，那就一无所获了。狩猎者要想有所捕获，就必须含彰晦美，隐藏自身，使动物不易觉察。同时，还必须根据不同动物的习性和活动规律，来确定自己的捕猎位置和时间，以及正确的捕猎方法，只有如此才会有所猎获。可见，恰当的"巽退"隐藏，绝不等同于碌碌无为，不仅如此，在许多情况下，它还是卓有成效的行为方式。

《道德经》说："不自见，故明。不自是，故彰。不自伐，故有功。"意思是，不自我表现，所以才会显明；不自以为是，所以才会昭彰；不自我夸耀，所以才会有功。当整个世界都处于虚浮喧嚣、躁动不安之中时，那些把自己的满腹才华与灵秀之气深深隐藏起来、以柔弱"巽退"处事的人，就会显得端庄闲雅，充满魅力。

六四以自身之柔美去顺承九五尊爻的阳刚，君臣合力，田猎不为己欲，将物品用于国家的祭祀。君贤臣明，江山社稷即可保全。神人之间也没有矛盾，风调雨顺，国家也可长治久安。六四爻以柔顺刚，向上亲近九五，向下不与九二相违背，因此其行动能使自己得到功勋。

九五：贞吉，悔亡，无不利。无初有终。

先庚三日，后庚三日，吉。

意思是：九五，守正道吉祥，没有任何不利，没有善始却有善终。庚日的前三天（丁日）发布政令，庚日的后三天（癸日）实行政令，吉祥。"先庚三日，后庚三日"，"先庚"则在立秋前，"后庚"则在立秋后。我们知道，立秋之后还有一伏，此时天气炎热，万物繁育而致养焉。这个千载难逢的机会就在"先庚三日，后庚三日"之际，故曰"先庚三日，后庚三日，吉"。

九五得到了整个天下，并开创了人类的文明时代，故曰"贞吉""无不利"。九五爻的吉祥，是由于其居中而得正位的缘故。在社会发生弊病时需要改革，要改革就要制定政策、发布命令并具体实施，九五在变更的前三天发布新令，在后三天实行新令，办事谨严缜密，必获吉祥。

上九：巽在床下，丧其资斧，贞凶。

本爻辞的意思是：谦卑恭顺到了极点而屈于床下，丧失了赖以谋生的资本，丧失了刚硬的本性，结果是凶险的。《小象传》说："巽在床下，上穷也；丧其资斧，正乎凶也。"谦卑恭顺到了极点而屈居于床下，处于穷极末路，无法前进；丧失了谋生的资本，失去了生活的能力，结果必然是凶险的。

最后，卦名与总结。

（一）卦名解析

"巽"字始见于商代甲骨文，像二人同向跪坐，会意是顺从。《说文解字》中说："巽，具也。""具"表示辅助陈设或准备食物，也体现出"顺从"的意思。在《广雅》中的解释就是："巽，顺也。"所以"巽"字本义是顺从。引申有谦逊、谦让义，又引申为卑顺、怯懦义。"巽"作名词时，是八卦卦名之一，《易·说卦》有"巽为木，为风"之说。方位，指东南方。如：巽方（东南方）、巽地（东南方位）、巽风（东南风，又称"清明风""景风"）、巽隅（指东南角）。因此"巽"者，为风为入之义，取其前风去而后风随，所以又有随风之义。

（二）总结

巽为风，又为入，都是取其入之义，风吹万物，无孔不入，无物不受其动。人在旅途，孤身一人如若不能巽顺而入，又怎么可能获得别人的认可呢？所以才位次旅卦，因为巽以从人，人无不悦，才有可能"利有攸往"而无忧。只有自己保有谦逊、柔和的态度，才有可能会被别人接纳而获得进一步的机会，这就必须要像风一样做到卑顺而无孔不入。

要想在为人处事上有所进步，便需要向巽卦学习，能做到谦逊柔和却又不失中正之道，获得别人诚心实意的帮助。当然，巽卦并不是叫我们处处顺从，而是合理的顺，不合理的便不顺。巽卦讲的是一种权宜的应变，而不是长期的原则。谦顺并且有为，才是巽卦的真正用意。事态变化急剧，不容许过多的犹疑，失之毫厘，谬之千里，在应该决断的时候下了慢棋，有可能导致全盘皆输。"周勃快刀诛诸吕"，当断则断，这对我们大有启发。

兑卦第五十八：君子丽泽

【**本卦提示**】"入而后说之，故受之以兑。""兑"象征着内外相通，为欢欣喜悦之态。君子当上顺合天意，下应合人情；秉刚健之德，抱柔和之姿。坚行正道，导民向上。

本章以"君子丽泽"为宗旨来讲兑卦。"君子丽泽"出自《大象传》："丽泽，兑。君子以朋友讲习。"乃是以两泽相丽，比喻互相滋益、朋友讲习，其象如此。后比喻朋友互相切磋。

首先，来看卦象。

《大象传》说："丽泽，兑。君子以朋友讲习。""讲习"，指互相讨论学问，各自用心实践。不但习得知识，而且需要养成习惯，在日常生活中努力实践。兑卦上兑下兑，象征内外两泽相连，内外相通，令人心生喜悦，引申为人类社会的以文会友，聚集一堂，彼此交换心得，相互勉励，当然内心喜悦。所谓"丽泽"，是指两泽相依，更得泽中映月，美景良辰，令人怡悦。

从卦象的变化来看，兑巽卦互为综，前卦已经说过。兑卦的交卦还是兑卦，不需再说。需要重点强调的是兑卦和它的错卦艮卦之间的关系，艮兑互错，两者相辅相成。具体而言：

其一，艮为山，既坚实又敦厚。所以艮卦上九爻辞是："敦艮，吉。"上九能够以敦厚的修养，止所当止，当然可获吉祥。

其二，兑为说，为悦。意思是开口说话时，应有"艮"道的修养。当说才说，不当说即止。彼此有不同意见时，也能面露笑容，想办法好好沟通，应该就可以成为大家共同的喜悦原动力，对于"兑"道的发扬，当然有帮助。

其三，"兑"道来配合"艮"道，促使自己在欣悦中，不断提升自己的修养。同时提醒自己，只有持续修好"艮"道，才能够保持"兑"道。艮兑互错，却是一体两面，最好能同时兼顾而并重。

其次，来看卦辞。

兑：亨，利贞。

"亨"者，通也。兑卦内外上下皆兑悦，为收获之时。且阳爻壮大，故谓之亨通。"利贞"即利于贞固。兑卦为欢悦之卦，欢悦则行事容易轻视困难，失去节制，此处即虽欢乐亦宜有所节制。"兑"从口，就是言语。言语是鼓动、宣传的工具。"劝而使之悦，悦而乐从。"是说宣传要入情入理，不能欺骗、煽动，这样才能真正得到大家的支持和拥护。

再次，来看爻辞。

初九：和兑，吉。

意思是：和睦欢喜，吉利。初九以阳爻居刚位，得位守正，并有动向。它在下卦兑中，"兑"为口，为悦。上卦也是兑卦，形成上下互唱的局面。象征着初九和颜悦色地主动和上面沟通，上面也和颜悦色地应和，所以很吉利。《小象传》分析说："和兑之吉，行未疑也。"初九是用平和喜悦的态度待人，获得吉祥，是因为行为诚信端正，不卑不亢，不被人猜疑。

九二：孚兑，吉，悔亡。

"孚"，指诚实可信，真心交往。爻辞的意思是：诚信而喜悦，吉祥，无后悔。九二以阳爻居柔位，虽然失位，但是具备刚柔相济的美德。如《小象传》所指出的："心中诚信，与人和悦，故而得到吉祥。"九二爻辞揭示了事物发展过程之间的因果关系，强调根据因果关系，去预测即将要发生的事情，减少盲目性，增强自觉性。

六三：来兑，凶。

"来"，这里为归附、归服、归顺的意思。爻辞的意思是：以使人归服为乐，蕴藏着凶险。《小象传》说："来兑之凶，位不当也。"以使人归服为乐，蕴藏着凶险，因为力小而任大，德薄而欲多，所行必不成。六三失位，不中不正，又处于两个阳爻之间，上下迎合，有奉承之嫌。依据《周易》"三多凶，四多惧"的惯例，可以说必致凶险。但是主要弊病是"来兑"，也就是曲意取悦于人，时间稍久，必为大家所唾弃，所以凶险。丧失了信用，也很不容易得到大家的重新信任。

九四：商兑未宁，介疾有喜。

"商"，表示思虑不宁。"疾"，指凶险。爻辞的意思是：反复思量与人关系过密的危害，心绪不宁，须排除凶险疾恶才会有喜庆的结果。九四属于阳爻，居阴位，虽为阳刚之臣，却居位不正。六三属于阴邪小人，善于谄媚于上，与其交往过密会受到九五君王的指责。九四思虑再三，虽然对六三的阿谀奉承很受用，但还是与其划清了界限，排除了危险，最后吉祥喜庆。《小象传》这样解释本爻："九四之喜，有庆也。"九四能拒绝诱惑，毅然守正，因此出现好的兆头，值得庆贺。

九五：孚于剥，有厉。

"孚"，指诚信。"剥"，剥取，指小人道长，君子道消，以阴剥阳。本爻辞的意思是：沉迷于小人的巧言令色之中，诚实守信被剥除，必有危。九五这一爻以阳爻居君位，执中得正，但是其与近君大臣九四相敌，却亲近于上六，这意味着君主沉迷于声乐欢悦之中，拒不接受阳刚君子的忠言，却听信于阴极小人，所以会有危险。《小象传》这样解释本爻："孚于剥，位正当也。"沉迷于小人的巧言令色之中，可惜了它所居的正当之位。

上六：引兑。

"引"，本义为开弓，即向后拉引弓弦。本爻辞的意思是：牵引，带动着他人欣悦。仅仅是自己一个人高兴已经不能满足，还要带动别人一同欣悦。上六爻位于兑卦之极，下面是九四和九五两个阳爻，在当兑卦之时，有阴柔小人牵引着阳刚者共享欢乐之象。这一爻的爻辞用"引兑"一语揭穿了上六阿谀逢迎，引人入于凶险之途的险恶用心。反过来，也警示那些喜欢听吹嘘拍马之声，沉湎于物质享乐之中的人要明智处世。《小象传》这样解释本爻："上六引兑，未光也。"上六以其阴柔之美，巧言令色引诱九五尊爻与自己一同享乐，不是光明正大的品行，而是偏离正德，继而剥削九五爻的阳刚之质，要小心谨慎。

第四，卦名与总结。

（一）卦名解析

《说文解字》说："兑，说也。"就是说服的意思。清代的段玉裁注解"兑"字时说："说也。说者今之'悦'字。"近代林义光在《文源》中也说："兑，即悦之本字，从人口八。八，分也，人笑故口分开。""兑"字始见于商代甲骨文，单看字形就知道是嘴巴笑开了花，也有人说是嘴上两条笑纹，总之就像表情图标的一张笑脸。可见"兑"字就是指很多人在七嘴八舌地沟通，很开心，含喜悦之义。兑卦为《周易》八卦之一，代表泽，象征喜悦，是《周易》中唯一谈论喜悦的卦。

（二）总结

兑卦全卦呈现出以柔成刚之志，阳爻皆为吉，而阴爻的局势却十分不利，所以兑卦讲的是和悦相处，纯正亨通。《序卦传》曰："入而后说之，故受之以兑。"巽为风为入，故兑卦在巽卦的后面。兑为水为泽，为滋润、喜悦，重卦的兑卦，表示上下相互滋润受益，因此也有朋友之间相互讲习的意思。兑为泽，性悦，故兑象征欣悦。刚正不失外悦，柔悦不失内刚，内外刚柔兼济，不谄媚，不暴戾，亨通畅达。但须动机纯正，使人喜欢才会有利。上顺合天意，下应合人情。做事情应该先使百姓喜悦，喜悦的意义，就在于振作百姓的心志！

兑卦与震卦、离卦、坎卦合为"四正卦",离坎分主南北两方,而震兑分主东西。兑为西方之卦,于时节为秋季,秋天丰收,故而为喜悦的季节。兑卦,凡事可以亨通,但利于守正,忌于偏邪。施惠于人则自己也将受益。纯正,是非分明,警惕小人,自然会有好的发展。

涣卦第五十九：风行水上

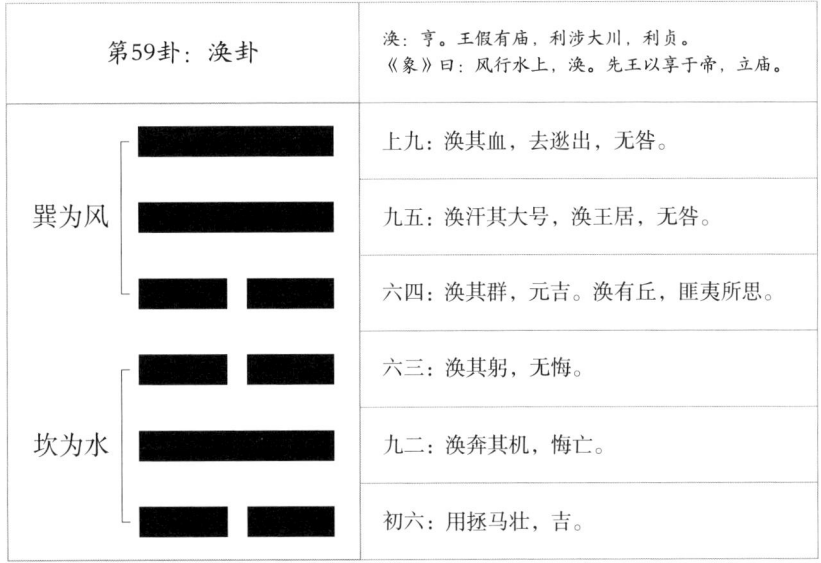

【本卦提示】"说而后散之，故受之以涣。""涣"的直接含义是离，指组织涣散和人心涣散。但涣卦更强调的是君子须持守正道，以美德感召人心，消除弊病，方能挽救涣散，转危为安并越来越强大。

本章以"风行水上"为形象来讲涣卦。"风行水上"出自《大象传》："风行水上，涣。"这里"涣"有两个含义，一是涣散，二是盛大的样子。所以本卦的核心内容是如何拯救涣散，以期事业盛大。

首先，来看卦象。

涣卦上面为巽为风，下面为坎为水，坎下巽上，象征着风行于水上。风行于水上，波涛激动，散难释险。因此根据卦象，可以从涣散的本义引申到它的反面，就是消散危险。

为了更准确理解涣卦的哲理，我们必须从涣卦的错卦丰卦、涣卦的综卦节卦的角度来理解。涣卦与丰卦相同的地方都是盛大、强大的状态，但相互否定的地方在于，丰卦说的是强大以后征服别人，而涣卦说的是如大禹治水一样，征服"涣涣然"泛滥之水，以成就为人类造福的盛大伟业。

其次，来看卦辞。

涣：亨。王假有庙，利涉大川，利贞。

"假"就是凭借，整句意思是：涣卦亨通，君王凭借亲临宗庙等活动来禳灾祈福，这利于稳定致远建功立业，利于坚持中正之道。人的一生都会经历低谷消沉的阶段，谁也不例外，这个时刻不能听之任之，而应该采取积极的方法来治理和拯救，"哀莫大于心死"。《大象传》说："风行水上，涣。先王以享于帝，立庙。"君王来到宗庙，有利于跋涉大川，顺利到达彼岸。通过上古时期先帝重视宗庙建设的行为，以启发后世君王要懂得用信仰来领导民众。对一个国家来说没有信仰是可怕的，假如一个国家缺少信仰，麻烦事就会频频而来，只有信仰强大，民众才能团结。

再次，来看爻辞。

涣卦的六条爻中五条都有"涣"。卦爻辞以大水泛滥的形象以及奋力治水来做比喻。爻辞的核心是一首以"涣"为主题的散文诗，来看六爻的爻辞：

初六：用拯马壮，吉。

意思是说为了壮大自己，不妨用壮马补助自己的不足，这样更利于发展壮大，这样很吉祥。我们来看卦象，初六为阴爻居刚位，失位，下卦是坎卦，又处于坎卦之始。初六自身柔弱，地位低下，又处于坎的困境之中。就只能借助九二"马壮"的力量来拯救自己。所以，《小象传》解释说："初六之吉，顺也。"当自己处于困境时，自己的力量又不足以走出困境，怎么办？这时就不要逞强了，要借助比自己强大的力量，我们说"借力使力不费力"，借助顺从他人力量使自己走出困境，结果当然就顺利、吉祥了。

九二：涣奔其机，悔亡。

发展壮大自己，一定要抓住时机，不要错过机遇，这样才会消除悔恨，就是今天说的机不可失，时不再来的含义。《小象传》这样解释："涣奔其机，得愿也。"聚涣散民心为统一，消除不利为有利，消除悔恨，实现了自己的愿望。

六三：涣其躬，无悔。

《小象传》对本爻的解释是："涣其躬，志在外也。"意思是六三虽无力解决自身的涣散之难，但是因为志向在外，会有上六相助。所以在"涣"之时，志向远大之人，忍辱负重，躬身行事也无怨无悔。

六四：涣其群，元吉。涣有丘，匪夷所思。

"群"，结成的朋党。"丘"，像山丘一样壮大的群体，指权力相对集中。意思是六四爻居位得正，是说君王为了发展壮大自己一个人，也要壮大整个群体，只有壮大其群体，就像形成一个小土山那样，到了这时，其壮大之势，就不是一般人所能想象的了。《小象传》解释说："涣其群，元吉，光大也。"意思是尽散朋党，大吉大利，因为没有自私自利之心，品行光明正大，所以"元吉"。

九五：涣汗其大号，涣王居，无咎。

"大号"，指号令传达的范围很广；"居"就是安居。是说为了发展壮大自己，除了壮大自己和群体，还不妨更换其爵号，扩修其王宫，九五阳爻居尊位，这样做是没有坏处的。《小象传》解释说："王居无咎，正位也。"王宫没有灾难，王位不失就没有祸患，这是因为九五爻居于正位，行事端正，自然没有灾难。

上九：涣其血，去逖出，无咎。

摆脱伤害，远远地避开，这样就不会有祸患了《小象传》解释说："涣其血，远害也。"意思是远离一些不好的、对自己不利的事情，这是好事，帝王也应散家财，所谓散财方能聚人，为成大事，舍财是值得的。

最后，卦名与总结。

（一）卦名解析

"涣"，《说文解字》中的解释："涣，流散也。"消融、流散的意思。清代段玉裁在注解"涣"字时借用《毛诗》曰："涣涣，春水盛也。"就是指水势浩大的样子。因此"涣"字有两个含义：一是涣散，二是水流盛大的样子。《周易正义》中解读："涣者，散释之名，大德之人，建功立业，散难释险，故谓之涣。"本卦上为风、下为水，象征风在水上行，推波助澜，四方流溢，深层的意思是水流流散之义，象征着组织人心涣散，所以必须用积极的手段和方法克服、战胜弊端。

另外，形象总是大于思想的，根据卦象可以有很多不同的领悟。如春风行在水面上，又可吹散严寒，令冰雪消解；再比如风把水吹散，变成云气带来雨水，这也是一种挽救涣散、转危为安的意思。

从序卦上来讲，涣卦位于兑卦之后，《序卦》之中这样解释："说而后散之，故受之以涣。涣者，离也。"人在喜悦之后，心情就容易涣散，那怎么办呢？所以君王想了一个方法，用以笼络人心，治理涣散，这个方法就是祭祀，"国之大事，在祀与戎"。比如祭祀天地，修建祖庙，祭祀国家英雄，这些礼节和仪式会有聚拢人心的作用。总之，涣卦象征涣散，但是也提出了拯救涣散的方式。

（二）总结

其一，涣卦并不仅仅是习惯上注释的"涣散"，更强调乃是"涣涣然"之义。因而在本卦中，爻辞多次出现的"涣"，更多的是"召唤"和"唤醒"之义。它谈的是如何发展壮大自己和自己的团队，以完成更大的事业。也就是说，涣卦包含涣散与治理涣散两重道理。人的一生终将经历低谷与消沉，但要在接纳后采取积极行动，治理和拯救。

其二，为了开拓事业，必须使用积极的手段，克服和战胜里面不联合的弊病。自己要除私心，牺牲小我，实现大我。这样，可以重新获得"涣涣然"的局面。在良好的情况里，各项事业前途光明。

其三，联系到"风地观卦"和"天风姤卦"，可知"风"在卦中代表教化之义。风行水上，自然成文的涣卦也有以人文化成天下的深义。比如卦辞中的"王假有庙"，是说君王来到祖庙祭祀，就是一种人文教化活动。涣卦中六爻都是实施教化的主体，他们或者清洁自己，或者铲除阻力，或者与惩办相合。总之，要像风行无阻、水流畅通那样人文教化，以培养平民大众的道德意识，提高其精神素质，从而凝聚民心，巩固政权。

节卦第六十：不节之嗟，又谁咎也

【本卦提示】"物不可以终离，故受之以节。""节"象征万物均应节制。君子当效法节卦义理，适度节制，不冒进，不沉迷。言行有度，方能保民聚财，万事有序。

本章以"不节之嗟，又谁咎也"为宗旨来讲节卦。这句话的意思是：不能节制，已经感叹，已经后悔，也调整了自己的行为。能注意约束自己的言行，可谓"知过能改，善莫大焉"。

首先，来看卦象。

节卦的卦象，上卦为坎卦，坎为水，下卦为兑卦，兑为泽，所以节卦的全名就叫作"水泽节卦"。《大象传》曰："泽上有水，节。君子以制数度，议德行。"湖泽里有水，如果不加节制就会满溢泛滥，节制过度就会干涸，君子从这种现象中得到启迪，在节制民众的行为时，制定典章法度，并且做出高尚的德行表率。

从卦象的变化来看：节涣互综，其关系前文已说过。再来说说它的错卦和交卦。

节卦的交卦是困卦。两者的卦象区别在于：节卦是"泽上有水"之象，而困卦水渗入到泽下，象征泽干水涸，故曰"泽无水"。二者相同的易理在于，泽上水不可漫出超出岸沿，泽下水不可泄漏，因此取象"泽中之水"的寓意，都需要有节制，有节度。其之于人生的道理在于：

其一，做人做事当有节制，要有底线意识。所以应当设定法律法规来约束人们的行为，就如同河流上要设置堤坝一样使之有节制。

其二，从困卦的角度来看，节制节俭要有度。过度的节俭节制往往会使生活和事业苦涩，容易使他人远离。比如节卦的错卦是旅卦，道理再明确不过，旅途上要节制节俭，不能铺张浪费，但也不能为了省钱不出门，这样会失去很多长见识磨砺的机会。进一步说，如果计划得好，适当的旅行反而使人们更加节制。

其次，来看卦辞。

节：亨。苦节不可贞。

能够懂得节制，就会通达顺利。但是"苦节"是不可取的，"苦节"有两个含义：一是以节制为苦；二是节制过度，节以中度则甘，节以过度则苦。过犹不及，"苦节"犹不节也。《象传》解读说："节以制度，不伤财，不害民。"如果为节而节，过度"苦节"，也就失去了节的意义，使节成为阻碍事物进一步发展的障碍，故"苦节，不可贞"。

再次，来看爻辞。

初九：不出户庭，无咎。

本爻的意思是：不迈出庭院，没有危害。初九爻属于阳爻，居刚位，有好动之象。但是初九位于节卦的初始，节卦象征少女。古代提倡大家闺秀要节制自己的行动，显得有教养，不懂得约束自己则名声不好。所以《小象传》解释说："不出户庭，知通塞也。"就是说之所以不迈出庭院，是因为明白"通则当行，阻则当止"的时势规律。虽然这与好动的本性不符，但还是要懂得管束自己的言行举止，这样做就不会有什么灾难了。

九二：不出门庭，凶。

本爻的意思是，因过分节制而不跨出门庭，会有凶险。九二和初九位置不同，属于阳爻居柔位，也是积极好动的。九二遇到柔位，向艰难屈首低头，守在家中，当进不进，当出不出，这样会与社会脱节，会有凶险。所以《小象传》解释说："不出门庭凶，失时极也。"因过分节制而不跨出门庭，整天把自己关在屋子里，与世隔绝，将会失去许多重要的机会，这是非常不利的。

六三：不节若，则嗟若，无咎。

本爻辞的意思是：本该约束节制的，却不能节制，然而能嗟叹后悔不已，知过能改，没有祸患。六三以阴爻居刚位，既不当位又不居中，行为失去节制，有失职之咎。所以《小象传》解释说："不节之嗟，又谁咎也。"因自己不节制导致悲伤，又能责怪谁呢？但其事后能及时发觉，有着改过从善之心。这就好比一个人，突然发财了，然后无所事事，整天沉溺在吃喝嫖赌中不能自拔，最后不但花光了所有的钱，还欠了很多的外债，所以心中悲伤，后悔不已。"浪子回头金不换"，虽然"嗟若"，却能知错就改，所以"无咎"，也没有什么大的灾难了。

六四：安节，亨。

"安"的本义是安定，安稳，安宁。"安节"合起来就是，安静而节制，这当然是亨通的。六四爻为阴爻，居阴位，柔顺得正，又在九五阳爻之下，能够顺承九五尊位，安行节制之道，心无旁骛，明君贤臣。六四的柔美与九五之阳刚交互，以刚为体，以柔为行，天下不可能不太平，因而得以获得亨通。《小象传》也说："安节之亨，承上道也。"从而知"亨"，是因为六四爻能够守承尊上之道。此外，六四位于坎卦，坎为收敛，又为隐藏，不事张扬。意为居处在幽深隐藏的环境里，内心宁静而不躁动，身心安然淡泊，这正是得到节制之精髓的表现，前面的道路自然是亨通畅达的。

从入世的角度来看，处在最靠近大领导的位置上，如果能节制自己的一言一行，保持安然宁静，就可以避开暗伏的灾祸。如此，虽然没有功劳，但也不会招来过失，无功无过。从出世的角度来看，能置身于清幽之境，临山傍水，内心宁静如幽谷之松，湛然清澈如古井之水，而不为外物所动，正可以逍遥物外，收明心见性之伟功。

九五：甘节，吉。往有尚。

"甘节"，指心甘情愿地节制，以节为甘。本爻辞的意思是：以节俭的生活为甜美，吉祥，会受到尊重。九五以阳爻居君位，持中守正，做事能讲究分寸，不偏不倚。而且作为君主，他甘愿这么做，给自己的臣民起到好的表率，从而得到百姓的拥护，吸引更多的贤士前来辅佐自己。所以《小象传》解释说："甘节之吉，居位中也。"能心甘情愿地节制而获得吉祥，这是由于居位中正的缘故。所以，位于九五这样高位的领导者，更应该在各个方面节制自己的言行举止。从而成为大家的榜样，起到表率作用，最终，得到大家的尊敬和爱戴。

上六：苦节，贞凶，悔亡。

"苦节"，是说以节俭遵礼为苦。本爻辞的意思是：因节制而感到苦涩，若坚持不改，会发生凶险。如果能对节制感到光荣，则凶险有可能消失。《小象传》中这样分析本爻："苦节贞凶，其道穷也。"以节制为苦，会发生凶险，因为"苦节"必然导致末路穷途。凡事都不可太过，节俭也一样。虽然节俭是非常好的美德，但是节俭过头了，事业上过于小气放不开手脚，这就成了大麻烦。所以，要在自我节制和自我放纵之间找到一个平衡点，这样就不至于落到"贞凶"的地步了。

最后，卦名与总结。

（一）卦名解析

"节"字的金文𦉢，下部分像一个人坐在地上，上部分为竹子，象征竹节之约束，故"节"字的本义就是约束、节制。引申为节约、调节、礼节等等含义。《说文解字》的解释是："节，竹约也。"原义就是指竹结。清代的段玉裁注："约，缠束也。"引申指"操守"。如：节操、晚节、变节、高风亮节。《杂卦传》曰："节，止也。"孔颖达说："节者，制度之名，节止之义。"意思是使事物不至于发展太过，适可而止。《序卦》解释说："物不可以终离，故受之以节。"事物既已离散，就要有所节制，不可能永久地离散下去，所以涣卦之后，次之以节卦。事物不能总处在离散涣散的状态下，要有节制，天地有节才能常新，国家有节才能稳固，个人有节才能进步。

（二）总结

节卦，上卦坎，为流动的河水；下卦兑泽，为静止之水。内静而外动，有港湾之象。船儿航行太久了需要回到港湾休整，人拼搏时间长了身心需要得以放松，但无节制的娱乐效果却恰恰相反。我们必须时刻提醒自己，凡事都要讲究个"节"字。周幽王"烽火戏诸侯"，随意妄为，"以身轻天下"，生活上不知道节制，处理国事如同儿戏，最后江山也丢掉了，着实让人惋惜。总之，"治人事天莫若啬""俭故能广"，懂得节制之人，才会拥有长久的幸福的人生。

中孚卦第六十一：信及豚鱼

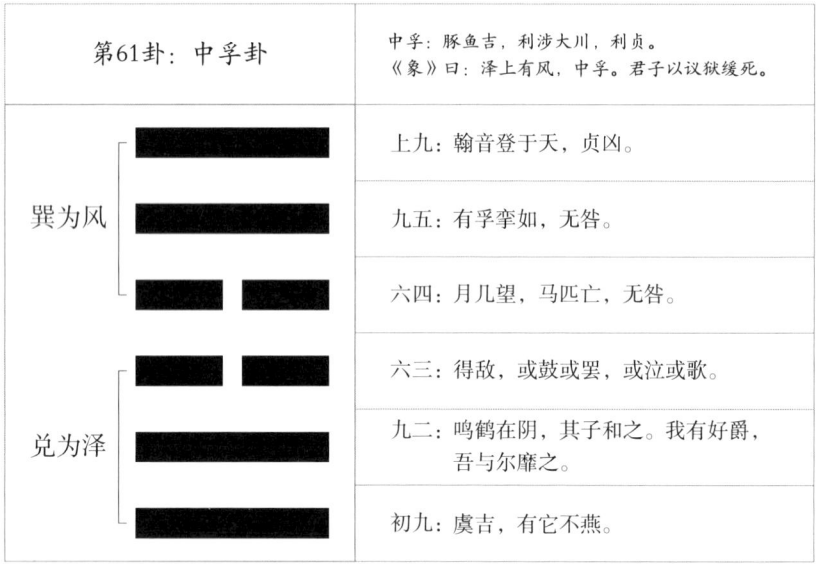

【本卦提示】"节而信之，故受之以中孚。""中孚"是指内心真实的诚信。君子当内诚于心，外信于行，柔在内而刚得中，方为立身处世之根本。

本章我们以"信及豚鱼"为形象来讲中孚卦。"信及豚鱼"指的是对于小猪和鱼那样微贱的生命也守信用，比喻信用非常好。

首先，来看卦象。

《大象传》说，本卦上卦为巽为风，下卦为兑为泽，泽上有风，风起波涌。

一有风，水中随之波涛汹涌，这是中孚的卦象。所以这个卦象提醒我们，国家要有好的风气，就要以德教为先，因而审议讼狱也不轻置重典。

从卦象的变化来看，其一，中孚卦没有综卦，或者说，中孚卦的综卦仍为中孚卦，这说明正确解决问题的平衡点，是唯一的，就是持中守正。持中守正就是要把握中庸之道，把握了中庸之道，就是把握了正确处理问题的关键处理，处理问题才不会发生偏差，。

其二，中孚卦的错卦是小过卦。中孚卦强调"中"，而小过卦则言乎"过"。过则不中，中则不过，互为否定。小过与中孚互错，意义相反互鉴。

其三，中孚的交卦是大过卦。而交卦反映本卦的内涵和实质意义，其易理在于：人若要在大过程中有大担当，不可不明中孚之道。

其次，来看卦辞。

中孚：豚鱼吉，利涉大川，利贞。

中孚卦讲究信及豚鱼，吉利。并且利于涉水过河，也就是走长远的道路，利于守正坚持，反正都是肯定的意思。中孚卦，大家从卦象上来看，好像一张比较大的网，网眼大。粗网不获幼兽，大网不取小鱼。"中孚"之道，孚而有度，取而有择，仁义兼备，合乎天道中庸，所以"利涉大川"。我们都知道"网开一面"的典故，鸟要是往其他方向去，就跑掉了，但是要直奔网来，那这是天选。不捕小鱼和幼兽，做事情恰到好处，也就是中庸。中庸讲究天地位焉，万物育焉，以中庸之道行仁政，"中孚者，信也"。所以我们说仁义兼备，持中守正，所以判词是"利贞"。

再次，来看爻辞。

初九：虞吉，有它不燕。

"虞"，就是安居不动，也可引申为专一；"虞吉"的意思是安居而不躁动，是吉祥的。"有它"，就是离开安居之地，引申为改变、变心；"燕"就是安逸喜乐；"有它不燕"连起来就是如果轻易离开安居之地，改变志向，比如想要提升，可能会受到九二的阻碍，也许两人会发生争斗，就不会安逸快乐了。

初九为中孚卦之初，也就是刚建立起信任的时候。这时必须要更加谨慎小心，专一地维护信任，而不能三心二意。《小象传》说初九的吉祥就在于"志未变也"，因为信任的建立十分困难，而崩溃却非常简单，所以在信任初期更应该专心，"系心与一"。

九二：鹤鸣在阴，其子和之。我有好爵，吾与尔靡之。

"爵"，饮器，也指食物。这句连起来意思是，鹤在沼泽湿地上鸣叫，小鹤应声附和。我有美酒美食，愿与你共享其乐。九二阳爻居于中位，刚直中正，诚信敦厚，上与九五阳爻相应，能够诚心诚意辅佐九五，因此也能得到九五的信任，同时也能以谦逊诚恳的态度对待别人，因此初九也愿意真心和它相和，如此上下皆可融洽相处。九二不吝啬分享自己的美酒佳肴，那么别人也会感怀九二的美德，《道德经》中有"道者同于道"，同道中人总会相互应和。《小象传》说："中心愿也。"诚信之人也会得到别人的诚意对待。

六三：得敌，或鼓或罢，或泣或歌。

遇到了敌人，有时击鼓进攻，有时鸣金撤退，有时战败而悲泣，有时战胜而欢歌。为什么会遇到这样的情况呢？就是六三心中不安定，对人对己不诚信。六三阴爻居于阳位，阴柔失正，内心失去了诚信，所以遇到敌人的时候才会优柔寡断，进退两难，从而出现或悲泣或欢歌的各种情况。《小象传》说六三这种情况就是因为"位不当也"，与上九应和，心系外物，不能安定。

六四：月几望，马匹亡，无咎。

月亮将圆的时候，想向前行走却失了马匹，没有咎害。这里的"马匹亡"有一个相关的典故，古代官员在月初可以去掌管官家马匹的官员那里支领马匹，便于执行公务。马匹十天后死亡，可以判定为服役过程中气力耗竭而死，属于合理损耗而不用赔偿。"月几望"，证明这时候已经月中，也就是十五、十六的时候，月初的马已经使用超过十天了，不用赔偿，所以说没有祸患。"月几望"就是将要圆满但还没有圆满的月亮，这时候是最好的状态，因为月满则亏。六四不追求盈满，而以柔顺的姿态诚信专一地辅佐九五，没有咎害。

九五：有孚挛如，无咎。

"挛"就是手足蜷曲，这里引申为柔弱。这句爻辞的意思是，以诚待人并柔弱谦逊，没有什么咎错。九五是至尊之位，却能有诚信的美德，对待臣下和百姓都能坚持柔顺的姿态，这对于统治者来说是难能可贵的品质。九五首先有用人不疑的优点，他信任自己的下属和子民，让他们的创造性得到了最大程度的发挥。《道德经》说最好的社会状态是"功成事遂，百姓皆谓我自然"，统治者不过多干涉人民的生活，相信每个人都能过好自己的生活，这就是信任。同时，九五能够以谦虚包容的态度对待别人，虚怀若谷，礼贤下士，这样不会有什么错误。

上九：翰音登于天，贞凶。

鸡飞到天空了，得到的是凶兆。《小象传》解释说，"翰音登于天，何可长也"，鸡飞到天空上怎么能够长久？这是偶发事件，鸡飞上去很快也得掉下来。比如北宋朝廷，背弃人民，它就像鸡飞到天空，最终大厦坍塌，亡于军队、官僚机构和皇室极端的奢侈腐朽。北宋不杀文人，文人地位高，但是军队将领的地位就低了，这样一来，军队也就涣散了。再加上北宋政治腐败，朝廷官员腐朽奢靡，诸多原因导致了最终国破，两个皇帝都被人俘虏。所以说没有根基的昙花一现，最终也会很快消逝。

最后，卦名与总结。

（一）卦名解析

"孚"就是诚信。《说文解字》中的解释说："孚，卵孚也。"徐锴曰："鸟之孚卵皆如其期，不失信也。"其实"孚"字的本义就是"孵"。因为孵鸡孵鸟的时间都非常准确，因此就引申为有信用。中孚卦意思就是"信发于中，谓之中孚"，内心真实的诚信就是"中孚"。不管立身还是处世，都应心怀诚信，《中庸》说："诚者，天之道也；诚之者，人之道也。"所以中孚卦讲的就是我们立身处世的根本。

（二）总结

《序卦传》说，"节而信之，故受之以中孚"，一个人能够调节控制好自己的行为和内心，这样就会使人产生信任。中孚紧跟节卦，要做到"中孚"，先要有虚怀若谷的心。中孚九二、九五，都是阳爻，柔在内而刚得中。柔在内就是保持虚怀若谷的内心，刚得中就是坚持做人的原则和理想，两相结合，才能够做到"中孚"，才能够坚定地面对人生的艰难险阻，最终"利涉大川"。《象传》说"乘木有功"，中孚上巽为木，下《泽》为水，这不就是船的样子吗？船为什么能在水上漂浮、载人渡河？是因为中空。此外，船上的摆渡人也是很重要的角色，他们能在别人有难时，渡他们一程，这也是"中孚"的意义。

小过卦第六十二：飞鸟遗音

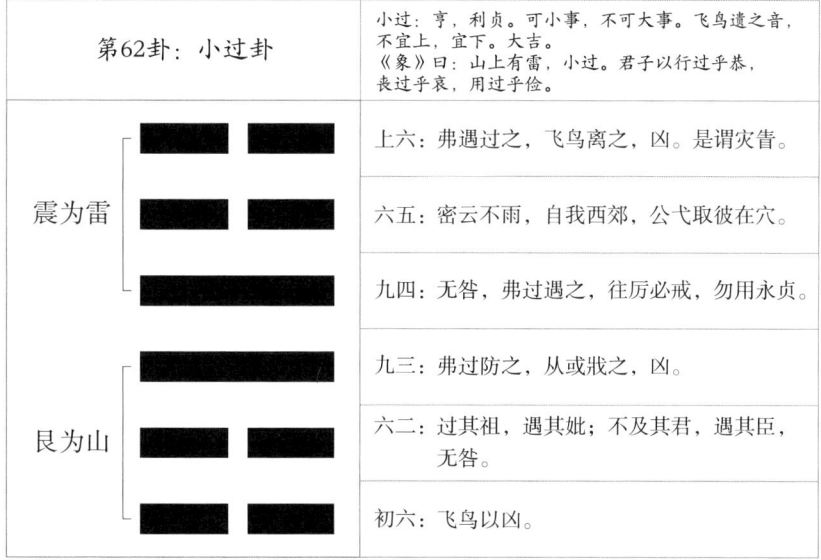

【本卦提示】"有其信者必行之，故受之以小过。""小过"是略有所过之义。启示君子当行动有度，柔软用事，谨慎自持，永守中正之道。

本章以"飞鸟遗音"为形象，来讲小过卦。《论语》曰："鸟之将死，其鸣也哀。"故知遗音即哀声也。所以，飞鸟遗音，是说鸟之失声，必是穷迫未得安处。结合后文"不宜上，宜下"，是在以鸟为喻，警示不要飞太高，不要"过"，过则凶。

首先，来看卦象。

小过卦象为山上有雷，山在下，雷在上。这意味着山上有雷雨，树木倾倒，水土流失。但这只是小过，山上的万物更需雷雨之滋润。相比之下，前者只是雷雨的一种小过失。小过卦位于中孚卦之后，《序卦》这样解释道："有其信者必行之，故受之以小过。"有诚信的人一定会行动，在行动时若是把握不住限度，可能就会有小过，正常。不做事才没过错，做事就会有过错。若是在有小过的同时立大功，那小过便不值得过分忧虑。

从卦象的变化来看，小过卦位于中孚卦之后，和中孚卦一样，小过的综卦也是自身。小过与中孚互为错卦，其关系前文已述。所以此处重点来说说小过的交卦，颐卦。小过卦谈的是因超越自己界线而带来的灾难问题。这恰恰是对颐卦颐养之道的否定。而颐卦的卦象是上艮为山，下震为雷，雷声在山下震动，山上的草木萌芽生长，象征天地养万物。君子观此卦象，谨慎言语以修养德性。所以，从颐卦的角度来看，它的卦象上面是山、下面是雷，雷动需有山来止方能行止有度，谨言慎行谨防小过发展为超越底线的妄动。也可以说这就是颐对小过的忠告。

其次，来看卦辞。

小过：亨，利贞。可小事，不可大事。
飞鸟遗之音，不宜上，宜下。大吉。

判词是"大吉"，前面讲了很多，最后告诉我们结果吉祥。这说明，在事物的发展过程中，总会有小有过越的地方，不过正不能矫枉，所以此卦"亨，利"。卦中阴多于阳，故"可小事，不可大事"；"小事"指琐碎之事，"大事"指国家层面的大事。上面说的是"大小"，下面讲的是"上下"："飞鸟遗之音，不宜上，宜下。"看卦象，卦中两阳在中，似鸟的身躯，两阴分列两侧似鸟的两翼，很美的姿态，故以鸟为喻。鸟飞留下了声音，说明鸟飞得不太高，不为过；鸟不能总在天上飞，只有往下飞才能还巢。在小过之时，"小事""往下"则"大吉"。

再次，来看爻辞。

初六：飞鸟以凶。

"飞鸟以凶"，即"鸟飞则凶"。意思是，小鸟如果没有足够的力量，却还要勉强飞到空中，就会遇到危险。初六位置太低，有无力而躁动之象。奇数位本来阳爻是当位的，现在是个阴爻，所以无力。既然无力，就当静止不动，以蓄养精力。如果妄动，必然凶险。比如，我们读《战国策》都知道，苏秦第一次游说秦昭王，虽然极力夸赞秦国之势，劝秦昭王大展宏图。但秦昭王说："我秦国现在羽翼未丰，你说得很宏伟，然而我们现在做不到。"秦昭王倒是很明智，认识到秦国羽翼未丰。结果苏秦耗费了身上所有的钱财，也没有说动秦昭王。回来后，家里人都不正眼瞧他，后来才有了苏秦的锥刺股。所以秦昭王当时对秦国的判断是对的，羽翼未丰，不宜冒进。《小象传》说初六"飞鸟以凶，不可如何也"。是自取其咎，无可奈何。君子处世，如果本身就已经自顾不暇，还不能安居其位，试图逆势向上，势必遭遇险凶。这一爻警示人们，面对危险时，要有所畏惧，见机行事，才能够避免初六那样的凶险。

六二：过其祖，遇其妣；不及其君，遇其臣，无咎。

"妣"，母亲，后指过世的母亲，这里指的是祖母。本来是去拜访祖父的，却没拜访到，只遇到了祖母。没有见到君主，只遇到了君主属下的臣仆，没有过失。顺接初六爻可知，原来预定的目标不能实现了，此时把目标降低一点。见不到祖父，就改为拜访祖母。见不到君主，就见臣仆，就容易实现了。可见，在自己的能力过小时，只有降低目标，才更容易实现。

九三：弗过防之，从或戕之，凶。

"弗过防之"，意思是，不要前去拜访他，相反，还要提防他。"从"，追随。"戕"，伤害。本爻要表达的意思是，如果九三前去追随上六（一四、二五、三六爻相应），很可能受到伤害，有凶险。小过卦中，小人当道，过分凸显自己刚直的品德，非常容易因遭到小人的妒忌，而陷入危险的境地。单纯的人，最容易受到像上六这种踞高处尊之人的伤害。只要稍稍接近，就很难摆脱厄运。只有"弗过"，不去追随站队，也不去硬刚指责，并用心防备，才能免遭伤害。我们再举例子，《庄子·人间世》里边讲了这样一个故事，孔子的弟子颜渊要去卫国劝卫灵公，指责他妄杀，批评他道德品质低下。孔子就劝他说："你要想存人，你得先存己。"你得等自己智慧有了，品德高尚了，地位尊崇了，才能去劝说别人。人微言轻，贸然去指责人家，就会受戕害。

九四：无咎，弗过遇之，往厉必戒，勿用永贞。

本爻的意思是：没有过错，凡事不可过分强求，要等他人自愿相遇。若主动前往就会有凶险，务必心存戒惕。《论语》怎么讲？"用之则行，舍之则藏"。在六五面前，不要过于逞能，要保持警惕，永守中正之道，才可平安无事。

六五：密云不雨，自我西郊，公弋取彼在穴。

"弋"，指带绳子的箭，这里含有诚心追访之义。"穴"，指穴居，这里借指隐士。"密云不雨，自我西郊"，我们在小畜卦里也见过，它的意思就是说：从西郊而来的乌云密布在天空，却不能降雨。王公们用细绳系在箭上射取那些藏在穴中的野兽。六五失位，喻指治国能力很差。云彩自西向东，是不会下雨的，这就像君主不能恩泽于天下一样。本来在这个位置应该泽被苍生，应该有雨露，这里却没有。这个时候，就应该像打猎一样，去猎取那些能人和隐士前来辅佐。你能力不够，不能逞能，得找水平高的来辅佐你，这样才能使天下得到治理。

上六：弗遇过之，飞鸟离之，凶。是谓灾眚。

"灾眚"，天降殃祸谓之灾，人为之祸谓之眚。本爻辞的意思是：没有相遇，越过去了，飞鸟陷入罗网，有凶祸，这就是天灾人祸。所以上六警示我们身居高位，一定要懂得谦退自抑的道理，即便是位高如上六这样元老级的人物，比如历史上的很多开国元勋，如果妄自尊大，那就如飞鸟自投罗网一样。历史上很多的皇帝，都是可以同苦，而不可以同甘。"飞鸟尽，良弓藏；狡兔死，走狗烹。"位高权重还不懂得谦退自抑，还这样骄狂，功高盖主，那不是跟飞鸟自投罗网一样吗？所以上六就警示我们，如果不懂谦退自抑，那只能是咎由自取，"飞鸟有哀音"了。

最后，卦名与总结。

（一）卦名解析

"过"，在之前的大过卦中说过，在《说文解字》中的解释说："过，度也。"也就是经过。《广雅》中的解释："过，误也。"就是过失、责备之义。可见"过"字有"经过"和"责备"两个意思，全卦的内容主要是讲对批评的看法。标题的"过"字是卦中的多见词。由于前面已有大过卦，所以这一卦叫小过卦。"雷山小过"，过山雷鸣，不可不畏惧。阳为大，阴为小，卦外四阴超过中二阳，故称"小过"，小有越界之过。

（二）总结

第一，小过卦的卦辞中说"可小事，不可大事"。什么意思呢？这是因为有些小事之害，常常细小而轻微，即使有所过失，也能够因为轻微而免于咎害。但是，有些事情宜小不宜大，因为小过、小事犹有免咎之可能。若是以此而施之于大事，恐怕其结果就会很难让人免于凶咎之道了。所以身处高位的领导要审慎处事。你平时做了很多好事大家看不见，可是，你犯的过错如果很小，大家尚可以原谅，稍微大一点，这事就麻烦了。所以应当谨慎。

第二，小过卦讲，小有过界之事，虽然可能于大局无碍，大节无亏，但时间一长，"履霜，坚冰至"，"小过"积累为"大过"。天高任鸟飞，在天空中翱翔乃是飞鸟之性，飞鸣往来乃是飞鸟之情，故飞鸟有遗音，所谓"雁过留声"。但若是有猎取之心者，则能寻着声音找到这只鸟。假设鸟不飞不鸣，那么即使是天下最厉害的猎人和射手，恐怕也会无所施其技。然而，飞鸟能够不飞不鸣吗？当然不行，所以关键是要由高而卑，由飞而息，由鸣而噤声，往而知返；飞而宜下，下而得安；知止而免害，小过之道，明矣！

第三，小过卦借飞鸟羽翼未丰之时不宜高飞来说这样一个常理，在力量还很弱小的情况下，只能低调做人，谨慎处事，宁可小事，不可大事，宜下而不宜上。只有先保全自己，然后再发展自己。所谓"尺蠖之屈，以求信也；龙蛇之蛰，以存身也"。小过之道，谨慎低调，宁下勿上，以赢得羽翼壮大的时间，方可展翅高飞。

既济卦第六十三：慎终如始

【本卦提示】"有过物者必济，故受之以既济。""既济"象征着功成事遂，但只是一个阶段的完结。君子切忌忘乎所以，陷入懈怠混乱，当居安思危，慎终如始。

本章以《道德经》第六十四章里的成语"慎终如始"为宗旨，来讲既济卦。"慎终如始"的意思是：谨慎地对待结束，就像开始时的态度一样，形容做事自始至终都很谨慎。那么"慎终如始"和既济卦的关联在什么地方呢？

首先，来看卦象。

《大象传》说："水在火上，既济。"大家想一想，烧水时水在火上。如果把水放到下边，火在上边，就没办法烧成开水。"水在火上，既济。君子以思患而豫防之。"所以这就是易理的妙处，高兴的时候它让我们别乐极生悲，成功的时候它告诉我们后边还有很多事，困难的时候它告诉我们怎么看见希望，这就是辩证思维。

本卦上卦为坎，坎为水；下卦为离，离为火。水上火下，这样的一个形象。这就比如用水煮食物，食物已熟。这象征事物已经成功。熟了，"既济"，中国人的语言太妙了。我们现在说了第一个意向：火在下面，食物在上面，可以煮熟；火在下面，水在上面，可以烧开。但是如果上面的水多了呢？水就可能把火给浇灭了，危险。所以，君子应有远大的目光，在事情成功之后，就要考虑将来出现的种种可能的弊端，防患于未然，采取预防措施。

"既济"象征着事已成，成功了。六十四卦只有本卦六爻刚柔均当位，全部都在它的合适的位置上。每一爻都是阴阳得位，本来这是一个非常好的状态，代表事物已经发展到了最佳的状态。卦爻的排列方式完全符合"阳奇阴偶"的规则，而且相互还能够正应，有呼应。这是最理想的形态，各爻都有相应相合者，没有一个爻处于孤立之中。坎水润下，离火炎上，水火相交相合，互相补救，处于平衡状态。然而，易理马上就告诉我们，这后边还有很多危险。同时，大家可能想不到，这一卦太完美了，太完美了反而会僵化。一个人太完美了，反而不是什么好事，反而僵化，反而封闭，开放才是好的。所以必须继续奋发努力。

其次，来看卦辞。

既济：亨，小利贞。初吉终乱。

小事亨通，吉利。也就是说：只取得了阶段性的或是局部性的小胜利，坚守正道才有利，否则的话，到最后又乱了。一个完美的卦，最后提醒我们，没有正确的态度，最后还是会乱。我们再换一个角度，我们看上一卦是"雷山小过"。《序卦传》是怎么解释的呢？"有过物者必济，故受之以既济。"意思就是说，有正当事物通过，事情一定成功，但是如有不慎，最终会导致混乱。

再次，来看爻辞。

> 初九：曳其轮，濡其尾，无咎。

意思是说：拉住车的轮子不使它快进，小狐狸渡河时沾湿了尾巴，无法快游，最后的判词是没有灾祸。首先，《小象传》解释："曳其轮，义无咎也。"意思是，拉住车的轮子，不让它快进。说明事情成功以后，必须谨慎从事、小心防备，才没有灾祸。别在取得阶段性成功时，高兴过度，就扬鞭催马快速奔跑。很多人往往因高兴过度，庆祝的时候出问题了。接着我们来看，"濡其尾"就是叫我们注意自己的尾巴。一个小狐狸在刚要渡河的时候，最需要小心的是自己的尾巴，要翘起来，不让它沾到水，因为尾巴一旦沾到水就会往下沉，尾巴往下沉，狐狸就游不快了。事情成功之后，必须谨慎从事、小心防备，才没有灾祸。这个时候，以休整巩固守成为主，不宜妄动，不可高速前行。休息一下，整顿一下，互相讨论一下，反思一下，否则就会有过错。

> 六二：妇丧其茀，勿逐，七日得。

我们中华文化中，"七"是很奇妙的一个数字。我们前面讲"七日来复"，有什么事别着急，坚持七天过后就会有转机，这是一个周期。这里也是在讲周期，这里边的"茀"是指女子的首饰。这个爻辞的意思是，丢失首饰不用去寻找，过

513

不了七天，就会物归原处。这啥意思？六二爻处在中位，又得中又得位，它坚守正道不偏不倚，即便是有失也必有所得。"千金散尽还复来"，失去了才会得到更多。如果这七天都纠结这个事，七天没干别的事，那不是损失更大？失得失得，失而复得。

九三：高宗伐鬼方，三年克之，小人勿用。

"高宗"即商王武丁。"高宗伐鬼方"，打了三年了，战事成功，但是也元气大伤，所以这爻辞的意思是：高宗武丁征伐这个叫"鬼方"的少数民族，经过三年连续战斗才获得胜利，元气大伤，不可任用推过揽功的小人。因为打仗的时候不尽力，这一成功了很多人就开始争功了，所以要仔细地甄别，不可任用推过揽功的小人。

六四：繻有衣袽，终日戒。

"繻"，《说文解字》解释是一种色彩华丽的帛。这个"袽"就是败絮之义。这句话的意思是，华丽的彩帛下掩盖着内里的败絮，就是我们经常讲的，金玉其外，败絮其中。所以要"终日戒"。那外表华丽的"繻"，就如同光鲜亮丽的成功。那内里破败的旧絮，比喻失败时的灰头土脸。每一次成功，都隐藏着失败的祸患，自然应该整天保持戒备，以防止灾祸的发生。发现了吗？不管是兑卦讲高兴，还是这个既济卦讲成功，爻辞几乎都没有给我们什么特好的言辞，老是告诉我们警惕、警惕、再警惕！

九五：东邻杀牛，不如西邻之禴祭，实受其福。

意思是：东边邻国杀牛羊举行盛大的祭礼，不如西边的邻国举行简单而朴素的祭祀。弄那么复杂、那么浪费，不如简单而朴素的祭祀，这样才能实在地得到神降赐的福分。盛大的祭祀仪式和简单的仪式本质上不都是一样的吗？因此，不要太过形式主义。一来浪费，二来有张扬之嫌。所以《小象传》就说："东邻杀牛，不如西邻之时也。实受其福，吉大来也。"东边的邻国杀牛宰羊来举行盛大的祭礼，还不如西边邻国举行的虔诚简单的祭祀。西邻得到上天神灵降赐的福分，说明这是正当其位，吉祥福分将不断降临，非常幸运，还是简单点好。

上六：濡其首，厉。

"厉"，可不是什么好词，意思就是说小狐狸渡河时弄湿了头，有危险。上六在最上爻，相当于人体最上方的头部。所以《小象传》就说："濡其首厉，何可久也。"小狐狸渡河时弄湿了头，有危险。这是在警告事情成功后，要更加小心谨慎，不然怎能长久不败？

最后，卦名与总结。

（一）卦名解析

"既"最早出现于甲骨文，像一个人跪坐在一个食器的面前，但是却把头转了过去，像是吃完饭后在张口打嗝的样子。《说文解字》中的解释："既，小食也。"就是不丰盛、很少的食物。清代段玉裁注解说："既者，终也。终则有始。小食则必尽。"所以，"既"字的本义指已经、完毕。"济"字，在《说文解字》中的解释："济，水。"原义是指古水名，后引申为渡过水流的意思。"既济"，就是已经渡水成功了，有成就了。所以既济卦是说事已成功，全卦内容是讲成功和成功后该如何做。其实我们真的要很认真地对待《周易》的开头和结尾，开头是什么？是乾卦和坤卦。结尾是什么？是既济卦和未济卦。这四卦我们要搞懂了，首尾相衔接，我们就明白它讲的一个重要道理：事物发展都是循环往复不断变化的，到未济卦后，又接上了乾卦、坤卦，构成一个循环往复不断发展的过程。

（二）总结

我们用《道德经》第六十四章所说的"慎终如始，则无败事"来总结一下。既济卦很完美，它讲的是万物经过变化达到阴阳平衡的局面，代表大功告成，但其实人生所有的成功，也不过是人生的一个阶段。所以"既济"也是人生的一个驿站，而不是终点。所谓物极必反，成功后容易陷入懈怠混乱，所以"守成"更为艰难，一旦平衡局面被打破，出现了新的矛盾，新的过程又将开始。从这个意义上来说，"既济"成了一个新的起点，就像再出发是为下一个旅程，做好了行动前的一切准备，但真正的行动还没有开始，更谈不上已经完成。你认为已经成功，其实真正的行动可能还没开始，更谈不上已经完成。比如说，我躺在床上打腹稿构思文章，文章已经构思好了等着下笔了，那我算不算"既济"呢？算，虽然还没有下笔，文章还没有写成。从这个意义上讲，既济卦的内涵就是"未济"。同样，也可以说未济卦的内涵是"既济"，从"反者道之动"的角度来理解更接近它的本义。

进一步讲，从卦象的变化来看：既济卦的综卦、错卦、交卦乃至互卦皆为未济卦，反之亦然，所以两卦要相互联系起来理解，方能更好地理解彼此的内涵意义。

最后，从序卦上讲，"既济"也将转为"未济"，所以成功后还有好多事要做，还有一站接一站的驿站。成功后要懂得谨慎，要避免急躁。不要一成功了就忘乎所以，不要被胜利冲昏了头脑，要居安思危，"慎终如始，则无败事"。

未济卦第六十四：物不可穷

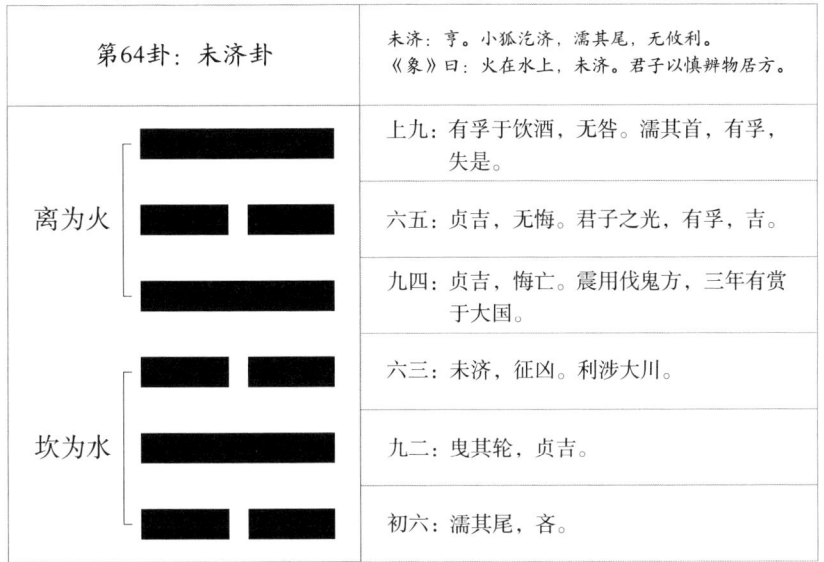

【本卦提示】"物不可穷也，故受之以未济。终焉。""未济"象征着未完成，君子当坚持中正原则，以明智、中庸、诚信、谦逊的态度，成就事业，面对人生。

本章讲《周易》最后一卦，也就是第六十四卦——未济。未济卦以未能渡过河为喻，阐述的是物不可穷的道理，事物的变化不可穷尽，循环往复以至无穷。

首先，来看卦象。

未济卦也是三阴三阳，但是六爻的位均不正。阴差阳错，卦象极端恶劣。但好在卦中也是三阴三阳，两两相应，有同舟共济之象，故此卦"亨"。意在变化还在酝酿中，未来还是充满希望。我们看到的是个恶劣得不能再恶劣的卦象，但还是告诉我们：希望还在酝酿之中，未来还是充满希望的。

从卦象的变化来看：未济卦的交卦、综卦、错卦、互卦皆为既济卦。反之亦然，所以两卦要相互联系起来理解，方能更好地理解彼此的内涵意义，互补意义，而且反映其否定意义。所以我们正是要用这两卦为例证，来总结一下易理中的综卦、错卦、交卦乃至互卦在理解《周易》哲学的作用和意义。

具体来说，其一，两卦彼此为错卦，其所反映的否定意义是什么呢？未济卦所反映的否定意义就是：既济卦的背景并不是大业已成，事物已处于无为敛退的状态，而是正好相反，所谓"既济"，只是已经做好了行动前的一切准备，而行动才刚刚开始，大业初定，还仅仅是一个目标，而为了实现这目标将大有作为。既济卦象征成功，与"既济"相对的是"未济"，"未济"不是失败，是成功后的再起波折，没有人能一直成功，也没有人会一直失败，由"既济"到"未济"，留下的是悬念，也是对人生事业的终极探讨与总结。

人都渴望成功。假如六十四卦以既济卦结尾，看似功德圆满，实际是一个封闭的死局。宇宙万物的真相是动态演变的，不进则退，"既济""未济"随时会发生转变。"既济"只是当前阶段，在这个阶段中发生的任何变化都会引发新的变数，新的变数如果应对不当，就是"未济"，在"未济"中也有转化为"既济"的契机，把握住了就能重新回到"既济"的局面。

其二，两者为综卦，由此可知，既济未济两个卦实际是一个卦。既济卦的错卦、综卦、互卦都是未济卦。未济卦的错卦、综卦、互卦都是既济卦。这两卦无论怎么变都没有脱离彼此的范围。错卦代表当前现象的反面，综卦表示换个角度看问题，互卦是透过现象看本质。也就是说，"既济"的本质是"未济"，这是其发展方向，而"未济"的本质是"既济"，是大成若缺，其用不弊，代表未来的演变。

总而言之，两卦的关系可概括为：一方面，既济卦的错卦、综卦、互卦都是未济卦表示有成功就一定有失败。别以为现在成功了就可以高枕无忧，从不同的角度来说处处都有失败的风险。比如这个企业是"既济"，那竞争对手会想方设法把它搞成"未济"，自己如果稍有不慎，可能真就成不"济"了。

另一方面，未济卦的错卦、综卦、互卦都是既济卦，表示就算走到"未济"了也不要灰心，还是可以重新走到"既济"的。看着好像成功了实则危机四伏，看着好像失败了实则处处都有成功的希望。《周易》用一种很巧妙的方式把这些深刻的哲理讲给了我们。

其次，来看卦辞。

> 未济：亨。小狐汔济，濡其尾，无攸利。

判词还不错。"亨"当然是顺利了，小狐狸将涉越过干涸的小河，却打湿了尾巴，看来此行也没什么利处。大家就会提问，怎么既济卦也是，未济卦也是用小狐狸打比方，因为狐狸的主要特点是狡猾，也就是有些小聪明，比如说"狐假虎威"。这个卦辞的判词是"亨"，也就是潜藏着无限发展的生机。事情没有完成，小狐狸好不容易费尽全力，眼看快到岸边了，快要接近成功了，尾巴湿了。意思是力量还不够，要长大一点，还得再锻炼锻炼。当然卦辞讲的是既然已经渡了，那就要尽全力，那就要比人家更谨慎，更小心忍耐，才能够不让尾巴湿了。

再次，来看爻辞。

初六：濡其尾，吝。

"吝"就是有困难。初六，该讲过程了，涉水渡河沾湿了尾巴，前进有困难。我们前面说过这狐狸过河时，得把尾巴翘起来，如果连尾巴都打湿了，这说明水对它来讲还是有点深，差一点淹死。所以初六相当于死里逃生了，描述的过程很惊险。

《小象传》解释说："濡其尾，亦不知极也。"就是说小狐狸在渡河时弄湿了尾巴，是说明它自不量力，不知道自己究竟能使多大的本领，急躁冒进，才招致这样的结果。所以，位于初六的阶段，在刚刚开始做一件事情时，不要过高地估计自己的本领，特别是在还没有弄清楚水深水浅时，断不可贸然前进，否则就会招来大的麻烦。

九二：曳其轮，贞吉。

"曳"就是拖住。本爻辞的意思是拖住车轮，使其速度不要太快，坚守正道可获吉祥。九二转为阳爻，我们可理解为在初六的时候经历过险境的小狐狸吸取了经验教训，增强了行动力。比如这"曳其轮"，意思就是因为有行动力，现在懂得踩刹车了，用我们现代的话说已经知道"欲速则不达"了，有所节制，这样才能获得吉祥。所以《小象传》在此解释说："九二贞吉，中以行正也。"九二爻之所以可获吉祥，是因其持中不移，端正不偏，有所节制地行事。大家对比初六和九二，初六有点冒险，差点淹死，而到了九二这个时候，有了经验教训，就开始懂得"欲速则不达"的道理了。于是开始放缓速度，稳扎稳打，一步一步推进，居中守正，自然也就获得了吉祥的结果。

六三：未济，征凶。利涉大川。

"征"就指征伐。意思就是事情还没完成，急躁冒进去远行，总想征战，占别人地盘，有凶险。但是到了六三，力量相对于前两爻已经增强了，这时候利于渡河。有些急流，你的经验、力量够了也可以过。不过，如果太过于自信，总想征伐，结果就是"凶"了。六三经历了初六和九二的阴阳平衡，又转为阴爻，自以为已经拥有了强大的能力，其实仍是"未济"。所以《小象传》在此解释说："未济征凶，位不当也。"事情未完成，急躁冒进去远行，有凶险，说明此时所处的位置不当。六三以阴爻居于阳位，所处的位置和形势不利，如果要急躁冒进征伐的话，就会遇到危险。虽然他的能力可以利涉大川，比初六渡河会顺利些，但是不要轻易言战，征伐会有凶险。这个提醒很好，战争是生死存亡的事，国家不能轻易言战。

九四：贞吉，悔亡。震用伐鬼方，三年有赏于大国。

这个"震用"就指声势浩大如雷，用兵如阵，使人担惊受怕；这个"伐"是征伐、讨伐；"鬼方"是指游牧部落；"大国"当然就指殷商了。这里是说九四爻征伐鬼方，用三年的时间征讨成功。九四位于六五之下，成了有功之臣，得到了赏赐，但是用了三年之久。所以《小象传》在此解释说："贞吉悔亡，志行也。"坚守正道吉祥，没有悔恨，这是由于九四爻志在必行。可见这个征伐也不是一朝一夕的事，需要采取果断的行动，要经过长久的努力才能取得成功，才能得到君王的赏赐。

六五：贞吉，无悔。君子之光，有孚，吉。

这爻辞的意思就是说：坚守正道可获吉祥，没有悔恨，这是君子所具有的美德与光辉，有诚实守信的德行，可获吉祥。六五属于阴爻居于君位，失位。这说明什么？说明这个六五位的君主能力偏弱，但是君主更重要的是德而不是才，如果他能谦虚宽容，讲究诚信，也可以得到有能力之人的辅佐。所以《小象传》在此解释说："君子之光，其晖吉也。"君子所具有的美德与光辉，正是说明应具有诚实守信、光明正大的美德，才可得到吉祥。比如打了三年才把鬼方给征服的九四不就是吗？六五个人能力并不是很强，所以要谦虚待人，争取得到能人的帮忙。

所以大领导一定要明白两件事：第一，不能得罪大多数人；第二，不能得罪能力强的人。比如六五，个人能力不是太强，但他经过长期的努力之后，人格的光辉竟感染了许多人，得到了能力强的人的帮忙，这时已经具备了成功的条件。

上九：有孚于饮酒，无咎。濡其首，有孚，失是。

前面这段很好，前面是说诚信地饮酒，没有过错，但后边出事了，纵情滥饮，酒都把头淋湿了，虽然有诚信，但是失了分寸，失了法度，有失于君子的正道。联系整个卦象再看，上九属于功臣，他本来和六五亲比，具有辅佐君王济世之心，也有本事。但即便再有本事，如果庆功的时候，怀着诚意饮酒，那就没有过错，如果自恃有功，纵情滥饮，这时候即使你心里对君主是忠诚的，也会被厌恶。所以《小象传》在此解释说："饮酒濡首，亦不知节也。"饮酒不知节制，不但会被厌恶，还会误了大事，就有灭顶之灾了，这都是放纵自己没有节制的结果。

有人不明白为何不用既济卦作为六十四卦的结尾。答案就是既济的完美只是短暂的状态，而且这种完美很容易使人产生依赖。举个例子吧：比如这女子嫁得很好，对婚姻和男人都产生了依赖，可是一旦婚姻有了变故，女子就又处在了未济的初六状态，必须靠自己谋生存。它告诉我们即使一切都失去，只要我们愿意从头再来，一步步走稳，那也会拥有自己的辉煌。你如果过分依赖了，不愿意再来，自怨自艾，那就麻烦了。对别人产生了绝对依赖，一有问题就慌了手脚，也许就彻底放弃努力，真的成了扶不起来的阿斗了。

最后，卦名与总结。

（一）卦名解析

"济"字，在上一卦已经讲过，在《说文解字》中解释为"济，水"。原义是指古水名，后引申为渡过水流的意思。比如《楚辞·涉江》中说"济乎江湘"，还有我们常说的"同舟共济"都是此义。"未济"的意思自然是未能渡过水流，其引申义为未完成，还没有终止之义。未济卦的上一卦，既济卦，也就是已经到达的意思。可是易理告诉我们，既济之后未济紧跟而来，我们还要继续从坎坷走向光明，从逆境走向成功，还走在循环往复的路上，这就是真实的人生。

（二）总结

既济是万物经过变化达到阴阳平衡的局面，代表大功告成。但成功之后容易使人陷入懈怠混乱，一旦平衡局面被打破，出现新的矛盾，新的过程又将开始了。你不接受也没办法，既济卦又转入未济了，"大不了从头再来！"但这只是一个口号，有些人真的很难从头再来。所以，处于这个时候你要没有防范，没有警惕，那就真的很危险了。从哲学上说矛盾的止息只是相对的，完美更是相对的，随着旧事物的终结，新事物必将产生。

所以《周易》并不以既济卦作结，而是以未济卦为终，成为最后一卦，为什么？明白了这个道理，也才能真正懂得《易经》。《易经》乃大道之源，其核心在于揭示宇宙万物对立统一、变化阴阳、永无穷尽、周而复始的自然普世价值规律。

未济卦又旨在说明，其一，"未济"并非不济，当事未成之时，能谨慎进取。其二，六十四卦穷则思变，又是一轮新的开始，表明"物不可穷"，即事物的对立、变化无时休止。一切事物都是循环往复、周而复始的，所以"未济"并非不济、终结，而是充满了希望，只是还没有成功而已。其三，未济卦的目的是促使我们持续不断地走向既定的目标，克服困难，突破难关，象征光明在望，努力可获亨通。未济卦其实就是要告诉我们要学会坚守，耐心等待机会的来临。这便是王弼所说"未济之极，则反于既济"的深意。

《周易》学到这里，我们理当明白它的意义，特别是它在哲学层面上的意义。概而言之就是《大象传》中所说"君子以思患而豫防之"的哲理。君子看到这个卦象就悟出来一个道理，所谓"以思患而豫防之"。"以"是应该，"患"是祸患，"豫"是预先，也是豫卦的概念："凡事豫则立，不豫则废。"做事前先想想有什么祸患提前做好预防。对于各种可能出现的隐患都要有应对的防范措施，这也正是《道德经》里说的"为之于未有，治之于未乱"的道理，六十四卦好不容易走到第六十三卦既济卦，好比历经九九八十一难，马上就要修成正果了，如果没有从"未济"角度的忧患意识，就很难有真正良好的结果。所以说，《周易》读到最后，也就是四个字：忧患意识。易理也无非让我们更深刻地理解大成若缺、居安思危、慎终如始的哲学道理，这些既是既济卦到未济卦的核心思想，也是《周易》的核心思想。

"未济"是开放，再衔接到"乾坤"，又形成这种循环往复不断运转、不断前进的过程。所以，人生不就是这样的一个旅途吗？"人生如逆旅，你我亦行人。"未济卦提醒我们，既济卦也和其他六十二卦一样也不过只是一个驿站。

休息一下，我们继续出发。

后记

继《道德经说什么》《庄子说什么》之后，历时两年有余，我的新书《周易说什么》终于在年初住院期间得以最终整理完成。我的喜悦和感动如同耕耘后的丰收，忍不住想要将这份喜悦和感动进行分享。一件事的成功离不开很多人助缘，所以要深深表示感谢！

首先要感谢果麦文化，特别是贺主编和祎睿。他们告诉我公司决定把《周易说什么》的写作任务交给我时，我感到一种难得的信任。如今书稿整理完成，这是我缠绵病榻数月的成果，更是我这段艰难岁月的寄托与支撑。

其次要感谢我的博士团队，在我重病期间，他们不仅汤药相侍，更是把校对老师的稿件当成必修课。古人云：闲坐小窗读《周易》，我们则是在病榻之前学《周易》，也可谓其乐融融。感谢辛文、陈晋、秦琦玮、刘昱辰、陈涛、朱红东、刘丹瑛、王代礼、王永军、窦菲菲等同学，一边在我们师生的《周易》微信群一轮一轮、一卦一卦地学习，一边本着精益求精的态度，核实资料，认真校对、整理讲稿，可以说这本书也凝结着他们的心血。

当然，也要感谢自己。感谢自己心中始终有一种力量，相信传承中华优秀传统文化是一项毕生的事业，无论面对何种艰难困苦，都应当坚持"为往圣继绝学"！

要感谢的人和事太多了……

感谢生活，感谢经典，感谢一起学经典的你！

2023 年 5 月誌于长安

附

综错交互象卦

	本卦		综卦		错卦		交卦		互卦	
1	乾	天天	天天	乾	地地	坤	天天	乾	天天	乾
2	坤	地地	地地	坤	天天	乾	地地	坤	地地	坤
3	屯	水雷	山水	蒙	火风	鼎	雷水	解	山地	剥
4	蒙	山水	互综		泽火	革	水山	蹇	地雷	复
5	需	水天	天水	讼	火地	晋	天水	讼	火泽	睽
6	讼	天水	互综		地火	明夷	水天	需	风火	家人
7	师	地水	水地	比	天火	同人	水地	比	地雷	复
8	比	水地	互综		火天	大有	地水	师	山地	剥
9	小畜	风天	天泽	履	雷地	豫	天风	姤	火泽	睽
10	履	天泽	互综		地山	谦	泽天	夬	风火	家人

		本卦	综卦		错卦		交卦		互卦	
11	泰	地天	天地	否	天地	否	天地	否	雷泽	归妹
12	否	天地	互综		地天	泰	地天	泰	风山	渐
13	同人	天火	火天	大有	地水	师	火天	大有	天风	姤
14	大有	火天	互综		水地	比	天火	同人	泽天	夬
15	谦	地山	雷地	豫	天泽	履	山地	剥	雷水	解
16	豫	雷地	互综		风天	小畜	地雷	复	水山	蹇
17	随	泽雷	山风	蛊	山风	蛊	雷泽	归妹	风山	渐
18	蛊	山风	互综		泽雷	随	风山	渐	雷泽	归妹
19	临	地泽	风地	观	天山	遁	泽地	萃	地雷	复
20	观	风地	互综		雷天	大壮	地风	升	山地	剥

	本卦		综卦		错卦		交卦		互卦	
21	噬嗑	火雷	山火	贲	水风	井	雷火	丰	水山	蹇
22	贲	山火	互综		泽水	困	火山	旅	雷水	解
23	剥	山地	地雷	复	泽天	夬	地山	谦	地地	坤
24	复	地雷	互综		天风	姤	雷地	豫	地地	坤
25	无妄	天雷	山天	大畜	地风	升	雷天	大壮	风山	渐
26	大畜	山天	互综		泽地	萃	天山	遁	雷泽	归妹
27	颐	山雷	山雷	颐 互错	泽风	大过	雷山	小过	地地	坤
28	大过	泽风	泽风	大过	山雷	颐	风泽	中孚	天天	乾
29	坎	水水	水水	坎 互错	火火	离	水水	坎	山雷	颐
30	离	火火	火火	离	水水	坎	火火	离	泽风	大过

	本卦		综卦		错卦		交卦		互卦	
31	咸	泽山	雷风	恒	山泽	损	山泽	损	天风	姤
32	恒	雷风	互综		风雷	益	风雷	益	泽天	夬
33	遁	天山	雷天	大壮	地泽	临	山天	大畜	天风	姤
34	大壮	雷天	互综		风地	观	天雷	无妄	泽天	夬
35	晋	火地	地火	明夷	水天	需	地火	明夷	水山	蹇
36	明夷	地火	互综		天水	讼	火地	晋	雷水	解
37	家人	风火	火泽	睽	雷水	解	火风	鼎	火水	未济
38	睽	火泽	互综		水山	蹇	泽火	革	水火	既济
39	蹇	水山	雷水	解	火泽	睽	山水	蒙	火水	未济
40	解	雷水	互综		风火	家人	水雷	屯	水火	既济

	本卦		综卦		错卦		交卦		互卦	
41	损	山泽	风雷	益	泽山	咸	泽山	咸	地雷	复
42	益	风雷	互综		雷风	恒	雷风	恒	山地	剥
43	夬	泽天	天风	姤	山地	剥	天泽	履	天天	乾
44	姤	天风	互综		地雷	复	风天	小畜	天天	乾
45	萃	泽地	地风	升	山天	大畜	地泽	临	风山	渐
46	升	地风	互综		天雷	无妄	风地	观	雷泽	归妹
47	困	泽水	水风	井	山火	贲	水泽	节	风火	家人
48	井	水风	互综		火雷	噬嗑	风水	涣	火泽	睽
49	革	泽火	火风	鼎	山水	蒙	火泽	睽	天风	姤
50	鼎	火风	互综		水雷	屯	风火	家人	泽天	夬

		本卦	综卦		错卦		交卦		互卦	
51	震	雷雷	山山	艮	风风	巽	雷雷	震	水山	蹇
52	艮	山山	互综		泽泽	兑	山山	艮	雷水	解
53	渐	风山	雷泽	归妹	雷泽	归妹	山风	蛊	火水	未济
54	归妹	雷泽	互综		风山	渐	泽雷	随	水火	既济
55	丰	雷火	火山	旅	风水	涣	火雷	噬嗑	泽风	大过
56	旅	火山	互综		水泽	节	山火	贲	泽风	大过
57	巽	风风	泽泽	兑	雷雷	震	风风	巽	火泽	睽
58	兑	泽泽	互综		山山	艮	泽泽	兑	风火	家人
59	涣	风水	水泽	节	雷火	丰	水风	井	山雷	颐
60	节	水泽	互综		火山	旅	泽水	困	山雷	颐

	本卦		综卦		错卦		交卦		互卦	
61	中孚	风泽	风泽	中孚	雷山	小过	泽风	大过	山雷	颐卦
62	小过	雷山	雷山	小过	风泽	中孚	山雷	颐	泽风	大过
63	既济	水火	火水	未济	火水	未济	火水	未济	火水	未济
64	未济	火水	互综		水火	既济	水火	既济	水火	既济

周易说什么

作者_ 韩鹏杰

编辑_石祎睿　装帧设计_朱大锤　主管_王光裕

内文排版_张王珏

技术编辑_白咏明　责任印制_刘世乐　出品人_王誉

营销团队_毛婷 阮班欢

鸣谢

贺彦军

果麦
www.goldmye.com

以 微 小 的 力 量 推 动 文 明

图书在版编目（CIP）数据

周易说什么 / 韩鹏杰著 . — 西安：三秦出版社，2025.8. -- ISBN 978-7-5518-3338-7

Ⅰ . B221.5

中国国家版本馆 CIP 数据核字第 2025PK9839 号

周易说什么

韩鹏杰 著

出版发行	三秦出版社
社　　址	西安市雁塔区曲江新区登高路 1388 号
电　　话	（029）81205236
邮政编码	710061
印　　刷	天津丰富彩艺印刷有限公司
开　　本	710mm×955mm　1/16
印　　张	34
字　　数	443 千字
版　　次	2025 年 8 月第 1 版
印　　次	2025 年 8 月第 1 次印刷
印　　数	1— 12 000
标准书号	ISBN 978-7-5518-3338-7
定　　价	98.00 元
网　　址	http://www.sqcbs.cn

如发现印装质量问题，影响阅读，请联系 021-64386496 调换。